W0194873

1856–2006

WACHSTUM ERLEBEN –
DIE GESCHICHTE DER K+S GRUPPE

1856–2006

WACHSTUM ERLEBEN –
DIE GESCHICHTE DER K+S GRUPPE

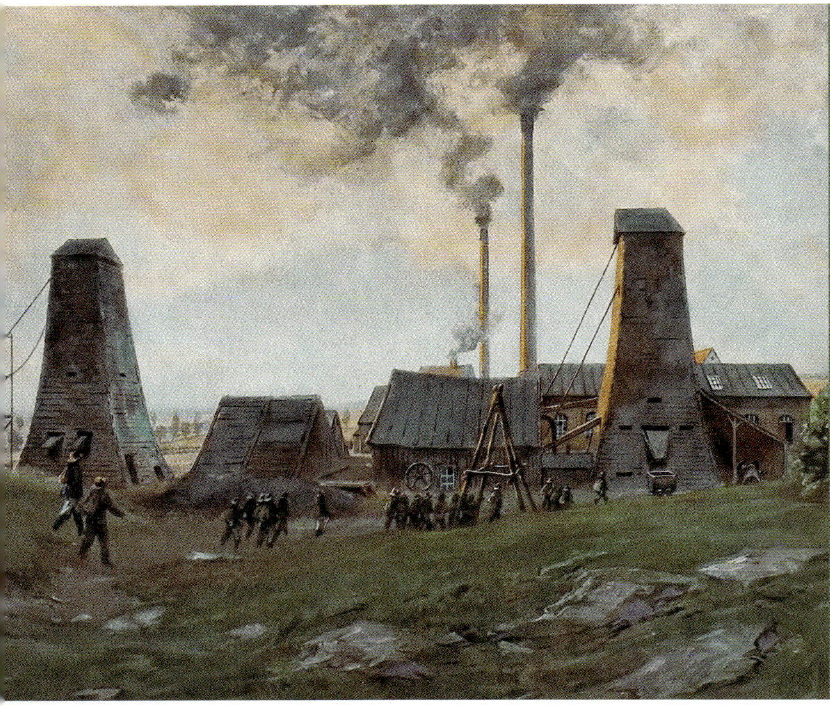

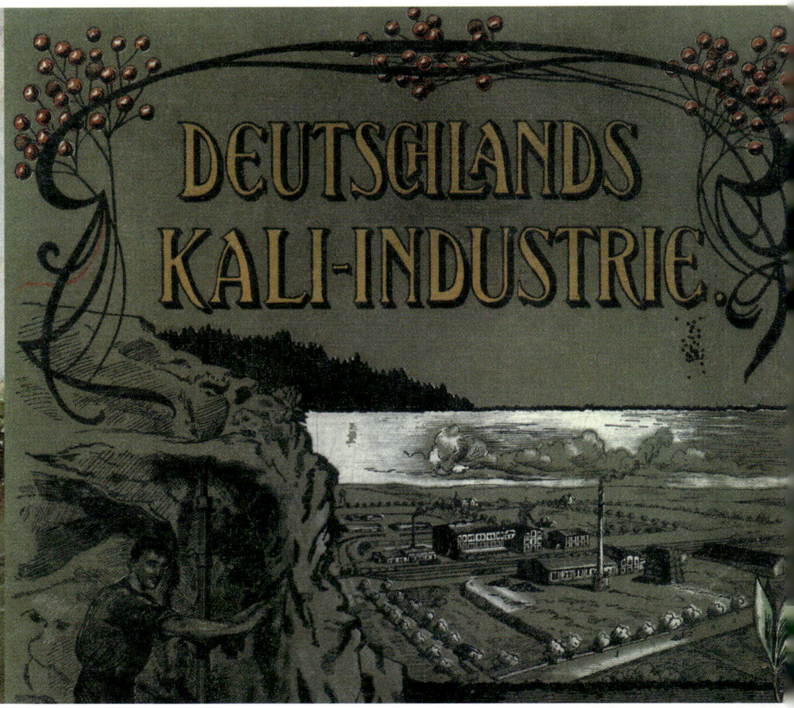
DEUTSCHLANDS
KALI-INDUSTRIE.

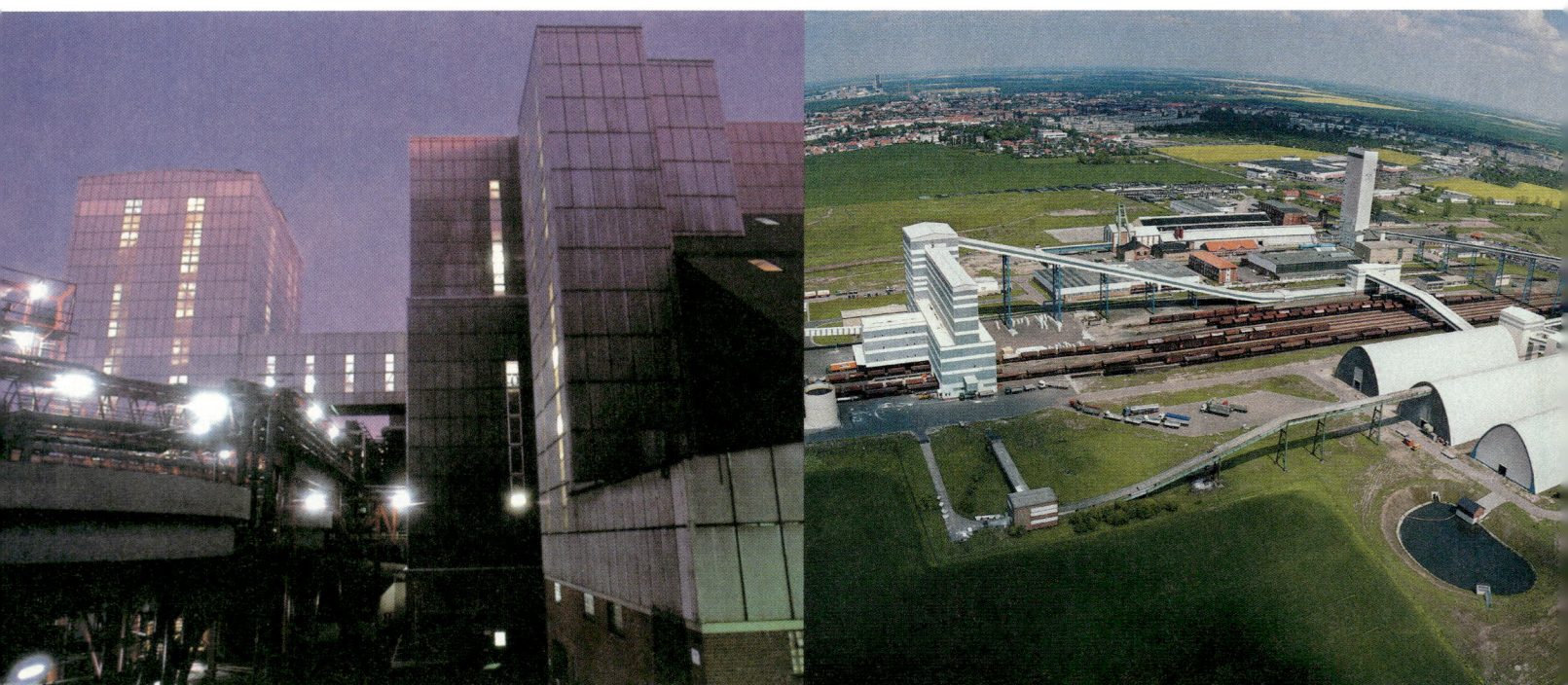

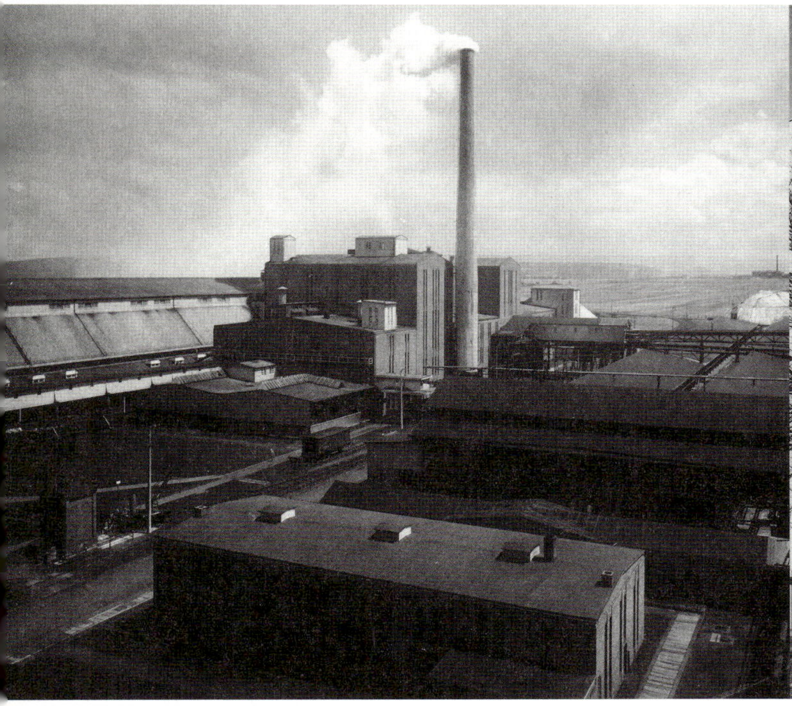

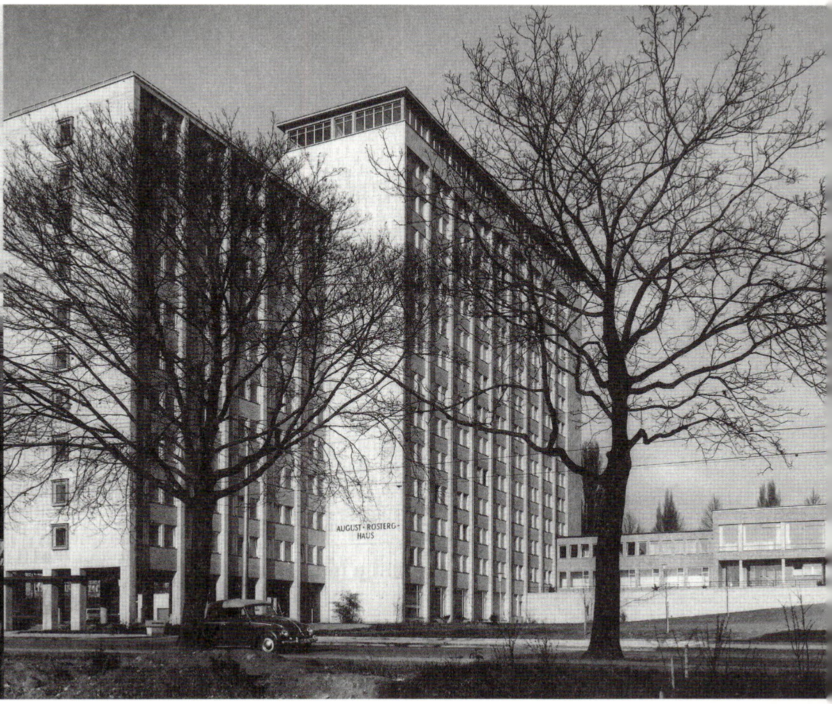
AUGUST-ROSTERG-
HAUS

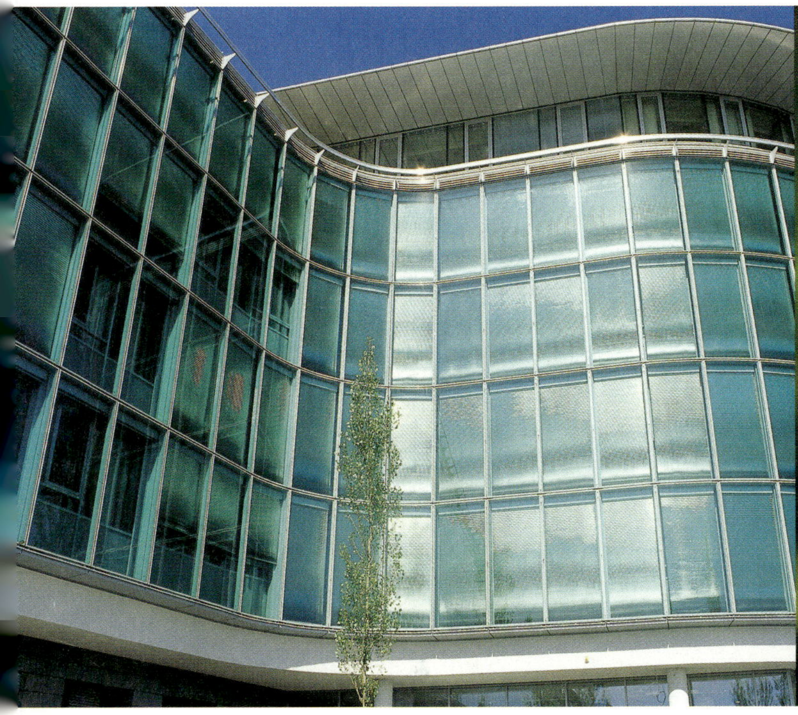

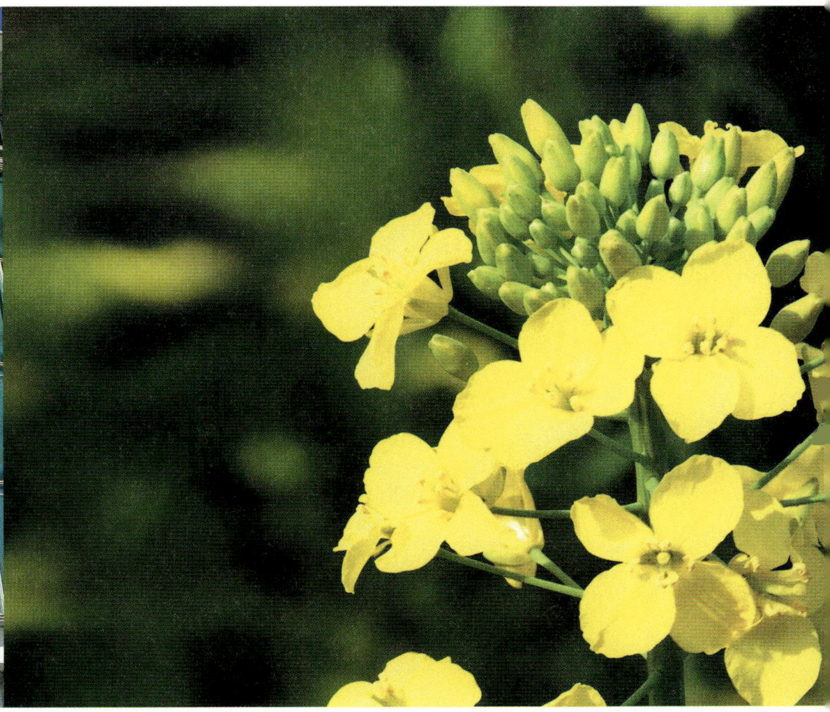

Impressum

Herausgeber: K+S Aktiengesellschaft, Kassel (www.k-plus-s.com)
Konzept & Realisation: Geschichtsbüro Reder, Roeseling & Prüfer, Köln (www.geschichtsbuero.de)
Scans und elektronische Bildbearbeitung: Lithofactory, Bonn (www. lithofactory.de)
Gestaltung: Jefferson & Högerle, Studio für Gestaltung, Köln (www. jefferson-hoegerle.de)
Produktion: Bernd Rölle, Köln (www.berndroelle.de)
Druck: AZ Druck und Datentechnik GmbH, Kempten

Redaktionsschluss: Januar 2006

© K+S Gruppe, Kassel 2006

ISBN 3-9809738-1-6

INHALT

EDITORIAL

Der Titel dieses Buches – „Wachstum erleben" – ist zugleich das Leitmotiv der K+S Gruppe. In ihm spiegelt sich neben Anspruch und Zielsetzung auch die Entwicklung unseres Unternehmens wider. Gemeinsam mit unseren Partnern und Mitarbeitern teilen wir die Vision des kontrollierten und nachhaltigen Wachstums – sowohl für die Natur als auch in unserem wirtschaftlichen Umfeld. Wir möchten mit diesem Buch aufzeigen, wo unsere Ursprünge liegen und deutlich machen, dass sich gesundes, nachhaltiges Wachstum nur entwickeln kann, wenn es als langfristiges Ziel im Fokus aller unternehmerischen Entscheidungen steht.

Unsere Wurzeln reichen zurück bis in die Mitte des 19. Jahrhunderts, als in Deutschland tatkräftige Bergleute, Kaufleute, Chemiker und Arbeiter die ersten Kalilagerstätten der Welt erschlossen und die Düngemittelproduktion im industriellen Maßstab aufnahmen. Seitdem hat die deutsche Kali- und Düngemittelindustrie eine besonders bewegte Geschichte erlebt.

Die heutige K+S ist einen langen und zum Teil sehr steinigen Weg gegangen – von einem klassischen Kali- und Steinsalzunternehmen hin zu einem Spezialisten für Düngemittel, Pflanzenpflege- und Salzprodukte. Diese Entwicklung gründet auf den reichen Erfahrungen und vielen Ideen von Generationen von Mitarbeitern im Bergbau, in Produktion und Technik, in der Forschung sowie im Vertrieb und Marketing im In- und Ausland. In dieser Firmengeschichte steht die Bedeutung von K+S für die Gesellschaft, für den Menschen und die Natur im Mittelpunkt: Unser heutiges breites Leistungsangebot unterstützt und sichert Wachstum in nahezu allen Bereichen des täglichen Lebens.

Begleiten Sie uns auf einer Zeitreise und erleben Sie 150 Jahre Wandel und Wachstumsgeschichte unserer K+S Gruppe.

Der Vorstand der K+S Aktiengesellschaft

Wachstum erleben – K+S heute und gestern

K+S gehört zu den weltweit führenden Anbietern von Spezial- und Standarddüngemitteln sowie Pflanzenpflegeprodukten. Über ihr Tochterunternehmen esco ist K+S der führende Anbieter auf dem europäischen Salzmarkt. Moderne Entsorgungs- und Recyclingsysteme sowie besondere Logistik-, IT-, Consulting- und Analytikdienstleistungen runden das Leistungsspektrum ab. Wesentlich für den wirtschaftlichen Erfolg ist neben der internationalen Wettbewerbsorientierung in allen Bereichen die enge Vernetzung der Geschäftsbereiche, die von der Rohstoffgewinnung über die Verarbeitung und die Veredelung, den Marketing- und Vertriebsplattformen bis hin zu Logistik und IT Hand in Hand arbeiten. Diese gezielte Vernetzung stärkt die internationale Wettbewerbsfähigkeit der K+S Gruppe, die mit rund 11.000 Mitarbeitern im Jahr 2005 einen Gesamtumsatz von rund 2,8 Milliarden Euro erzielte.

Wer die Geschichte der K+S betrachtet, wird immer wieder „Wachstum erleben". Als Hersteller von Spezial- und Standarddüngemitteln sowie Pflanzenpflegeprodukten liegt die besondere Kompetenz von K+S in der Förderung des Pflanzenwachstums zur Ernährung einer zunehmenden Weltbevölkerung. Zugleich aber ist das eigene Unternehmenswachstum die wesentliche Voraussetzung, um die Erreichung dieses Ziels dauerhaft zu unterstützen. K+S kann dabei auf Wurzeln bauen, die weit in das 19. Jahrhundert zurückreichen. Bereits die Vorgängergesellschaften waren als Hersteller von Düngemitteln dem gesunden Pflanzenwachstum verpflichtet.

Wie Pflanzen oder Menschen wächst auch ein Unternehmen. Aus kleinen Wurzeln entstanden durch die Industrialisierung und die sich bildende Weltwirtschaft international agierende Industrieunternehmen. Sie entwickelten neue Geschäftszweige, erweiterten ihre Produktionsprogramme und erschlossen neue Märkte. Die zahlreichen Risiken und Gefahren, denen sie im Laufe ihrer Entwicklung ausgesetzt waren, wurden letztlich erfolgreich gemeistert. Durch Zusammenschlüsse mit anderen Firmen entstanden oft neue und größere Unternehmen, die in unterschiedlichen Traditionen wurzeln und deren verschiedene Ausprägungen erst nach und nach zusammenwachsen. Die Geschichte der K+S liefert ein spannendes Beispiel für vielfältige Entwicklungen, die Unternehmen im Lauf ihrer Geschichte erleben können.

1856 stießen Staßfurter Bergarbeiter beim Abteufen eines Schachtes zur Steinsalzgewinnung erstmals auf Kalisalze. Die Entdeckung der Kalivorkommen, deren Bedeutung für die Ernährung der Pflanze erst wenige Jahre zuvor von dem Chemiker Justus von Liebig weltweit bekannt gemacht worden war, löste einen wahren Boom aus. Innerhalb weniger Jahre entstand in Staßfurt und Umgebung eine international agierende Kaliindustrie. Ging das Staßfurter Kali anfangs vor allem in die Industrie, so wuchs auch der Bedarf der Landwirtschaft von Jahr zu Jahr. Immer mehr Landwirte setzten neben Phosphat und Stickstoff (Guano) nun auch Kali als Düngemittel ein und steigerten auf diese Weise ihre Ernteerträge um ein Vielfaches. Die Mineraldüngung revolutionierte die Landwirtschaft und sicherte die Ernährung der rasant wachsenden Bevölkerung Mitteleuropas in der zweiten Hälfte des 19. Jahrhunderts.

Die steigende Nachfrage schuf einen neuen Industriezweig, die ersten Mineraldüngerfabriken entstanden. Die 1858 in Köln gegründete Firma „Vorster & Grüneberg", aus der später die Düngemittelfabrik „Chemische Fabrik Kalk" (CFK) hervorging, eröffnete 1862 eine eigene Kalifabrik in Staßfurt. Bis heute sind die bei der CFK verbliebenen Handelsaktivitäten ein Teil von K+S. 1889 wurde die „Aktiengesellschaft für Bergbau und Tiefbohrung" in Goslar ins Leben gerufen, das erste Vorläuferunternehmen der heutigen K+S. 1855 wurde in Hamburg die Firma „A. Ohlendorff & Co." gegründet, die „Peru-Guano" importierte und veredelte. Dieser erste im größeren Maßstab eingesetzte natürliche Universaldünger enthielt Phosphat, Stickstoff und kleinere Mengen Kali. Das 1911 gebaute Krefelder Werk der Ohlendorff'schen Firma ist noch heute als COMPO-Standort eine wichtige Düngemittelproduktionsstätte in der K+S Gruppe.

Schon dieser kurze Einblick zeigt: Die Linien, die die Unternehmensgeschichte der K+S Gruppe durchziehen und die Arbeitsgebiete heute zu einer neuen Einheit zusammenfügen, haben eine lange Tradition. Von Anfang an war die Kaliindustrie eng mit der Düngemittelindustrie verbunden. So ist die K+S-Geschichte auch ein Teil deutscher Industrie- und Wirtschaftsgeschichte. Als Düngemittel-Spezialist wie auch als Kaliproduzent verfolgt K+S weiterhin die Ziele, die schon die Anfänge des Unternehmens prägten: Die Förderung des Pflanzenwachstums für die Ernährung der Weltbevölkerung. „Wachstum erleben" symbolisiert gleichzeitig Vergangenheit, Gegenwart und Zukunft des Unternehmens.

Die wichtigsten Etappen der K+S-Geschichte ergeben die Gliederung dieses Buchs: Zunächst werden die spannenden Gründerjahre der Kali- und Düngemittelindustrie ab Mitte des 19. Jahrhunderts geschildert (Kapitel 1). In den Jahren bis zum Ersten Weltkrieg erlebte sie ein rasantes Wachstum, angetrieben von einer stetig steigenden Nachfrage und gesichert durch das deutsche Kalimonopol (Kapitel 2). Die schwierigen Zeiten des Ersten Weltkriegs, der Weimarer Republik und der NS-Herrschaft mit dem Zweiten Weltkrieg waren geprägt vom Verlust des deutschen Kalimonopols und einem wachsenden Wettbewerbsdruck aus dem Ausland, auf den die Industrie mit Rationalisierungen und Konzernzusammenschlüssen reagierte. (Kapitel 3). Die deutsche Teilung nach 1945 führte dazu, dass auch die Kali- und Düngemittelindustrie „Getrennte Wege" gehen und in unterschiedlichen Gesellschaftssystemen neu beginnen musste. Gleichzeitig verstärkte sich der internationale Wettbewerb (Kapitel 4). 1970 kam es sowohl in West- wie in Ostdeutschland zum Zusammenschluss der Kaliindustrie. Während in der Bundesrepublik Rationalisierungen und Standortschließungen notwendig waren, um auf dem Weltmarkt konkurrenzfähig zu bleiben, baute die DDR ihre Kaliproduktion aus, um die Exporte zu steigern. (Kapitel 5). Die Wiedervereinigung Deutschlands 1989/90 ermöglichte schließlich den Zusammenschluss der deutschen Kaliindustrie und bot die einmalige Chance, gemeinsam eine neue Startposition im internationalen Wettbewerb einzunehmen.

Durch die Konzentration auf die wirtschaftlichsten Lagerstätten und Standorte sowie umfangreiche Modernisierungen wurde die Kalifusion ein Erfolg. (Kapitel 6). Seit 1997 wächst das Unternehmen „Kali und Salz" durch strategische Akquisitionen in den Bereichen Düngemittel, Pflanzenpflege und Salz zur heutigen K+S Gruppe (Kapitel 7). Dieses Schlusskapitel bietet zugleich ein ausführliches Porträt der heutigen K+S.

In der spannenden und abwechslungsreichen Geschichte der K+S und ihrer Geschäftsbereiche verzahnen sich Produktions- und Produktgeschichte, Markt- und Verbraucherentwicklungen, Politik- und Wirtschaftsgeschichte. Viele verschlungene Wege führen aus der Vergangenheit in die Gegenwart und weiter in die Zukunft. In der Geschichte der K+S Gruppe ist Wandel und Wachstum erlebbar.

- **Entdeckung:** Justus von Liebig erforscht das Pflanzenwachstum und fordert 1840 den ausgewogenen Einsatz von Mineraldüngern in der Landwirtschaft

- **Aufbruch:** In Deutschland werden die ersten Mineraldüngerfabriken gegründet

- **Zufallsfund:** 1856 stoßen Staßfurter Bergleute bei der Suche nach Steinsalz auf Kali

- **Gründerzeit:** Um 1860 entstehen in Deutschland die ersten Kalibergwerke und Kalifabriken der Welt

- **Aufschwung:** Der Kalibergbau boomt

- **Durchbruch:** Der Kalidünger setzt sich in den 1880er Jahren endgültig durch

Kapitel 1

DAS SALZ DER ERDE. GRÜNDERJAHRE DER KALI- UND DÜNGEMITTELINDUSTRIE

(1856–1888)

Die Wurzeln der K+S Gruppe reichen bis in die Mitte des 19. Jahrhunderts zurück. Damals entstanden in Deutschland die ersten Düngemittelfabriken, die vor allem Phosphat und Superphosphat herstellten. Zu dieser Zeit propagierte Justus von Liebig bereits den Einsatz von Kalidünger. Doch erst durch die Entdeckung von kalihaltigen Salzen in Staßfurt 1856 und den Bau der ersten Kalibergwerke der Welt war dieser Rohstoff in großen Mengen verfügbar. Bald darauf setzten Landwirte das Kali als wirksamen Mineraldünger ein, der zusammen mit Phosphat und Stickstoff die Ernteerträge erheblich steigerte. Die steigende Nachfrage nach diesen Pflanzennährstoffen führte zu einem Boom in der deutschen Kali- und Düngemittelindustrie. In den 1880er Jahren setzte sich die Mineraldüngung endgültig durch und revolutionierte die Landwirtschaft.

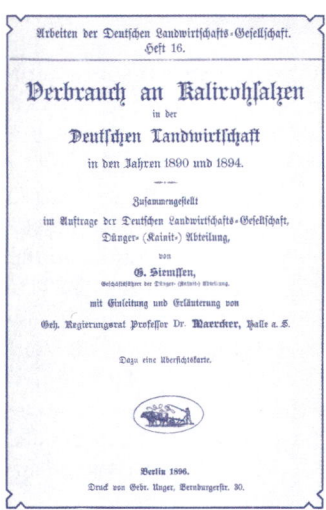

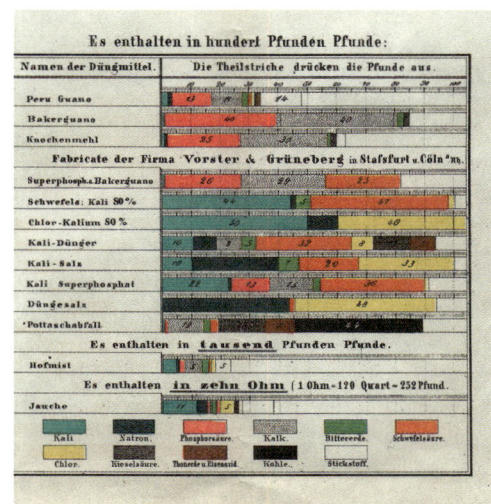

Die Eisenbahn war Symbol und treibende Kraft der industriellen Revolution. In Deutschland fuhr die erste Lokomotive 1835 über eine sechs Kilometer lange Strecke von Nürnberg nach Fürth.

DIE ANFÄNGE DER KALI- UND DÜNGEMITTELINDUSTRIE

Europas Kampf gegen den Hunger

Die Wurzeln der K+S liegen in der Mitte des 19. Jahrhunderts. Damals entstand in Deutschland eine Kali- und Düngemittelindustrie, die den Grundstein für eine bessere Ernährung der schnell wachsenden Bevölkerung legte. Die Gründung der ersten Kaliunternehmen und Düngemittelfabriken waren Pioniertaten der industriellen Revolution, die durch einen rasanten Fortschritt in Wissenschaft, Technik und Wirtschaft das Leben in Europa grundlegend veränderte. In England, Frankreich und Preußen entfalteten die noch jungen industriellen Zentren eine bis dahin nicht gekannte Dynamik und brachten auch eine neue soziale Schicht hervor: das Industrie-Proletariat. Motor des ökonomischen Fortschritts und politischen Wandels war das Bürgertum. Die europäischen Staaten entwickelten erstmals ein ausgeprägtes nationales Selbstbewusstsein und rückten zugleich durch den immer intensiver betriebenen Handel enger zusammen. Die ersten Eisenbahnlinien verbanden Städte und Länder und beschleunigten den Transport von Menschen und Gütern über die Grenzen hinweg. Nichts schien den Fortschritt zu allgemeinem Wohlstand aufhalten zu können.

Doch der Aufschwung war bedroht: Die Landwirtschaft konnte den Nahrungsmittelbedarf der schnell wachsenden Bevölkerung kaum decken. In den Jahren 1845/46 reichten zwei Missernten und eine hartnäckige Kartoffelfäule, um die europäischen Länder in ihren Grundfesten zu erschüttern. Hunderttausende starben oder wanderten aus. 1847 kam es in ganz Europa zu Hungerrevolten – Vorboten der großen bürgerlichen Revolution, die 1848 die europäischen Throne ins Wanken brachten.

Die Lokomotive auf dem Feld: Im letzten Drittel des 19. Jahrhunderts revolutionierten dampfbetriebene Maschinen die deutsche Landwirtschaft wie hier beim ersten Einsatz eines Dampfpfluges in der Lüneburger Heide um 1880 (Zeichnung von Max Eyth).

Was war geschehen? Die Landwirtschaft hatte die Grenzen ihrer Möglichkeiten erreicht. Zwar brachten die Einführung neuer Fruchtfolgen, eine intensivere Bodennutzung und Viehwirtschaft sowie die Erschließung neuer Anbauflächen in der ersten Hälfte des 19. Jahrhunderts erhebliche Ertragssteigerungen – doch die Bevölkerung wuchs noch schneller. Allein in Deutschland stieg die Zahl der Einwohner zwischen 1800 und 1850 von 23 auf 35 Millionen. Und das war erst der Anfang: Denn bis zum Beginn des Ersten Weltkriegs verdoppelte sich die Bevölkerung Deutschlands noch einmal auf fast 70 Millionen Menschen. Es war also nur eine Frage der Zeit, bis die Versorgung mit Lebensmitteln zu einem Problem werden würde. Die Hungerkatastrophe der Jahrhundertmitte wirkte angesichts des unaufhaltsamen Bevölkerungswachstums wie ein Menetekel.

Zu dieser Zeit hatte die Wissenschaft jedoch bereits eine Lösung für das Ernährungsproblem gefunden. Spätestens seit den Arbeiten von Justus von Liebig (siehe Doppelseite) war Agrarwissenschaftlern und fortschrittlichen Landwirten die Bedeutung der Mineraldüngung für die Pflanzenernährung bekannt. Forscher hatten herausgefunden, dass Pflanzen zu ihrer Ernährung neben Wasser und dem in der Luft befindlichen Kohlenstoff vor allem Kalium, Phosphat und Stickstoff benötigen, deren gezielte und ausgewogene Zufuhr das organische Wachstum förderte und die Ernteerträge steigerte.

Die wirtschaftlichen und sozialen Folgen dieser Erkenntnis waren revolutionär: In der zweiten Hälfte des 19. Jahrhunderts entstand eine neue Industrie, die mineralischen Dünger preiswert und in großen Mengen herstellte. Die Bauern waren nun in der Lage, ihre Ernteerträge mit Hilfe mineralischer Düngemittel – wie Kali – kontinuierlich und gezielt zu steigern. Der Einsatz von landwirtschaftlichen Maschinen und eine effizientere Nutzung der Anbauflächen beschleunigten die Modernisierung der Landwirtschaft zusätzlich. War zu Beginn des 19. Jahrhunderts die Arbeit von drei Bauern nötig, um einen Stadtbewohner zu ernähren, so kehrte sich das Verhältnis nunmehr um: Ende des 19. Jahrhunderts versorgte ein Bauer drei Städter und das, obwohl die Menschen inzwischen viel mehr Lebensmittel verbrauchten. Der Hunger als Massenphänomen trat seither in Europa nur noch als Folge von Kriegen auf.

Ein Leben für die Chemie – Justus von Liebig

Justus von Liebig (1803–1873) war einer der bedeutendsten Chemiker des 19. Jahrhunderts. Als Forscher, Lehrer und Unternehmer hatte er wesentlichen Anteil am Aufstieg der deutschen chemischen Industrie zur Weltgeltung. Im Alter von 21 Jahren erhielt Liebig seine erste Professur. An der Universität Gießen entwickelte er ein Modell für das Studium der Chemie, das den universitären Unterricht revolutionierte. Als Forscher trug er wesentlich zur Begründung der organischen Chemie bei und hatte maßgeblichen Anteil an der Entwicklung der Agrikulturchemie. Sein besonderes Interesse galt der Popularisierung und Anwendung der neuesten Erkenntnisse auf dem Gebiet der Chemie. Schon früh beschäftigte er sich mit Fragen der Ernährungssicherung und versuchte, die Landwirtschaft auf eine wissenschaftliche Grundlage zu stellen. In Vorträgen, als Berater und durch Beteiligung an Wirtschaftsunternehmen setzte er sich für die Anwendung von Mineraldünger ein. Berühmt wurde er allerdings durch eine Suppe: Liebigs Fleischextrakt. Auch wenn sich schon bald herausstellte, dass das körnige Pulver keinen großen Nährwert besaß, fand es doch reißenden Absatz und machte den Gelehrten zum reichen Mann.

BEDINGUNGEN DES WACHSTUMS

Die Mechanismen des Pflanzenwachstums hatten Naturforscher bereits im 18. Jahrhundert erkannt. Doch konnten sie sich nicht erklären, wie die anorganischen Mineralien in die Pflanzen gelangten. Lange herrschte die „Humustheorie" vor: Danach nehmen die Pflanzen ihre Nahrung aus dem im Boden befindlichen Humus auf, der sich durch Zersetzung abgestorbener Pflanzen gebildet hat. Um den Humus zu erneuern, so die gängige Auffassung, mussten dem Boden Pflanzenrückstände entweder direkt oder indirekt über Tiermist zugeführt werden. Die Mineralien galten nach dieser Theorie nur als „Reizstoffe", die die Aufnahme des Humus durch die Wurzeln förderten.

Andere Naturforscher wie Ernst Georg Stahl und Antoine Lavoisier behaupteten demgegenüber, dass die Pflanzen durchaus in der Lage seien, anorganische Stoffe aufzunehmen und zu verwerten. Diese Auffassung ließ sich jedoch nicht beweisen und fand nur wenige Anhänger. Erst dem Agrarwissenschaftler Carl Sprengel gelang 1838

Aufnahme von Mineralien durch Pflanzen

der Nachweis, dass sich die Pflanzen von Mineralstoffen ernähren. Doch Sprengels Erkenntnisse wären wohl ohne große Wirkung geblieben, wenn sich nicht ein junger Star unter Deutschlands Chemikern des Themas angenommen hätte.

Justus von Liebig war gerade einmal 37 Jahre alt, als er 1840 sein bahnbrechendes Werk „Die organische Chemie in ihrer Anwendung auf Agricultur und Physiologie" veröffentlichte. Das Buch fasste den Stand der Forschung zusammen. Die allgemeinverständliche Sprache und das internationale Ansehen Liebigs als Mitbegründer der organischen Chemie verschafften seiner Botschaft sofort weite Verbreitung: Die Humustheorie, schrieb Liebig, sei Unsinn, denn Pflanzen wüchsen beispielsweise auch auf Sandböden. Entscheidend sei, dass die Pflanzen genügend mineralische Nährstoffe erhalten, vor allem Phosphat, Kalium und Stickstoff. Daneben seien in kleinen Mengen eine Reihe weiterer anorganischer Stoffe wichtig, die später Spurenelemente genannt wurden (siehe Kasten).

Liebigs epochales Werk erschien gleichzeitig auf Deutsch, Englisch und Französisch und löste sofort heftige Kontroversen aus. Viele Agrarwissenschaftler und Chemiker lehnten die Mineralstofftheorie ab. Um seine Thesen zu beweisen, entwickelte Liebig zusammen mit einer englischen Firma Anfang der 1840er Jahre einen Patentdünger, der jedoch den großen Erwartungen nicht entsprach und die Mineraldüngung in Misskredit brachte. Es sollte noch Jahre dauern, bis nach weiteren Versuchen und Modifikationen der Liebig'schen Theorie größere Mengen fabrikmäßig erzeugter Mineraldünger auf den Markt kamen und den Ackerbau revolutionierten.

Liebigs Gesetze vom Ersatz und vom Minimum

In seinem Buch „Die organische Chemie in ihrer Anwendung auf Agricultur und Physiologie" formulierte Justus von Liebig zwei grundlegende Gesetze zur Förderung des Pflanzenwachstums: Nach dem „Gesetz des Ersatzes" sind konstante Ernteerträge bei ständiger Nutzung eines Feldes nur dann zu erzielen, wenn dem Boden die von den Pflanzen entzogenen mineralischen Elemente durch Düngemittel wieder zugeführt werden. Geschieht dies nicht, so betreibt der Landwirt Raubbau. Das „Gesetz vom Minimum" geht davon aus, dass jede Pflanze eine bestimmte Mischung mineralischer Nährstoffe für ihr Wachstum braucht. Es besagt, dass der Ertrag einer Pflanze durch denjenigen Nährstoff bestimmt wird, der in der geringsten Menge zur Verfügung steht. Kommt eine Substanz in zu geringen Mengen vor, so kann dies nicht durch eine höhere Dosis anderer Nährstoffe ausgeglichen werden.

von links nach rechts

Ein erfolgreicher Jungunternehmer:
Heinrich Ohlendorff (1836–1928)
im Jahr 1860

Guano-Verladebrücke auf Huanillos,
eine der vor Chile gelegenen
Guano-Inseln, von der aus die Firma
Ohlendorff beliefert wurde

Die Landungsbrücken des Hamburger
Hafens um 1860 (Lithografie von
Wilhelm Heuer)

Guano – der erste Handelsdünger der Welt

Der erste Mineraldünger, den die europäischen Bauern in größeren Mengen einsetzten, war der so genannte Peru-Guano. Er enthielt vor allem Stickstoff und Phosphat, aber auch geringe Mengen Kalium. Schon die Inkas kannten und nutzten den Guano als Düngemittel. Sie fanden ihn auf den Inseln vor der peruanischen und chilenischen Küste, wo die getrockneten Exkremente der Seevögel, ihre Eier und Kadaver sich im Laufe der Jahrhunderte zu weißen, bis zu 30 Meter hohen Guano-Bergen aufgetürmt hatten. 1804 brachte der große Naturforscher und Entdeckungsreisende Alexander von Humboldt den „Mist, mit dem man düngt" – so die wörtliche Übersetzung von Guano – nach Europa. 40 Jahre später boomte das Geschäft.

Als die Hamburger Kaufleute Albertus und Heinrich Ohlendorff 1856 einen Vertrieb für „Peru-Guano" gründeten, stiegen sie in einen florierenden und schnell wachsenden Markt ein. Beliefen sich die Guano-Einfuhren über den Hamburger Hafen in den Jahren 1851 bis 1855 auf knapp 10.000 Tonnen, so stiegen sie bis 1860 auf etwa 25.000 Tonnen jährlich. Aus der Firma „A. Ohlendorff & Comp." ging 1883 die „Anglo-Continentale Guano-Werke AG" hervor, die zu den führenden Düngemittelproduzenten Deutschlands gehörte,

mit Filialen in London und Antwerpen sowie einer Fabrik in Emmerich am Niederrhein. Als dieser Betrieb im Jahr 1911 nach Krefeld-Linn verlegt wurde, schlug die Geburtsstunde des Krefelder COMPO-Werkes der K+S.

Die Anfänge der Düngerindustrie in Deutschland

Der Guano war jedoch nur begrenzt verfügbar. Hinzu kam, dass der Einsatz des Guano-Düngers nicht bei allen Nutzpflanzen gleiche Erfolge erzielte. Eine dauerhafte Steigerung der landwirtschaftlichen Erträge bedurfte also wesentlich größerer Mengen Dünger, die zudem möglichst genau dem Nährstoffbedarf der verschiedenen Pflanzen angepasst sein mussten. Ein solcher Dünger war nur auf industrielle Weise herzustellen. Auch hier wies Liebig den Weg, indem er in seinem Buch von 1840 empfahl, die Wirksamkeit des schon länger als Phosphatdünger verwendeten Knochenmehls durch Zusatz von Schwefelsäure zu erhöhen. Das „Superphosphat" war erfunden.

Bereits wenige Jahre später, 1843, meldete John Bennet Lawes in Großbritannien ein Patent für die Herstellung von Superphosphat an und gründete in Deptford an der Themse die erste Düngerfabrik der Welt. Zu den Pionieren der Düngemittelindustrie in Deutschland gehörte der Liebigschüler Carl Clemm-Lennig, dessen Mannheimer Unternehmen im Jahr 1854 die Produktion aufnahm. Liebig selbst, der die Gründung von Düngemittelfabriken nach Kräften förderte, beteiligte sich 1857 an der Chemischen Fabrik Heufeld in Bayern, die unter anderem auch Superphosphat für die Landwirtschaft herstellte. Innerhalb weniger Jahre entwickelte sich in Deutschland eine neue Industrie, die bereits 1880 einen eigenen Verband gründete: den „Verein Deutscher Dünger-Fabrikanten" mit 36 Gründungsmitgliedern.

Der erste Kalibergbau der Welt

Mit stickstoff- und phosphathaltigem Dünger konnte die Landwirtschaft Mitte des 19. Jahrhunderts ausreichend versorgt werden. Es mangelte jedoch am dritten Hauptnährstoff der Pflanzen: dem Kalium. Dieses Element stand vor allem in Form von Pottasche zur Verfügung, die aus Holzasche gewonnen wurde. Allerdings reichten die Mengen bei weitem

nicht aus, um den gestiegenen Bedarf von Landwirtschaft und chemischer Industrie zu decken. Zudem war die Pottascheproduktion Mitte des 19. Jahrhunderts rückläufig, was zu erheblichen Preissteigerungen führte. Die Folgen des Kaliummangels zeigten sich zuerst bei einer der intensivsten Formen der Landwirtschaft: dem Zuckerrübenanbau. Der hohe Kaliumbedarf der Zuckerrüben führte schon Mitte des 19. Jahrhunderts zu ersten Anzeichen einer „Rübenmüdigkeit" der Böden.

Der Zufall wollte es, dass sich das im preußischen Staßfurt (nahe Magdeburg) entdeckte erste Kalilager der Welt in unmittelbarer Nachbarschaft des Zentrums der deutschen Zuckerrübenwirtschaft befand. Die Entdeckung blieb jedoch zunächst unbeachtet, denn die preußische Bergverwaltung, die die Bohrungen veranlasst hatte, war eigentlich auf der Suche nach Steinsalz. Staßfurt besaß seit dem Mittelalter eine Saline, die 1797 in den Besitz des preußischen Staates übergegangen war.

Feierlicher Teufbeginn des Staßfurter Schachtes „von Manteuffel" am 31. Januar 1852; bereits sechs Wochen vorher, am 15. Dezember 1851, war mit den Teufarbeiten am „von der Heydt-Schacht" begonnen worden.

Die Landwirtschaftliche Akademie in Poppelsdorf bei Bonn untersuchte als eine der ersten Forschungseinrichtungen die Staßfurter Kalifunde. Die Lithografie aus dem Jahr 1868 zeigt das naturwissenschaftliche Lehrgebäude und die Direktion.

Die ersten Kalisalze: Carnallit und Kainit

Das erste Kalisalz, das in Staßfurt entdeckt wurde, bestand aus einer Verbindung von Kaliumchlorid und Magnesiumchlorid. Zu Ehren des preußischen Geheimen Oberbergrats Rudolf von Carnall, der die Untersuchung des bei Bohrungen nach Steinsalz angefallenen so genannten Rückstandsalzes veranlasst hatte, erhielt es den Namen „Carnallit". Ein wenige Jahre nach der Staßfurter Entdeckung im benachbarten Leopoldshall gefundenes Kalimineral besaß einen hohen Anteil an Kaliumchlorid, das nicht mit Magnesiumchlorid, sondern mit Magnesiumsulfat verbunden war. Es konnte daher ohne Aufbereitung verwendet werden. Sein Name „Kainit" leitet sich von dem griechischen Wort für „neu" ab.

Das Siedesalz wurde damals aus den oberirdischen Solequellen gewonnen und diente neben der Verfeinerung von Speisen vor allem der Konservierung von Lebensmitteln. Der Bedarf war hoch, und mit dem rasanten Bevölkerungswachstum zu Beginn des 19. Jahrhunderts stiegen die Salzpreise. Die preußische Verwaltung entschloss sich deshalb, die neuesten Bergbautechniken einzusetzen, um in der Nähe der Solequellen weitere Salzvorkommen zu erschließen und begann um die Jahreswende 1851/52 mit dem Bau von zwei Schächten.

Bei den Arbeiten an diesen Schächten durchstießen die Bergleute zu Beginn des Jahres 1856 auch Salzschichten, die durch ihren bitteren Geschmack auffielen und deshalb als unbrauchbar galten. Der anfallende Rückstand wurde zunächst als Abfall auf eine Halde geschüttet. Bei Fertigstellung der Schachtanlage Ende 1856 hatten sich etwa 600 Tonnen dieses Rückstandsalzes angesammelt. Chemische

Analysen ergaben, dass es sich bei dem Mineral um ein Doppelsalz handelte, das aus Kaliumchlorid und Magnesiumchlorid bestand. Es erhielt den Namen Carnallit (siehe Kasten).

Die Ergebnisse der chemischen Untersuchungen weckten schon bald das Interesse der Rübenbauern aus der Umgebung Staßfurts. Als die preußischen Behörden 1857 das Rückstandsalz zum Verkauf anboten, fanden sich schnell Landwirte, die mit dem Mineral Probedüngungen vornahmen. Noch im selben Jahr veranlasste das preußische Landesökonomiekollegium Düngungsversuche in den landwirtschaftlichen Forschungsanstalten von Frankenfeld (Provinz Hannover), Poppelsdorf (Bonn) und Proskau (Schlesien). Doch nicht nur die Landwirtschaft interessierte sich für den Carnallit. Während in den Agrarbereich nur geringe Mengen Kalium gingen, kauften chemische Fabriken in Magdeburg, Berlin und Aussig das neue Mineral in großen Mengen. Sie hofften, daraus Kaliumchlorid zu gewinnen, das bei der Herstellung chemischer Substanzen wie Kalisalpeter und Alaun eingesetzt wurde.

Schon nach wenigen Monaten, Ende 1857, waren die beim Abteufen der beiden Staßfurter Schächte aufgeschütteten Rückstandshalden aufgebraucht. Wegen der starken Nachfrage wurde mit großem Aufwand ein eigener Bereich zum Abbau des Kalis im Steinsalzbergwerk aufgeschlossen. 1861 war es dann so weit: Der erste Kalibergbau der Welt (siehe Bild rechts) begann mit der Förderung des kostbaren Carnallit. Er begründete die große Tradition des deutschen Kalibergbaus, die bis in unsere Tage reicht.

Die Erfolge der preußischen Behörden in Staßfurt führten im benachbarten Herzogtum Anhalt dazu, dass auch dort nach Steinsalz und Kali gebohrt wurde. 1863 nahmen zwei Schächte in Leopoldshall bei Staßfurt die Förderung auf. 1865 entdeckte man dort ein Kalisalz, das hochwertiger war als der Staßfurter Carnallit: der „Kainit". So kam es, dass Leopoldshall innerhalb weniger Jahre die Fördermengen von Staßfurt übertraf. Beide Abbaugebiete bildeten ein Revier, das mehr als 20 Jahre lang die gesamte Kaliförderung der Welt auf sich vereinigte.

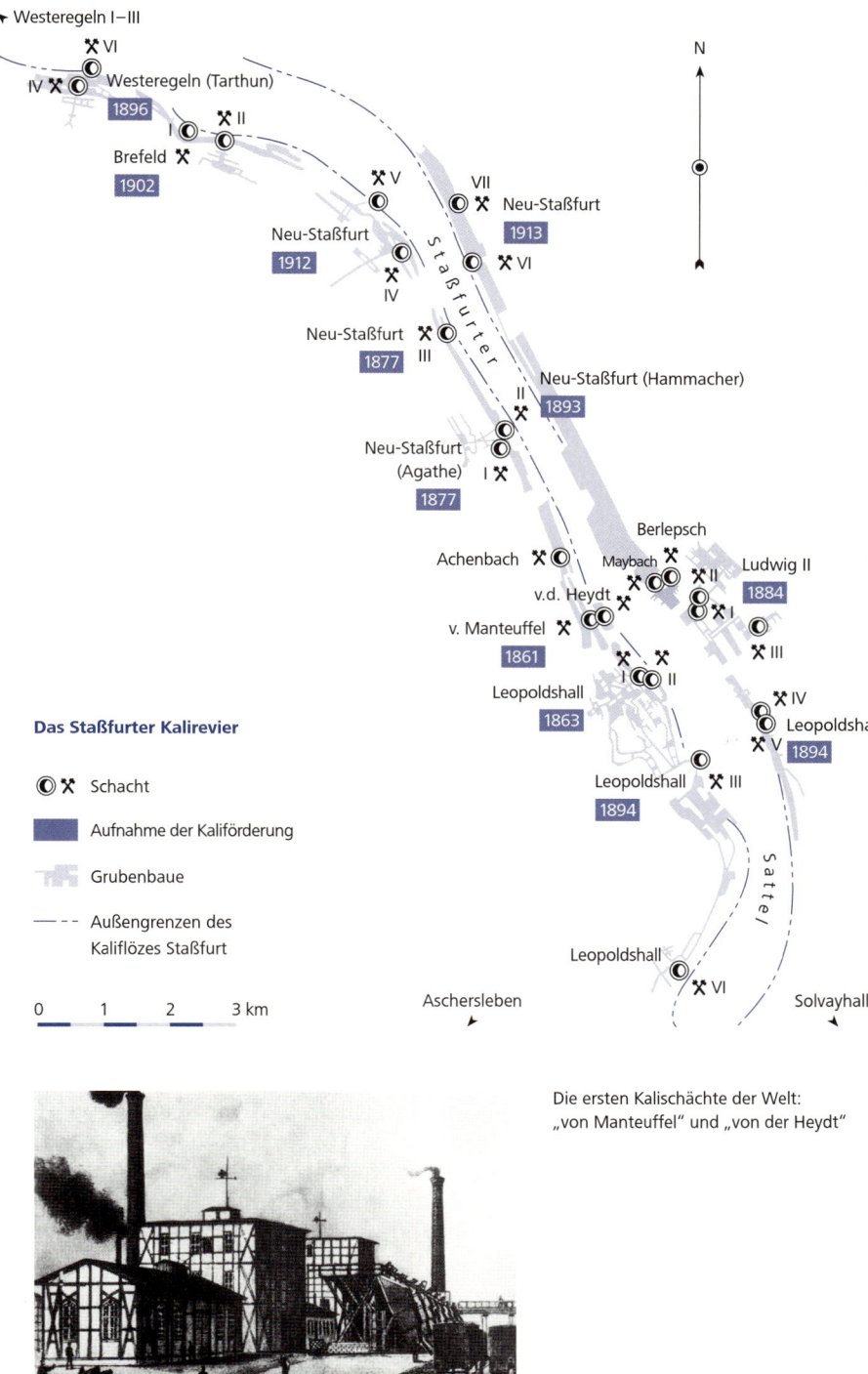

Das Staßfurter Kalirevier

◎ ✗ Schacht

▬ Aufnahme der Kaliförderung

⛏ Grubenbaue

– · – Außengrenzen des Kaliflözes Staßfurt

0 1 2 3 km

Die ersten Kalischächte der Welt: „von Manteuffel" und „von der Heydt"

GRÜNDERJAHRE UND GRÜNDERKRISEN (1861–1878)

links Die Firma „Vorster & Grüneberg", aus der später die „Chemische Fabrik Kalk" hervorging, gehörte zu den Pionieren der Staßfurter Kaliindustrie: Das Bild zeigt das Stammwerk des Unternehmens in Kalk bei Köln 1859.

Deutschland im „Chlorkaliumfieber"

Die Entdeckung der Kalilager in Staßfurt und Umgebung löste eine wahre Goldgräberstimmung aus. Die Zeitgenossen sprachen von einem „Chlorkaliumfieber", das um 1860 zahlreiche Pioniere der aufstrebenden deutschen Chemieindustrie erfasste und zur Gründung der ersten Kalifabriken rund um das Abbaugebiet Staßfurt führte. Den Anfang machte im Juni 1861 eine kleine Fabrik in der Nähe von Magdeburg. Innerhalb von nur drei Jahren entstanden in und um Staßfurt 17 weitere Kali verarbeitende Betriebe. Es war die Gründerzeit der Kaliindustrie in Deutschland.

Zu den Pionieren dieses Industriezweiges gehörte Adolph Frank, Betriebschemiker einer Staßfurter Zuckerrübenfabrik. Er war einer der Ersten, der die Bedeutung der Staßfurter Rückstandssalze für Industrie und Landwirtschaft erkannte und sich für ihre wirtschaftliche Nutzung einsetzte. Frank entwickelte ein Verfahren zur Trennung des Kaliumchlorids vom Magnesiumchlorid und eröffnete im Oktober 1861 eine eigene Kalifabrik.

Etwa zur gleichen Zeit wie Frank errichtete die in Kalk bei Köln ansässige Firma Vorster & Grüneberg in Staßfurt ein Werk zur Produktion von Kaliumchlorid, das im Januar 1862 den Betrieb aufnahm. Das 1858 gegründete Kalker Unternehmen gehörte zu den größten deutschen Salpeterproduzenten. Treibende Kraft der Staßfurter Gründung war der Chemiker Hermann Julius Grüneberg, der wie Frank ein eigenes Verfahren (siehe Kasten) entwickelt hatte, um aus carnallitischem Rohsalz reines Kaliumchlorid zu gewinnen. Grünebergs Methode setzte sich schnell durch und wird im Grundsatz noch heute bei der Verarbeitung von sylvinitischen Rohsalzen angewandt.

Adolph Frank – ein vielseitiger Unternehmer

Adolph Frank (1834–1916) war einer jener erfindungsreichen und tatkräftigen Chemiker, die die neuesten Erkenntnisse der Wissenschaft in industrielle Verfahren umsetzten und so zu Unternehmern wurden. Durch die Errichtung einer eigenen Kalifabrik in Staßfurt und die Verbreitung des Kalidüngers gehörte er zu den Mitbegründern der Kali- und Düngemittelindustrie. 1876 wechselte der umtriebige Chemiker in die Geschäftsleitung einer Glasfabrik in Charlottenburg und setzte dort als Erster braune Flaschen zum Schutz des Bieres vor Licht und Wärme ein. In den folgenden Jahren führte Frank die Pasteurisierung des Biers ein, entwickelte neuartige Email- und Glaspasten und engagierte sich für die Verwendung von Thomasschlacke als Düngemittel. Um seinen Wirkungskreis zu erweitern, machte sich Frank

1885 als Berater und Zivilingenieur selbstständig. In den folgenden Jahren erkannte er den Wert des Torfs als Heizmaterial und förderte den Bau von elektrischen Kraftwerken in Moorgebieten. Er war an der Gründung zahlreicher Zellulose-Fabriken in Europa beteiligt und begründete die Zellstoffindustrie in Ostpreußen. Frank forschte auf dem Gebiet der Sprengstoffe und arbeitete eine Zeit lang als Berater der Nobel-Dynamit-AG. Zudem entwickelte er ein Verfahren zur Bindung von Stickstoff an Calciumcarbid und baute 1908 die erste Kalkstickstoff-Fabrik in Deutschland, das dadurch nicht mehr auf den Import von Chile-Salpeter angewiesen war. Frank verfügte über zahlreiche Patente und Unternehmensbeteiligungen. Seine letzten Arbeiten galten der Erzeugung von Wasserstoffgas für die Luftfahrt.

Grünebergs Verfahren zur Gewinnung von Kaliumchlorid

Hermann Julius Grüneberg entwickelte sein Verfahren zur Gewinnung von Kaliumchlorid aus carnallitischen Rohsalzen unter Nutzung zahlreicher Vorarbeiten. Bei dem so genannten Heißlöseverfahren, das Grüneberg zum ersten Mal 1860 auf dem Gelände der späteren Chemischen Fabrik Kalk erfolgreich testete, wird das Rohsalz gemahlen und in heißem Wasser gelöst. Dabei löst sich der Carnallit vollständig auf, während Steinsalz und Kieserit weitgehend ungelöst bleiben. Die Feststoffe werden von der kalihaltigen Lauge abgetrennt. Kühlt diese Lösung ab, so kristallisiert Kaliumchlorid aus. Zurück bleibt die Mutterlauge, die beim Eindampfen so genannten künstlichen Carnallit ausscheidet, aus dem durch erneutes Kühlen und Lösen weiteres Kaliumchlorid gewonnen wird.

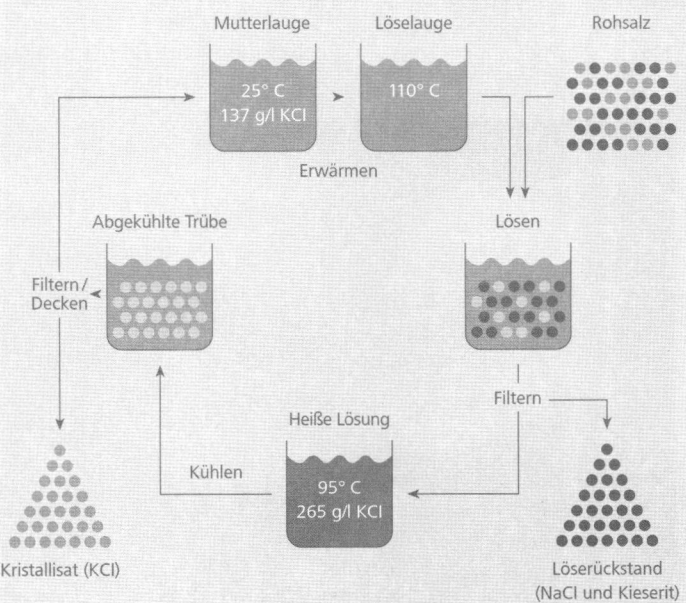

Heißlöseverfahren

Erste Erfolge des Kalidüngers

Das in den Staßfurter Kalifabriken gewonnene Kaliumchlorid ging in den ersten Jahren überwiegend in die chemische Industrie und diente dort vor allem zur Herstellung von Konversionssalpeter, der nahezu vollständig zu Schießpulver und Sprengstoffen verarbeitet wurde. Der Absatz kalihaltiger Düngemittel spielte zunächst nur eine untergeordnete Rolle. Frühe Versuche, mit dem unbehandelten Carnallit zu düngen, waren fehlgeschlagen.

Bedeutung gewann die Düngerproduktion für die Kaliindustrie erst, als die schnell wachsende Zahl der Kalifabriken 1864/65 zu einem rapiden Preisverfall führte. In dieser Situation verschärfter Konkurrenz und unter dem Druck der Überproduktion entdeckte Grüneberg, wie vor ihm schon Frank, die Landwirtschaft als lukrativen Markt. Der tatkräftige Chemiker unternahm sogleich Versuche mit dem neuen Düngemittel. Mit den Ergebnissen dieser Arbeiten warb Grüneberg in Vorträgen, Aufsätzen und Anzeigen für die Verwendung von schwefelsaurem Kalium und Kaliumchlorid als Düngemittelzusatz. Der Erfolg dieser Marketingstrategie war verblüffend: Frank und Grüneberg schufen sich einen Markt mit stabilen Preisen, den sie über Jahre beherrschten. Auch wenn die Absatzzahlen in den ersten Jahren gering waren, so war der Durchbruch geschafft und Kali als Düngemittel etabliert.

Grüneberg ging noch einen Schritt weiter: Zusammen mit seinem Partner Vorster kaufte er 1864 in Hessen-Nassau Phosphoritgruben und begann in Kalk bei Köln mit der Produktion von Superphosphat, der zu Phosphatdünger verarbeitet wurde. Zur gleichen Zeit baute die Firma Vorster & Grüneberg in Raderberg bei Köln eine Anlage, mit der sie aus „Gaswasser" Ammoniumsulfat gewann und daraus Stickstoffdünger herstellte. Damit waren Vorster & Grüneberg die Ersten, die mit Kali, Phosphat und Stickstoff alle drei Hauptkomponenten der Mineraldüngung herstellten – 25 Jahre nachdem Justus von Liebig den Einsatz mineralischer Düngemittel gefordert hatte. Das Unternehmen, aus dem 1892 die „Chemische Fabrik Kalk" hervorging, entwickelte sich im Laufe der Jahre zu einem der bedeutendsten Düngemittelhersteller Deutschlands und kam schließlich über die Salzdetfurth AG zur späteren Kali und Salz.

von links nach rechts

Der Chemiker Hermann Julius Grüneberg (1827–1894) gehörte zu den Pionieren der deutschen Kali- und Düngerindustrie. Er baute in Staßfurt eine der ersten Kalifabriken, entwickelte das Heißlöseverfahren und propagierte früh den Einsatz von Kalidünger.

Das Stammwerk von „Vorster & Grüneberg" in Kalk bei Köln im Jahr 1876: Das Unternehmen entwickelte sich innerhalb weniger Jahre zu einem der führenden Hersteller von Mineraldünger.

Kalifabrik der Firma „Zimmer & Co." bei Staßfurt im Jahr 1881. Das Unternehmen gehörte zu den ersten Produzenten von Kaliumchlorid.

Gründerjahre der Kaliindustrie

Die Krise von 1864/65 war schnell überwunden. Zu stark war die Dynamik des neuen Industriezweiges. Die kleinen Kalifabriken verschwanden oder wurden von den großen übernommen. Diese rationalisierten ihre Produktion und nutzten die Möglichkeiten des Carnallits besser. Neben dem Hauptprodukt Kaliumchlorid stellten die Kalifabriken verstärkt Folgeprodukte wie Kaliumnitrat und Kaliumsulfat her, die in der Industrie zum Einsatz kamen. Zudem entwickelte die Kaliindustrie auf der Grundlage des Rohsalzes neue Produkte: Neben dem Kalidünger für die Landwirtschaft waren dies unter anderem Glaubersalz für die Glasindustrie und Bittersalz, das vor allem im medizinischen Bereich zum Einsatz kam. Ein weiterer Impuls zur Überwindung der Krise ging von den staatlichen Bergwerken aus: Sie schlossen 1865 eine lose Kartellvereinbarung und halbierten den Preis für Carnallit, so dass die Kalifabriken kostengünstiger produzieren konnten. Der im selben Jahr in Leopoldshall entdeckte Kainit, der sich besonders gut als Düngemittel eignete, belebte in den folgenden Jahren das Kaligeschäft.

Die Kalikonjunktur und der im Vorfeld der Reichseinigung von 1871 einsetzende allgemeine Wirtschaftsaufschwung führten zu weiteren Firmengründungen. Allein in den Jahren 1871 und 1872 entstanden zwölf neue Fabriken, so dass sich die Gesamtzahl von 21 auf 33 erhöhte. Die Bedingungen für Neugründungen im Bereich der Kaliindustrie waren günstig: Es gab keine Beschränkungen durch Patentrechte und Konzessionsbestimmungen; die staatlichen Bergwerke, die den Rohstoff lieferten, gewährten bis zu viermonatige Zahlungsfristen; die Technologie war relativ leicht zugänglich und einfach, so dass der Aufbau einer Fabrikanlage leicht finanzierbar war. Die Preise hingegen stiegen weiter: Kosteten 100 Kilogramm 80-prozentiges Kaliumchlorid 1869 durchschnittlich 13 Mark, so waren es auf dem Höhepunkt des Kalibooms Anfang 1872 etwa 20 Mark.

Das Staßfurter Kalirevier um 1870

Die Gründung von Kalifabriken löste rund um Staßfurt eine kleine industrielle Revolution aus – mit all ihren Licht- und Schattenseiten. Die neuen Fabriken verwandelten zusammen mit den Bergwerken die ehemals ländliche Gegend in eine Industrielandschaft: Fast 200 Schornsteine und zahlreiche Fördertürme prägten um 1870 das Bild des neuen Industrierreviers. Die Zustände waren zum Teil chaotisch: Es fehlten feste Wege, so dass Passanten und Fuhrwerke im Winter im Matsch versanken. Der Rauch der Fabriken verpestete die Luft. Immer mehr Menschen aus zahlreichen Ländern Europas drängten sich auf engstem Raum: 1867 beschäftigten die Kalifabriken bereits 1.000 Arbeitskräfte. Bis 1872 hatte sich diese Zahl verdreifacht. Schnell bildete sich ein Proletariat, das zum Teil unter unwürdigen Bedingungen lebte und arbeitete. Die Sitten waren rau und die Kriminalitätsrate hoch. Immer wieder kam es zu Messerstechereien mit zahlreichen Toten.

Ein kleiner Markt mit großen Perspektiven

Auf dem Höhepunkt der Kalikonjunktur im Jahr 1872 hatte der in der Landwirtschaft eingesetzte Kalidünger nur einen Anteil von etwas mehr als fünf Prozent an den Erzeugnissen der Kaliindustrie. Die Preise für Kalidünger waren niedrig, aber dafür stabil. Die Fabriken von Frank und Grüneberg boten ihr Hauptprodukt, rohes Kaliumsulfat, bis in die 1870er Jahre konstant für drei Mark je 100 Kilogramm an.

Trotz der kleinen Mengen und niedrigen Preise war der Düngemittelmarkt für die Kaliindustrie von besonderer Bedeutung. Denn hier lag die Zukunft. Wer etwas von der modernen Landwirtschaft verstand, wusste um das Potenzial der mineralischen Düngung und insbesondere des Kalis. So war es kein Zufall, dass Franks Kalidüngemittel auf der Leistungsschau der modernen Industriegesellschaft, der Pariser Weltausstellung von 1867, eine Goldmedaille erhielten. Die Ehrung galt einer zukunftsträchtigen Innovation im Bereich der Agrarindustrie.

Der Erfolg der Kalidüngung hing wesentlich davon ab, dass wissenschaftliche Forschungen und praktische Versuche der Herstellung und Anwendung des neuen Düngemittels eine sichere Basis gaben. Liebig selbst forderte bereits 1865 verstärkte Anstrengungen in diese Richtung und ermutigte Frank, mit seinen Versuchen fortzufahren. Überall in Deutschland machten sich Theoretiker und Praktiker daran, die Möglichkeiten des neuen Düngemittels zu erforschen. Gegen Ende der 1860er Jahre erschienen die ersten Schriften über die Kalidüngung und führten im Verlauf der 1870er Jahre zu einem immer stärkeren Einsatz von Kalidüngemitteln in der Landwirtschaft.

Mit den zunehmenden Erfolgen bei der Anwendung des Staßfurter Kalidüngers und der Verbreitung dieser Erkenntnisse wuchs auch die Nachfrage – und das weltweit. Zu den bedeutendsten Abnehmern des Kalidüngers gehörten neben europäischen Ländern schon früh die USA, deren fortschrittliche

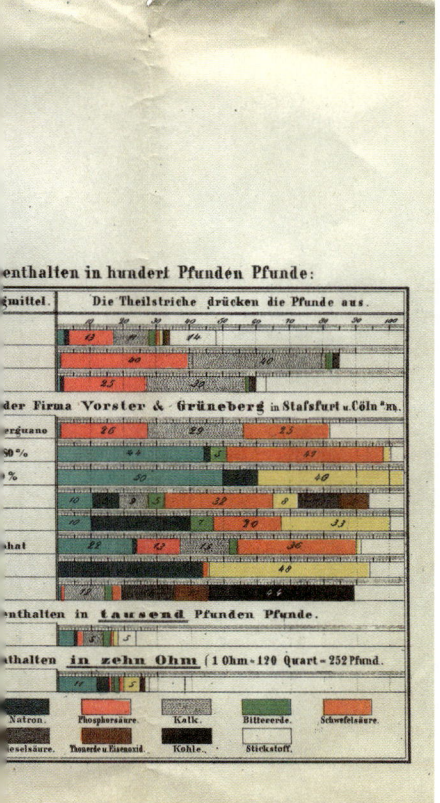

Farmer das Düngemittel seit 1866 vor allem im Tabak- und Baumwollanbau einsetzten. Mit großen Frachtseglern wurde das Kali von Hamburg nach Amerika verschifft. Später kamen Länder wie Ceylon, Brasilien und Kuba hinzu. Bis 1880 stieg die Produktion von Kalidünger auf gut 29.000 Tonnen K_2O (siehe Glossar), von denen etwa 25.000 Tonnen K_2O in den Export gingen. Damit war der Kalidünger zum erfolgreichsten Produkt der Kaliindustrie aufgestiegen. Sein Anteil am Gesamtabsatz betrug gut 42 Prozent.

Schwierige Zeiten

Während die Nachfrage nach Kalidüngemitteln in den 1870er Jahren stetig anstieg, war die Lage im industriellen Anwendungsbereich schwierig. Die lang anhaltende Depressionsphase der europäischen Wirtschaft nach dem Börsenkrach von 1873 traf auch die Kaliproduzenten. Die wirtschaftliche Stagnation hielt bis 1878 an. Verschärft wurde die Situation dadurch, dass trotz eines schrumpfenden Marktes neue Kalifabriken entstanden. Der Konkurrenzkampf unter den großen und kleinen Fabriken, die sich alle in privatem Besitz befanden, führte

zu vorübergehenden Stilllegungen einzelner Werke, zu zahlreichen Konkursen und Übernahmen. Die Preise fielen unter 10 Mark für 100 Kilogramm 80-prozentiges Kaliumchlorid.

Die staatlichen Bergwerke, die die privaten Kalifabriken mit Carnallit oder Kainit belieferten, reagierten auf die erneute Krise des Kalimarktes 1874 mit einer Senkung der Rohsalzpreise, konnten jedoch nicht verhindern, dass der Ertrag der Kali verarbeitenden Industrie weiter sank. Der Versuch der Kalifabrikanten, durch die Gründung eines „Preisbestimmungskartells" für Kaliumchlorid im März 1876 den Niedergang der Preise zu stoppen, endete bereits nach einem Jahr: 1877 löste sich das Kartell wegen der unterschiedlichen Interessen seiner Mitglieder auf. Erst zwei Jahre später kam es zu einer dauerhafteren Kooperation in der Kaliindustrie. Die ging allerdings nicht von den Kalifabriken, sondern von den Kalibergwerken aus. Die 1879 gegründete erste „Carnallit-Konvention" leitete eine neue Phase in der Entwicklung der Kaliindustrie ein.

oben „Dünge-Tafel" von Vorster & Grüneberg aus den 1860er Jahren. Grüneberg war einer der Ersten, der den Bauern anhand von Grafiken und Tabellen den Nutzen des Kalidüngers vor Augen führte.

Der „Verein Deutscher Salinen und Bergwerke"

Als das Deutsche Reich nach dem Sieg über Frankreich 1871 das Elsass annektierte, erweiterte sich die deutsche Salzindustrie um 20 Salinen. Nun exportierten die Deutschen Salz nach Frankreich, das zum Teil in ehemals französischen Salinen gewonnen wurde. Frankreich wehrte sich gegen diese Importe mit hohen Einfuhrzöllen. Im Gegenzug forderten bald auch die deutschen Salzhersteller Schutzzölle gegen Salzimporte aus Frankreich. Um diese und andere Forderungen durchsetzen zu können, schlossen sich 47 deutsche Salzproduzenten auf Initiative des Bayerischen Salinenrates Tausch im Jahr 1875 zum „Verein Deutscher Salinen und Bergwerke" zusammen. Damals gab es 77 Salinen und 14 Salzbergwerke im Deutschen Reich, die jährlich rund 600.000 Tonnen Salz produzierten. Die Mitgliedsunternehmen des neuen Vereins repräsentierten mit einer Jahresproduktion von 210.000 Tonnen gut ein Drittel der gesamten Salzproduktion in Deutschland und knapp die Hälfte der deutschen Siedesalz-Herstellung.

Die Gewerkschaft „Douglashall"
eröffnete 1873 das erste privat
betriebene Kalibergwerk der Welt.
Das Aquarell von Otto Seeck aus
dem Jahr 1875 zeigt die Schächte
Westeregeln I und II.

DAS ERSTE PRIVATE
KALIUNTERNEHMEN DER WELT

Im Jahr 1873 eröffnete die im Besitz von Graf
Hugo Sholto Douglas befindliche Gewerkschaft
„Douglashall" 18 Kilometer nordwestlich von Staßfurt bei Westeregeln das erste private Kalibergwerk
in Deutschland. Im Bergbau bezeichnet der Begriff
Gewerkschaft eine Vereinigung von Personen zum
gemeinschaftlichen Betrieb einer Grube oder eines
Stollens. Die Gründung war durch eine Liberalisierung des preußischen Bergrechtes im Jahr 1865
möglich geworden (siehe Kasten). Bis dahin durften
allein staatliche Bergwerke Kalisalz abbauen. Ein
Jahr nach der Eröffnung ihres Bergwerks baute die
Gewerkschaft Douglashall gleich neben den Förder-
türmen eine eigene Kalifabrik. Ein entscheidender
Schritt in der Entwicklung der deutschen Kaliindus-

trie: Erstmals betrieb ein Kalibergwerk eine Kalifabrik. Bis dahin gab es eine klare Arbeitsteilung:
Die staatlich betriebenen Bergwerke beschränkten
sich auf die Förderung des Kalirohsalzes, das die
privat geführten Kalifabriken von ihnen kauften
und verarbeiteten.

Indem die Gewerkschaft Douglashall
den Betrieb eines Bergwerks mit dem einer Fabrik
in einem Unternehmen verband, schuf sie eine
zukunftsträchtige, weil effiziente Verbindung von
Förderung und Verarbeitung des Kalisalzes. Als
erstes modernes Kaliunternehmen produzierte
Douglashall das Kaliumchlorid viel billiger als die
Konkurrenz und eroberte schnell einen großen
Teil des Marktes. Im Januar 1881 wandelte Graf

links Ein Pionier der deutschen
Kaliindustrie: Graf Hugo Sholto
Douglas (1837–1912), der Gründer
von Douglashall

rechts Das Stein- und Kalisalzberg-
werk Douglashall im Jahr 1888:
Im Vordergrund ist das Laboratorium
zu sehen, links die Kaliumchloridfabrik, in der Mitte Schacht I mit
hölzernem Turm und rechts Schacht II
mit eisernem Fördergerüst.

Douglas die Gewerkschaft Douglashall in die
„Consolidirte Alkaliwerke, Aktiengesellschaft für
Bergbau und Chemische Industrie zu Westeregeln"
um. 1922 fusionierten die Consolidirten Alkaliwerke
Westeregeln mit der „Kaliwerke Aschersleben AG"
und der „Kaliwerke Salzdetfurth AG". Auf diese
Weise wurde das erste private Kaliunternehmen
der Welt zu einem Vorläufer der heutigen K+S.

Douglas war nicht der erste Privatunterneh-
mer, der nach Kali suchte. Bereits 1869 hatte eine
private Gesellschaft im Staßfurter Raum mit Probebohrungen begonnen. Aus ihr ging die Gewerkschaft „Neu-Staßfurt" hervor, die vier Jahre nach
Douglashall, 1877, die Förderung von Carnallit und
Kainit aufnahm. Eine eigene Kalifabrik gründete die
Gesellschaft erst 1883. Zu diesem Zeitpunkt hatte
Douglas' Unternehmenskonzept schon längst zahlreiche Nachahmer gefunden. Sowohl Douglashall
als auch Neu-Staßfurt sahen sich von Anfang an
zahlreichen Behinderungen der preußischen Bergbehörde ausgesetzt. Den preußischen Beamten
waren die privaten Bergwerke ein Dorn im Auge.
Sie versuchten, die beiden bestehenden Unternehmen zur Aufgabe zu zwingen und die Entstehung
weiterer privater Kalibergwerke zu verhindern.
Der Erfolg von Douglashall und Neu-Staßfurt beendete diese Blockadepolitik: Ende der 1870er Jahre
entschlossen sich die staatlichen Bergwerke zu
einer Kooperation mit den privaten. Das war die
Geburtsstunde der ersten „Carnallit-Konvention"
von 1879.

Preußen gibt den Salzbergbau frei

Die in Staßfurt und Umgebung betriebenen
Bergwerke waren in staatlichem Besitz.
Das galt nicht nur für die preußische Seite,
sondern auch für die anhaltinische. Erst das
Preußische Allgemeine Berggesetz von 1865,
das den deutschen Bergbau mehr als ein
Jahrhundert lang prägte, hob dieses Monopol
auf. Privaten Unternehmen war nun erlaubt,
„Steinsalz nebst den mit demselben auf der
nämlichen Lagerstätte vorkommenden Salzen"
– damit war vor allem das Kalisalz gemeint –
zu suchen und abzubauen. Da allerdings das
Monopol des staatlichen Salzhandels erhalten
blieb, war es mit der neuen Freiheit nicht
weit her. Erst das Gesetz zur Liberalisierung
des Salzhandels, das der Norddeutsche Bund,
zu dem auch Preußen gehörte, 1867 erließ,
eröffnete den privaten Investoren tatsächlich
die Möglichkeit, eigene Bergwerke zu errichten.
Das Herzogtum Anhalt folgte dem preußischen
Beispiel, allerdings nur für kurze Zeit, und
hob das Salzbergbaumonopol des Staates
zwischen 1875 und 1883 auf. Als Ausgleich
für die Aufgabe des Salzmonopols führten die
Regierungen eine Salzsteuer ein, die bis 1993
in Kraft blieb.

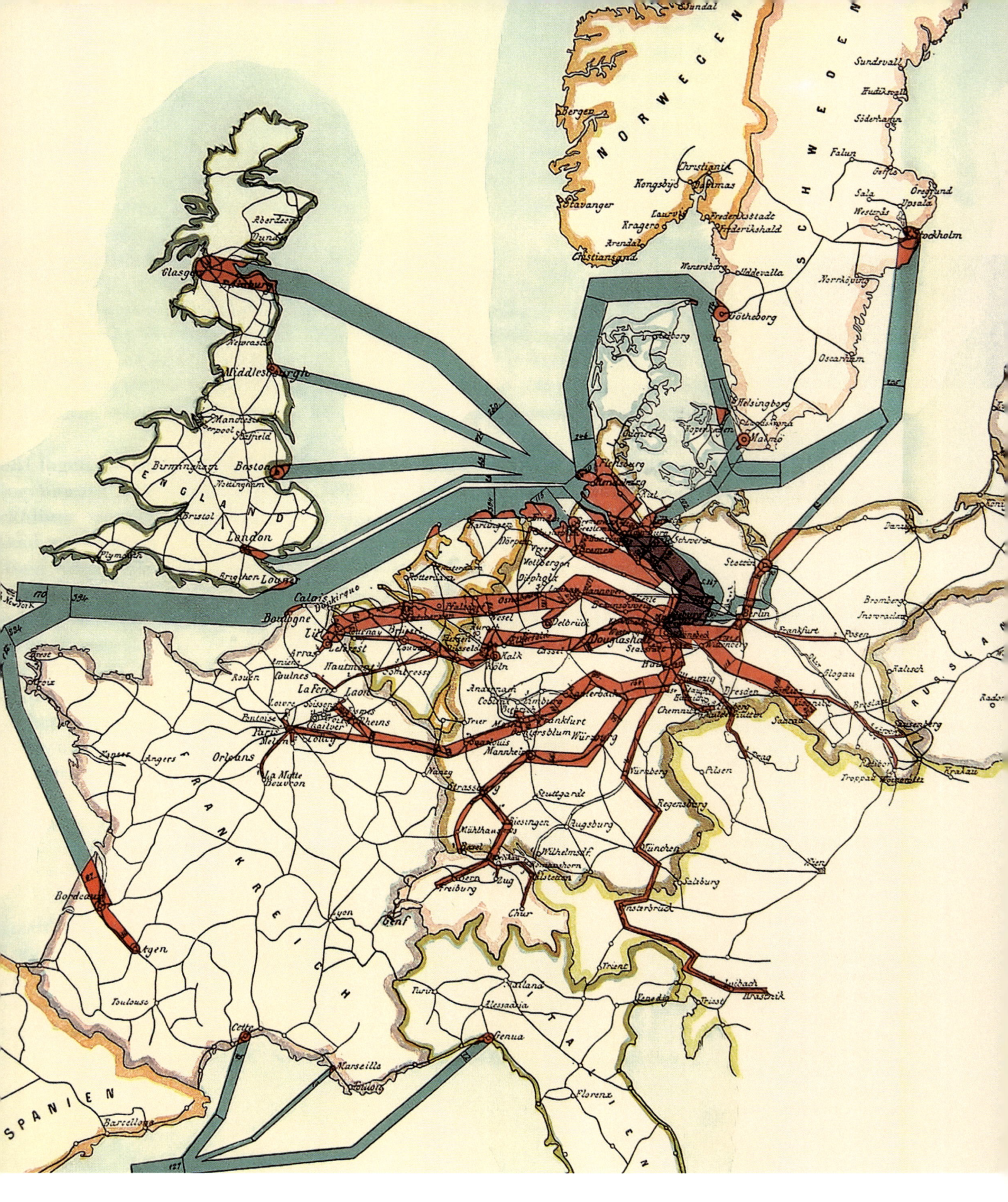

DER SIEGESZUG DES KALIDÜNGERS (1879–1888)

Der Aufstieg des Düngemittels Kainit

Mit der ersten Carnallit-Konvention vom Februar 1879 setzten die beiden staatlichen Bergwerke (Staßfurt und Leopoldshall) und die beiden privaten Bergwerke (Douglashall und Neu-Staßfurt) Maßstäbe, die alle folgenden Übereinkommen und Kartelle der Kaliwirtschaft prägten. Gegenstand der Vereinbarung war eine Festsetzung der Höhe des Carnallit-Absatzes an die Kalifabriken. Ausgenommen von dieser Regelung war nur die im Besitz von Douglashall befindliche Kalifabrik. Jedes Bergwerk bekam eine bestimmte Förderquote zugeteilt. Festgelegt wurde auch, welche Kalifabrik von welchem Bergwerk wie viel Carnallit beziehen durfte. Zudem wurde durch die Konvention der Grundpreis für Carnallit um 25 Prozent erhöht.

Damit begann der Aufstieg des Kainits als Mineraldünger. Zwar war das Rohsalz schon seit 1865 auf dem Markt, konnte sich jedoch nach anfänglichen Erfolgen aufgrund seines hohen Preises zunächst nicht gegenüber dem billigeren Carnallit-Dünger durchsetzen. Erst als 1875 das Handelsmonopol einer Dessauer Firma aufgehoben und außer in Leopoldshall auch in Staßfurt und Neu-Staßfurt Kainit gefunden wurde, sanken die Preise. Als die Carnallit-Konvention dann auch noch die Preise für Carnallit erhöhte, stieg die Nachfrage nach Kainit.

Die Gewerkschaft Neu-Staßfurt nutzte die Chance und eroberte mit preiswertem Kainit innerhalb kürzester Zeit große Teile des Düngemittelmarktes. Um eine Monopolstellung zu verhindern, drängte der preußische Staat schon bald auf eine vertragliche Regelung, die im April 1880 in Gestalt der ersten „Kainit-Konvention" zustande kam. Sie ergänzte die Carnallit-Konvention, beschränkte sich jedoch bei der Festlegung der Absatzquoten und Mindestpreise auf den landwirtschaftlichen Absatzmarkt.

Beide Kartelle stabilisierten den Markt und stießen deswegen auf große Akzeptanz bei den Bergwerken, aber auch bei den Kalifabriken: Bis 1882 stieg die Gesamtfördermenge an Kalirohsalzen auf den Rekordwert von 1,2 Millionen Tonnen. Die Kartelle gerieten jedoch schon 1883 ins Wanken, als mit der privaten Gewerkschaft „Kaliwerke Aschersleben" ein neuer, aggressiver Wettbewerber das Feld betrat.

Konventionen und Kartelle

1865 Loses Preiskartell der staatlichen Bergwerke Staßfurt und Leopoldshall

1876 „Preisbestimmungskartell" der Kalifabriken

1879 Erste „Carnallit-Konvention" der Bergwerke (Festlegung von Förder- und Bezugsquoten sowie eines Grundpreises)

1880 Erste „Kainit-Konvention" der Bergwerke (Festlegung von Förder- und Bezugsquoten sowie eines Mindestpreises für den Agrarbereich)

1883 „Chlorkalium-Verkaufs-Syndikat" der Kalifabriken (Festlegung einheitlicher Preise)

1883 Zweite „Carnallit-Konvention" der Bergwerke (Festlegung von Förder- und Bezugsquoten sowie eines Grundpreises)

1884 Zweite „Kainit-Konvention" der Bergwerke (Festlegung von Förder- und Bezugsquoten sowie eines Mindestpreises für den Agrarbereich)

1888 Erstes „Kali-Syndikat" (Regulierung und Förderung des gesamten Kalimarktes)

links Die Verkaufskarte der „Consolidirte Alkaliwerke Westeregeln" zeigt einen Ausschnitt der Wege des Kalis im Jahr 1881.

Die „Kaliwerke Aschersleben"

Die neue Gesellschaft „Kaliwerke Aschersleben" war ursprünglich ein englisches Unternehmen, das seit 1876 versuchte, in der deutschen Kaliindustrie Fuß zu fassen. Unter Führung des Generaldirektors Hermann Schmidtmann, der das nahe bei Staßfurt gelegene Bergwerk für zehn Millionen Mark kaufte, entwickelte sich Aschersleben schnell zu einem der größten deutschen Kaliunternehmen. Durch die Fusion mit der Consolidirte Alkaliwerke Westeregeln AG und der Salzdetfurth AG 1922 gehört es zu den Vorläuferunternehmen der K+S.

Aschersleben, das nicht in das Carnallitkartell eingebunden war, unterbot die Kartellpreise und eroberte sich damit schnell große Marktanteile. Die Kartellmitglieder nahmen Verhandlungen mit dem Neuling auf, so dass es 1883 zu einer zweiten Carnallit-Konvention kam. Durch die neuen Vereinbarungen erhielten die drei privaten Kalibergwerke größere Anteile, während die Anteile der beiden staatlichen Bergwerke unter 50 Prozent fielen. Die Fördermenge der privaten Kaliunternehmen stieg in den folgenden Jahren noch durch den Beitritt von zwei weiteren privaten Bergwerken: die Staßfurter Gewerkschaft „Ludwig II" (1884), deren Bergwerk sich als erstes im Besitz einer Kalifabrik befand, sowie die Gewerkschaft „Hercynia" bei Vienenburg in der preußischen Provinz Hannover (1886), die das erste außerhalb des Staßfurter Raumes liegende Kalibergwerk betrieb.

Die Kaliwerke Aschersleben wirbelten nicht nur den Carnallit-Markt durcheinander. Auch beim Kainit sprengten ihre preisgünstigen Angebote die Konvention und erzwangen die Vereinbarung einer zweiten Kainit-Konvention im Jahr 1884. Auch dieses Kartell legte für den Absatz im Agrarbereich Quoten fest und regulierte so einen schnell wachsenden Markt: Das Kainit hatte sich innerhalb von zehn Jahren zum erfolgreichsten Kalidüngemittel entwickelt. Und das nicht zuletzt dank der intensiven Werbung des Kainitkartells.

oben Die Gewerkschaft „Kaliwerke Aschersleben" wirbelte durch ihre aggressive Preispolitik den Kalimarkt durcheinander. Das Werksbild stammt aus der Zeit um 1900.

unten Die 1885 gegründete „Deutsche Landwirtschafts-Gesellschaft" arbeitete in Fragen der Kalidüngung eng mit dem Kalisyndikat zusammen. Sie sammelte Daten und warb für den verstärkten Einsatz von Kalidünger.

Die Gewerkschaft „Hercynia" errichtete 1886 bei Vienenburg das erste Kalibergwerk außerhalb des Staßfurter Raums und gehörte zu den frühen Mitgliedern der Carnallit-Konvention.

Die Mineraldüngung setzt sich durch

Für den großen Erfolg des Düngemittels „Kainit" war die Zusammenarbeit des Kainitkartells mit der 1885 gegründeten Deutschen Landwirtschafts-Gesellschaft (DLG) von großer Bedeutung. Einer ihrer Mitbegründer und Leiter der Düngeabteilung, der Rittergutsbesitzer Albert Schultz-Lupitz, initiierte 1885 einen Vertrag, der die DLG zu einem der größten Abnehmer von Kainit-Dünger machte.

Wie die DLG traten auch andere Organisationen und Interessenvertretungen der Landwirtschaft als Mittler zwischen der Kaliindustrie und den Bauern auf. Sie kauften und vertrieben Kalidünger im großen Stil. Diese Verbände warben bei ihren Mitgliedern nicht nur für den Einsatz von Kalidüngemitteln, sondern für den Mineraldünger überhaupt. Sie machten sich damit zum Motor der Modernisierung der deutschen Landwirtschaft in den 1880er Jahren. Die Mineraldüngung trug neben dem Einsatz moderner Maschinen und leistungsfähigerer Fruchtarten zu den erheblichen Ertragssteigerungen bei. Zeitgenössische Schriften gingen davon aus, dass die Ernteerfolge der deutschen Landwirtschaft zu 50 Prozent auf den Einsatz der neuen Düngemittel Kali, Phosphat und Stickstoff zurückzuführen seien.

Das Kali profitierte besonders stark von der Durchsetzung einer ausgewogenen Mineraldüngung, da die Defizite bei diesem Pflanzennährstoff besonders hoch waren. Der große Erfolg des Kalidüngers in den 1880er Jahren war der endgültige Durchbruch und verschob zugleich die Gewichte innerhalb der Kaliindustrie. Das Jahr 1888 markiert hier den Wendepunkt: In diesem Jahr gingen erstmals mehr als 50 Prozent der Kaliproduktion in die Landwirtschaft und nur noch rund 45 Prozent in die Industrie.

Der Erfolg der Kaliindustrie in den 1880er Jahren basierte neben dem Boom der Kalidünger auch auf den Konventionen und Kartellen. Die guten Erfahrungen mit der Regulierung des

Kalimarktes veranlassten die Kaliunternehmen, im Jahr 1888 ein Syndikat zu gründen, das alle Bereiche der Kaliproduktion und -distribution umfasste. Angesichts des rasch wachsenden Kalidüngermarktes war allen Beteiligten klar, dass eine Hauptaufgabe des Syndikats die Förderung des Kalidüngers sein würde. Denn hier lag die Zukunft der Kaliindustrie.

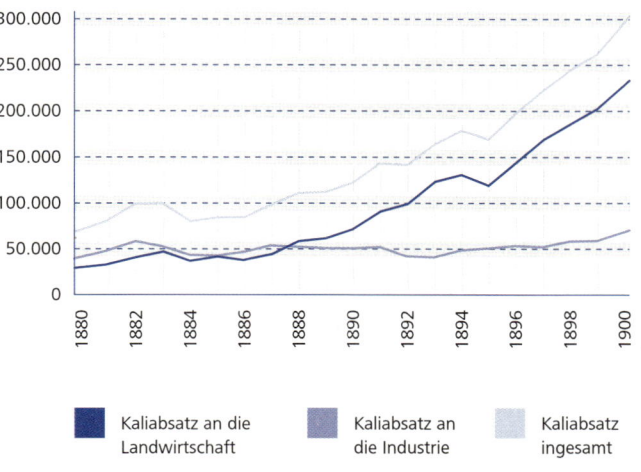

Absatz der deutschen Kaliproduzenten 1880 bis 1900 (in Tonnen K$_2$O)

KLEINE GESCHICHTE DES SALZES

Schon Kelten und Germanen schätzten das Salz als Gewürz und Konservierungsmittel. Sie gewannen es aus Meerwasser und salzhaltigen Quellen. Auch Salzbergwerke gab es zu dieser Zeit schon, allerdings nur im Tagebau. Das erste Bergwerk entstand vermutlich 1000 v. Chr. in der Nähe von Salzburg. In Nordafrika gab es Steinsalz, das fast an der Erdoberfläche lag und bereits in der Antike abgebaut wurde. Die Griechen und Römer betrieben Salzgewinnung und -handel als ein gut organisiertes und einträgliches Geschäft und setzten das Salz schon als Ausgangs- und Hilfsstoff zu gewerblichen Zwecken ein.

Zu den ältesten deutschen Salinen gehört die Anlage von Reichenhall in Bayern, die erstmals im Jahre 582 urkundlich erwähnt wird. Um das Jahr 1000 gab es 20 größere Salinen in Europa, 500 Jahre später waren es schätzungsweise 40 bis 60. Dort wurde das Salz mit Hilfe von Siedepfannen gewonnen, in denen die Salzlösung (Sole) erhitzt und durch Eindampfen Siedesalz erzeugt wurde. Im Mittelalter verbrauchten die Menschen im Jahr schätzungsweise etwa zehn Kilogramm Salz pro Person, mehr als doppelt so viel wie heute. Das lag vor allem an dem großen Bedarf an Pökelsalz.

Salz war damals ein kostbares Gut, denn die Nachfrage war groß und das Angebot knapp. Nur wenige Solequellen lieferten größere Mengen Salz. Mittelalterliche Städte wie Soest, Halle an der Saale oder Lüneburg kamen mit ihren Salinen und ihrem europaweiten Salzhandel zu großem Wohlstand. Sie gehörten zu den wenigen Städten, die das begehrte Recht besaßen, mit Salz zu handeln, das so genannte Salzregal. Sie wachten misstrauisch über ihr Privileg. Das Salz war so wertvoll, dass es sogar zu Kriegen um die Salzquellen kam.

Im Laufe der Geschichte wurde Salz immer wieder als Zahlungsmittel verwendet. Römische Legionäre bekamen zusätzlich zu ihrem Sold eine Ration Salz als Lohn, das „salarium". Davon leitet sich die heute noch gebräuchliche Bezeichnung Salär für den Lohn von Soldaten und Beamten ab. Bis heute verweisen zahlreiche Ortsnamen auf die wirtschaftliche Bedeutung des Salzes: Salzburg, Salzwedel, Salzgitter und Salzdetfurth sind Beispiele. Hinter dem Wort Hall in Ortsnamen wie Reichenhall, Schwäbisch-Hall und Halle verbirgt sich ebenfalls Salzgeschichte.

Steinsalz: Tagebau — Quellsole — Meerwasser — salzhaltige Erden — salzhaltiger Meeressand — Pflanzenasche — Körperflüssigkeit (Blut, Harn)

Auswaschen → Filtrieren → Rückstand → salzhaltige Lösung → Versieden / natürliche Verdunstung → Loses Salz → formgebende Trocknung (Feuerhitze, Sonne) → Formsalz → Salz für die menschliche Ernährung

oben Mögliche Formen der Salzgewinnung in vorgeschichtlicher Zeit (Emons/Walter, Mit dem Salz, Seite 38)

rechts Salzgewinnung im Mittelalter: Der Siedemeister schöpft die Salzkristalle aus der in einer offenen Pfanne kochenden Sole und füllt sie zum Trocknen in Körbe (links oben).

Mit der industriellen Revolution stieg der Bedarf an Salz rapide an. Das lag vor allem an der chemischen Industrie, die das Natriumchlorid als Grundstoff zur Herstellung von Soda und Chlor einsetzte – chemische Verbindungen, die unter anderem in der Textil-, Glas- und Farbenindustrie, aber auch im pharmazeutischen Bereich zum Einsatz kamen. Wurden in Deutschland im Jahr 1800 etwa 100.000 Tonnen Natriumchlorid produziert, so waren es 1888 fast 900.000 Tonnen. Die große Nachfrage führte zur Suche nach neuen Möglichkeiten der Salzgewinnung. So entstand 1824/25 bei Schwäbisch-Hall das erste Salzbergwerk Mitteleuropas außerhalb des Alpenraumes. Darüber hinaus folgten u.a. 1856 Staßfurt, 1857 Stetten, 1859 Jagstfeld und Kochendorf sowie 1885 Heilbronn. Der Anteil der Salzbergwerke an der Salzproduktion wuchs stetig. 1887 waren es bereits 38 Prozent. Das preiswertere Steinsalz aus dem Bergbau begann das Salinensalz zu verdrängen.

Ohne Salz kein Leben

Speisesalz kennt jeder: Es ist weiß, macht durstig und kostet nicht viel. Ein unscheinbares Mineral, das jedoch von großer Bedeutung ist. Denn ohne Salz gäbe es kein Leben auf der Erde. Für den Menschen ist das Speisesalz ein unverzichtbarer Bestandteil seiner Ernährung. Es ist die Quelle von Ionen, und die spielen eine lebenswichtige Rolle für den Wasserhaushalt, das Nervensystem, die Verdauung und den Knochenaufbau. Vier bis acht Gramm Salz benötigt der Mensch täglich. Doch Salz kann mehr: Es verfeinert und konserviert Speisen. Durch das Einreiben mit Salz oder Einlegen in Salzlösungen, das so genannte Pökeln, halten Fisch und Fleisch länger. Der Grund: Das Salz hemmt die Tätigkeit der zersetzenden Mikroben.

DEUTSCHLANDS KALI-INDUSTRIE.

VERLAG der

- **Expansion:** In Deutschland werden seit Mitte der 1880er Jahre neue Kalilagerstätten entdeckt

- **Wachstum:** Die Mineraldüngung trägt wesentlich zu den großen Ertragssteigerungen der deutschen Landwirtschaft um 1900 bei

- **Stabilität:** Das erste Kalisyndikat und seine Nachfolger stabilisieren den Kalimarkt

- **Exporterfolg:** Deutsches Kali sorgt für Wachstum und wird zum Exportschlager

- **Aufstieg:** Die Kaliindustrie steigt um 1900 zu einem der wichtigsten Wirtschaftszweige des Deutschen Reiches auf

- **Größe:** Wintershall, Salzdetfurth und Burbach bilden die ersten Kalikonzerne

Kapitel 2

WEGE DES WACHSTUMS.
DER AUFSTIEG DER DEUTSCHEN
KALI- UND DÜNGEMITTELINDUSTRIE

(1888–1914)

Der weltweite Erfolg des Kalidüngers aus Deutschland führte gegen Ende des
19. Jahrhunderts zur Erschließung neuer Kalireviere und zur Gründung einer Vielzahl
von Kaliwerken. Mit Unternehmen wie Wintershall, Salzdetfurth und Burbach an der
Spitze stieg die deutsche Kaliindustrie zu einem bedeutenden Wirtschaftszweig auf.
Die Kali- und Düngemittelindustrie entwickelte immer wirksamere Mineraldünger
und Düngemittelkombinationen und trug maßgeblich zum schnellen Wachstum der
deutschen Landwirtschaft um 1900 bei. Kali war aus der deutschen Landwirtschaft
nicht mehr wegzudenken und hatte sich zum Exportschlager entwickelt. Noch vor
dem Ersten Weltkrieg entstanden die ersten Konzerne, die die Geschichte der
Kaliindustrie im 20. Jahrhundert prägten.

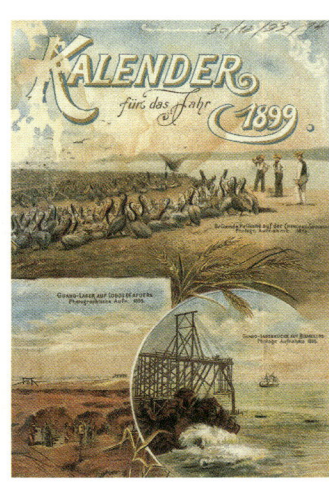

Stassfurt-Leopoldshall

Verkaufs-Syndikat d. Kaliwerke

DIE DEUTSCHE DÜNGEMITTEL-INDUSTRIE UM 1890

Die Gründung des ersten Kalisyndikats

oben Das 1888 gegründete Kalisyndikat entwickelte sich schnell zu einer zentralen Institution der deutschen Kaliwirtschaft. Sein Sitz befand sich in Staßfurt-Leopoldshall.

rechts Der Petersen-Schacht der 1893 gegründeten Gewerkschaft Glückauf-Sondershausen

im Kasten Salzgewinnung um 1890: Siedevorrichtung mit Siedepfanne (a) und Planrostfeuerung (b), bei der die Salze durch Verdampfen des Wassers gewonnen wurden.

Den ersten Konventionen und Kartellen war es in den 1880er Jahren gelungen, den unruhigen Kalimarkt der Gründerjahre zu stabilisieren. Damit war die Grundlage für das erstaunliche Wachstum der Kaliindustrie in den 1890er Jahren gelegt. Als 1888 die Carnallit- und Kainit-Konventionen ausliefen, waren sich alle Beteiligten einig, den Weg der Kartellbildung fortzusetzen. An die Stelle der vielen einzelnen Zusammenschlüsse sollte ein Syndikat treten, das alle Produktbereiche der Kaliindustrie umfasste.

Gründungsmitglieder des Syndikats von 1888 waren die beiden staatlichen Bergwerke Staßfurt und Leopoldshall sowie die privaten Gesellschaften Consolidirte Alkaliwerke Westeregeln, Neu-Staßfurt, Aschersleben, Ludwig II und Hercynia. Die selbstständigen Kalifabriken gehörten nicht dazu, verpflichteten sich aber

zur Einhaltung der sie betreffenden Syndikatsregeln. Später traten dem Syndikat die Deutsche Solvay-Werke AG in Bernburg (1889), die Werke Thiederhall in Braunschweig (1891) und Wilhelmshall in Anderbeck (1893) sowie die Gewerkschaften Glückauf-Sondershausen (1896) und Hedwigsburg (1897) bei. Dieses erste Kalisyndikat hatte bis 1898 Bestand.

Auch wenn sich alle Beteiligten über die Ziele des Syndikats einig waren, erwiesen sich die im Sommer 1888 aufgenommenen Vertragsverhandlungen doch als schwierig. Am Ende einigten sich die Bergwerke auf sieben separate Konventionen, weshalb auch vom „Syndikat der sieben Einzelverträge" gesprochen wurde. Sie legten die Absatzmengen und die Preise für die Rohsalze Carnallit und Kainit und das in den bergwerkseigenen Fabriken

Die deutsche Siedesalz- und Steinsalzindustrie im Jahr 1888

Im Jahr 1888 produzierten in Deutschland elf Salzbergwerke, 64 Salinen und zehn Fabriken rund 885.000 Tonnen Salz, das waren fast 50 Prozent mehr als 1875. Der Anteil des Siedesalzes an der Gesamtherstellung war rückläufig und betrug nur noch 55 Prozent. Bereits knapp 44 Prozent des Salzes wurden im Bergbau gewonnen. Der Rest entstand als Nebenprodukt in Fabriken. Deutschland lag bei der Salzproduktion an dritter Stelle hinter England mit zwei Millionen Tonnen und Russland mit 1,2 Millionen Tonnen. Weitere wichtige Erzeugerländer waren Portugal und Spanien mit jeweils 700.000 Tonnen, Frankreich mit 500.000 und Italien mit 242.000 Tonnen. Knapp 127.000 Tonnen der deutschen Produktion gingen in den Export. Verwendet wurde das Salz in Deutschland hauptsächlich als Speisesalz (41 Prozent) und in der Industrie (31 Prozent). Zum Vergleich: Heute beträgt der Anteil des Speisesalzes an der Salzproduktion nur noch drei Prozent. 80 Prozent gehen in die chemische Industrie und den gewerblichen Verbrauch. Im Jahr 1888 dominierte bei den industriellen Anwendungen die Produktion von Soda- und Glaubersalz, die bei der Herstellung von Glas, Textilien, Farben, Waschmitteln und Zellstoffen eingesetzt wurden. Ein geringerer Teil des Salzes ging in die Chemie-, Leder- und Metallwarenindustrie. Immerhin rund zwölf Prozent des Salzes wurden für die Viehfütterung verwendet, ein verschwindend geringer Teil bei der Düngung eingesetzt.

erzeugte Kaliumchlorid, Kieserit und Kaliumsulfat fest. Eine zentrale Verkaufsstelle, das „Verkaufs-Syndikat der Kaliwerke" mit Sitz in Staßfurt, organisierte den Absatz der Rohstoffe und Fabrikerzeugnisse.

Die staatlichen Behörden hatten gegen diese Form der Kartellbildung nichts einzuwenden. Einzig für die heimische Landwirtschaft forderte die preußische Verwaltung eine gegenüber dem Ausland bevorzugte Belieferung mit preisgünstigem Kalidünger. Die Gewährung von Sonderkonditionen fiel dem Syndikat leicht, da die Landwirtschaft große Mengen Kali orderte. Allein in den Jahren von 1889 bis 1898 wuchs der Anteil der Landwirtschaft am Kaliabsatz von knapp 55 auf 76 Prozent. 1913 waren bereits 90 Prozent erreicht; nur noch 10 Prozent gingen an die Industrie.

Landwirtschaft im Wandel

Die stetig steigende Nachfrage der Landwirtschaft nach Kalidünger beruhte auf einer grundlegenden Veränderung im Düngeverhalten der Bauern: Um 1880 hatte sich das Wissen um die Bedeutung der Mineraldüngung für das Pflanzenwachstum endgültig durchgesetzt. Zudem verfügten immer mehr Landwirte über das nötige Geld für den Kauf von industriell erzeugten Düngemitteln. Das führte in den 1880er Jahren dazu, dass die Bauern immer mehr Kalidüngemittel und andere mineralische Dünger auf ihre Felder ausbrachten. Allein der Einsatz von Kalidünger stieg in Deutschland auf 26.700 Tonnen K_2O im Jahr 1890 und trug zusammen mit dem vermehrten Einsatz von Maschinen und modernen Anbaumethoden zur Steigerung der Ernteerträge bei. So wuchs der Ertrag beim Weizenanbau von 1.460 Kilogramm je Hektar im Jahr 1880 auf 1.580 Kilogramm je Hektar im Jahr 1890. Dieser Trend setzte sich in den 1890er Jahren fort.

Vorreiter auf dem Gebiet der Mineraldüngung waren die großen Güter östlich der Elbe. Die Großgrundbesitzer Brandenburgs, Schlesiens, Pommerns und Sachsens setzten auf die neuesten Erkenntnisse der Agrarwissenschaft, um die steigende Nachfrage nach Getreide zu befriedigen. Auf riesigen Flächen bauten sie Weizen und Rüben nach wissenschaftlichen Methoden an und konnten sich damit gegenüber der hochmodernen US-amerikanischen Landwirtschaft behaupten.

Perspektiven der deutschen Düngemittelindustrie

Die Kaliindustrie profitierte vom Boom der mineralischen Düngemittel. Bereits 1890 zeichnete sich ab, dass der Bedarf an Kali bei weitem noch nicht gedeckt war. Phosphat und Stickstoff waren in Form von Knochenmehl, Guano, Superphosphat und Chilesalpeter zwar weiter verbreitet als Kali, doch auch hier war das Potenzial längst noch nicht ausgeschöpft. Im Unterschied zum Kali waren die Ressourcen bei Phosphat und Stickstoff allerdings begrenzt,

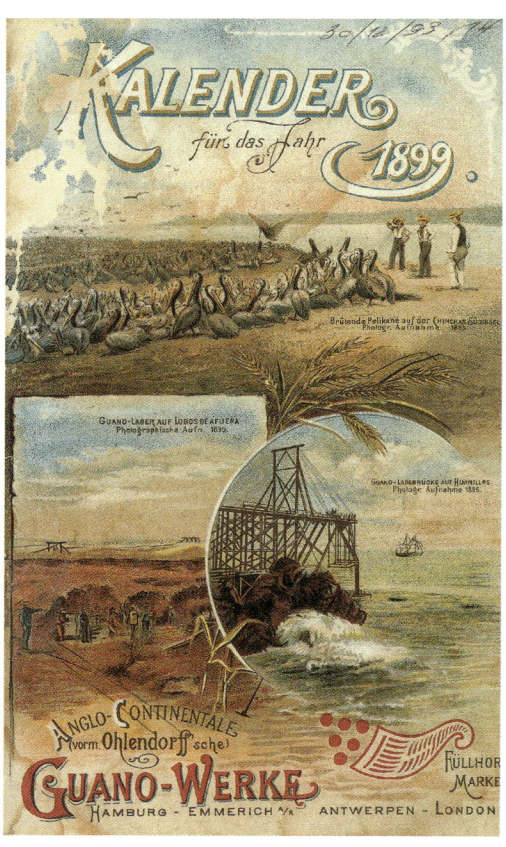

so dass die Nachfrage immer wieder das Angebot überstieg. Es drohten sogar Versorgungslücken, als sich bei dem weit verbreiteten Guano-Dünger die natürlichen Vorräte dem Ende zuneigten.

Dies traf insbesondere den Marktführer Ohlendorff, der seit 1883 unter dem Namen „Anglo-Continentale Guano-Werke" firmierte. Seit Ohlendorff 1864 ein Verfahren entwickelt hatte, das auch minderwertigen, beim Schiffstransport durch Meerwasser beschädigten Guano nutzbar machte, waren die Werke das führende Unternehmen auf dem Gebiet des Guano-Düngers. Bei diesem Verfahren wurde der Guano „aufgeschlossen", indem man mit Hilfe von Schwefelsäure die Phosphorsäure löslich machte. Auf diese Weise verwandelte Ohlendorff unbrauchbaren Guano, der auf Halde lag, in ein Qualitätsprodukt. Die Nach-

Das Thomasmehl – Ein neuer Phosphatdünger

Um phosphorhaltiges Roheisen zu verhütten, nutzte die deutsche Stahlindustrie seit 1879 das so genannte Thomasverfahren. Die bei diesem Verfahren entstehende Schlacke enthielt Phosphat. Bereits Anfang der 1880er Jahre hatte der Agrochemiker Max Maercker auf die Verwendbarkeit dieser Schlacken als Düngemittel hingewiesen. 1883 brachte der Apotheker G. Hoyermann gemahlenes „Thomasmehl" als Düngemittel auf den Markt, das schon bald reißenden Absatz fand. Wurden 1890 rund 400.000 Tonnen jährlich verkauft, so waren es fünf Jahre später bereits etwa 700.000 Tonnen. Bis 1913 stieg der Verbrauch auf 1,7 Millionen Tonnen im Jahr. Die Umstellung auf weniger phosphorhaltige Eisenerze führte später zur Einstellung des Thomasverfahrens und damit verlor das Thomasmehl seine Bedeutung. An seine Stelle traten andere Phosphatquellen. Die Herstellung von Düngemitteln aus Hochofenschlacken (in Form von „Hütten- und Konverterkalk") ist jedoch bis heute gängig. K+S stellt im Werk Bergmannssegen-Hugo heute den Qualitäts-Mehrnährstoffdünger „Thomaskali" her, der aus einer Mischung aus Phosphat, Kali und Konverterkalk besteht.

frage nach aufgeschlossenem Guano war schon bald so groß, dass auch unbeschädigter Guano in dieser Weise veredelt wurde. 1879 sicherte sich Ohlendorff das alleinige Recht zur Herstellung von aufgeschlossenem Peru-Guano.

Die Suche nach neuen Phosphatquellen

Als die Quellen des Guanos allmählich zu versiegen drohten, erwarben die Anglo-Continentalen Guano-Werke 1889 in Kanada Phosphatlager, um sich eine neue Grundlage für die Herstellung von phosphathaltigem Dünger zu sichern. Bis dahin hatte Deutschland seinen steigenden Bedarf an Phosphaten vor allem durch Importe aus den USA gedeckt, wo 1879 in Florida riesige Lager entdeckt worden waren. Die Anglo-Continentale wollte sich davon unabhängig machen.

Große Hoffnungen setzte die Düngemittelindustrie auch auf das phosphathaltige Thomasmehl, das als Abfallprodukt bei der Herstellung von Stahl aus phosphathaltigem Eisen entstand (siehe Kasten). Schnell etablierte sich dieser preiswerte und hochwertige Dünger in Deutschland, das aufgrund seiner großen Eisen- und Stahlindustrie schon bald zum Hauptproduzenten von Thomasmehl aufstieg.

Einer, der früh die Bedeutung des Thomasmehls erkannt hatte, war Carl Scheibler, der seit 1878 als kaufmännischer Leiter der Düngemittelabteilung von Vorster & Grüneberg tätig war. Scheibler schloss bereits 1885 Verträge mit Stahlwerken, die ihm die phosphorhaltigen Schlacken lieferten. In Köln baute er Mahlanlagen zur Herstellung von Thomasmehl. Im Rahmen des Gesamtunternehmens, das seit 1892 unter dem Namen Chemische Fabrik Kalk firmierte, besaß dieser Zweig der Düngemittelproduktion bis zum Ersten Weltkrieg ein beachtliches Gewicht.

im Kasten Ein Schritt zur Gewinnung von Thomasmehl: die Zerkleinerung der Thomasschlacke im Stampfwerk

links Der Düngerkalender als Werbeträger der Anglo-Continentalen Guano-Werke

Amerikanische Superphosphatfabrik: In der Mitte ist die Darre zu sehen, in der das Superphosphat in einer rotierenden Trommel getrocknet und zerkleinert wird.

„Kali-Propaganda" – Auf die Werbung kommt es an

Auch wenn die Zukunftsaussichten der Düngerindustrie und besonders des Kalidüngers angesichts des landwirtschaftlichen Bedarfs an Mineraldünger sehr gut waren, so war das Geschäft doch kein Selbstläufer. Um den Absatz zu steigern, musste für den Dünger geworben werden. In den Anfangsjahren der Kaliindustrie hatten diese Aufgabe die Pioniere Adolph Frank und Hermann Grüneberg persönlich übernommen. Das Wachstum der Branche führte zur Schaffung einer eigenen Werbeorganisation. 1891 gründete das Kalisyndikat als eigenen Marketingbereich die so genannte Propaganda-Abteilung.

Ihren Sitz hatte diese Abteilung im Verwaltungsgebäude des Kalisyndikats in Leopoldshall. Sie war das Herzstück der Geschäftsstelle und bestand aus je einer Abteilung für den deutschsprachigen Raum, für den Rest Europas und für Übersee. Die Marketingstrategie der Abteilung war für die damalige Zeit sehr modern. Sie arbeitete eng mit der Agrarwissenschaft zusammen und engagierte Agrarexperten als Mitarbeiter; sie gründete eigene Versuchsstationen und beauftragte zusätzlich unabhängige Forscher mit Untersuchungen zur Kalidüngung. Zudem gab sie kostenlos große Mengen Rohsalz zu Forschungszwecken ab.

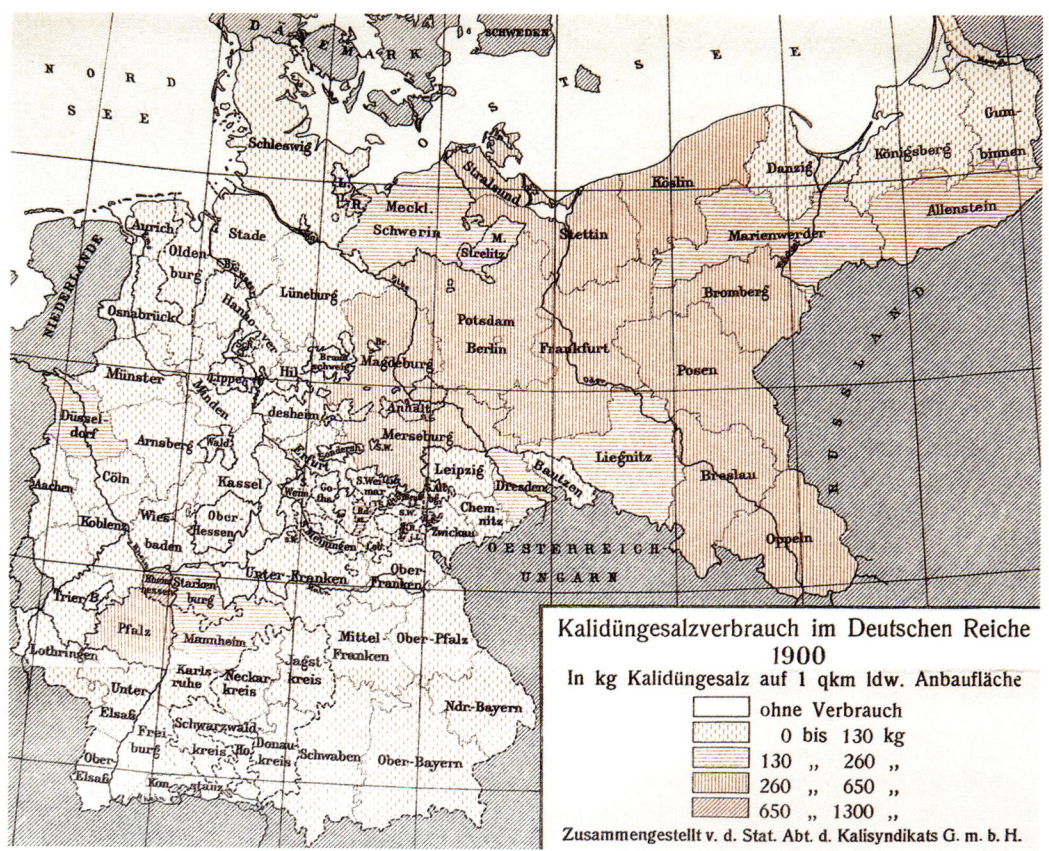

Kalidüngesalzverbrauch im Deutschen Reiche
1900
In kg Kalidüngesalz auf 1 qkm ldw. Anbaufläche

- ohne Verbrauch
- 0 bis 130 kg
- 130 „ 260 „
- 260 „ 650 „
- 650 „ 1300 „

Zusammengestellt v. d. Stat. Abt. d. Kalisyndikats G. m. b. H.

Auffällig war die geschickte und weit gespannte Öffentlichkeitsarbeit. Das Kalisyndikat unterhielt im Reich eigene Beratungsstellen, präsentierte die Produkte der Kaliindustrie auf großen landwirtschaftlichen Ausstellungen, veröffentlichte in eigenen Zeitschriften die Resultate von Düngeversuchen und gab Tipps zur Anwendung des Kalidüngers. Das Spektrum der Publikationen war breit und reichte von wissenschaftlichen Vorträgen bis zu Broschüren für den Landwirt. Alle potenziellen Kunden sollten erreicht werden. Das galt auch für die ausländischen Märkte. Das Syndikat gründete dort Beratungsstellen, die erste 1893 in New York,

unterstützte Forschungseinrichtungen, initiierte Düngeversuche und veröffentlichte zahlreiche Schriften zum Thema Kalidüngung. Für den deutschen Markt waren die engen Kontakte zu den landwirtschaftlichen Organisationen besonders wichtig, die ebenfalls den Einsatz von Mineraldünger propagierten. Darüber hinaus kooperierte das Kalisyndikat mit dem Verband der Thomasmehlfabrikanten, den Salpeterproduzenten und dem Verein der Deutschen Dünger-Fabrikanten. Gemeinsam warb man für den Einsatz von Mineraldünger und verwies dabei auf die Notwendigkeit, alle drei Hauptnährstoffe einzusetzen.

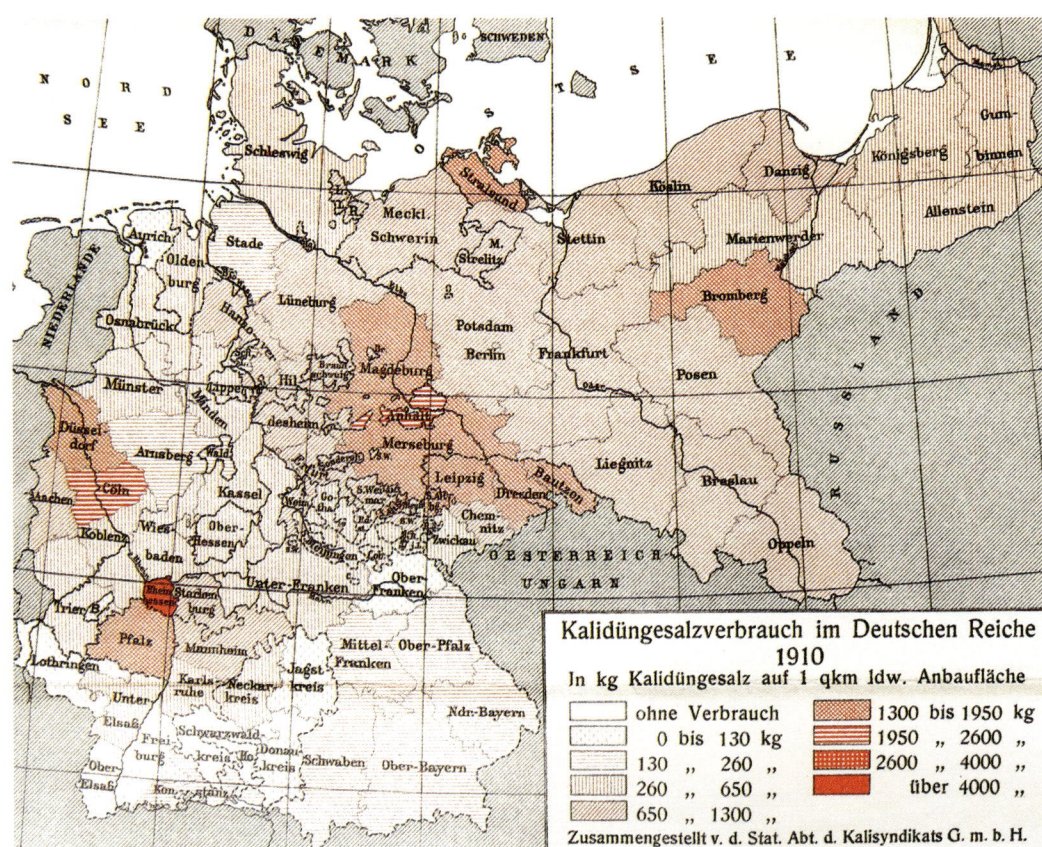

Die DLG dokumentierte in Zusammenarbeit mit dem Kalisyndikat regelmäßig den Fortschritt beim Einsatz von Kalidünger im Deutschen Reich.

JENSEITS VON STASSFURT – DIE ENTSTEHUNG NEUER KALIREVIERE (1886–1904)

Ochsenius' Barrentheorie

„Wie kommt das Salz in die Erde?", diese Frage stellten sich Geologen seit der Entdeckung der Steinsalzlager. Eine bis heute gültige Antwort fand Carl Christian Ochsenius. Seine erstmals 1877 veröffentlichte „Barrentheorie" erklärte die Salzvorkommen in Deutschland mit einem salzhaltigen Binnenmeer, dem so genannten Zechsteinmeer, das vor etwa 250 Millionen Jahren große Teile Mitteleuropas bedeckte und nur über eine schmale Verbindung zum offenen Meer verfügte. In dieser Meerenge befanden sich Schwellen (Barren), die den Zufluss von Frischwasser aus dem Ozean behinderten oder ganz unterbanden. Da zu dieser Zeit in Europa ein trockenes und warmes Klima herrschte, verdunstete das Wasser des Binnenmeeres wie in einer Siedepfanne. Durch die Verdunstung stieg der Salzgehalt des Wassers und Mineralien kristallisierten sich heraus, darunter auch Steinsalz sowie Kali- und Magnesiumsalze. Die Salzablagerungen erreichten im Laufe von Millionen von Jahren eine Mächtigkeit von mehreren hundert Metern, wobei die Kaliflöze nur wenige Meter mächtig waren. In weiteren Millionen Jahren legten sich wasserundurchlässige Schichten über diese Ablagerungen, die eine Auflösung der Salze verhinderten.

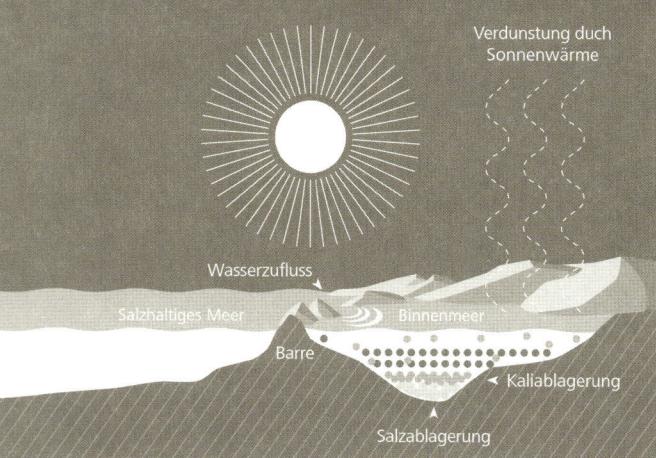

Verdunstung duch
Sonnenwärme

Wasserzufluss

Salzhaltiges Meer

Binnenmeer

Barre

◄ Kaliablagerung

▲ Salzablagerung

Auf der Suche nach neuen Kalilagerstätten

Angesichts der steigenden Nachfrage nach Kalidünger und der großen Gewinne der Kaliindustrie drängte sich die Frage auf, ob es nicht auch in anderen Regionen Kalisalze geben könnte. Lange Zeit konzentrierten sich die Probebohrungen auf den Magdeburg-Halberstädtischen Raum, weil dies nach den Funden in Staßfurt und Leopoldshall am aussichtsreichsten erschien. Zudem galt die Theorie des Geologen Carl Christian Ochsenius (siehe Kasten), südlich des Harzes könne es keine Kalivorkommen geben.

Fündig wurde man zuerst in der preußischen Provinz Hannover bei dem im Nordharz gelegenen Städtchen Vienenburg, wo 1886 nach zwei Jahren Schachtbauarbeiten das Kalibergwerk Hercynia den Betrieb aufnahm. Finanziert wurde es von einem Konsortium, an dem Bankiers und Unternehmer aus Hamburg, Berlin und dem Rheinland beteiligt waren. Geologisch gesehen lag Vienenburg zwar noch in der Magdeburg-Halberstädter Mulde, doch das neu erschlossene Kalisalzlager, das später den Namen Ronnenberg erhielt, gehörte zum Kalirevier Hannover. Mit der Gründung der Gewerkschaft Hercynia begann die rasante Entwicklung des deutschen Kalibergbaus außerhalb des Staßfurter Raumes, auf deren Höhepunkt im Ersten Weltkrieg es rund 200 fördernde Kalischächte gab. Das Hannoveraner Kalirevier hatte einen nicht unerheblichen Anteil an dieser Entwicklung.

Die Anfänge Salzdetfurths

Als 1889 in Goslar die „Aktiengesellschaft für Bergbau und Tiefbohrung" gegründet wurde, ahnte niemand, dass sich daraus einmal einer der bedeutendsten deutschen Kalikonzerne entwickeln sollte: die Salzdetfurth AG. Zu den Gründern gehörte der Großindustrielle und schlesische Magnat Fürst Guido Henckel von Donnersmarck sowie der Hüttendirektor Oscar Schrader. 720.000 Mark betrug das Startkapital des Unternehmens, mit dem im Jahr 1892 in Salzdetfurth bei Hildesheim Probebohrungen finanziert wurden. Die Unternehmer hatten Glück: Schon die ersten Bohrungen stießen in einer Tiefe von 635 Metern auf ein ungewöhnlich hochwertiges Lager mit Sylvinit – ein nach dem niederländischen Forscher Franciscus Sylvius benanntes Salzgestein, das aus Kaliumchlorid und Steinsalz besteht. Die Nachricht von den Funden weckte die Aufmerksamkeit der etablierten Kaliwerke, die sich durch den Kauf von Aktien einen Anteil an dem viel versprechenden Bergwerk sicherten. Innerhalb von zehn Jahren wuchs das Aktienkapital auf 4,5 Millionen Mark an.

Als die Schachtbauten 1899 in 700 Metern Tiefe abgeschlossen waren, begann das Unternehmen, das nun „Kaliwerke Salzdetfurth AG" hieß, mit der Förderung. Um die Rohsalze zu verarbeiten, errichtete die Salzdetfurth AG in Groß-Düngen in der Nähe von Bad Salzdetfurth eine eigene Kalifabrik mit Bahnanschluss, die 1901 ihren Betrieb aufnahm. Die Kaliwerke Salzdetfurth expandierten schnell. 1907 erwarben sie drei Grubenfelder im Herzogtum Braunschweig und beteiligten sich an einer Superphosphatfabrik in Nordenham. 1912 gründete man die „Kaliwerk Salzberg GmbH", um einen dritten Schacht niederzubringen, und schließlich erlangten die Kaliwerke Salzdetfurth maßgeblichen Einfluss auf die Gewerkschaft Braunschweig-Lüneburg. Nach dem Ersten Weltkrieg entwickelte sich Salzdetfurth zu einem der führenden deutschen Kalikonzerne (siehe Kapitel 3, Seite 86) und wurde zu einer der Vorläufergesellschaften der heutigen K+S AG (siehe Kapitel 5, Seite 161ff).

Ansicht des Kaliwerkes Salzdetfurth
in der Gründungsphase

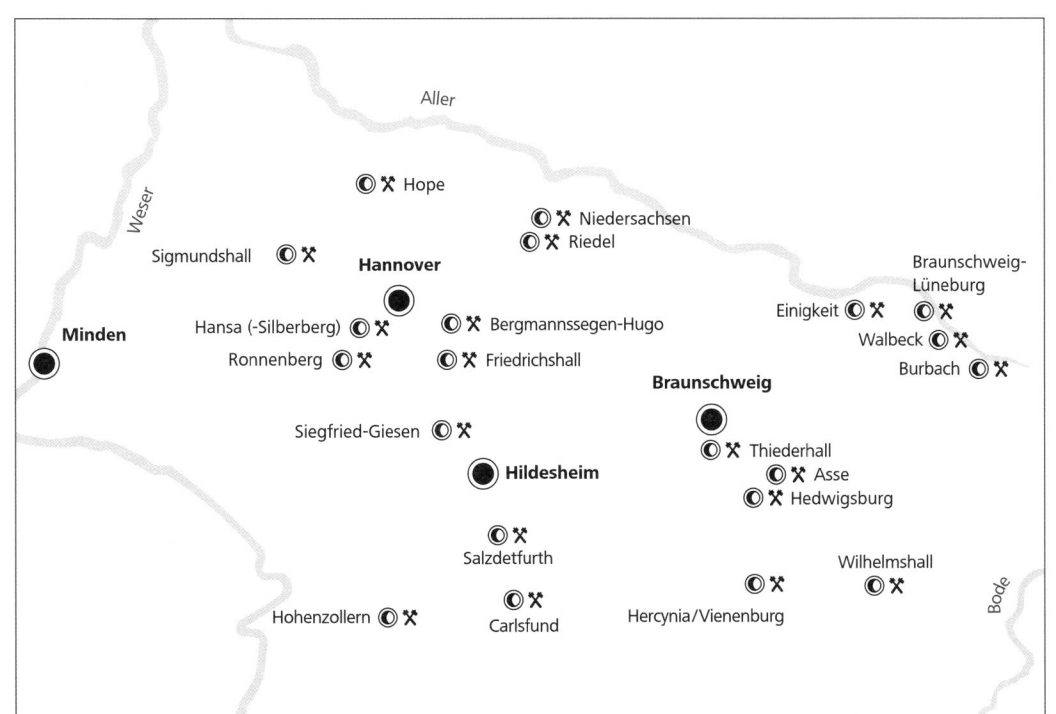

Wichtige Werke des norddeutschen
Kalireviers im Großraum Hannover,
Braunschweig und Hildesheim vor 1914

„Gott mit uns" – Die Entstehung des Burbach-Konzerns

Ähnlich wie die Kaliwerke Salzdetfurth AG entwickelte sich die Gewerkschaft Burbach um 1900 zu einem der großen deutschen Kaliunternehmen. Am Anfang der Burbach-Geschichte stand die 1889 gegründete Bohrgesellschaft „Gott mit uns". Unter der Leitung von Gerhard Korte, einem Unternehmer aus der Steinsalzbranche, begann die Gesellschaft ihre ersten Probebohrungen bei Walbeck im oberen Allertal, das heute zu Sachsen-Anhalt gehört. Dies geschah unter strengster Geheimhaltung, aus Furcht, der preußische Fiskus könnte auf einen Kalifund an dieser Stelle mit eigenen Bohrungen reagieren. 1890 meldete Korte der Bergbehörde einen Salzfund und erhielt daraufhin eine Abbaugenehmigung.

Trotz der prekären finanziellen Situation des Unternehmens lehnte Korte ein Kaufangebot der Bergbehörde ab und kündigte an, im Allertal eine prosperierende Kaliindustrie zu schaffen. Als die Bergbehörde ihm die Einrichtung einer eigenen Gewerkschaft verweigerte, wendete Korte erneut einen Trick an. Er erweckte die stillgelegte Gewerkschaft des Eisensteinbergwerks Burbach aus dem Siegerland wieder zum Leben, verlegte ihren Sitz nach Magde-

burg und erwarb mehrere Bohrfelder. Das Rohsalz, das bei den 1897 begonnenen Bohrungen bei Beendorf gefunden wurde, hatte einen unerwartet hohen Kaligehalt und wurde ab 1899 gefördert. Nun brauchte die Gesellschaft möglichst schnell eine eigene Fabrik zur Herstellung von Kaliumchlorid. Zunächst pachtete Korte das am nächsten gelegene Werk, eine Fabrik in Schönebeck an der Elbe, bevor im Juli 1902 eine gesellschaftseigene Kalifabrik in der Nähe der Schachtanlagen ihren Betrieb aufnahm. Die kleine Bohrgesellschaft „Gott mit uns" war innerhalb weniger Jahre zu einem der großen Kaliwerke aufgestiegen.

Und das war nur der Anfang. 1904 gründete Burbach die Gewerkschaft Walbeck, der weitere Gewerkschaftsgründungen folgten: Alleringersleben, Ummendorf und Eilsleben. Burbach entwickelte sich rasch zu einer Gruppe, die 1912 durch die Übernahme des Kaliwerkes Krügershall in Halle zu einem Konzern wurde, der lange Zeit mit den beiden anderen großen Kalikonzernen Salzdetfurth und Wintershall konkurrierte (siehe Kapitel 3, Seite 87), bis er schließlich 1955 in die „Wintershall AG" (siehe Kapitel 4, Seite 129) eingegliedert wurde.

Das im oberen Allertal gelegene Bergwerk Walbeck gehörte zu den ersten Kaliwerken der aufstrebenden Gewerkschaft Burbach.

Gerhard Korte –
der Gegenspieler von August Rosterg

Der Vorsitzende des Burbach-Konzerns, Gerhard Korte (1858–1945), gehörte zu den Pionieren der deutschen Kaliindustrie. 1858 in Celle geboren, absolvierte er nach dem Besuch des Gymnasiums eine kaufmännische Ausbildung und war gegen Ende der 1880er Jahre in Aschersleben im Steinsalzhandel tätig. Seit 1889 kaufte er im oberen Allertal zwischen Weferlingen und Eilsleben rund 60 Kalifelder. Für den gewerkschaftlichen Rahmen seines Kali-Engagements erwarb er 1896 die ältere, im Siegerland ruhende Gewerkschaft Burbach mit 1.000 Kuxen.

Korte war sehr früh von der Bedeutung der Landwirtschaft als Kaliabnehmer überzeugt und konnte 1906 eine wichtige Verbindung herstellen, als er einen Teil seiner Kalifelder an den Bund der Landwirte verkaufte. Im selben Jahr gründete er den Burbach-Konzern, indem er seinen eigenen Gewerkschaften Burbach, Walbeck, Bartensleben und Buchberg die Aktiengesellschaft Krügershall sowie einige weitere Gewerkschaften angliederte. In den 1920er Jahren baute er den Konzern gezielt aus. 1925 bildete sich unter seiner Führung der „Kaliblock", der das syndikatsbeherrschende Zusammengehen von Wintershall und Preussag verhindern sollte. Der Kauf von Wintershall-Anteilen durch Korte führte 1927 zu einer Verflechtung der deutschen Kalikonzerne.

Kalisalz- und Soleförderung der Firma Solvay

Gegen Ende des 19. Jahrhunderts tauchten neue Namen im Kaligeschäft auf. Dazu gehörte die belgische Firma Solvay & Cie., die 1890 in der Nähe von Bernburg im heutigen Sachsen-Anhalt mit der Förderung von Kalisalzen begann (Solvayhall). Das Bergwerksrecht hatten sich die aus Belgien stammenden Brüder Ernest und Alfred Solvay, die in Whylen am Hochrhein die erste deutsche Sodafabrik betrieben, bereits zehn Jahre zuvor gesichert. 1884 begannen sie mit dem Abteufen eines Schachtes, doch starke Wasserzuflüsse verhinderten mehrere Jahre lang die Förderung. Das Werk nahm seine Arbeit zwar mit einiger Verzögerung auf, stieg dann aber mit großer Dynamik in die Produktion ein. Von Beginn an ging das geförderte Kalisalz direkt in die firmeneigene Kalifabrik. Ab 1893, nach einer ungewöhnlich kurzen Teufzeit von nur drei Jahren, förderte die Firma Solvay außerdem Sole aus einem weiteren Schacht. Mit Hilfe eines neu entwickelten Verfahrens wurde die Sole über eine neun Kilometer lange Leitung direkt in die Bernburger Sodafabrik gepumpt. Während andere Unternehmen der ersten Gründungswelle längst wieder aufgegeben hatten, bewährten sich die soliden Verfahren der belgischen Firma. Der Schacht Solvayhall bildete den Grundstock für die Salzförderung in Bernburg (siehe Bild). Heute befindet sich in unmittelbarer Nähe das Stein- und Siedesalzwerk Bernburg, einer der größten Standorte der zur K+S Gruppe gehörenden „esco – european salt company".

Der Weg nach Süden

Die Suche nach Kalivorkommen ging weiter. Viel zu lukrativ waren die Aussichten, um nicht auch dort zu suchen, wo Kali angeblich nicht zu finden war, nämlich südlich des Harzes. Den „Sprung über den Harz" wagte als Erster der Oberbergrat Hermann Pinno. Im Auftrag der preußischen Regierung nahm er 1888 in Kehmstedt bei Nordhausen Probebohrungen vor und stieß dabei auf Kalisalze.

Als der Unternehmer Heinrich Leonhardt Brügmann aus Bochum von den Kalifunden erfuhr, beantragte er 1891 beim Landrat von Schwarzburg-Sondershausen einen Schürfschein. Bereits 1892 erreichte eine Bohrung von Brügmanns Gesellschaft ein Kaliflöz und noch im gleichen Jahr wurde die Gewerkschaft „Glückauf-Sondershausen" gegründet. Der Schachtbau war 1895 abgeschlossen, und im Februar 1896 konnte bereits das „Kainit-Sondershäuser Hartsalz" als Düngemittel angeboten werden. Das Werk erhielt einen Eisenbahn- und Stromanschluss und eine Dampffördermaschine. Zudem baute die Gewerkschaft eine Kaliumchloridfabrik zur Verarbeitung von Hartsalzen – all das geschah noch im Jahr 1896.

Innerhalb weniger Jahre hatte das private Unternehmen damit den preußischen Fiskus abgehängt, der erst 1899 – mehr als zehn Jahre nach dem ersten Kalifund – mit der Erschließung für das königliche Kalibergwerk in Bleicherode begann. Auch technisch hinkte die staatliche Förderung hinterher. So begannen der Abbau und der Verkauf erst 1902. Die Verarbeitung folgte ein Jahr später.

Im neu entstandenen Südharz-Revier wurde eine Zeitenwende sichtbar: Waren in der Anfangszeit des Kalibergbaus die staatlichen Kaliwerke den privaten Gesellschaften dank ihres Know-hows und ihrer Technik überlegen, so zeigte sich nun, dass Privatunternehmen mit Risikobereitschaft, unkonventionellem Vorgehen und vor allem mit dem nötigen Kapital in kürzester Zeit erfolgreich arbeitende Kalibergwerke aufbauen und dabei den staatlichen Bergbau mühelos überrunden konnten. Dank privater Initiative entstanden dort zahlreiche Bergwerke: Neben Glückauf-Sondershausen und Bleicherode nahmen später auch die Werke Sollstedt (1906), Roßleben (1906), Volkenroda (1909) und Bismarckshall (1911) die Förderung im Südharzrevier auf.

rechts Die Elektrifizierung der Kaliindustrie setzte in den 1890er Jahren ein: elektrische Zentrale des Kaliwerkes Glückauf-Sondershausen

unten Wichtige Werke des Südharz-Kalireviers vor 1914

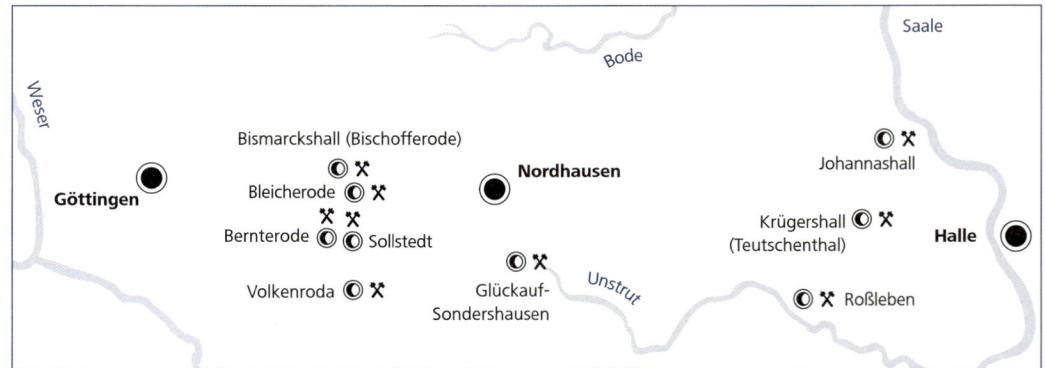

Kalifunde im Südharz – Ein Dorf verändert sich

Wo Kali gefunden wurde, veränderten sich die Dörfer schlagartig. Neue Arbeitsplätze entstanden, und es floss viel Geld in andere Unternehmen rund um den Bergbau. In Stockhausen bei Sondershausen, wo 1892 mit dem Bau des ersten Kalibergwerks südlich des Harzes begonnen wurde, erlebte man dies hautnah. Die Einwohnerzahl stieg rapide: von etwa 900 im Jahr 1894 auf mehr als 2.000 im Jahr 1913. Bis zu den Kalifunden in Sondershausen hatten die Dorfbewohner mehr schlecht als recht von der Landwirtschaft gelebt. Bald gaben aber nicht mehr die Bauern den Ton an. Die Kaliarbeiter verdienten viel Geld und gaben es großzügig aus. Die Pfarrer klagten über „tolle Trinkgelage", so dass die Bergwerksleitung anordnete, der Bergmann solle nach Erhalt seines Lohns „entweder auf seine Arbeit fahren oder nach Hause gehen".

Mit der Zeit nahmen die Beschwerden ab. Die Bergleute siedelten sich in Stockhausen an und gründeten Familien. Viele bauten eigene Häuser oder wohnten in den von der Gewerkschaft eingerichteten „Arbeitercolonien". Mit Hilfe der Gewerkschaft entstanden in dem schnell wachsenden Ort eine Schule und ein Kindergarten, ein Diakonissenhaus und eine Haushaltsschule. Der Arbeitgeber versuchte, die Arbeiter und ihre Familien möglichst eng an sich zu binden. Nach drei Jahren Betriebszugehörigkeit erhielt beispielsweise jeder Beschäftigte Weihnachtsgeld, das sich mit jedem Dienstjahr erhöhte. Solche sozialen Leistungen lockten die Arbeiter in die neu entstehenden Kalireviere und ließen sie dort sesshaft werden. Zugleich veränderten sie das Gesicht beschaulicher Dörfer, die sich innerhalb weniger Jahre zu kleinen Städten mit moderner Infrastruktur wandelten.

Die Geburtsstunde des Werra-Fulda-Reviers

Auch in anderen Regionen förderte der private Unternehmungsgeist die Entdeckung weiterer Kalivorkommen. Auf weimarischem Gebiet hatte beispielsweise die Berliner Bankiersfamilie Hadra Grubenfelder erworben und führte auf der Saline Kaiseroda bei Bad Salzungen seit 1876 Bohrungen nach Steinsalz durch. Im Sommer 1893 gelangten erste Nachrichten über Kalifunde an die Öffentlichkeit. Die Behörden des Großherzogtums Sachsen-Weimar-Eisenach drängten nun darauf, weiterzubohren. Als ein Carnallitfund in 368 Meter Tiefe im Oktober 1893 offiziell bestätigt wurde, regte sich innerhalb kürzester Zeit lebhaftes Interesse. Nur eine Woche später erschien Adolph Frank, der Kalipionier aus Staßfurt, um die Bohrung zu besichtigen. Mit sicherem Gespür erkannte er das Potenzial der Kalifunde rund um Kaiseroda. 1893 schlug hier die Geburtsstunde für das Kalirevier an Werra, Ulster und Fulda.

Nur ein Jahr später standen bereits zehn Bohrtürme im Werratal, um das begehrte Salz zu erschließen. Erste Bohrungen im benachbarten Herzogtum Sachsen-Meiningen zu Beginn des 20. Jahrhunderts erbrachten ebenfalls gute Ergebnisse. Als die Suche nach Kali auch auf das westlich gelegene Hessen-Nassau ausgedehnt wurde, setzte der unaufhaltsame Aufstieg des Kalireviers an Werra und Fulda ein.

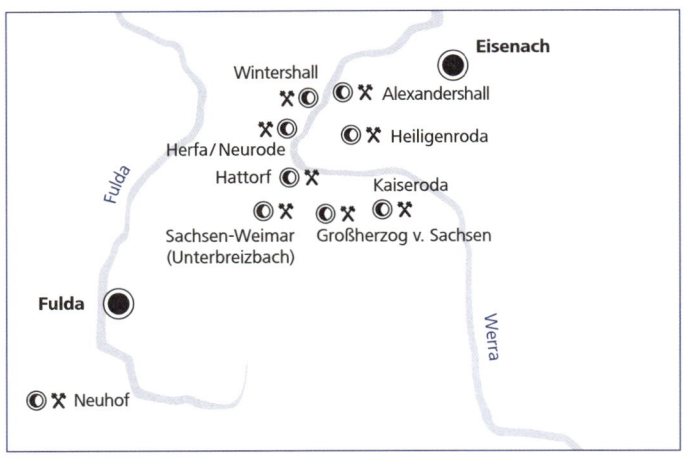

oben Wichtige Kalibergwerke im
Werra-Fulda-Revier vor 1914

----

unten Das Kaliwerk Neuhof in den
Anfangsjahren

Die Gewerkschaft Wintershall in Heringen

In den 1890er Jahren entstand an der Werra ein Unternehmen, das sich schnell zum größten Kaliwerk Deutschlands entwickelte: die Gewerkschaft Wintershall in Heringen. Wintershall wurde zu Beginn des Jahres 1894 von dem Kamener Maschinenhersteller und Bohrunternehmer Carl Julius Winter sowie dem Bochumer Industriellen Heinrich Grimberg (siehe Kasten, Seite 57) als Bohrgesellschaft gegründet. Aus ihr ging 1899 die Gewerkschaft Wintershall hervor. Die Schachtbauten, die im Jahr 1900 begannen, leitete der junge Ingenieur August Rosterg. Im Gegensatz zu den leichter abbaubaren Kalilagern bei Hannover galt das Werra-Gebiet damals als besondere Herausforderung, denn Plattendolomit und Wasserzuflüsse erschwerten das Teufen der Schächte. Die Anstrengungen beim Teufen zahlten sich aus, denn die aufgeschlossenen Kalisalzlager waren von höchster Qualität. Entsprechend selbstbewusst traten die Betreiber der Gewerkschaft

Wintershall im Kalisyndikat auf. Sie sahen sich in der Lage, große Mengen Kalirohsalze zu niedrigeren Preisen anzubieten. Der ambitionierte Betriebsleiter August Rosterg (siehe Kasten, Seite 57) verbesserte die technische Ausstattung des Werkes. Zu den von ihm veranlassten Innovationen gehörte der Bau einer Wasserkraftanlage an der nahe gelegenen Werra, die seit 1904 die elektrische Energie für die bisher mit Dampf betriebene Fördermaschine lieferte. Im selben Jahr wurde auch der Eisenbahnanschluss an die Strecke Gerstungen-Vacha fertig gestellt, so dass der Transport mit Pferdegespannen der Vergangenheit angehörte.

Wie alle Werke, die ihr Potenzial optimal ausschöpfen wollten, baute die Gewerkschaft Wintershall eine Kaliumchlorid- und Sulfatfabrik auf, die hochwertige Düngesalze aus dem selbst geförderten Rohsalz herstellte. Mit dieser Anlage banden sie zudem die 1910 gegründeten Nachbargewerkschaften Herfa

Neuhof-Ellers – Kalibergbau im Fulda-Revier

Wie bei vielen Kaliunternehmen beginnt die Geschichte von Neuhof-Ellers mit der Gründung einer Bohrgesellschaft. Eigentümer war die bei Wolfenbüttel ansässige Gewerkschaft Hedwigsburg. In schneller Folge führte die Gesellschaft im Jahr 1905 zahlreiche Tiefbohrungen in der Nähe des bei Fulda gelegenen Ortes Neuhof durch. Dabei stießen die Bohrmannschaften schon bald auf Carnallit- und Sylvinitlager. Bereits Anfang Dezember 1905 gründeten die Investoren die Gewerkschaft Neuhof. Beim Teufen des ersten Schachtes traten dann allerdings zahlreiche Schwierigkeiten – vor allem bei der Wasserhaltung – auf, die die Entwicklung des Bergwerks bremsten. Erst 1909 konnte

die Förderung aufgenommen werden. Um der Forderung der Bergbehörde nach einem zweiten Schacht nachzukommen, schloss Neuhof einen Betriebs- und Interessenvertrag mit der 1910 gegründeten Gewerkschaft Ellers ab, die durch Feldteilung aus der Gewerkschaft Neuhof hervorgegangen war. Der Schacht Ellers sollte Neuhof als zweiter Schacht dienen. Zugleich sollten die von Ellers geförderten Rohsalze in der Neuhofer Kalifabrik verarbeitet werden, die 1913 ihren Betrieb aufnahm. Im Zuge der Konzentrationsprozesse der 1920er Jahre gelangte Neuhof-Ellers über die „Deutsche Kaliwerke AG" in den Besitz der Kali-Industrie AG, die zum Wintershall-Konzern gehörte.

Der Ursprung von Wintershall: Teufen
des Schachtes Grimberg I im Jahr 1901

und Neurode eng an sich, die ihr Salz ebenfalls in der Wintershaller Fabrik verarbeiten ließen. Im selben Jahr begann Wintershall seine Expansion mit der Übernahme der Gewerkschaften
Heiligenroda, Bismarckshall und Gebra. 1915 gingen auch Herfa
und Neurode in den Besitz von Wintershall über. Damit legte
Rosterg den Grundstein für den Aufbau eines der mächtigsten
Konzerne der deutschen Industrie (siehe Kapitel 3, Seite 84).
Von den Vorläufergesellschaften der K+S AG war Wintershall
die bedeutendste.

Der erste Schacht der Gewerkschaft
„Amélie" im elsässischen Wittelsheim

Im Elsass wird Kali entdeckt

Eines der letzten Kalivorkommen in Deutschland wurde 1904 im Elsass entdeckt, das nach der Annexion im Gefolge des Deutsch-Französischen Krieges von 1870/71 zum Deutschen Reich gehörte. Auch hier war man zuerst auf der Suche nach Steinsalz, als eine Bohrung in Wittelsheim bei Mühlhausen rot-orangefarbene Bohrkerne ans Tageslicht brachte. Es handelte sich dabei um Sylvinit. Der Fund überraschte die Bohrgesellschaft „Gute Hoffnung", doch allen Beteiligten war klar, dass man auf einen Schatz gestoßen war. Die einzige Frau unter den Gesellschaftern, Amélie Zürcher, behauptete später, sie habe zuvor von einem gewaltigen Schatz in der Elsässer Erde geträumt. Die Bohrgesellschaft verheimlichte ihren Fund zunächst und erkundete mit mehr als hundert weiteren Bohrungen in Ruhe das Kalivorkommen.

Die treibende Kraft dieses Unternehmens war der elsässische Industrielle Joseph Vogt. Als Inhaber mehrerer Schmelz- und Kupferhütten hatte er die Industrialisierung des Elsass mitgestaltet. Im Bergbau kannte er sich aus – mit seinen Bohrtürmen hatte er bereits nach Erz und Erdöl gesucht. Vogt hatte anfangs Finanzierungsprobleme, weil die elsässischen Banken seine Begeisterung für die Kalifunde nicht teilten. Der Unternehmer verhandelte daher mit deutschen Banken, die allerdings eine Teilhaberschaft von mehr als 50 Prozent verlangten, um die Bergbaugesellschaft kontrollieren zu können. Vogt hatte keine andere Wahl, wollte er seinen Traum realisieren, und musste sich deshalb auf die Bankkonditionen einlassen.

Die 1906 gegründete „Gewerkschaft Amélie" teufte 1907/08 einen Schacht in Wittelsheim und konnte 1910 hochprozentiges Kalisalz liefern. Das Kalisalzlager weckte große Hoffnungen: Spezialisten schätzten, dass die 200 Quadratkilometer große Salzlagerstätte erst in drei Jahrhunderten abgebaut sein werde.

Vogt wollte unbedingt französisches Kapital für den Kalibergbau gewinnen. Doch die Investoren hielten sich zurück, weil sie den Einfluss des mächtigen deutschen Kalisyndikats fürchteten. Es herrschte Überproduktion und daher war es unwahrscheinlich, dass eine französisch geprägte Konkurrenz auf dem Markt eine Chance haben würde. Vogt wagte es dennoch und gründete 1910 die private Bergbaugesellschaft „Kali Sainte-Thérèse". Deutsche und französische Kapitalgeber brachten 5,6 Millionen Mark auf. Die Mehrheit der Kuxe, also der Besitzanteile an der Gewerkschaft, gingen jedoch schon 1911 an den damals größten Konkurrenten von Wintershall, Salzdetfurth und Burbach, die „Deutsche Kaliwerke AG" mit Sitz im sächsischen Bernterode. Die Deutsche Kaliwerke AG erwarb noch im selben Jahr die Konzessionen der Gewerkschaft Amélie und erlangte damit eine Schlüsselstellung im elsässischen Kalibergbau.

1913 kamen knapp drei Prozent der gesamten Kaliförderung aus dem Elsass. Wichtiger jedoch als die mengenmäßige war die symbolische Bedeutung des elsässischen Reviers. Als das Elsass nach dem Ersten Weltkrieg wieder an Frankreich fiel, verlor Deutschland sein Weltmonopol als Kaliproduzent (siehe Kapitel 3, Seite 79).

DIE ANFÄNGE DER WINTERSHALL AG

Innovation beim Teufen – die Tomson'sche Wasserzieheinrichtung

Die Bohrtechniker standen im Werra-Revier vor großen Problemen. Die Salzlager versprachen zwar eine ausgezeichnete Qualität, aber um sie zu erschließen, musste eine tief liegende und Wasser führende Schicht, der Plattendolomit, durchstoßen werden. Diesen Schwierigkeiten begegnete man in Heringen mit einer technischen Innovation. Herkömmlicherweise wurde nach der Kind-Chaudron-Methode ein Schacht durch den Plattendolomit gebohrt, über den das nachlaufende Wasser in einem aufwändigen und langwierigen Verfahren abgepumpt wurde. Dieses Verfahren war schwierig, erforderte viel Zeit und den Einsatz kostspieliger Maschinen.

Beim Bau des Schachtes Grimberg im Jahre 1900 wagte der Ingenieur August Rosterg es erstmals, den Plattendolomit einfach weiter zu durchteufen und das zufließende Wasser mit der so genannten Tomson'schen Wasserzieheinrichtung abzupumpen. Dabei füllten druckluftbetriebene Pumpen große Behälter mit dem Grubenwasser. In diese bis zu 70 Tonnen schweren Bassins tauchten Wasserziehkübel ein und beförderten das Wasser aus dem Schacht. Die gesamte Anlage hing an Drahtseilen und konnte so aus dem Schacht herausgezogen werden, wenn die Wasserzuflüsse zu stark wurden. Die Pumpen machten einen ohrenbetäubenden Lärm, der für die Arbeiter in den Schächten kaum zu ertragen war. 1902 kamen deshalb leisere Kreiselpumpen zum Einsatz. Die Wasserzieheinrichtung erwies sich schnell als wichtige Neuerung, denn die Schächte konnten mit ihrer Hilfe wesentlich schneller als mit den früher üblichen Verfahren fertiggestellt werden.

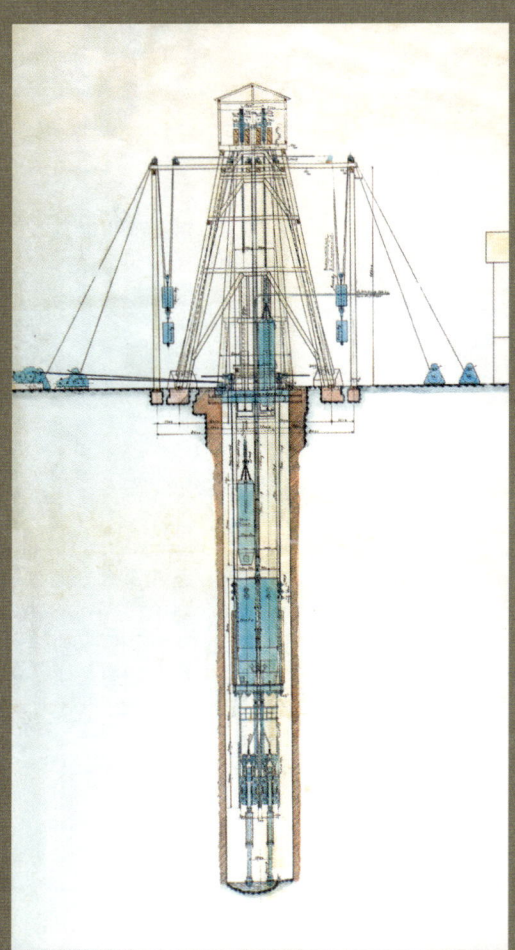

Heinrich Grimberg – vom Kohle- zum Kalibergbau

Heinrich Grimberg (1833–1907) war einer der bekanntesten Bergbauunternehmer des 19. Jahrhunderts. Zunächst im westfälischen Kohlebergbau tätig, dehnte der Bochumer Unternehmer seine Aktivitäten schon bald aus. 1872 begründete er in Elsass-Lothringen, das im Jahr zuvor vom Deutschen Reich annektiert worden war, mit anderen Unternehmern die Gewerkschaft Lothringen und schuf eine der technisch fortschrittlichsten Kohlezechen seiner Zeit. Zahlreiche weitere Gewerkschafts- und Zechengründungen folgten. In den 1890er Jahren entdeckte Grimberg den hessischen Kalibergbau als Tätigkeitsfeld und gründete

mit anderen Kalipionieren die Gewerkschaft „Wintershall" in Heringen an der Werra, die ihren Sitz in Bochum hatte. Als das Unternehmen 1901 in finanzielle Schwierigkeiten geriet, kaufte Grimberg einen großen Teil der Kuxe, sanierte Wintershall und ermöglichte so den Aufstieg der Gewerkschaft zum größten deutschen Kaliunternehmen. Grimberg investierte nicht nur Kapital, sondern engagierte sich auch selbst in der Leitung seiner Unternehmen. Die Teilnahme des „alten Grimberg" an einer Neugründung bewies der Öffentlichkeit schon ihre Solidität.

August Rosterg – der „Macher" von Wintershall

August Rosterg (1870–1945) stammte aus einer westfälischen Bergarbeiterfamilie. Wie sein Großvater und sein Vater arbeitete er zunächst als Bergmann auf der Kohlenzeche Massen, bevor er 1895 ein Ingenieurstudium an der Bergakademie in Clausthal aufnahm. Um sein Studium zu finanzieren, half Rosterg in den Semesterferien beim Abteufen des Kalischachtes Beienrode im Südharz-Revier. Dort fiel er einem Anteilseigner der Bohrgesellschaft Wintershall auf, die ihn 1898 als Bohringenieur einstellte und mit der Leitung des Schachtbaus in Heringen an der Werra beauftragte. Rostergs energische Bauleitung und die erfolgreiche Anwendung des Tomson'schen Wasserziehverfahrens begründeten seinen Ruf als durchsetzungsfähiger Gestalter. Er stieg in die Führung der Gewerkschaft Wintershall auf, erhielt 1908 als Bergwerksdirektor Prokura und wurde 1916 zum Generaldirektor für alle Werke der Wintershall-Gruppe ernannt. Nach dem Ersten Weltkrieg baute Rosterg die Gewerkschaft Wintershall zum führenden Kalikonzern Deutschlands

aus. Zeitweise hatte Wintershall einen Anteil von mehr als 40 Prozent am Gesamtabsatz der deutschen Kaliindustrie. Rosterg forcierte dazu die Rationalisierung des Konzerns: Er schloss in den 1920er Jahren zahlreiche unrentable Schächte und fasste die 15 verbliebenen zu acht großen Kaliwerken zusammen. Rostergs Rationalisierungsmaßnahmen fanden ihren Höhepunkt im Bau des Kaliwerks Merkers, den er gegen vielfältige Widerstände durchsetzte. Das 1925 fertig gestellte „Mammutwerk" war damals das größte und modernste Kaliwerk der Welt. Der Erfolg förderte Rostergs Aufstieg: 1926 übernahm er den Vorstandsvorsitz der Gewerkschaft Wintershall und erlangte zusammen mit anderen Investoren die Mehrheit der Gewerkschaftsanteile. Damit befand sich Wintershall praktisch im Besitz von Rosterg. Er baute den Konzern in den folgenden Jahren weiter aus und stieg Anfang der 1930er Jahre ins Erdölgeschäft ein, das bis heute zusammen mit den Erdgasaktivitäten ein Kerngeschäft der Wintershall AG ist. 1944 ging er nach Schweden, wo er im November 1945 starb.

links Verladung von Kalisäcken im Hamburger Hafen um 1890

unten Sitzung des Direktoriums der DLG im Jahr 1899 in Berlin mit dem Vorsitzenden von Arnim-Criewen (Mitte) und dem Ehrenmitglied Max Eyth (dritter von links)

ERFOLGE UND RÜCKSCHLÄGE

Die Eroberung des amerikanischen Marktes

Der Inlandsmarkt wuchs zwar dank der kräftigen Nachfrage der deutschen Landwirtschaft in den 1890er Jahren stetig, dennoch machte die Zunahme der Kaliwerke und damit die Ausweitung der Produktion eine Steigerung des Exports notwendig. Der größte Abnehmer von Kali auf dem Weltmarkt war die US-amerikanische Landwirtschaft. Ähnlich wie in manchen Regionen Deutschlands und Europas hatte sich in den USA eine intensiv betriebene Landwirtschaft entwickelt. Den Farmern standen nicht nur große Flächen, sondern auch das nötige Kapital zur Verfügung. Ohne Kali und andere mineralische Dünger war dieser intensive Ackerbau nicht zu bewerkstelligen. Für die deutsche Kaliindustrie war der amerikanische Markt äußerst lukrativ, zumal hier anders als in Deutschland keine Vergünstigungen gewährt werden mussten.

Kalilieferungen in die USA gab es schon seit Mitte der 1860er Jahre. Eine gezielte Pflege dieses bedeutenden Marktes war damit allerdings nicht verbunden. Erst das Kalisyndikat verfügte über ständige Vertreter in den USA. 1893 wurde in New York die erste ausländische Vertretung errichtet. Eine weitere Verbesserung des Vertriebs führte man bereits 1891 ein: Statt über den Handelsplatz Staßfurt wurden die Geschäfte nun über Zwischenlager in amerikanischen Häfen abgewickelt und damit die Lieferfristen stark verkürzt. Unterstützt wurden die Bemühungen des Kalisyndikats durch eine Senkung der US-Einfuhrzölle auf Kali im Jahre 1890.

Die Aufhebung des Zolls zeigte innerhalb kürzester Zeit Wirkung: Wurde 1890/91 Kainit im Wert von 400.000 Dollar in die USA geliefert, verdoppelte sich der Wert binnen eines Jahres. Beim Kaliumsulfat verfünffachte er sich sogar. In den

Die 1894 gegründete Gewerkschaft Kaiseroda teufte 1911 gleich zwei Schächte, Kaiseroda II und III (siehe Bild), aus denen später das Werk Merkers hervorging. Der Schacht Kaiseroda I war bereits seit 1900 in Betrieb und gehörte zu den ersten Kalischächten des Werra-Fulda-Reviers.

folgenden Jahren stieg der Export in die USA stetig an: So erhöhten sich die Ausfuhren von Kali in der Zeit des ersten Kalisyndikats (1888–1898) von knapp 21.000 auf rund 53.000 Tonnen K$_2$O.

Die Macht der deutschen Landwirtschaft

Trotz der großen Erfolge beim Export blieb die deutsche Landwirtschaft der wichtigste Abnehmer der Kaliindustrie. Das Kalisyndikat pflegte deswegen intensive Beziehungen zu landwirtschaftlichen Interessenvertretungen. Diese Verbände traten oft als Zwischenhändler auf und erhielten bei Abnahme größerer Mengen zum Teil erhebliche Rabatte. Dadurch schwand die Bedeutung der Handelshäuser. Bereits 1891 verkauften die DLG

und andere landwirtschaftliche Organisationen mehr Kali als die Großhändler.

Die Agrarverbände gewannen schnell erheblichen Einfluss auf die Preispolitik der Kaliindustrie. Als diese 1893 versuchte, eine moderate Preiserhöhung für hochprozentigen Kalidünger durchzusetzen, regte sich massiver Widerstand in der Landwirtschaft, die sich seit 1891 nach mehreren Missernten in einer Krise befand. Hilfe kam auch von politischer Seite. Nach einer Intervention des preußischen Handelsministers musste das Kalisyndikat die Preiserhöhung zurücknehmen. Als die preußische Regierung ganz im Sinne der Bauern auch noch eine allgemeine Senkung der Preise sowie ein Preisbestimmungsrecht für den einheimischen Markt forderte, entbrannte ein langer Kampf, der erst 1899 mit der Gründung des ersten Vollsyndikats sein Ende fand.

In einem voluminösen Werk feierte der Verlag
der „Fachzeitung ‚Industrie'" im Jahr 1902
die dynamische deutsche Kaliindustrie.

Das „Kalifieber" der 1890er Jahre

Versuche der preußischen Regierung, den Kalibergbau zu verstaatlichen, lösten in den 1890er
Jahren „ein wahres Gründungs- und Spekula-
tionsfieber" aus. Viele Investoren wollten sich
„kurz vor Toresschluss" am lukrativen Kaligeschäft beteiligen. Zwischen 1893 und 1899
wurden 30 Gewerkschaften und 165 Bohrgesellschaften gegründet. Die Zahl der Kalibergwerke stieg von zehn im Jahr 1893 auf 28 im
Jahr 1903.

Das Kaligeschäft versprach nach wie vor
sagenhafte Gewinne. Als sich die allgemeine
wirtschaftliche Lage seit etwa 1895 verbesserte,
schien auch eine Fortsetzung des Kalibooms
der Gründerjahre in Sicht. Das zog weitere Investoren an. Waren die Geldgeber bei Wintershall vor allem rheinisch-westfälische Industrielle, aber auch kapitalkräftige Unternehmer
der Region, so wurde die ebenfalls 1894 gegründete Gewerkschaft Kaiseroda (Merkers) von
Bankiers, Kaufleuten und Großunternehmern
finanziert. Das Kaligeschäft lockte aber auch
Kleinanleger an: Oft verkauften Bauern Land
an die Bohrgesellschaften und beteiligten sich
mit dem Erlös an den später entstehenden
Gewerkschaften.

Der starke Geldzufluss führte zu immer
neuen Bohrungen, die oftmals ohne Sinn und
Verstand durchgeführt wurden. In einigen
Fällen wurde das Kapital regelrecht „verbrannt".
Die vielen Misserfolge schreckten die Investoren
jedoch nicht ab: Zu verlockend waren die
Aussichten auf das große Geld. Immer mehr
Anleger spekulierten in der zweiten Hälfte der
1890er Jahre mit den Papieren der Kaliindustrie.

Krisenstimmung im Fin de Siècle

Die Spekulationsgeschäfte machten der Kaliindustrie Ende der 1890er Jahre erheblich zu
schaffen. Bedrohlicher aber waren die unkon-
trollierbaren Wasserzuflüsse, die zum Absaufen

zahlreicher Schächte führten (siehe Kasten). Vor allem in Staß-furt und Umgebung, aber auch im Werra-Fulda-Revier gefähr-deten immer häufiger Wassereinbrüche bestehende Bergwerke und das Abteufen neuer Schächte. Ein weiteres Problem bestand darin, dass die Grubenfelder der neuen Bergwerke häufig so nah beieinander lagen, dass sich der Abbau kaum noch lohnte. So schnell, wie sie entstanden waren, gaben viele Bohrgesellschaf-ten und Bergwerke daher wieder auf. Der Rest hatte mit hohen Kosten beim Teufen neuer Schächte zu rechnen. Das ging zu Lasten der Anteilseigner, die häufig erhebliche Geldsummen zuschießen mussten.

Gegen Ende des 19. Jahrhunderts erfasste die Branche angesichts der vielfältigen Probleme eine große Unsicherheit. Verstärkt wurde diese Stimmung durch die anstehenden Verhandlungen zur Fortsetzung des Kalisyndikats. Als sich im Frühjahr 1899 ein Ende des Wirtschaftsaufschwungs ankündigte, gab es kein Halten mehr. Die Kurse der Kalipapiere brachen ein. Die Anleger reagier-ten mit Angst- und Zwangsverkäufen. Dramatisch war der Kurs-verlust bei der Gewerkschaft Wintershall: Der Wert der Kuxe sank von 1.200 Mark im Januar 1898 auf 25 Mark im März 1901. Da-mals sollen mit den entwerteten Anteilsscheinen von Winters-hall in Heringen Wirtshausrechnungen beglichen worden sein.

Die ältesten Bergwerke in Staßfurt ersaufen

Gegen Ende des 19. Jahrhunderts bedrohten Wasserzu-flüsse und Gebirgsschläge die Bergwerke des Staßfurter Raumes. Zu den gefährdeten Betrieben gehörten auch die 1863 eröffneten Pionierwerke Leopoldshall I und II. Nun rächte sich die Unerfahrenheit der ersten Erbauer von Kali-bergwerken. Die Ingenieure hatten sich am Steinsalz- und Steinkohlenbergbau orientiert und dabei die Standfestigkeit der Gebirge überschätzt. Im Werk Leopoldshall zeigte sich schon 1879, dass die Pfeiler, die das Deckgebirge tragen sollten, zu schwach dimensioniert worden waren: Eine Abbaufläche von 20.000 Quadratmetern brach unter dem Druck des Deckgebirges zusammen. In den folgenden Jahren stürzten weitere Pfeiler ein. Außerdem trat mehr und mehr Wasser in die Gruben ein und löste über weite Strecken die betroffenen Kalisalzlager auf. Die Bergwerks-leitung versuchte, das Wasser abzupumpen und verfüllte die entstandenen Hohlräume, damit die Firste nicht ein-brachen. Doch die verzweifelten Versuche blieben ohne Erfolg. Im März 1900 bargen die Bergleute alles wertvolle Material aus den Gruben. Nur wenige Wochen später stand der Laugenspiegel bis 40 Meter unter der Tagesoberfläche. Bald darauf traf es auch die preußischen Schächte in Staß-furt: Bereits im Mai 1900 drangen die Wässer in der ersten Abbausohle am Von-der-Heydt-Schacht ein, mit dem die Geschichte der Kaliförderung begonnen hatte. Die Betreiber verzichteten auf weitere Rettungsmaßnahmen. Sie bargen das Material und ließen das Bergwerk notgedrungen absaufen. Das Bild zeigt einen Laugendurchbruch in dem zum Bergwerk Neu-Staßfurt gehörenden Schacht Agathe. Der Schacht wurde 1911 aufgegeben.

MACHT UND OHNMACHT DES KALISYNDIKATS (1899–1914)

Das Kalisyndikat wandelt sich

Im Syndikat gab es grundlegende Veränderungen, als sich 1899 die bestehenden zwölf Bergwerksgesellschaften zum „Ersten Vollsyndikat" zusammenschlossen. An die Stelle der sieben Einzelverträge trat nun ein einheitliches Abkommen, das alle Bereiche der Kaliindustrie erfasste und eine Laufzeit von drei Jahren hatte. Die Leitung des Syndikats wurde in Anlehnung an die Organisation von Aktiengesellschaften neu geordnet: Es gab nun eine Generalversammlung, einen aufsichtsführenden Ausschuss sowie einen dreiköpfigen Vorstand. Noch einmal wurde dem preußischen Staat trotz heftiger Kritik an seinem Führungsanspruch eine bevorzugte Rolle zugestanden: Er erhielt eine höhere Quote als die anderen Bergwerksbesitzer, den Vorsitz der Generalversammlung sowie ein Vetorecht bei der Erhöhung der Kalipreise. Noch stieg der Kaliverbrauch stetig an und das Syndikat bot den Werken weiterhin einen guten Rahmen, um ihre Produkte abzusetzen. Bis zum Ende dieser zweiten Syndikatsperiode traten fünf weitere Werke dem Kartell bei, darunter auch die Gewerkschaft Burbach und die Aktiengesellschaft Salzdetfurth.

1901 kam dann die Wende: Die Kalinachfrage nahm zwar weiter zu, aber durch die vielen neuen Werke sank erstmals die durchschnittliche Fördermenge pro Werk. Zugleich verdoppelte sich zwischen 1900 und 1905 die Zahl der Bergwerke auf 32 – Tendenz steigend. Der Kalimarkt schien gesättigt und das Syndikat musste sich vor allem mit dem Problem der Überproduktion beschäftigen. Das Ende des unbegrenzten Wachstums war erreicht – und das zu einer Zeit, als weitere Bergwerksgesellschaften in den Startlöchern standen.

Vor diesem Hintergrund kam es 1901 bei den Verhandlungen zur nächsten Syndikatsperiode zum Eklat. Die Werke Kaiseroda, Hohenzollern (bei Alfeld) und die mehrheitlich in amerikanischem Besitz befindliche Gewerkschaft Einigkeit (bei Wolfsburg) lehnten die Bevorzugung der älteren Werke ab und verweigerten ihren Beitritt. Kaiseroda, mit großen Ambitionen angetreten, wagte einen für die Kaliwirtschaft unerhörten Schritt: Auf eigene Faust und außerhalb der Quotenregelung des Syndikats verkauften die Betreiber Kali in den USA. Das Syndikat reagierte auf diese „Kriegserklärung" mit einer Halbierung

Die Entwicklung der Salzindustrie um 1900

Während die deutsche Kaliindustrie sich erfolgreich im Syndikat organisiert hatte, gelang der Salzindustrie eine solche Organisierung nicht – im Gegenteil. Noch vor der Jahrhundertwende spaltete sich der 1875 gegründete „Verein Deutscher Salinen und Bergwerke" nach internen Streitigkeiten aufgrund unterschiedlicher

Interessen in die „Deutsche Salinenvereinigung" (später „Verein Deutscher Salinen") mit etwa 70 Salinen und verschiedene, zeitlich begrenzte Zusammenschlüsse der 20 Steinsalzbergwerke. Während die Zahl der Kleinsalinen (mit einer Produktion unter 500 Tonnen im Jahr) abnahm, wurden immer mehr

Großsalinen (mit 20.000 bis 50.000 Tonnen) gegründet. Dies führte zu einer erheblichen Produktionsausweitung und zu Überkapazitäten. Insgesamt betrug die Produktion um 1900 etwa 1,3 Millionen Tonnen. Die Hersteller forderten von der Regierung eine Regulierung des Handels.

Die Gewerkschaft Hohenzollern gehörte
zu den drei Unternehmen, die dem
Kalisyndikat 1901 den Kampf ansagten.
Werksansicht aus dem Jahr 1899

der Rohsalzpreise. Diesem Preisdruck konnten Hohenzollern
und Einigkeit nicht standhalten, nur Kaiseroda bot dem Syndikat länger die Stirn. Erst im Februar 1902, zwei Monate nach
Beginn der Syndikatsperiode, trat das Werk dem Syndikat bei.

Bei den Syndikatsverhandlungen in den nächsten Jahren
suchte man immer wieder nach Wegen, die Überproduktion
einzudämmen. Die alteingesessenen Bergwerke plädierten für
eine Preissenkung, um den Absatz zu erhöhen. Für die neueren
Werke war dies jedoch inakzeptabel, denn bei ihnen mussten
sich die Investitionen erst noch amortisieren. Die „Newcomer"
verfügten zumeist über reiche Kalivorkommen und moderne
Anlagen, die genutzt werden mussten. Sie forderten die „alten"
Werke auf, Förderanteile abzugeben, worauf diese sich aber nur
zögernd einließen. Die preußische Regierung verlangte überdies
weiterhin gute Konditionen für die heimische Landwirtschaft.
Angesichts der weit auseinander klaffenden Interessen war der
Zusammenhalt im Syndikat stets gefährdet.

Kalisyndikate 1888–1918

Erstes Kalisyndikat 1888–1898: Auch „Syndikat der sieben Einzelverträge" genannt, weil alle Bereiche der Preis- und Absatzgestaltung
separat geregelt waren

Zweites Kalisyndikat 1899–1901: Das erste „Vollsyndikat", das auf
einem alle Bereiche der Marktregulierung umfassenden Vertrag
basierte

Drittes Kalisyndikat 1902–1904: Auch zweites Vollsyndikat genannt

Viertes Kalisyndikat 1905–1909: Das dritte Vollsyndikat zerbrach
an den Forderungen jüngerer Kaliunternehmen, die höhere Absatzquoten wollten.

Rumpfsyndikat 1909/10: Übergangsorganisation nach dem Streit
über die Absatzquoten

Fünftes Kalisyndikat 1910–1918: Erneute Bildung eines umfassenden
Syndikats nach der staatlichen Regelung der Preise und Beteiligungs-
ziffern

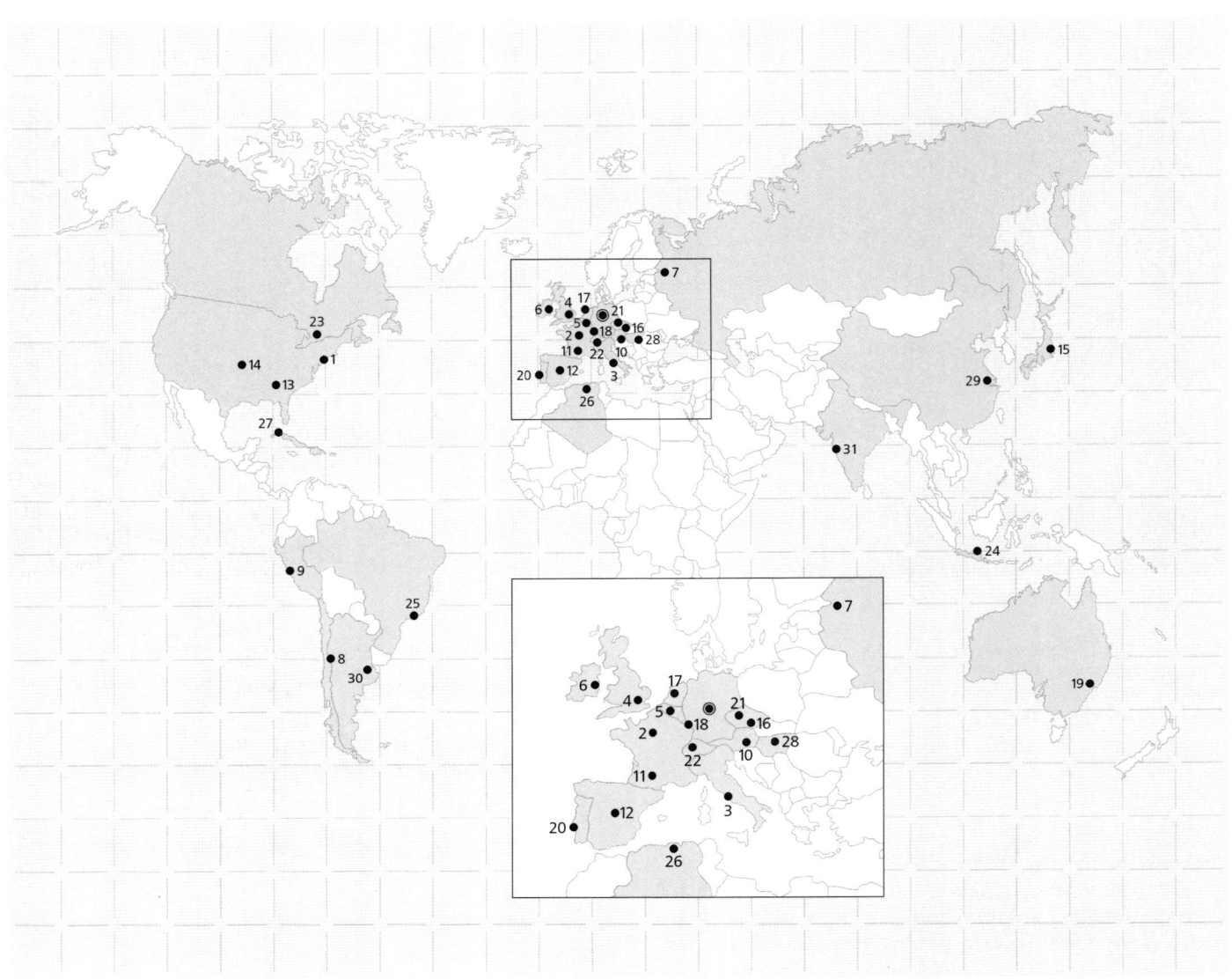

Die Auslandsagenturen des Kalisyndikats im Jahr 1909

◉ Zentrale: Staßfurt-Leopoldshall

1 New York (1893)	**10** Graz (1903)	**21** Prag (1905)
2 Paris (1897)	**11** Toulouse (1903)	**22** Zürich (1905)
3 Rom, früher Bologna (1899)	**12** Madrid (1903)	**23** Toronto (1906)
4 London (1901)	**13** Atlanta (1903)	**24** Bandoeng (1906)
5 Brüssel (1901)	**14** Chicago, früher St. Louis (1903)	**25** Rio de Janeiro (1906)
6 Dublin (1902)	**15** Yokohama (1903)	**26** Philippeville (1906)
7 St. Petersburg (1902)	**16** Brünn (1904)	**27** Havanna (1907)
8 Santiago (1902)	**17** Utrecht (1904)	**28** Budapest (1907)
9 Lima (1902)	**18** Ettelbrück (1904)	**29** Shanghai (1908)
	19 Sydney (1904)	**30** Buenos Aires (1909)
	20 Lissabon (1904)	**31** Bombay (1909)

Ausbau der „Propaganda"-Abteilung des Syndikats

1905 erweiterte das Syndikat seine „Propaganda"-Abteilung – verantwortlich für Forschung, Werbung und Öffentlichkeitsarbeit – noch einmal erheblich. Denn bei allen Differenzen waren sich die Mitglieder einig, dass der Kaliabsatz weiter gesteigert werden musste, damit alle Werke möglichst große Mengen fördern und verkaufen konnten. Bereits in den 1890er Jahren hatte das Syndikat Geschäftsstellen in New York, Paris und Bologna eingerichtet, später kamen weitere Büros in Europa und in Südamerika hinzu. Ab 1905 baute das Syndikat Agenturen in Toronto, Shanghai und Bombay auf. 1909 arbeiteten neben den zwölf deutschen insgesamt 31 ausländische Propagandabüros für das Syndikat. Diese Außenstellen leisteten vor allem Aufklärung über die Einsatzmöglichkeiten des Kalis und berieten potenzielle Kunden. Zusätzlich gab es weltweit zahlreiche Vertreter, die für den Vertrieb zuständig waren.

Neben den Auslandsmärkten wandte sich das Kalisyndikat verstärkt den mittleren und kleineren Bauern in Deutschland zu. Um auch diese Käuferschicht zu erreichen, führten die Beratungsstellen des Syndikats ihre Düngungsversuche gezielt dort durch, wo bisher wenig Kali eingesetzt wurde. Mit wissenschaftlichen Dokumentationen ließen sich die skeptischen Bauern allerdings kaum überzeugen. Das Kalisyndikat nutzte Fotografien, um die Wirkung des Kalidüngers mit „Vorher-Nachher"-Bildern zu dokumentieren. Zur Werbung dienten auch Postkarten, Plakate und eingängige Werbesprüche: „Die dem Acker Kali gaben, werden große Rüben haben" oder: „Auch die Kartoffeln und der Kohl befinden sich mit Kali wohl."

Überhaupt setzte das Kalisyndikat eine akribische Dokumentation und statistische Erfassung vieler Daten ein, um über den Sinn der Mineraldüngung zu informieren. Genaue Förderzahlen und detaillierte Produktions- und Absatzstatistiken halfen dabei, Strategien für die Ausweitung der Märkte zu entwickeln. Von einer umfangreichen Bibliothek bis zum eigenen Fotoatelier leistete das Syndikat sich alles, was an Medien und Informationen zu Beginn des 20. Jahrhunderts zur Verfügung stand. Ab 1905 brachte das Syndikat zudem eine eigene Zeitschrift heraus: „Die Ernährung der Pflanze". Mit ihr sollten vor allem die Fachleute – dazu zählten die eigenen „Propagandabeamten", Vertreter und Forscher – auf dem Laufenden gehalten werden. Seit 1905 fanden auch die deutschen Kalitage statt, bei denen Fachleute aus der Kaliindustrie – Bergleute, Chemiker, Techniker und Kaufleute – sich über Fragen der Förderung oder des Verkaufs austauschten. Ganz im Sinne einer modernen Öffentlichkeitsarbeit wandte die Kaliindustrie sich einerseits an die Experten und Multiplikatoren, andererseits aber auch an breitere landwirtschaftliche Kreise. Um diese zu erreichen, gab es neben den Geschäftsstellen 15 Wanderlehrer, die auf dem Land für Kalidünger warben.

Stand des Kalisyndikats mit niedersächsischem Bauernhaus auf einer landwirtschaftlichen Ausstellung in Hannover 1914

DER „KALIVEREIN"

Paul Neubauer (1854–1921) gehörte zu den Gründern des „Vereins der Deutschen Kaliinteressenten" und war von 1905 bis 1916 dessen erster Vorsitzender.

Alles begann mit einem Rausschmiss: Nachdem das Kalisyndikat als gewinnorientiertes Unternehmen seinen Sitz in den Verwaltungsbeiräten der Reichsbahn verloren hatte, beschlossen Syndikatsmitglieder, einen gemeinnützigen Verein als neue Interessenvertretung zu schaffen. Am 18. Oktober 1905 gründeten 29 Kaliunternehmen den „Verein der Deutschen Kaliinteressenten" zu Magdeburg. Im Unterschied zum Syndikat war der neue Verein nicht selbst wirtschaftlich tätig, sondern vertrat allein die Interessen der Kaliindustrie in allen gesellschaftlichen, politischen und rechtlichen Belangen. Der Verein bestand aus einem Vorstand, der auf der jährlichen Mitgliederversammlung gewählt wurde, einem hauptberuflichen Geschäftsführer und einem Sekretariat. Der erste Vorstandsvorsitzende war der Direktor des Werkes Ludwig II in Staßfurt, Bergrat Paul Neubauer, der erste Geschäftsführer Bergassessor Dr. Leo Loewe.

Der Verein profilierte sich schnell als Berater seiner Mitglieder: Er informierte über neue Arbeitsverfahren und -techniken, über bürokratische Abläufe und die Folgen gesetzlicher Änderungen. Ein großer Erfolg war die seit 1907 herausgegebene Zeitschrift „Kali", die wissenschaftliche Beiträge zu bergtechnischen, geologischen, chemischen und produktionstechnischen Aspekten der Kaliindustrie mit juristischen, volkswirtschaftlichen und verwaltungsrechtlichen Informationen verband und eher Fachzeitschrift als Vereinsorgan war.

Nach außen trat der Verein als moderne Interessenvertretung der Kaliindustrie auf. Er verstand es, sich als Gesprächspartner und Berater von Politik und Verwaltung unentbehrlich zu machen. Oftmals gelang es ihm auf diese Weise schon im Vorfeld von Gesetzgebungsverfahren und Verwaltungsentscheidungen, die Interessen seiner Mitglieder durchzusetzen. So etwa bei der Abwehr eines Kaliausfuhrzolls 1906 und bei der Modifizierung des Reichskaligesetzes 1910. Schon früh engagierte sich der Verein der Deutschen Kaliinteressenten in Umweltfragen. Nach heftigen Protesten gegen die

Einleitung von Kaliendlaugen in die Elbe im Jahr 1911 startete der Verein nicht nur eine Aufklärungskampagne, sondern förderte auch Forschungen auf dem Gebiet der Wasserverschmutzung und Wasserreinhaltung.

Nach der Gründung der Weimarer Republik 1919 setzte der Verein, der seinen Sitz 1913 nach Berlin verlegt hatte, seine Verbandspolitik fort. Als Interessenvertretung wirkte er an der Neuorganisation der Kaliwirtschaft im demokratischen Staat mit. Seine Beratungsleistungen erweiterte er durch die Einrichtung einer bergbautechnischen Abteilung und einer Steuerberatungsstelle. 1922 schuf der Verein eine Seilprüfungsstelle, aus der 1925 die weithin anerkannte „Bergbauliche Werkstoff- und Seilprüfungsstelle Berlin" hervorging. Eine völlig neue Aufgabe waren die Tarifverhandlungen mit den Gewerkschaften, die ein Ableger des Vereins führte, der 1919 gegründete „Arbeitgeberverband der Kaliindustrie zu Berlin e. V.". Im selben Jahr gründete der Verein der Deutschen Kaliinteressenten gemeinsam mit dem Kalisyndikat die „Kali-Forschungsanstalt GmbH" (siehe Kapitel 3, Seite 99). 1922 gab sich der Verein eine neue Satzung und nannte sich von nun an „Deutscher Kaliverein e. V.". Während der NS-Zeit behielt der Kaliverein zwar seinen Namen, war aber als „Fachgruppe Kalibergbau" der „Reichsgruppe Industrie" in das NS-Wirtschaftssystem eingegliedert.

Nach 1945 war allein die kurz vor Kriegsende geschaffene Zweigstelle in Empelde bei Hannover arbeitsfähig. Aus ihr ging der „Deutsche Kaliverein, Revier Hannover-Braunschweig" hervor, der sich nach Gründung der Bundesrepublik Deutschland 1949 in „Kaliverein e. V. zu Hannover" umbenannte. Der Kaliverein war zugleich Interessenvertretung und Arbeitgeberverband, setzte aber auch seine Beratungstätigkeit fort. Der Verein tat sich vor allem auf dem Gebiet der Bergbautechnik hervor: Der 1952 eingerichtete „Bergtechnische Hauptausschuss" und die im selben Jahr in veränderter Form wieder herausgegebene Vereins-

Die 500-Tonnen-Zerreißmaschine der Seilprüfungsstelle diente Reißtests an schweren Förderseilen im ganzen Strang. Aufnahme aus dem Jahr 1925

zeitschrift „Kali und Steinsalz" trugen wesentlich zur technischen Modernisierung des deutschen Kalibergbaus bei. Der Konzentrationsprozess der westdeutschen Kaliindustrie, der 1970 zur Gründung der „Kali und Salz GmbH" führte, reduzierte zwar die Zahl der Mitglieder, änderte aber nichts an dem weiten Aufgabenfeld des Kalivereins, das bis heute von der Sozial- und Tarifpolitik über die wirtschaftspolitische Interessenvertretung bis hin zur Organisation fachlicher Beratung reicht. Nach der Wiedervereinigung übernahm der Kaliverein auch die Interessenvertretung der mitteldeutschen Kaliindustrie und verlegte 1998 seinen Sitz von Hannover nach Kassel – in die Mitte Deutschlands und in die direkte Nachbarschaft zur K+S. Verstärkt

vertrat der Kaliverein nun die Interessen der deutschen Kaliindustrie auch auf europäischer Ebene, wo immer mehr für die Kalibranche wichtige Entscheidungen getroffen werden. Im Jahr seines hundertjährigen Bestehens wandelte sich der Kaliverein noch einmal grundlegend: Mit Wirkung zum 1. Januar 2006 verschmolz er mit dem „Verein Deutsche Salzindustrie" (VDS) zum „Verband der Kali- und Salzindustrie" (VKS). Der neue Verband führt die Aufgaben seiner beiden Vorgänger fort und nutzt die Potenziale aus der Zusammenlegung zweier traditionsreicher und etablierter Wirtschaftsverbände.

Arbeiter und Angestellte der Kaliindustrie: Der für die Gewerkschaft
Hohenzollern tätige Chemiker
Willi Hubmann mit Fes entspannt
in seinem Büro und Bergarbeiter
in einer typischen Waschkaue um
1900

Regulierungsversuche des Staates

Während das Kalisyndikat auf die wachsende Zahl von Kalibergwerken mit einer Werbe- und Informationsoffensive zur Erschließung neuer Märkte reagierte, versuchte die preußische Regierung, die Expansion durch Gesetze einzudämmen. So kam es im Sommer 1905 zur Verabschiedung der so genannten Lex Gamp, die auf den freikonservativen Abgeordneten des preußischen Landtags Karl Freiherr von Gamp-Massaunen zurückging. Das Gesetz sah vor, dass zwei Jahre lang keine Teufgenehmigungen mehr erteilt werden sollten. Es erlaubte jedoch Ausnahmen: So waren bereits laufende Verfahren nicht betroffen. Die Provinz Hannover war zudem von der Regelung ausgenommen, da das Bergwerkseigentum als Grundeigentum dort nicht dem Bergrecht unterlag.

Wie bei ähnlichen Regulierungsversuchen zuvor trat nicht der gewünschte, sondern sogar der entgegengesetzte Effekt ein: Immer mehr Betreiber bemühten sich, im Rahmen der Ausnahmeregelungen Teufgenehmigungen zu erhalten. Im boomenden Werra-Fulda-Revier entstanden in unvermindertem Tempo zahlreiche neue Bergwerke. Da sich schon bald zeigte, dass das Gesetz sein Ziel verfehlte, versuchte die Regierung, ihren Einfluss im Syndikat zu steigern, indem sie die Gewerkschaft Hercynia in der Provinz Hannover kaufte.

Damit erhöhte der preußische Staat seinen Anteil an der gesamten Kaliproduktion des Syndikats von sieben auf elf Prozent. Doch auch dieser Schritt konnte die Gründung neuer Bergwerke nicht verhindern. Der hohe Kaufpreis fachte im Gegenteil die Kali-Euphorie weiter an.

Die preußische Regierung gab nicht auf. Bereits 1907 erließ sie eine „Berggesetznovelle" zur Lex Gamp. Danach stand mit Ausnahme der Provinz Hannover allein dem Staat das Recht zu, Salz abzubauen. Er konnte dieses Recht allerdings auf andere juristische Personen übertragen. Zudem versuchte der Staat durch eine Bergpolizeiverfügung, die so genannte Zwei-Schacht-Verordnung, den Bergbau zu verteuern. Die Kaliwerke mussten nun aus Sicherheitsgründen einen zweiten befahrbaren Schacht – den so genannten Polizeischacht – bauen. Doch alle Gesetze und Verfügungen nutzten nichts: Die Zahl der Bergwerke wuchs weiter. Ende des Jahres 1910 waren es bereits 69 und damit mehr als doppelt so viele wie 1905.

Am Ende der preußischen Versuche, das Wachstum der Kalibranche zu steuern, stand die Erkenntnis, dass es wohl keine wirksamen Wege gab, neue Bergwerke zu verhindern. Viel zu lukrativ war die Kaliförderung, um sie so geordnet und maßvoll zu betreiben, wie es sich die preußische Regierung wünschte.

Sie selbst konnte sich dem Sog der finanziellen Chancen, die im Kali steckten, ebenfalls nicht entziehen. So stieg die Zahl der Kaliwerke unaufhaltsam an. Alles lief auf einen großen Krach im Syndikat hinaus.

Der große Kali-Krieg

Die Situation im Kalisyndikat hatte sich bedenklich zugespitzt, als sich seine Mitglieder am 30. Juni 1909 im exklusiven Berliner Hotel Adlon trafen. Gespannt blickten auch Bankiers, Kalihändler und Investoren auf die Verhandlungen. Würde man für die neue Syndikatsperiode, die am 1. Januar 1910 beginnen sollte, einen Kompromiss finden? Der Streit kreiste wie alle drei Jahre um die gleichen Punkte: Die neueren Werke forderten höhere Quoten, die älteren wollten diesen Ansprüchen nicht nachgeben. Die Kontrahenten zeigten sich unversöhnlich. Ebenso unnachgiebig war der preußische Fiskus. Der preußische Handelsminister drohte, bei einem Scheitern der Verhandlungen ohne Rücksicht auf private Werke mit selbstständigen Verkäufen zu beginnen. Doch das schreckte die übrigen Mitglieder nicht mehr. Kurz vor Mitternacht platzten die Verhandlungen.

Die im Syndikat zusammengeschlossenen Werke waren damit ihrer Verpflichtungen enthoben und konnten nach Auslaufen des Syndikatsvertrags Ende 1909 selbstständig Verkaufsverträge schließen. Doch Hermann Schmidtmann, Vertreter der Werke Aschersleben und Sollstedt, hatte offenbar mit dem Scheitern der Verhandlungen gerechnet und vereinbarte noch in der gleichen Nacht mit amerikanischen Gesellschaften umfangreiche Lieferungen über einen Zeitraum von zwei Jahren. Die Preise, die Schmidtmann machte, waren eine Kampfansage an das Syndikat: Sie lagen bei knapp der Hälfte des Syndikatspreises.

Durch Schmidtmanns Coup eroberten die Gewerkschaften Aschersleben und Sollstedt zusammen mit der Gewerkschaft Einigkeit fast 50 Prozent des riesigen amerikanischen Marktes. Die drei „Aussteiger" ließen sich durch Geldangebote und Drohungen nicht von ihrem Weg abbringen. Die anderen Bergwerke gründeten am 8. Juli 1909 unter dem Namen „Neue Kalisyndikat GmbH" eine Art Rumpfsyndikat, dem sich bis zum Mai 1910 insgesamt 65 Bergwerke anschlossen. Niemand glaubte an eine freiwillige Einigung innerhalb der Kaliindustrie. An einer staatlichen Regulierung schien kein Weg vorbeizuführen.

Der preußische Staat hatte mit diesem Instrument allerdings keine guten Erfahrungen

Am 30. Juni 1909 kam es im Berliner Hotel Adlon zum Eklat: Die Verhandlungen zur Bildung eines neuen Kalisyndikats platzten. Ein Rumpfsyndikat trat an seine Stelle.

Das Stammwerk des aufstrebenden Kaliunternehmens Wintershall in Heringen

gemacht. Vor der Einrichtung eines Zwangssyndikats, das die Entstehung neuer Bergwerke verhindert hätte, schreckte er zurück. Das am 25. Mai 1910 verabschiedete „Reichskaligesetz" beschränkte sich vielmehr auf die Kontingentierung des Absatzes und die Festsetzung der Preise. Die drei Aussteiger Aschersleben, Sollstedt und Einigkeit mussten hohe Abgaben entrichten, da sie ihren gesetzlich festgelegten Anteil bei den Verkäufen in die USA überschritten hatten. Die Lieferungen in die USA zu Dumpingpreisen fanden dadurch ein schnelles Ende. Das größte Problem der Kaliwirtschaft löste das neue Gesetz jedoch nicht: Nach wie vor entstanden in großer Zahl neue Bergwerke.

Die ersten Konzerne entstehen

Eine wirksamere Form, die Zahl der Bergwerke zu begrenzen, waren Zusammenschlüsse. Stieg die Zahl der Bergwerke seit der Jahrhundertwende rapide an, so entwickelte sich seit 1910 auch eine Tendenz zur Konzernbildung, die die Entwicklung der deutschen Kaliindustrie bis hin zur Gründung der K+S prägte. Ambitionierte Unternehmen wie Wintershall übernahmen andere Bergwerke und entwickelten sich innerhalb weniger Jahre zu verschachtelten Großkonzernen. So kaufte Wintershall 1910 Anteile der Gewerkschaft Heiligenroda, der Kaliwerke Bismarckshall AG und der Gewerkschaft Gebra. Salzdetfurth, ein weiteres Beispiel, sicherte sich 1913 die Mehrheit

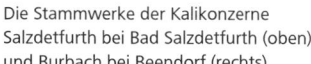
Die Stammwerke der Kalikonzerne
Salzdetfurth bei Bad Salzdetfurth (oben)
und Burbach bei Beendorf (rechts)

bei der erst seit zwei Jahren tätigen Gewerkschaft Braunschweig-Lüneburg. Ähnlich agierten die Burbach-Kaliwerke, die 1912 die Kaliwerke Krügershall AG übernahmen, oder die Kaliwerke Aschersleben, die zwischen 1907 und 1914 Sollstedt- und Salzdetfurth-Anteile erwarben.

Die Motive der entstehenden Konzerne waren leicht nachvollziehbar, denn durch die Zusammenschlüsse sanken die Kosten. Hinzu kam, dass durch die Übernahme anderer Bergwerke der Einfluss im Syndikat wuchs. Zudem war es wichtig, sich gegenüber den erstarkenden Konkurrenten zu behaupten. Nach dem Reichskaligesetz hatten Konzerne zusätzliche Vorteile: Sie konnten Quoten übertragen und auf diese Weise jedes einzelne Werk optimal nutzen. Durch die Vielfalt an Werken verfügten die Konzerne zudem über ein breites Spektrum an Produkten. Werke mit qualitativ schlechtem Kali hatten bald kaum noch eine Chance auf dem Markt und wurden von den größeren Unternehmen aufgekauft. Bei diesen Übernahmen spielten die Banken eine immer größere Rolle.

Als Wachstumsbranche zog die Kaliindustrie weiterhin Investoren und Spekulanten an. Daher erwarben die Banken Mehrheitsbeteiligungen, um sie an den Börsen mit Gewinn zu verkaufen. Auch aus diesem Grund wurden einzelne Konzerne seit 1910 immer größer.

Bis zum Beginn des Ersten Weltkriegs ging es trotz aller Turbulenzen mit der Kaliindustrie weiter aufwärts. Die Zahl der fördernden Schächte stieg auch nach 1910 noch einmal beträchtlich: von 69 auf 153 im Jahr 1913. Auch die Gesamtförderleistung nahm weiter zu und erreichte 1913 annähernd zwölf Millionen Tonnen Rohsalz. Kali war aus der Landwirtschaft nicht mehr wegzudenken und hatte sich zu einem Exportschlager der deutschen Wirtschaft entwickelt. Das technische Niveau der Bergwerke und Fabriken war deutlich höher als zu Beginn der Gründerzeit. Doch hier standen die größten Entwicklungsschritte noch bevor. Die Modernisierung der Kaliwerke und die Konzernbildung der Kaligesellschaften sollten die kommenden Jahrzehnte prägen.

- **Einschnitt:** Tiefgreifende Veränderungen in der Düngemittelindustrie durch den Ersten Weltkrieg

- **Monopolverlust:** 1919 wird das Elsass französisch und damit auch die dortigen Kaliwerke

- **Bereinigung:** Stilllegung unrentabler Werke während der Weimarer Republik

- **Neuordnung:** Die deutschen Kalikonzerne wachsen

- **Innovation:** Düngemittel-Spezialitäten erobern den Markt

- **Konkurrenz:** Neue Anbieter am Weltkalimarkt

- **Modernisierungen:** Technischer Fortschritt in den deutschen Kaliwerken steigert die Produktivität

- **Einbruch:** Drastische Produktionsrückgänge während der Weltwirtschaftskrise

- **Zäsur:** Staatliche Eingriffe in die Kali- und Düngemittelindustrie ab 1933

Kapitel 3

KRIEGE, KRISEN, KONKURRENZEN. MONOPOLVERLUST UND KONZENTRATIONSPROZESSE

(1914–1945)

Die drei Jahrzehnte zwischen 1914 und 1945 waren von Kriegen, Wirtschaftskrisen und Diktatur geprägt. Nach dem Ersten Weltkrieg verlor Deutschland mit dem Elsass 1919 auch das Kalimonopol. In der Weimarer Republik kam es zu einer verstärkten Konzernbildung bei den deutschen Kaliwerken. Die Unternehmen steigerten in den 1920er und 1930er Jahren durch einschneidende Modernisierungsmaßnahmen ihre Produktivität. Gleichzeitig wuchs der staatliche Einfluss auf die Kaliindustrie, die nach 1933 ein Teil der staatlich gelenkten NS-Wirtschaft wurde. Die Kali- und Düngemittelindustrie hatte eine wichtige Funktion in der nationalsozialistischen Kriegswirtschaft.

EPOCHENWENDE ERSTER WELTKRIEG (1914–1918)

Nach den Jahrzehnten des Wachstums markierte der Erste Weltkrieg einen tiefen Einschnitt. An die industrielle Aufbruchstimmung, die die Gründerjahre des späten 19. Jahrhunderts charakterisiert hatte, konnte die deutsche Industrie und mit ihr die Kali- und Düngemittelindustrie nach dem Krieg nicht anknüpfen. Der Erste Weltkrieg war ein militärischer Konflikt von einer zuvor nicht vorstellbaren Dimension. Angesichts der gigantischen Materialschlachten bestimmte zum ersten Mal die industrielle Leistungsfähigkeit die Kriegsführung der beteiligten Staaten. Fern von den Frontlinien konnte die Frage, ob und wie viel die heimische Industrie produzierte, über Sieg oder Niederlage entscheiden.

Kaliindustrie und Kriegswirtschaft

Unter dem Druck der kriegswirtschaftlichen Bedingungen erhielten auch die Rohstoffe Kali und Stickstoff eine neue strategische Bedeutung. An erster Stelle stand die Nährstoffversorgung der Böden, denn die landwirtschaftliche Produktion sollte aufrechterhalten werden, um unabhängig von Importen die Ernährung der Bevölkerung sicherzustellen. Aber nicht nur für die Düngung waren diese Grundstoffe relevant, denn Kaliumchlorid wurde beispielsweise benötigt, um Sprengstoffe

herzustellen. Daher galten Kalisalze nach den Kriterien der Rohstoffbewirtschaftung als „mittelbare Kriegslieferungen" und wurden besonders gefördert. Auch Stickstoff – in Form von Salpetersäure – wurde für die Herstellung von Munition benötigt.

Wegen des Fehlens eigener Vorkommen an mineralischem Bodenstickstoff hatten die deutsche Landwirtschaft und Industrie ihren Stickstoffbedarf bis zum Ersten Weltkrieg hauptsächlich durch den Import von Chilesalpeter gedeckt. Seit Beginn der englischen Blockade im November 1914 war die deutsche Kriegswirtschaft jedoch vom Weltmarkt weitgehend abgeschnitten. Der „Stickstoffhunger", den zeitgenössische Beobachter in der deutschen Landwirtschaft und der Industrie bereits vor dem Krieg wahrnahmen, spitzte sich jetzt zu einem entscheidenden Engpass der Kriegsindustrie zu.

Der Krieg veränderte die Produktion und den Absatz von Kali- und Salzprodukten grundlegend, denn Transportprobleme, Materialengpässe und der Mangel an Brennstoffen behinderten den normalen Betriebsablauf erheblich. Zu diesen logistischen Schwierigkeiten traten bald auch Personalprobleme, da immer mehr Fachkräfte als Soldaten an die Front mussten. Diese Lücken in den Belegschaften wurden durch rasch angelernte Arbeitskräfte

Heringen: Frauen nähen Uniformen für die deutschen Soldaten.

linke Seite August 1914: Der Ausbruch des Ersten Weltkrieges wird von der deutschen Bevölkerung bejubelt.

Die Männer sind an der Front – die Frauen gehen in die Fabrik, auch in die Rüstungsproduktion.

geschlossen. Dazu gehörten Frauen und Jugendliche, aber auch ausländische Arbeitskräfte und Kriegsgefangene. Trotzdem litt die Kali- und Düngemittelindustrie immer stärker unter dem Mangel an Fachkräften.

Vor allem aber hatte sich durch den Krieg die Marktsituation für die exportorientierte Kaliindustrie völlig verändert. Seit Januar 1915 durfte die deutsche Kaliindustrie keine Kaliprodukte mehr in Länder exportieren, die sich mit Deutschland im Krieg befanden. Zu diesen so genannten Feindesstaaten zählten beispielsweise England und Frankreich und das Embargo galt wegen der US-Waffenlieferungen an Kriegsgegner des Deutschen Reichs auch für den nordamerikanischen Markt – obwohl die USA noch nicht in den Krieg eingetreten waren. Die deutsche Regierung wollte damit vor allem eine Verwendung des Kalis für die Herstellung von Schwarzpulver verhindern und auf diese Weise die weltweite Monopolstellung der deutschen Kaliwirtschaft für die deutsche Kriegsstrategie nutzen. Die deutsche Kaliindustrie verlor allerdings durch das Embargo wichtige Absatzmärkte.

Gleichzeitig schrieb die deutsche Regierung auf dem Binnenmarkt die Preise für Kali auf einem sehr niedrigen Niveau fest. Die schleichende Inflation während der Kriegsjahre verschärfte die Situation noch, denn faktisch tendierten auch die regulierten Kali-Festpreise mittelfristig weiter nach unten. Verständlich also, dass das Kalisyndikat im Januar 1915 in einer Stellungnahme zu den kriegswirtschaftlich bedingten Änderungen des Reichskaligesetzes beklagte, dass „der Schlag, der der Kaliindustrie … zugefügt ist, geradezu unüberwindlich" sei. Vor allem der 40-prozentige Kalidünger sei angesichts der viel zu niedrigen Preise „geradezu ein Unglück" für die deutsche Kaliindustrie.

Die veränderten Bedingungen auf dem Kalimarkt spiegelten sich deutlich in den Absatzzahlen wider. Während der Export der

links Am Eingang des Kaliwerkes Hattorf wurde nach dem Ersten Weltkrieg eine Tafel für die gefallenen Betriebsangehörigen angebracht.

rechts Die Schachtanlage Herfa-Neurode in der Zeit des Ersten Weltkrieges

deutschen Kaliindustrie von 1913 bis 1917 um rund 75 Prozent zurückging, konnte das Inlandsgeschäft so stark ausgebaut werden, dass der Gesamtabsatz der deutschen Kaliindustrie in diesem Zeitraum sogar um über 100.000 Tonnen K_2O stieg. Dies gelang allerdings nur unter größten Anstrengungen und verbesserte die wirtschaftliche Lage der Kalibranche keineswegs. Im Gegenteil: Mehr und mehr häuften sich die Klagen der Kaliproduzenten über Personalmangel, Lieferrückstände und den schlechten Zustand der Betriebsanlagen. Aufgrund von Überbeanspruchung und Wartungsmängeln waren viele Werke im letzten Kriegsjahr regelrecht heruntergewirtschaftet.

Konzentration der Kräfte

Während des Ersten Weltkrieges hatte sich die Kaliindustrie so grundlegend verändert, dass die Unternehmen nach dem Krieg nicht einfach wieder an die frühere Entwicklung anknüpfen konnten. Unter den Bedingungen der Kriegswirtschaft wuchs der Druck auf die Unternehmen, noch kostengünstiger und effizienter zu produzieren. Die bereits vor dem Krieg erkennbaren Ansätze zur Konzentration und Konzernbildung wurden auf diese Weise verstärkt.

Dies wurde nicht zuletzt auch von kriegswirtschaftlichen Regulierungsmaßnahmen des

Staates unterstützt. So sollte ein Abteufverbot aus dem Jahr 1916 die weitere Ausdehnung der Produktionskapazitäten der Kaliindustrie beenden. Damit wurde die Expansion im Kalibergbau, die sich im letzten Vorkriegsjahrzehnt gezeigt hatte und auch während des Krieges zunächst weiterging, endgültig gestoppt.

Da von den kriegswirtschaftlichen Regelungen zur Zuteilung von Rohstoffen und Arbeitskräften vor allem die Großunternehmen profitierten, wurde die Bildung größerer Unternehmensgruppen dadurch eher noch gefördert. Bereits im Dezember 1915 wurden die Gewerkschaften Herfa und Neurode in die Wintershall-Gruppe eingegliedert, und bei Kriegsende hatte Wintershall eine enge Verbindung der vier Schachtanlagen Wintershall, Heringen, Herfa und Neurode erreicht. Als die Kaliwerke Aschersleben AG schließlich 1917 das Kaliwerk Hattorf in Philippsthal übernahmen, kam damit ein weiterer heutiger K+S-Standort unter das Dach eines größeren Konzerns, der überdies seit 1922 im Verbund mit der Kaliwerke Salzdetfurth AG und den Consolidirten Alkaliwerken Westeregeln AG zum wichtigsten Kaliproduzenten neben Wintershall wurde.

Stickstoffmangel und Haber-Bosch-Verfahren

Besonders die Versorgung mit Stickstoff wurde bald nach Kriegsausbruch zu einem Kernproblem der deutschen Kriegswirtschaft. Daher rückten neue chemische Verfahren in den Blickpunkt. Bereits seit einigen Jahren experimentierte die chemische Forschung in Deutschland, um Stickstoff aus der Luft zu gewinnen. Vor allem die „Badische Anilin- und Soda-Fabrik" (BASF) erzielte mit ihren Forschungsaktivitäten spektakuläre Ergebnisse. Ihr Haber-Bosch-Verfahren zur Gewinnung von Stickstoff setzte sich schließlich durch. Für die Zukunft der Düngemittelindustrie

stellte diese Methode eine bahnbrechende Neuerung dar. Mit der Ammoniaksynthese nach dem Haber-Bosch-Verfahren zeigte die BASF einen zukunftsweisenden Weg auf, gebundenen Luft-Stickstoff preisgünstig bereitzustellen. Im Jahr 1913 wurde im BASF-Werk Oppau bei Ludwigshafen die erste Großanlage zur Erzeugung von synthetischem Ammoniak in Betrieb genommen.

Stickstoffgewinnung aus der Luft

Seit Beginn des 20. Jahrhunderts arbeiteten Chemiker daran, den in der Luft vorhandenen Stickstoff zu „fixieren" und zu Dünger zu verarbeiten. Unter den verschiedenen Verfahren setzten sich besonders die Forschungen von Fritz Haber und Carl Bosch durch. Ausgehend von Habers Idee, Stickstoff und Wasserstoff unter hohem Druck und hoher Temperatur zu Ammoniak zu verbinden, entwickelte Carl Bosch als Leiter der BASF-Forschungsabteilung ein Verfahren zur großtechnischen Umsetzung. Im Jahr 1912 konnte er auf einem internationalen Kongress für angewandte Chemie die

Ergebnisse dieser Forschungen präsentieren. Sowohl Fritz Haber als auch Carl Bosch wurden für ihre revolutionäre Forschungsleistung mit dem Nobelpreis für Chemie geehrt.

Die Ammoniaksynthese nach dem Haber-Bosch-Verfahren

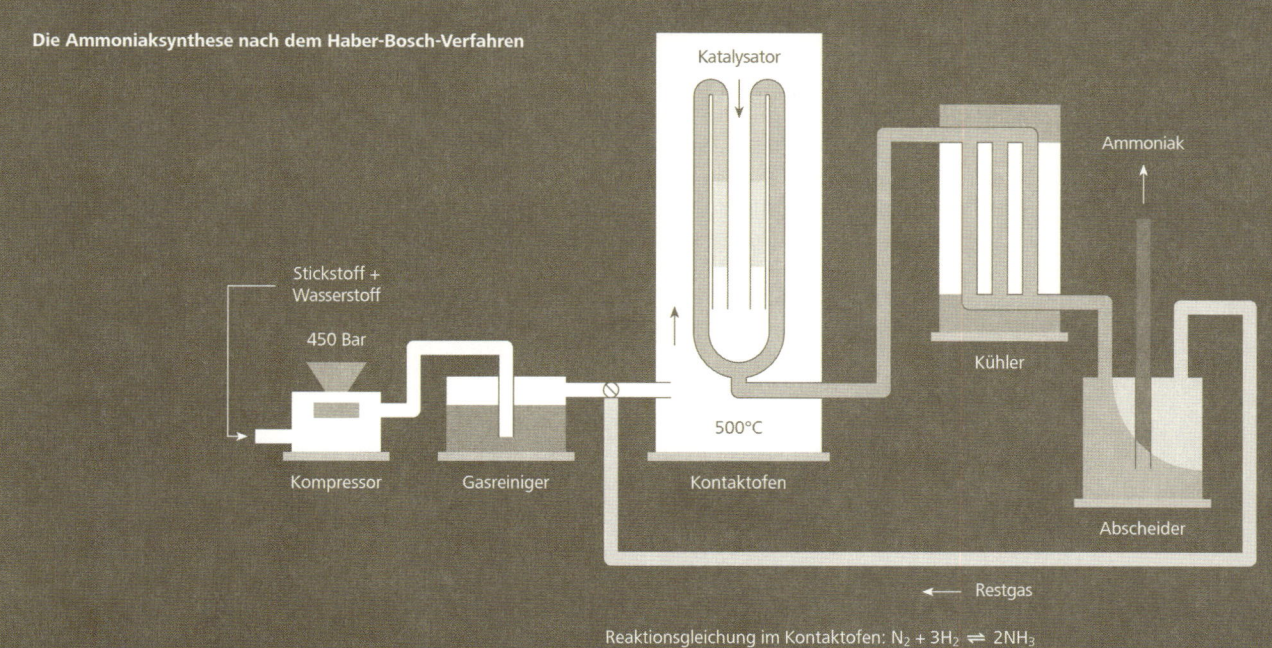

Reaktionsgleichung im Kontaktofen: $N_2 + 3H_2 \rightleftharpoons 2NH_3$

oben Blick auf das Werk der CFK in Köln-Kalk, um 1930

unten Für die Bevölkerung in Deutschland bedeutete der Krieg bald Hunger und Entbehrung.

Düngemittelindustrie im Krieg

Die Kriegsereignisse verhalfen dem Haber-Bosch-Verfahren zum Durchbruch. An der Marktreife des noch jungen Produkts „synthetisches Ammoniak" bestand nun kein Zweifel mehr. Auch die Landwirtschaft und die Düngemittelindustrie standen damit an einem bedeutsamen Wendepunkt, denn die Düngemittelproduzenten mussten jetzt die teuren Rohstoffe nicht mehr importieren. Außerdem war mit diesem Verfahren beim Stickstoff, im Unterschied zum Rohstoff Kali, das man am rentabelsten in der Nähe der Lagerstätten verarbeitete, die Standortfrage nicht mehr so entscheidend.

Allerdings konnten die Produktionssteigerungen bei synthetischem Ammoniak die kriegsbedingten Ausfälle herkömmlicher Stickstoffverbindungen kaum ausgleichen. Auch an anderen Düngern herrschte Mangel: Der Einfuhrstopp von Rohphosphaten verursachte einen gravierenden Engpass an phosphathaltigen Düngemitteln. Hier deckte die inländische Produktion – in Form von Thomasmehl, einem Abfallprodukt der Stahlerzeugung (siehe Kapitel 2, Seite 43) – nur ungefähr ein Viertel des landwirtschaftlichen Bedarfs. Lediglich mit Kalidüngemitteln konnte die Landwirtschaft

in Deutschland ausreichend beliefert werden. Im Laufe des Krieges stieg der Verbrauch von Kalidünger merklich an. Aber Kali allein konnte die Unterversorgung der Böden mit Nährstoffen nicht beheben. Die landwirtschaftliche Produktion sank daher erheblich. Im „Steckrübenwinter" von 1916 erreichte die Kartoffelernte nur etwa sechzig Prozent des ebenfalls mageren Vorjahres.

Auch viele Unternehmen der Kali- und Düngemittelbranche waren wegen des Krieges in einer schwierigen Lage. Die Chemische Fabrik Kalk (CFK) etwa musste bei Kriegsausbruch ihre eigenen Pläne für die Synthese von Stickstoffverbindungen aufgeben. Darüber hinaus stellte ihre Düngerfabrik in Köln-Ehrenfeld den Betrieb ein. Überhaupt war die CFK ein Beispiel dafür, dass die Entwicklung während des Ersten Weltkriegs auch die Unternehmenspolitik bedrohen konnte. Da die Fabrik in Köln-Kalk importierten Salpeter und Kokereiammoniak verarbeitete, war die Geschäftsleitung von der Durchsetzung des Haber-Bosch-Verfahrens eher beunruhigt als beflügelt.

Die Vorläuferin des heutigen COMPO-Standortes Krefeld, die Anglo-Continentalen Guano-Werke Hamburg, verlor durch den Krieg wichtige vertriebsstrategische Standorte in London und Antwerpen.

NEUORDNUNG DER KALIWIRTSCHAFT UND KONZERNBILDUNG (1918–1930)

Kriegsende und Verlust des Weltmonopols

Das Kriegsende und die Demobilisierung erschütterten das gesamte Wirtschaftsgefüge in Deutschland abermals. Die Industrie musste die Umstellung auf die Friedenswirtschaft bewältigen. Die deutsche Kaliindustrie war zugleich damit konfrontiert, dass sich auf dem Weltmarkt die Balance der Kräfte verschoben hatte. Nach den Bestimmungen des Versailler Vertrags musste Deutschland Elsass-Lothringen an Frankreich abtreten. Damit fielen die elsässischen Kaligruben an den westlichen Nachbarn.

Durch die territoriale Neuordnung verlor die deutsche Kaliindustrie nicht nur einige Schächte, sondern vor allem das Weltmonopol, das sie über Jahrzehnte gehalten hatte. Die deutsche und die neue französische Kaliindustrie standen sich jetzt als Konkurrenten auf dem Weltmarkt gegenüber. Darüber hinaus drängten weitere Länder auf den internationalen Kalimarkt. In Polen, Spanien, Palästina, den USA und der Sowjetunion wurden neue Kalilagerstätten erschlossen.

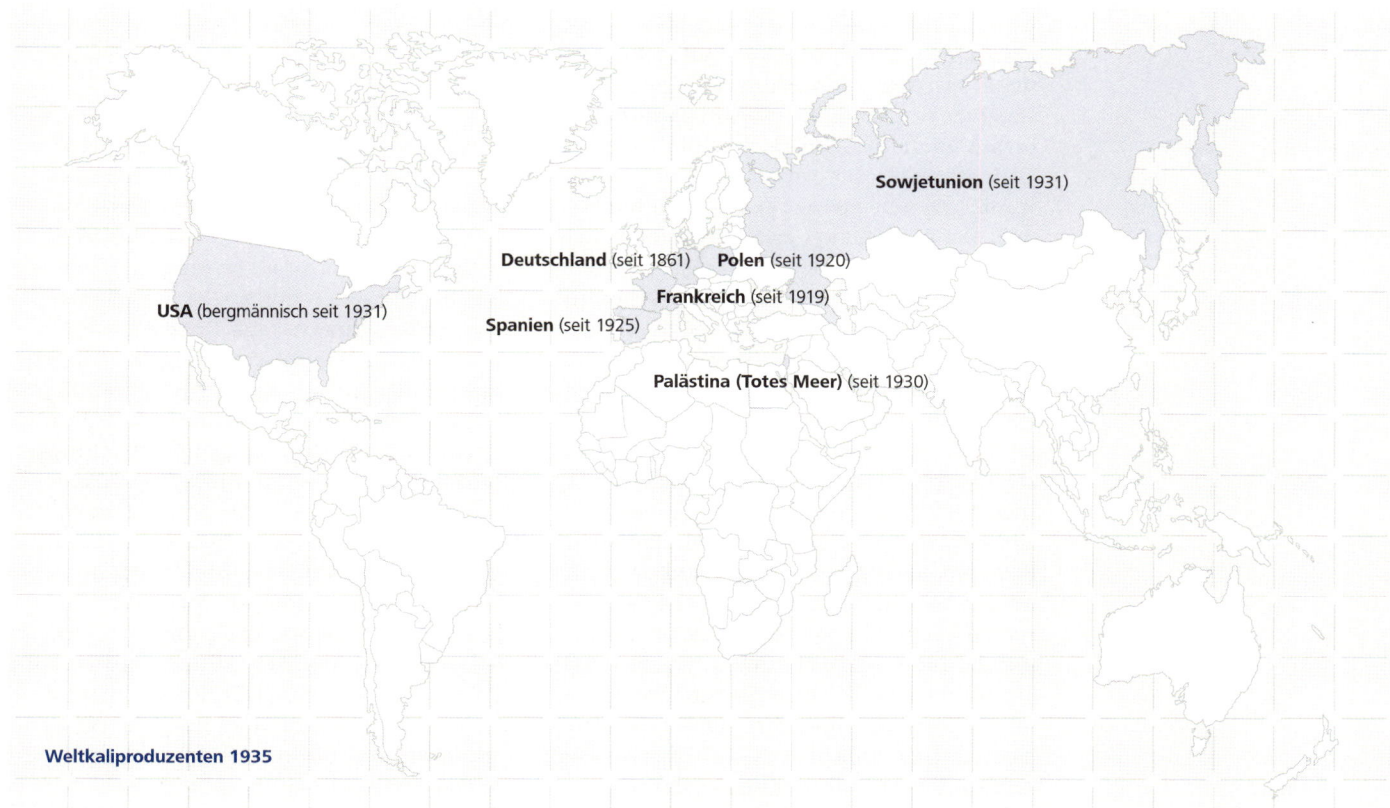

Sowjetunion (seit 1931)

Deutschland (seit 1861)   **Polen** (seit 1920)

Frankreich (seit 1919)

USA (bergmännisch seit 1931)

Spanien (seit 1925)

Palästina (Totes Meer) (seit 1930)

Weltkaliproduzenten 1935

Kaliwirtschaftsgesetz, Reichskalirat und Stilllegungs-Verordnung

Neben dem Verlust des Weltmonopols hatte die deutsche Kaliwirtschaft im Inland große Herausforderungen zu bewältigen. Arbeiterunruhen erschwerten die ersehnte Rückkehr zum normalen Betriebsablauf auch in den Kaliwerken. Heimkehrende Kriegsteilnehmer strömten an ihre alten Arbeitsplätze zurück, an denen noch die „improvisierten" Aushilfsarbeitskräfte arbeiteten. Gleichzeitig forderten die sozialistischen Parteien die Verstaatlichung des Bergbaus. Diese Forderung wurde öffentlich diskutiert. Allerdings blieb die Sozialisierung im Kalibergbau – ähnlich wie in der Steinkohleindustrie – im Planungsstadium stecken. Gleichwohl wurde die Kaliindustrie durch ein umfassendes Paket aus Gesetzen und Verordnungen von Grund auf neu geordnet.

Im Mittelpunkt des so genannten Kaliwirtschaftsgesetzes („Gesetz über die Regelung der Kaliwirtschaft") vom 24. April 1919 und seiner späteren Ausführungsbestimmungen stand die Gründung eines Selbstverwaltungsorgans für die gesamte Kalibranche. Dieser „Reichskalirat", der von der Regierung berufen wurde und sich aus Vertretern der Unternehmen, der Länder, des Handels, der Verbraucher sowie der Arbeitnehmer zusammensetzte, entschied über die Löhne und Preise und kontrollierte die Arbeit des Kalisyndikats, das ebenfalls nach gemeinwirtschaftlichen Kriterien umstrukturiert wurde. Im Gegensatz zur Vorkriegszeit war die Bildung des Syndikats jetzt verpflichtend. Mit der Gründung des „Deutschen Kalisyndikats" im Oktober 1919 kamen die Kaliindustriellen daher einer Zwangsgründung zuvor. In diesem Gremium, das die Förderung, den Verbrauch und den Absatz unter Aufsicht des Reichskalirats regelte, waren alle Kaliproduzenten in einer Vertriebsgemeinschaft zusammengeschlossen. Die ebenfalls neu eingerichtete „Kaliprüfungsstelle" legte die Beteiligungsquoten im Kalisyndikat fest. Auch nach dieser Neuorganisation behielt das Kalisyndikat seine beherrschende Rolle. Es unterlag dabei aber einer deutlicheren politischen Kontrolle durch

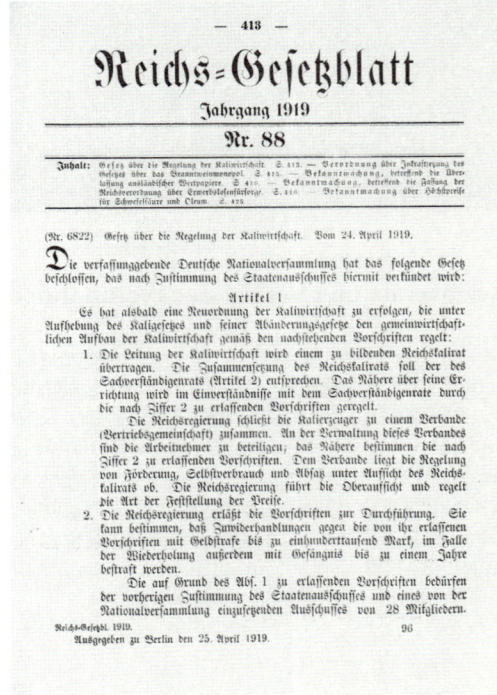

den Reichskalirat und die Kaliprüfungsstelle. Damit waren die Spielregeln in der Kaliwirtschaft für die nächsten Jahre festgelegt.

Das Kaliwirtschaftsgesetz von 1919 blendete allerdings das wichtigste Problem, den übersteigerten Ausbau der Produktionskapazitäten, zunächst aus. Der wachsende internationale Wettbewerb auf dem Weltmarkt machte hier eine Regelung aber notwendig. Um konkurrenzfähig zu bleiben, mussten sich die deutschen Kalihersteller auf ihre leistungsstärksten Betriebe konzentrieren und diese modernisieren, anstatt viel Geld für unproduktive Werke aufzuwenden. Im Oktober 1921 erließ das Reichswirtschaftsministerium daher als Novelle zum bestehenden Kaliwirtschaftsgesetz die so genannte Stilllegungs-Verordnung. Sie garantierte den Unternehmen, die freiwillig Werke stilllegten, die Beibehaltung ihrer bisherigen Syndikatsquote bis zum Jahr 1934. Wenn ein Werk die – bis 1953 unwiderrufliche – Stilllegungserklärung abgegeben hatte, konnte es einzelne Quoten tauschen oder verkaufen.

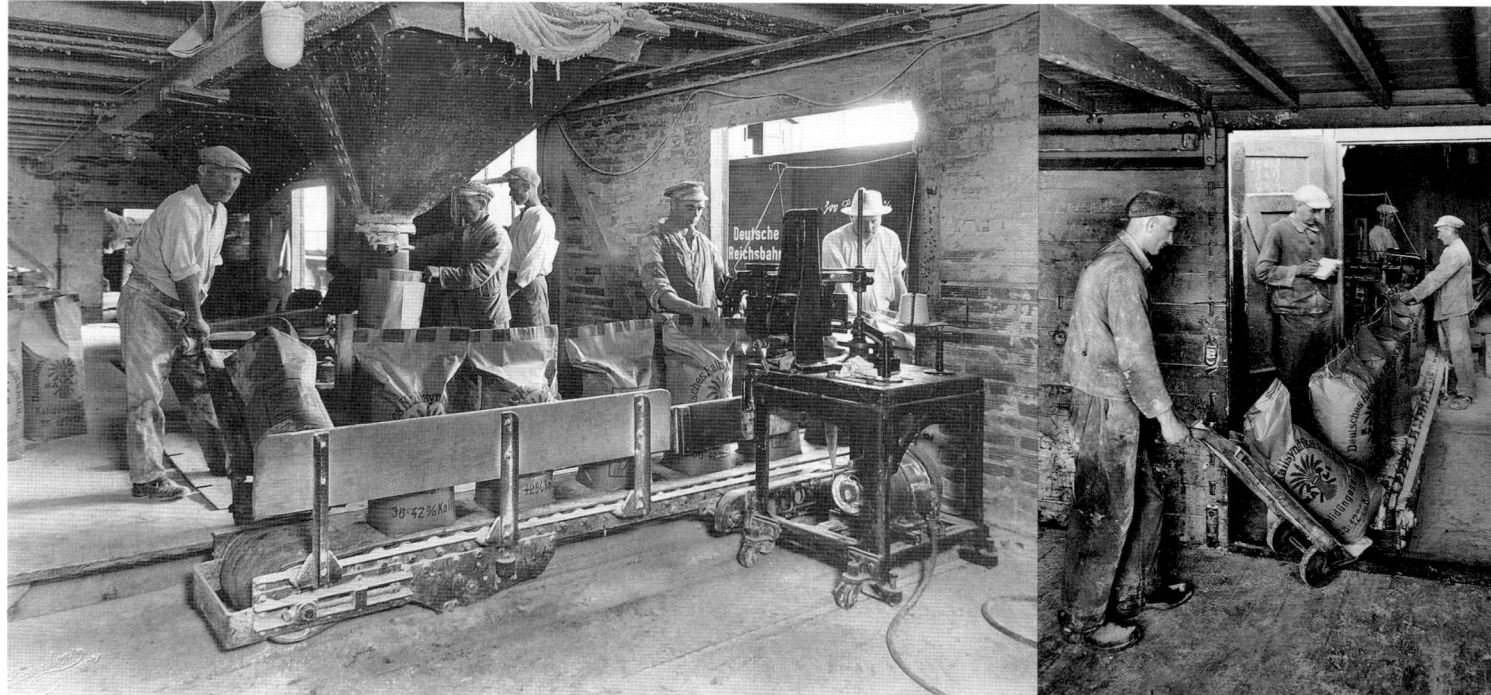

Zugleich erhielt der Reichskalirat mit der Verordnung die Möglichkeit, unrentable Betriebe auch zwangsweise zunächst bis 1953 stillzulegen. In dieser Klausel lag das eigentliche Drohpotenzial der Gesetzesnovelle. Darüber hinaus wurde das Abteufen neuer Schächte von dem Nachweis abhängig gemacht, dass ein volkswirtschaftliches Interesse an der Erschließung der Kalivorkommen vorlag. Angesichts der Überproduktion kam das einem Abteufverbot gleich.

Tatsächlich zeigte die Mischung aus Zuckerbrot und Peitsche relativ rasch die gewünschte Wirkung: Innerhalb weniger Jahre sank die Zahl der Kaliwerke und Schächte drastisch. Bis 1933 wurden 66 Schachtanlagen in Reserve geführt und 125 von 229 Anlagen stillgelegt. Dazu gehörten auch einige Standorte, die nach 1945 bei den Unternehmen der späteren K+S Gruppe wieder eine wichtige Rolle spielten. So wurden beispielsweise die Produktionsstätten Braunschweig-Lüneburg sowie Herfa und Neurode im Jahr 1920 stillgelegt.

Die Zahl der fördernden Schächte schrumpfte rapide. Von 175 im Jahr 1914 waren Mitte der 1920er Jahre nur noch etwa die Hälfte und im Jahr 1933 lediglich 38 übrig geblieben. Zwischen 1922 und 1933 ging die Zahl der Beschäftigten in der Kaliindustrie von 48.700 auf 12.000 zurück.

von links nach rechts
Mit dem Kaliwirtschaftsgesetz von 1919 wurde die deutsche Kaliwirtschaft völlig neu organisiert.

Verladung von Kalisäcken in Bahnwaggons: Die Säcke tragen das Zeichen des 1919 gegründeten Kalisyndikats.

Höhere Qualitäten setzen sich durch

Von den Schließungen waren vor allem jene Werke betroffen, deren Lagerstätten nur einen geringen Wertstoffgehalt aufwiesen oder die vor allem carnallitische Rohsalze förderten; anders als heute waren die Verwendungsmöglichkeiten für den Magnesiumanteil darin noch weitgehend unerforscht. Dieser Anteil blieb daher übrig und wurde auf Halden entsorgt. Bis Ende der 1920er Jahre konnte der durchschnittliche K_2O-Gehalt der geförderten Rohsalze im Vergleich zur Vorkriegszeit deutlich gesteigert werden. Vor allem das Gebiet an Werra und Ulster

stieg dadurch zum führenden Kalirevier auf. Nicht zuletzt erleichterten dort die günstigeren Abbaubedingungen der flachen Lagerstätten die Mechanisierung der Förderung, und die standsicheren Hohlräume mussten nicht mit Rückstandssalzen versetzt werden. Die sylvinitischen und kieseritischen Rohsalze dieses Kalilagers versprachen eindeutige Kostenvorteile. Vor allem August Rosterg, der Generaldirektor der Gewerkschaft Wintershall, konnte beim Aufbau seines Unternehmens von dieser Entwicklung profitieren.

Das „Deutsche Steinsalzsyndikat" (1923)

Ähnlich wie die Kaliindustrie musste auch die deutsche Salzindustrie mit den Gebietsverlusten vor allem im Elsass nach dem Ersten Weltkrieg den Verlust von Produktionskapazitäten verkraften. Zusätzlich wurden einige große Salinen stillgelegt, so dass sich Anfang der 1920er Jahre die Absatzmöglichkeiten der verbliebenen Werke relativ günstig entwickelten. Dennoch kam es erneut zu einem Preiskampf der Hersteller untereinander. Auf Veranlassung der Reichsregierung, die eine Verschleuderung deutscher Ware ins Ausland verhindern wollte, gründeten die deutschen Salzhersteller eine gemeinsame Vertriebsgesellschaft. Da dies nicht ausreichte, um den ruinösen Preiswettbewerb im Inland zu verhindern, übernahm 1923 das „Deutsche Steinsalz-Syndikat" als gemeinsame Verkaufsvereinigung den Vertrieb auf dem deutschen Markt für mehr als 150 Salz herstel-

lende oder verarbeitende Unternehmen. Durch Werbekampagnen konnte in den 1920er Jahren der Absatz von Salinensalz zwar gesteigert werden, die Überproduktion hielt aber an. 1925 wurden nahezu 2,3 Millionen Tonnen Natriumchlorid in Deutschland hergestellt, fast 1 Million Tonnen mehr als im Jahr 1900. Erst Ende der 1920er Jahre ging die Zahl der Salzproduzenten zurück und der Markt konsolidierte sich. Gleichzeitig gab es erhebliche technische Verbesserungen bei den Siedepfannen, die nun größer und leistungsfähiger wurden. Das Steinsalz aus den 20 Bergwerken wurde vor allem als Rohstoff für die chemische Industrie sowie als Gewerbe- und Viehsalz verwendet, aber auch unter dem Namen Sichtersalz als preiswertes Speisesalz (siehe Anzeige unten).

SICHTERSALZ

wirbt durch sich selbst für sich:

GUT UND BILLIG!

DEUTSCHES STEINSALZ-SYNDIKAT G. M. B. H., BERLIN SW 48
WILHELMSTRASSE 37-38
Fernsprecher: F 5 Bergmann Ortsgespräche 252-254, 4391 Ferngespräche 4388-4390

Die Abwasserfrage (1913/1924)

Der Schluckbrunnen I des Werkes Hattorf um 1935

Bereits zu Beginn des 20. Jahrhunderts war die Reinheit der Binnengewässer Gegenstand der öffentlichen Diskussion. Vor allem bei niedrigem Wasserstand fiel der hohe Salzgehalt von Werra und Weser auf, der aus der Einleitung von Abwässern aus der Kaliverarbeitung stammte. Immer häufiger klagten etwa Bremer Hausfrauen, sie könnten das Salz sogar im Kaffee schmecken. Die Landwirte wagten nicht mehr, ihr Vieh mit Flusswasser zu tränken. Angesichts der großen Trockenheit im Sommer 1911 bereitete die hohe Salzkonzentration ernste Probleme bei der Trinkwasserversorgung. Noch vor dem Ersten Weltkrieg trat daher eine „Abwässer-Kommission" für das Kalirevier an Werra und Fulda zusammen, die eine wissenschaftliche Untersuchung veranlasste (1913).

1923/24 legten die Behörden neue Grenzwerte für den Härtegrad und die Salzkonzentration in den Flüssen fest. Die Einleitung von Abwässern aus den Vorflutern der Kaliwerke unterlag nun der staatlichen Überwachung. Damit mussten die Werra-Werke bei der Planung ihrer Produktionsmenge nicht mehr nur die Geschäftslage, sondern auch den Wasserstand der Flussläufe berücksichtigen, was besonders in der trockenen Jahreszeit den Kaliabbau durchaus einschränken konnte. Die Werra-Werke errichteten daher eigene „Stapelbehälter", also Auffangbecken, in denen bis zu 30.000 Kubikmeter salzhaltige Abwässer zwischengelagert werden konnten, wenn ein niedriger Pegelstand die direkte Ableitung verhinderte. Ab 1925 legten verschiedene Werke im Werra-Revier Versenkungsanlagen an (so genannte Schluckbrunnen) und leiteten dadurch Teile ihrer Abwässer in poröse Gesteinsschichten, den so genannten Plattendolomit ein. Auf diese Weise konnten die Flusseinleitungen reduziert werden.

Der Wintershall-Konzern

Die Konzentration und Konzernbildung seit den 1920er Jahren veränderte die deutsche Kaliwirtschaft grundlegend. Von den rund dreißig deutschen Anbietern, die im Jahr 1920 auf dem Markt waren, blieben zehn Jahre später nur noch sechs eigenständige Konzerne übrig (Wintershall, Salzdetfurth, Burbach, Solvay, Kali-Chemie und Preussag). Als Protagonisten dieser Entwicklung traten vor allem Wintershall, Salzdetfurth und Burbach auf – und damit die wichtigsten Vorläuferunternehmen der K+S Gruppe. Besonders der Wintershall-Konzern wuchs nach dem Ersten Weltkrieg rasch und konnte bis 1930 seine Absatzquote im Syndikat durch Zukäufe und Beteiligungen auf rund 40 Prozent steigern. Beinahe die Hälfte der gesamten deutschen Kaliproduktion konzentrierte sich damit unter dem Dach eines einzigen Konzerns.

Die Expansionsgeschichte von Wintershall war eng mit dem Wirken ihres Chefs August Rosterg verknüpft (siehe Kapitel 2, Seite 57). Rosterg war überzeugt, dass Kali preisgünstig sein musste, damit der Absatz in der Landwirtschaft steigen konnte. Daher konzentrierte er sich systematisch darauf, die Produktion zu steigern und gleichzeitig die Fixkosten zu senken. Zugleich versprach er sich von einem breit angelegten Wachstum Synergieeffekte und steigende Erträge und verfolgte darum mit Wintershall einen offensiven und erfolgreichen Expansionskurs. Tatkräftige Unterstützung fand Rosterg bei dem Industriellen Günther Quandt, Anteilseigner der Gewerkschaft Wintershall, der nach dem Ersten Weltkrieg die Geschicke des expandierenden Konzerns mitbestimmte.

Die wichtigsten Etappen der Unternehmensgeschichte bis 1930: 1919 brachte die Annäherung an die Gewerkschaft Alexandershall die Standorte Kaiseroda (später Merkers) und Sachsen-Weimar (später Unterbreizbach) zur Wintershall-Gruppe. Anfang 1920 richtete die Werksgruppe ihre Zentralverwaltung in Kassel ein. Dort bekam auch die neue „Kali-Industrie AG" ihren Sitz, die die Wintershall-Gruppe im Jahr 1921 mit Unterstützung der Dresdner Bank als Holdinggesellschaft für ihre verschiedenen Beteiligungsunternehmen gründete. Die Gewerkschaft Wintershall brachte sämtliche Beteiligungen in die Aktiengesellschaft ein, während zugleich alle Aktien der Holding im Besitz der Gewerkschaft blieben. Als hundertprozentige Tochter der Holding entstand daneben die Konzernbank Kali-Bank AG. Die wichtigsten Wachstumsschübe erfuhr Wintershall aber in den nächsten Jahren: Ein zähes Ringen mit dem damals größten Kaliproduzenten „Deutsche Kaliwerke AG" um die Mehrheitsbeteiligung an der Werksgruppe „Glückauf-Sondershausen" konnte Wintershall 1924 für sich entscheiden, als August Rosterg mit einigen anderen führenden Wintershall-Mitarbeitern in den Vorstand der Gewerkschaft Glückauf-Sondershausen gewählt wurde. 1926 übernahm die Kali-Industrie-AG schließlich die Deutsche Kali-Werke AG, die unter anderem das Werk Neuhof-Ellers besaß, die Gewerkschaft Glückauf-Sondershausen sowie 1928 die Alkaliwerke Ronnenberg AG. Seit 1929 firmierte die „Kali-Industrie AG" als „Wintershall AG". Mit der Eingliederung des Dr. Sauer-Konzerns – inklusive des Standortes Bergmannssegen-Hugo – im Jahr 1930 war die Konzernbildung der Wintershall AG vorläufig abgeschlossen.

Ausbau des Wintershall-Konzerns seit den 1920er Jahren

1919	Wintershall übernimmt Kaiseroda (Merkers) und Sachsen-Weimar (Unterbreizbach)
1920	Zentrale in Kassel
1921	Gründung der Kali-Industrie AG
1926	Übernahme der Deutschen Kaliwerke AG. Neuhof und Ellers kommen zu Wintershall
	Übernahme der Gewerkschaft Glückauf-Sondershausen
1928	Übernahme der Alkaliwerke Ronnenberg AG
1929	Die Kali-Industrie AG wird zur Wintershall AG
1930	Übernahme des Dr. Sauer-Konzerns mit dem Standort Bergmannssegen-Hugo

In Nähe der Schachtanlagen entstanden
neue Siedlungen und Wohnhäuser für Arbeiter
und Angestellte. Im Bild: Arbeiterkolonie in
Philippsthal, um 1925

Ausbildungswerkstatt Heringen (1928)

Gerade angesichts der fortschreitenden Rationalisierung waren gut ausgebildete Mitarbeiter für die Kaliwerke immer wichtiger. 1928 gründete Wintershall aus diesem Grund die „Lehrwerkstatt Heringen", eine moderne Einrichtung für die zentrale Aus- und Weiterbildung ihrer Beschäftigten – zunächst für Betriebsschlosser, Formschmiede, Dreher oder Schmelzschweißer. Später folgten weitere technische Lehrberufe. Bis heute besitzen die Ausbildungseinrichtungen an der Werra eine zentrale Bedeutung für die qualifizierte Nachwuchsförderung innerhalb der K+S Gruppe.

Ein anderes wichtiges Thema war die Sicherheit am Arbeitsplatz. Die Unternehmen verbesserten kontinuierlich die betrieblichen Maßnahmen zum Unfallschutz. Auch andere betriebliche Sozialmaßnahmen dienten einem modernen Personalmanagement, wie es schon damals aufgefasst wurde. Mitte der 1920er Jahre entstanden neue Siedlungen und Wohnhäuser für Arbeiter und Angestellte in der Nähe der Schachtanlagen, etwa die architektonisch interessante Arbeiterkolonie in der Nähe des Kaliwerks Hattorf in Philippsthal, die 72 Arbeiterfamilien Platz bot.

Der Salzdetfurth-Konzern

Für den Aufbau der Konzerne waren vor allem die Banken wichtige Partner. Das wird besonders am Beispiel der Salzdetfurth-Gruppe deutlich. Der Standort Salzdetfurth im Raum Hildesheim verfügte über eine Lagerstätte mit einem hohen K_2O-Gehalt – und damit über ein hochprozentiges Rohsalz von erstklassiger Qualität. Trotzdem besaßen die Kaliwerke der Salzdetfurth im Vergleich zu anderen Werksgruppen, wie der Wintershall-Gruppe, keine angemessene Stellung im Syndikat. Es lag also auf der Hand, dass das Potenzial von Salzdetfurth in einem größeren Konzern besser genutzt werden könnte. Die Disconto-Gesellschaft, eine Berliner Universalbank, erkannte das Wachstumspotenzial von Salzdetfurth schon früh und trug entscheidend zum Aufbau des Unternehmens bei. Ihrer Ansicht nach bot nur ein solider Verbund von leistungsfähigen Werken langfristig eine Perspektive für die Kaliindustrie. Eine Gelegenheit, die Expansionspläne zu realisieren, ergab sich Anfang der 1920er Jahre: Nachdem der Berliner Bankier Herzfeld aus Speku-lationsinteresse Mehrheitsbeteiligungen an den Kaliwerken Salzdetfurth, Aschersleben und Westeregeln erworben hatte, kaufte die Disconto-Bank einen Großteil der Aktien wieder zurück und schlug den betroffenen Aktiengesellschaften vor, sich zu einem einzigen Konzern zu verbinden. Im Jahr 1922 schlossen sich die „Consolidirten Alkaliwerke Westeregeln AG", die „Kaliwerke Aschersleben AG" und die „Kaliwerke Salzdetfurth AG" auf dem Wege gegenseitiger Beteiligungen zur „Werksgruppe Salzdetfurth-Aschersleben-Westeregeln" zusammen. Da Salzdetfurth etwa 40 Prozent des Aktienkapitals hielt, übernahm sie die Führung innerhalb der Unternehmensgruppe. Der neue Konzern bestritt rund 20 Prozent des Syndikatsabsatzes. Damit standen die heutigen K+S-Standorte Salzdetfurth, Braunschweig-Lüneburg (vormals Salzdetfurth), Sigmundshall (vormals Westeregeln) und Hattorf (vormals Aschersleben) bereits damals unter der gemeinsamen Leitung eines einzigen Unternehmens.

Der Burbach-Konzern

Nach Wintershall und Salzdetfurth belegte die Burbach-Gruppe den dritten Platz unter den führenden Kaliproduzenten der Weimarer Zeit. An der Spitze dieses Unternehmens stand Generaldirektor Gerhard Korte, ein Pionier der deutschen Kaliindustrie, der schon früh auf eine enge Zusammenarbeit mit der Landwirtschaft setzte und führende Repräsentanten des Agrarsektors am Konzern beteiligte. Nach einer wechselvollen Vorgeschichte wuchs das Unternehmen seit 1921 kontinuierlich und erreichte über Kapitalbeteiligungen steigenden Einfluss auf kleinere Werksgruppen. Mit der Angliederung der Gumpel-Gruppe im Jahr 1926 erhöhte Burbach seine Absatzquote im Syndikat von rund zehn Prozent auf etwa 17,5 Prozent. Er gewann den attraktiven Standort Siegfried-Giesen hinzu, der sehr hochprozentige Sylvinite förderte. 1928 wurde schließlich die „Burbach-Kaliwerke AG" gegründet und die Expansion der Gruppe damit organisatorisch abgeschlossen.

oben Das Kaliwerk Siegfried-Giesen bei Hildesheim kam 1926 in den Besitz des Burbach-Konzerns.

links Blick auf das Kaliwerk Hattorf in Philippsthal, um 1925

Ausbau des Salzdetfurth-Konzerns seit den 1920er Jahren

1922	Zusammenschluss der Kaliwerke Salzdetfurth AG, der Consolidirten Alkaliwerke Westeregeln AG und der Kaliwerke Aschersleben AG zur Werksgruppe Salzdetfurth-Aschersleben-Westeregeln
1925	Übernahme der Adler-Kaliwerke mit dem Standort Hope
1937	Gründung der Vereinigten Kaliwerke Salzdetfurth AG

Ausbau des Burbach-Konzerns seit den 1920er Jahren

1921	Übernahme der Wittekind-Bergbau AG
1922	Übernahme der Volkenroda-Gruppe. Burbach wird zur dritten Kraft im Kalisyndikat.
1926	Übernahme der Gumpel-Gruppe mit den Standorten Siegfried-Giesen, Königshall-Hindenburg und Asse
1928	Gründung der Burbach-Kaliwerke AG

Kaliblock und Kali-Trust

Zusätzlich zu den genannten Konzernen konzentrierte sich die deutsche Kaliindustrie vor allem in zwei weiteren Betriebsgruppen, der Kali-Chemie AG und den Deutschen Solvay-Werken. Die übrigen kleineren Anbieter, um deren Quoten im Syndikat zum Teil erbittert gekämpft wurde, beobachteten vor allem die Expansion von Wintershall argwöhnisch und werteten sie als latente Bedrohung. Als Mitte der 1920er Jahre der Plan Rostergs bekannt wurde, eine Interessengemeinschaft mit der Preussag (Kaliwerk Vienenburg) einzugehen, verhärteten sich die Fronten. Da die Wintershall-Gruppe durch diese Verbindung die Mehrheit im Syndikat erzielt hätte, befürchteten die anderen Kaliproduzenten, von dieser übermächtigen Interessenkoalition an den Rand gedrängt zu werden. Daher schlossen sich 1926 die übrigen Kaliunternehmen – d.h. Salzdetfurth, Burbach, Kali-Chemie und die Deutschen Solvay-Werke – unter Führung des Burbach-Konzerns zu der „Vereinigte Kaliwerke GmbH" zusammen. Hierbei spielte die Initiative des Burbach-Chefs Gerhard Korte eine entscheidende Rolle. Dieser so genannte Kaliblock (auch „Antiblock" genannt) verstand sich als Abwehrmaßnahme gegen eine weitere Wintershall-Expansion. Gemeinsam konnten die beteiligten Unternehmen die Quoten der Gewerkschaft

Mansfeld-Einigkeit kaufen, was sie zur beherrschenden Gruppe im Syndikat machte. Damit war die Gefahr einer Beherrschung des Syndikats durch Wintershall vorläufig abgewendet: Preussag und Wintershall ließen ihre Kooperationspläne fallen.

Die Konstellation in der deutschen Kaliindustrie wurde allerdings noch weitaus komplizierter, als innerhalb des Wintershall-Konzerns ein Streit zwischen August Rosterg, dem Generaldirektor der Kali-Industrie AG, und dem Aufsichtsratsvorsitzenden der Kali-Industrie AG und zugleich Vorsitzenden der Gewerkschaft Wintershall, Fritz Rechberg, entbrannte. Rosterg konnte seinen Kontrahenten zwar zurückdrängen, aber im Januar 1927 verkaufte Rechberg seine sämtlichen Anteile an der Gewerkschaft Wintershall, immerhin rund 40 Prozent der Kuxe. Käufer war ausgerechnet Gerhard Korte und der Burbach-Konzern (siehe Kapitel 2, Seite 49). Korte selber wollte vor allem die Balance der Kräfte wahren. Daher bemühte er sich um ein Bindeglied zwischen dem Kaliblock und dem Wintershall-Konzern und konnte mit dem Erwerb der Rechberg-Anteile diese Brücke errichten.

Gegen Ende der 1920er Jahre verloren die Auseinandersetzungen zwischen den Unternehmen an Brisanz, und damit trat auch der Kaliblock zunehmend in den Hintergrund. 1928 schlugen Wintershall und Burbach vor, die gesamte deutsche Kaliindustrie in einem einzigen Kali-Trust zusammenzufassen. Die übrigen Produzenten lehnten dies jedoch ab. Immerhin verkaufte Burbach 1928 seine Wintershall-Kuxe an ein Konsortium, das dem Wintershall-Konzern nahe stand, und übernahm gleichzeitig ein Paket von Gumpel-Kuxe, die seit 1926 im Besitz von Wintershall waren. Im Jahr 1955 wurde diese Verzahnung dann durch einen Organschaftsvertrag zwischen Wintershall und Burbach vollendet, mit dem Burbach letztendlich im Wintershall-Konzern aufging.

Konzentration in der deutschen Kaliindustrie 1928

Wintershall

Wintershall	38,58 %
Dr. W. Sauer-Werke	2,51 %

Kaliblock

Salzdetfurth-Aschersleben-Westeregeln	21,66 %
Burbach-Gumpel	16,78 %
Kali-Chemie AG	3,95 %
Deutsche Solvay-Werke	2,22 %
Quoten von Mansfeld-Einigkeit	5,11 %

Preussag

Preussag	5,95 %
Anhaltische Salzwerke (ab 1928 bei Preussag)	3,12 %

Summe:	99,88 %

(Die restlichen Quoten wurden vom Syndikat selbst übernommen)

Direktoren-Villa von Wintershall in Heringen a. d. Werra

Für die Direktoren ihrer Werke
errichteten die Kaliunternehmen
repräsentative Gebäude.

Die 1920er Jahre:
Das Jahrzehnt der Konzerne und Kartelle

Die Konzentrationswelle der Kaliindustrie in den 1920er Jahren
war keineswegs außergewöhnlich, denn in fast allen Industrie-
sparten stieg spätestens seit Mitte der 1920er Jahre die Zahl
der Betriebsstilllegungen und Konkurse rasch an und die Unternehmen schlossen sich zu Großkonzernen zusammen oder
verabredeten Interessengemeinschaften. So entstand 1923
das „Deutsche Steinsalzsyndikat". Die Gründung der Vereinigten
Stahlwerke im Jahr 1926 oder die Bildung der „IG Farben AG"
als Zusammenschluss unter anderem der Chemiekonzerne
Bayer, BASF und Hoechst stellten die bekanntesten Beispiele für
diese Konzentrationstendenzen in der deutschen Industrie dar.
Zwischen 1920 und 1930 stieg auch die Zahl der Kartelle in
Deutschland von 1.000 auf 3.000 an.

KÜHLANLAGEN, GEFÄSSFÖRDERUNG UND SCHRAPPERTECHNIK

Neben der Konzentration in Konzernen und Kartellen vollzog sich in den 1920er Jahren auch eine durchgreifende Rationalisierung der Produktionsverfahren. Rationalisierung wurde geradezu zum Modethema und sollte alle Probleme und Krisen lösen. In der Kali- und Düngemittelindustrie zeigte sich dieser Trend besonders deutlich, da sich hier die Marktsituation nach dem Monopolverlust völlig verändert hatte. Obwohl sich die Branche auf die stärksten Standorte konzentrierte, blieb der Druck zu Rationalisierung und Kostensenkung hoch. Mit weniger Produktionsstätten musste mehr geleistet werden.

Der technische Fortschritt erreichte in diesen Jahren ein erstaunliches Tempo, etwa beim Kühlverfahren im Heißlöseprozess, mit dem das Kaliumchlorid aus dem Rohsalz abgetrennt wurde. Ursprünglich ließ man die Lauge in offenen Kühlkästen auskühlen und auskristallisieren. Die Befüllung und Entleerung der Kästen erfolgte per Hand. Dieses aufwändige Verfahren unterbrach den Produktionsrhythmus und störte angesichts des Platzbedarfs der Absetzbehälter den Ausbau der Kapazitäten. Seit 1923 wurden Vakuum-Kühlanlagen sowie mechanische Filtersysteme zur Entwässerung gebaut, die den kontinuierlichen Betrieb der Kalifabriken verbesserten. Die abgegebene Wärme der Kühlanlagen konnte für das Heißlöseverfahren wiederverwertet werden.

Auch in der Fördertechnik setzten sich gegen Ende der 1920er Jahre technische Innovationen durch. Die neue „Gefäßförderung" oder auch „Skip-Förderung" löste die „Gestellförderung" ab und erhöhte damit die Förderkapazität der Schächte deutlich. Durch größere Förderwagen konnte bis dahin zwar immer mehr Fördergut zum Schacht transportiert werden, aber trotzdem waren diesem System Grenzen gesetzt, weil das Rohsalz zusammen mit den Förderwagen nach über Tage transportiert werden musste. Das neue „Skip"-System brachte Abhilfe. Die Wagen entluden das Fördergut unter Tage in einen Zwischenspeicher, von dem aus das Fördergefäß (Skip) aufgefüllt und im Schacht nach oben gezogen wurde. Die eingesetzten Kübel hatten ein Fassungsvermögen von etwa 6,5 Tonnen und erbrachten damit beinahe dieselbe Förderleistung wie ein kompletter Förderzug auf Kaiseroda mit je acht Förderwagen.

Immer häufiger kamen „Schrapper" zum Einsatz, die die anstrengende Handarbeit in der Abbaustrecke ersetzten. Mit dem amerikanischen

links Der Schrapper brachte in den 1920er Jahren den entscheidenden Durchbruch bei Produktivität und Verringerung der Arbeitsbelastung unter Tage.

rechts Arbeit unter Tage, 1920er Jahre

Schrappersystem gelang es, zwei Arbeitsschritte der Handförderung zu mechanisieren: Zum einen zog der ähnlich wie eine Seilbahn konstruierte Schrapper das losgesprengte Salz aus der Abbaustelle, zum anderen füllte er das Material in den Förderwagen. Besonders geeignet war die Schrappertechnik vor allem für die flachen Lagerstätten im Werra-Revier. Ende der 1920er Jahre stellten alle dort ansässigen Kalibetriebe nach und nach auf diese neue Methode um. Bis in die 1960er Jahre blieb das Schrapperverfahren im Kalibergbau im Einsatz.

Ein weiteres Thema war die Energieversorgung. Am Standort Salzdetfurth konnten beispielsweise die Energiekosten durch den Einbau einer modernen Anlage zur Kraft-Wärme-Kopplung deutlich gesenkt werden. Gleichzeitig wurde 1922/23 durch den Bau eines Kraftwerks die Energieversorgung der Fabrikanlagen zentralisiert. Die Vorteile einer zentralen Energiezufuhr nutzte auch der Wintershall-Konzern. Diese Lösung bot sich im Werra-Revier aufgrund der räumlichen Nähe der Wintershall-Standorte besonders an: Seit Mitte der 1920er Jahre waren sämtliche Wintershall-Werke im Revier durch eine Starkstromleitung miteinander vernetzt.

oben links Moderne Gefäßförderung: Unter Tage wurde das Transportgefäß am Schacht mit Rohsalz befüllt und dann nach über Tage gebracht. Dort wurde es auf der „Hängebank" entleert (im Bild). Die Gefäßförderung erzielte eine höhere Nutzlast und erhöhte damit die Leistungsfähigkeit der Schachtförderung.

oben rechts Auch übertägig wurde in die Modernisierung investiert. Im Bild: Kühlanlagen für die Salzlaugen

unten links Haspelförderung, 1925

unten rechts Wagenbeladung unter Tage, 1920er Jahre

Das größte Kaliwerk der Welt:
Merkers (1925)

unten Das neue Werk Merkers entstand
in den 1920er Jahren.

rechts Bau des Kraftwerkes für das Kaliwerk Merkers, um 1924

Ein Paradebeispiel für die Rationalisierung in
der Kaliindustrie und für den systematischen
Ausbau moderner Produktionsverfahren war
das neue Kaliwerk Kaiseroda II/III, das August
Rosterg seit 1923 in Merkers in Thüringen
bauen ließ. Nirgendwo sonst in der Branche
nahm das Streben nach mehr Wirtschaftlichkeit so deutlich Gestalt an wie in dieser Kalifabrik. Mit diesem Projekt wollte Rosterg eine
ganz neue Dimension bei der Weiterverarbeitung der Rohsalze erreichen. Nach nur zwei
Jahren Bauzeit war das Prestigeobjekt fertig:
1925 nahm die damals größte und modernste
Kalifabrik der Welt ihren Betrieb auf und war
bis 1945 das Vorzeigewerk der Wintershall-
Gruppe. Die Fabrik war so leistungsfähig, dass
sie neben dem Fördergut der eigenen Schächte
auch Rohsalze aus benachbarten Gruben verarbeiten konnte. Wenig später wurden die
Kapazitäten durch den Bau von zwei Kalium-
chlorid-Fabriken noch erweitert. Anfang der
1930er Jahre wurden in Kaiseroda täglich
7.500 Tonnen Rohsalz gefördert.

Merkers demonstrierte auch, dass sich
die Branche neu orientierte und die Verarbeitung von Nebenprodukten der Kaliherstellung
immer größere Bedeutung gewann. Dazu
gehörten beispielsweise Bittersalz und Brom,
für deren Herstellung in Merkers von vornherein ausreichende Kapazitäten geschaffen
worden waren. Darüber hinaus produzierte
Wintershall in Merkers aus dem in großen
Mengen als Kieserit anfallenden Rückstand
Glaubersalz und deckte seitdem mehr als zwei
Drittel des Glaubersalzbedarfs der deutschen
Textil- und Zellulose-Industrie.

Mit ihren hochwertigen Nebenerzeug-
nissen reagierte die Kaliindustrie nicht zuletzt
darauf, dass die chemische Industrie, aber auch
die Textil- und Zellulosehersteller diese Stoffe
immer stärker nachfragten. Demgegenüber
verloren die preiswerten Massenprodukte, das
heißt die einfachen Kaliumchlorid-Dünger,
an Bedeutung. Auch die Landwirtschaft wurde
zunehmend mit neuen Spezialdüngern beliefert. Das waren vor allem sulfatische Düngemittel, die weltweit nur im Werra-Revier aus
dem geförderten Rohsalz hergestellt werden
konnten.

Bittersalz, Brom und Glaubersalz

Bittersalz (Magnesiumsulfat) ist ein wichtiger chloridfreier Magnesiumdünger (heute beispielsweise das K+S-Produkt „epso-Top"). In pharmazeutischen Anwendungen wirkt es beruhigend und entspannend auf das Nervensystem, die Muskeltätigkeit und den Stoffwechsel. Bittersalz wird in der Biotechnologie als Nährstoff (Magnesium) für Mikroorganismen, als Coenzym bei enzymatischen Prozessen sowie zur Konzentration und Reinigung von Enzymen verwendet.

Das Element Brom kommt aufgrund seiner sehr hohen Reaktionsfähigkeit in der Natur nicht frei vor, sondern wird aus den Salzen Natriumbromid, Kaliumbromid und Bromcarnallit (im Staßfurter Abraumsalz) gewonnen. Brom dient als Ausgangsstoff für die Herstellung zahlreicher chemischer Produkte. Es wird heute beispielsweise zur Synthese von Arzneimitteln, Farbstoffen, Feuerlösch- und Flammschutzmitteln oder Agrarchemikalien wie etwa Pflanzenschutz-

mitteln eingesetzt. Bromwasser, die gesättigte wässrige Lösung, wird zu analytischen Zwecken und zur Wasserdesinfektion verwendet.

Glaubersalz (Natriumsulfat) wird in Waschmitteln als Streckmittel, bei der Papier- und Zellstoffgewinnung, bei der Glasherstellung, zur Herstellung von Ultramarinblau sowie als wasserfreies Natriumsulfat im Labor zum Trocknen von organischen Lösungsmitteln verwendet.

ZUKUNFTSPRODUKT DÜNGEMITTELSPEZIALITÄTEN UND DER WELTMARKT (1927–1932)

Neue Düngemittelspezialitäten – Das Werra-Revier im Vorteil

Liebigs Erkenntnis, dass Pflanzen alle drei Nährstoffe Stickstoff, Phosphat und Kali für ein optimiertes Wachstum benötigen, legte die Idee einer Mehrnährstoffdünger-Produktion eigentlich nahe. In Deutschland war der Bedarf besonders groß, da die Landwirtschaft die Kriegsfolgen noch lange nicht überwunden hatte. Die Erntemengen gingen auch nach 1918 weiter zurück, da die Böden durch den Entzug der Nährstoffe ohne notwendige Nachdüngung während des Krieges ausgelaugt waren. Erst 1928 erreichte die Produktion der deutschen Landwirtschaft wieder ein Niveau,

das an die Vorkriegszeit heranreichte. Dabei wurde der Einsatz von Mehrnährstoffdüngemitteln immer wichtiger.

Vor allem August Rosterg erkannte die Zeichen der Zeit und war überzeugt, dass die Kaliindustrie die Weiterverarbeitung des Kalis, wenn möglich, in eigenen Anlagen übernehmen sollte. Die Kaliindustrie sollte sich nicht mehr darauf beschränken, nur ein Rohstoff-Lieferant für andere Industrien zu sein. Damit entwickelte Rosterg ein neues Geschäftsfeld für die Kaliindustrie, die neue Produkte herstellen sollte. Dazu gehörten

Werbung für 40er-Kalidünger (links) und Superphosphat (rechts) in den 1930er Jahren

Kartoffeln lohnen reichliche Düngung mit Superphosphat, Am-Sup 9 + 9 u. Am-Sup-Ka-Volldünger!

neben hochreinen Kalisalzen für industrielle Zwecke auch Düngemittel, die mehrere Nährstoffe kombinierten.

Von diesem Trend profitierte besonders das Werra-Revier. Hier lieferte der hohe Kieseritanteil von 15 bis 20 Prozent im oberen Flöz Hessen und von 8 bis 10 Prozent im unteren Flöz Thüringen neben dem Kali die wichtigen Nährstoffe Magnesium und Schwefel in natürlicher Form. Die Konzerne nutzten dies geschickt aus. Der Kieserit war vor dem Ersten Weltkrieg kaum genutzt worden, in den 1920er Jahren stieg aber der Absatz dieses sulfatischen Düngers ebenso wie der von Kaliumsulfat stetig. Der Wintershall-Konzern baute die Produktion sulfatischer Kalidünger am Standort Wintershall seit Anfang der 1920er Jahre systematisch aus, so dass beispielsweise die Chemische Fabrik Kalk in Köln sich schon 1924 mit diesem neuen

Anbieter bei den Sulfaten auseinander setzen musste. 1928 nahm auch das Werk Hattorf in Philippsthal (Salzdetfurth AG) eine Sulfatfabrik in Betrieb. Neben der höheren Ertragskraft der Düngemittel-Spezialitäten besaßen die sulfatischen Produkte den zusätzlichen Vorteil, dass die französischen Werke in diesem Bereich keine Konkurrenz darstellten. Hier bestand die deutsche Alleinstellung also faktisch weiter.

Wintershall gründet die Gewerkschaft Victor in Rauxel (1927)

Ein entscheidender Schritt auf dem Weg zur Mehrnährstoffdünger-Produktion wurde nicht zuletzt durch die Stickstoffsynthese möglich. Inzwischen hatte sich die Produktpalette bei den Stickstoffdüngern durch die industriell gefertigten Salpetersorten erheblich erweitert. Wieder erkannte August Rosterg das neue Potenzial: 1927 gründete der Wintershall-Konzern zusammen mit den im Ruhrgebiet ansässigen Klöckner-Werken die „Gewerkschaft Victor" in Rauxel. Das neue Unternehmen ging 1928 in Betrieb und sollte die Wintershall-Werke mit Stickstoff aus eigener Produktion versorgen und auf diese Weise die Verarbeitung von Kali zu hochwertigen Mehrnährstoffdüngern ermöglichen. Zugleich wollte sich Wintershall damit unabhängig von der IG Farben machen, die sich in den 1920er Jahren zum beherrschenden Anbieter auf dem Stickstoffmarkt entwickelt hatte.

Aber auch die anderen Kaliproduzenten planten eine Ausweitung ihrer Geschäftstätigkeit. Die Burbach-Gruppe kündigte ebenso wie der Salzdetfurth-Konzern an, sich stärker im Mischdüngergeschäft zu engagieren. Für die Zukunft der Kaliindustrie war die steigende Präsenz auf dem Mehrnährstoffdünger-Markt ein wichtiger Entwicklungsschritt.

oben Werbung für Kampdünger
der CFK

rechts Werbung für Nitrophoska

Im Wettbewerb mit anderen Düngemittelherstellern

Damit stand die Kaliindustrie aber zugleich in einem größeren Wettbewerb. Die Superphosphatindustrie belieferte den Markt bereits seit Jahrzehnten mit Mehrkomponenten-Düngern wie Ammoniak-Superphosphat oder Kali-Superphosphat. Bei diesen Produkten handelte es sich um mechanische Mischungen der Nährstoffe in unterschiedlichen Zusammensetzungen, während beispielsweise das Kaliumsulfat und die kieseritischen Salze der Kaliindustrie natürlich verbundene Stoffe waren. Durch die neuen Produkte der Kaliindustrie geriet die Düngemittelindustrie unter Druck. Zugleich wuchs jedoch der Markt. So konnte die Chemische Fabrik Kalk trotz der schwierigen Lage in der Landwirtschaft für die 1920er Jahre einen „mengen- und sortenmäßigen Aufschwung in der Mischdüngerherstellung" verzeichnen.

Wie die Kaliindustrie versuchten auch andere Düngemittelhersteller, den Markt mit immer besseren Produkten zu beliefern. Sie stimmten daher ihre Produkte gezielt auf die unterschiedliche Beschaffenheit der Böden und die differenzierten Bedürfnisse der Kulturpflanzen ab. Bekannte Marken kamen in diesen Jahren erstmals auf den Markt. So brachte die CFK 1930 nach aufwändigen Forschungen „Scheibler's Kampdünger" heraus. „KAMP" stand für „Kalk-Ammon-Phosphat". Der Zweikomponentendünger setzte sich in der Landwirtschaft erfolgreich durch.

Aber auch die Herstellung von so genannten Volldüngern mit den Nährstoffen Stickstoff, Phosphat und Kali machte Fortschritte. „Harmonische Volldüngung" lautete die zeitgenössische Formel und auch dafür gab es seit Ende der 1920er Jahre das passende Produkt. 1927 wurde der Mehrnährstoffdünger „Nitrophoska" der IG Farben auf den Markt gebracht – heute die Hauptmarke der K+S Gruppe im Felddüngergeschäft. Nitrophoska wurde von Beginn an in drei Varianten mit unterschiedlichen Konzentrationen von Stickstoff, Kali oder Phosphat verkauft. Innerhalb kürzester Zeit fand der neue Volldünger lebhaften Anklang.

Die Fusion der Guano-Werke AG (1926)

In den 1920er Jahren erlebte auch die deutsche Superphosphatindustrie Rationalisierungen. Wie in der Kaliindustrie kam es zu Fusionen. 1926 vereinigten sich die Hamburger „Anglo-Continentalen Guano-Werke AG (vorm. Ohlendorff'schen Werke)" mit der „Merck'schen Guano- und Phosphatwerke AG" und der „Lübecker Schwefelsäure- und Superphosphat-Fabrik AG" zur „Guano-Werke AG (vorm. Ohlendorff'sche und Merck'sche Werke)", der früheren Besitzerin des heutigen COMPO-Standortes Krefeld. Ihre Betriebsstätte in Krefeld-Linn war Ende der 1920er Jahre eine der modernsten Düngemittelfabriken in Deutschland, die Peru-Guano verarbeitete und darüber hinaus Schwefelsäure, Superphosphat und Mischdünger, aber auch andere chemische Produkte herstellte.

Forschung und Beratung in Sachen Mehrnährstoffdünger

Für den Strukturwandel in der Düngemittelindustrie spielten neue wissenschaftliche Erkenntnisse über die Zusammensetzung der Böden und die Nährstoffphysiologie der Pflanzen eine entscheidende Rolle. Auch die Verbesserung der Verfahrenstechnik erforderte eine ständige Grundlagenforschung. Damit sich die zum Teil kostspieligen Innovationen auf den Märkten rentierten, musste der Verbraucher von der Qualität der neuen Produkte überzeugt werden. Solange die Landwirte importierten Chilesalpeter statt Leuna-Salpeter aus heimischer Produktion auf die Felder streuten, besaß der technische Fortschritt nur wenig ökonomischen Nutzen. Die BASF erkannte dies früh und gründete 1914 die landwirtschaftliche Versuchsstation Limburgerhof. Sie sollte

den Nachweis erbringen, dass Mineraldünger aus synthetisch gewonnenen Grundstoffen mindestens dieselbe Qualität besitzt wie „natürliche" Düngemittel. Zu diesem Zweck wurden Mangeldüngungsversuche durchgeführt, die das Liebig'sche „Gesetz vom Minimum" eindrucksvoll belegten. Die einseitig gedüngten Pflanzenkulturen wuchsen deutlich langsamer und spärlicher als die Kulturen, die ausgewogen mit allen Nährstoffen versorgt wurden.

Um die wissenschaftlichen Erkenntnisse der Pflanzenphysiologie zu erweitern, wurde Ende der 1920er Jahre in Berlin die „Versuchsstation für Kalifragen" gegründet, die ihre Forschungen hauptsächlich auf den Nährstoff Kali konzentrierte. Damit nahm die Vorläuferin der späteren landwirtschaftlichen Forschungs-

Die Versuchsstation Limburgerhof

Parallel zu den Fortschritten in der Düngemittelindustrie wurde die Arbeit auf der landwirtschaftlichen Versuchsstation systematisch ausgedehnt. Neue Düngemittel und vor allem die Wechselwirkung zwischen Düngung und Böden wurden untersucht. Die Forscher testeten im Limburgerhof seit Mitte der 1920er Jahre die so genannten „Volldünger" wie Nitro-

phoska oder Hakaphos. Skeptiker zweifelten an der Beweiskraft der Versuche. Ihrem Vorwurf, dass die augenfälligen Unterschiede zwischen gedüngten und ungedüngten Pflanzen auch von einer unterschiedlichen Bewässerung oder einem ungleichen Pflegeaufwand herrühren könnten, begegnete die Versuchsstation unter anderem mit dem Einsatz neuer Medien: Carl Bosch, der Leiter der BASF-Forschungsabteilung, ließ die parallele Entwicklung von gedüngten und ungedüngten Pflanzen im Zeitraffer filmen. In Intervallen von zehn bis dreißig Minuten entstand je eine Aufnahme, so dass der Film die sechs- bis siebenmonatige Wachstumsphase von der Saat bis zur Reife dokumentierte. Nicht nur Botaniker und Chemiker zeigten sich von dem Filmmaterial begeistert. Kopien wurden auf Landwirtschaftsausstellungen präsentiert und von den Beratungsstellen zu Werbe-zwecken genutzt. Ein Zusammenschnitt kam unter dem Titel „Das Blumenwunder" sogar in die Kinos. Mit diesem Film erreichte die pflanzenkundliche Forschung ein breites Publikum.

anstalt „Büntehof" in Hannover ihre Tätigkeit auf, die viele Jahre lang das Zentrum der pflanzenphysiologischen Forschung innerhalb der K+S Gruppe bildete. Mit seiner Spezialisierung auf Kali war dieses Forschungsinstitut einmalig auf der Welt. Hier konnten Landwirte kostenlos ihre Ackerböden im Labor untersuchen lassen und Düngeempfehlungen einholen.

Auch für die Beratung der Verbraucher wurden die neuesten wissenschaftlichen Erkenntnisse genutzt, „Forschung" und „Beratung" wurden also verknüpft und unterstützten die Entwicklung der Produkte und ihre Vermarktung. Der Beratungsbedarf vor allem bei kleinen landwirtschaftlichen Betrieben war Mitte der 1920er Jahre noch sehr groß und viele Vorurteile oder falsche Informationen hielten sich oft hartnäckig. Auch die „Agrikulturabteilung" des Kalisyndikats leistete mit ihrem Netz von so genannten Propagandageschäftsstellen intensive Aufklärungsarbeit. Mit einer intensiven Werbung rief sie die Landwirte auf, mehr Kali

zu verwenden: „Was die Sonne der Welt, ist Kali dem Feld" oder „Kalidünger – Erntebringer" lauteten die eingängigen Slogans.

Die Verkaufsstellen der Kaliwirtschaft boten Kreditvergünstigungen für den Bezug von Mineraldüngern an, um den Landwirten auch bei finanziellen Engpässen den Einsatz von Düngemitteln zu ermöglichen. Die Erträge aus der Ernte sollten den Dünger dann rückwirkend finanzieren. Angesichts der schwierigen wirtschaftlichen Lage in der Landwirtschaft konnte der Beratungs- und Werbeaufwand den Absatz der Düngemittel und des Kalis allerdings nicht so steigern wie erwartet. Als sich gegen Ende der 1920er Jahre der Beginn einer weltweiten Agrarkrise andeutete, wurde die Beratung der Landwirte noch wichtiger: Sparen am falschen Ende – etwa durch den Verzicht auf Mineraldünger – konnte die Ertragssituation der Landwirte gravierend verschlechtern.

Werbung für Kalidüngemittel, um 1930

Die Kaliforschung – Voraussetzung für den Erfolg der deutschen Kaliindustrie

Im 19. Jahrhundert hatten Chemiker wie Adolph Frank oder Hermann Julius Grüneberg den besonderen Wert von Kali entdeckt. Um 1900 verbesserte eine neue Generation von Kalichemikern die technischen Verfahren zur Lösung der Bestandteile des Rohsalzes. Vor allem die theoretischen Forschungen von Jacobus Hendrikus van't Hoff (1852–1911) über Lösungsgleichgewichte konnten in die Praxis umgesetzt werden. An der Spitze der Kaliforschung stand lange Zeit Prof. Dr. Heinz Precht (1852–1924), der 1919 zu den Gründern der Kaliforschungs-Anstalt (KAFA) gehörte. Bereits 1918 hatte Wilhelm Feit, Kalichemiker und Generaldirektor der Vereinigten Chemischen Fabriken Leopoldshall, „elf Forderungen für die Errichtung einer chemischen Versuchsanstalt für die Kaliindustrie" formuliert, mit denen er die Gründung einer zentralen Forschungseinrichtung vorbereiten wollte. Seine erste Forderung in diesem Zusammenhang: Es solle Schluss sein mit der „Geheimniskrämerei der Kalichemiker untereinander". Am 28. Oktober 1919 war es dann so weit: Die „Kaliforschungs-Anstalt GmbH" wurde in Staßfurt gegründet. Gesellschafter waren das Kalisyndikat sowie der 1905 gegründete Verein der Deutschen Kaliinteressen (später Kaliverein e. V.), erster Sitz war in der Zentrale des Syndikats in Leopoldshall. Gesamtleiter der KAFA wurde Dr. Karl Koelichen, die Leitung der wissenschaftlichen Abteilung übernahm Dr. Carl Przibylla. 1927 folgte die KAFA dem Kalisyndikat nach Berlin.

In den Anfangsjahren wollte die KAFA vor allem die Erkenntnisse von van't Hoff über die Lösungsgleichgewichte der Rohsalze ergänzen, um die Verarbeitungsprozesse der Salze zu verbessern. 1937 übernahm Jean D'Ans die Leitung des Instituts, der im Jahr 1933 eine bahnbrechende Arbeit über die „Lösungsgleichgewichte der Systeme der Salze ozeanischer Salzablagerungen" veröffentlicht hatte. Die KAFA widmete sich aber auch der Gewinnung der Nebenbestandteile der Kalirohsalze oder neuen Verfahren zur Herstellung von Misch-

Dr. Carl Przibylla (1852–1925) übernahm 1919 die Leitung der wissenschaftlichen Abteilung der Kaliforschungs-Anstalt (KAFA).

düngern. Verbesserungen des Heißlöseverfahrens oder die Optimierung der Laugenkühlung wurden ebenso untersucht wie Verfahren zur kontinuierlichen Trocknung in Trockentrommeln oder der Granulierung.

In Westdeutschland wurde nach dem Zweiten Weltkrieg die Arbeit des KAFA 1948 wieder aufgenommen. Nach der Gründung der Kaliforschungsstelle 1949 wurde dann das Kaliforschungs-Institut (KAFI) 1957 gegründet. Erster Leiter der Kaliforschungsstelle und des späteren KAFI war Dr. Hans Autenrieth. 1967 bezog das Institut ein neues Gebäude in der Nähe der Verkaufsgemeinschaft Deutscher Kaliwerke in Hannover. Die bahnbrechende Entwicklung der Flotation sowie des ESTA-Verfahrens wurden seit den 1950er Jahren durch die Forschungen des KAFI unterstützt. 1972 wurde das KAFI von der Kali und Salz AG als Hauptlabor übernommen. Neuer Leiter wurde Dr. Otto Braun, der diese Funktion bis 1982 ausübte. Ihm folgte Dr. Heinz Schultz, Leiter des Bereichs Forschung und Entwicklung der Kali und Salz AG. 1989 wurde das KAFI nach Heringen verlegt.

In Ostdeutschland führte die Zentrale Forschungsstelle der Kaliindustrie in Sondershausen die Arbeit des KAFA fort, ab 1965 als Kaliforschungsinstitut (KFI). Das Institut führte nicht nur selbst Forschungsarbeiten durch, sondern koordinierte auch die entsprechende Forschung der Hochschulen und Akademieinstitute. Die Arbeit des KFI richtete sich stärker als die des KAFI auf bergtechnische Belange.

Ein Zusammenschluss für den Weltmarkt: Der deutsch-französische Kalivertrag (1925/26)

Deutschland besaß auch nach Kriegsende und dem Verlust des Monopols die größte Kaliindustrie der Welt. Mit 1,5 Millionen Tonnen K_2O stammten Ende der 1920er Jahre rund 70 Prozent der Weltkaliproduktion aus deutschen Kaliwerken. Damit hatte sich die deutsche Produktion seit 1910 nahezu verdoppelt. Auf Frankreich, den zweitgrößten Anbieter auf dem Kali-Weltmarkt, und Deutschland zusammen entfielen über 90 Prozent der weltweiten Kaliproduktion von 2 Millionen Tonnen K_2O.

Dabei wurde der internationale Konkurrenzdruck durch eine deutsch-französische Zusammenarbeit wirkungsvoll abgefedert. Die Verständigung der Hauptkonkurrenten versprach Vorteile für beide Seiten. Bereits in den frühen 1920er Jahren beeinträchtigte die „kleine Weltwirtschaftskrise" spürbar die Nachfrage nach Düngemitteln auf den nordamerikanischen Märkten und verstrickte die beiden größten Kaliproduzenten in kräftezehrende Preiskämpfe. In den Jahren 1919 bis 1921 hatte es daher erste Gespräche zwischen dem Deutschen Kalisyndikat und der in der „Société Commerciale des Potasses et de l'Azote" (SCPA) organisierten französischen Kaliindustrie über eine Abstimmung gegeben. 1924 verständigten sich in Basel die deutschen und französischen Kalianbieter über die Belieferung des US-Marktes. Nach dieser Vereinbarung sollte das Kalisyndikat 62 Prozent und die SCPA 38 Prozent des US-Exportes übernehmen. Weitere Arrangements folgten bald: Unter maßgeblicher Beteiligung Rostergs schlossen Industrievertreter beider Länder im Frühjahr 1926 das deutsch-französische Kaliabkommen von Lugano, das durch den deutsch-französischen „Kalivertrag" von Paris Ende 1926 gefestigt wurde.

Dieses Abkommen galt für zehn Jahre. Es sicherte den Produzenten das Monopol auf ihren Heimatmärkten und teilte den Export im Verhältnis von 70:30 zugunsten der deutschen Kaliindustrie auf. Außerdem sollten gemeinsame Absatzgesellschaften im Ausland die dortigen Vertriebsstrukturen verbessern. Entsprechende Niederlassungen entstanden beispielsweise in den Niederlanden, in Belgien, Italien, Spanien, England, Japan und Südafrika. Vor allem auf dem wachsenden nordamerikanischen Markt war die Zusammenarbeit der beiden größten Kalihersteller erfolgreich. So konnte die Vertriebsstelle in Nordamerika den niedrigen Kalianteil bei den amerikanischen Mischdüngerprodukten erhöhen.

Faktisch schuf der Pariser Vertrag ein „Weltsyndikat" der wichtigsten Kaliproduzenten. Dennoch blieb die Lage spannend, da bald neue Wettbewerber auf dem Weltmarkt auftraten. Seit Ende der 1920er Jahre berichtete die Presse regelmäßig über Kalivorkommen am Toten Meer, die von der „Palestine Potash Company" erschlossen wurden. 1930 stellten Spanien, Polen und die USA zusammen rund 7 Prozent der weltweiten K_2O-Produktion, und die junge Kaliindustrie der Sowjetunion stand vor der Fertigstellung ihrer übertägigen Anlagen. 1930 schlug der russische „Kali-Trust" dem Weltkalisyndikat eine Verständigung vor und schloss 1934 mit ihm einen Vertrag, der den Russen eine Exportquote von 12,5 Prozent sicherte. 1932 trat Polen und 1935 auch Spanien dem Weltsyndikat bei. 1935 konnte mit der US-Kaliindustrie eine Vereinbarung über Preisgestaltung, Werbung und Forschung geschlossen werden, und 1936 wurde die „Palestine Potash" Mitglied des Weltkalisyndikats. Auf diese Weise entstand eine Balance der Kräfte auf dem Weltmarkt, die allerdings durch den Ausbruch des Zweiten Weltkriegs zerstört wurde. Auch bei steigendem Konkurrenzdruck besaß die Kaliindustrie ein beachtliches Wachstumspotenzial: Seit Mitte des 19. Jahrhunderts war der weltweite Kaliabsatz jährlich um durchschnittlich zehn Prozent gestiegen.

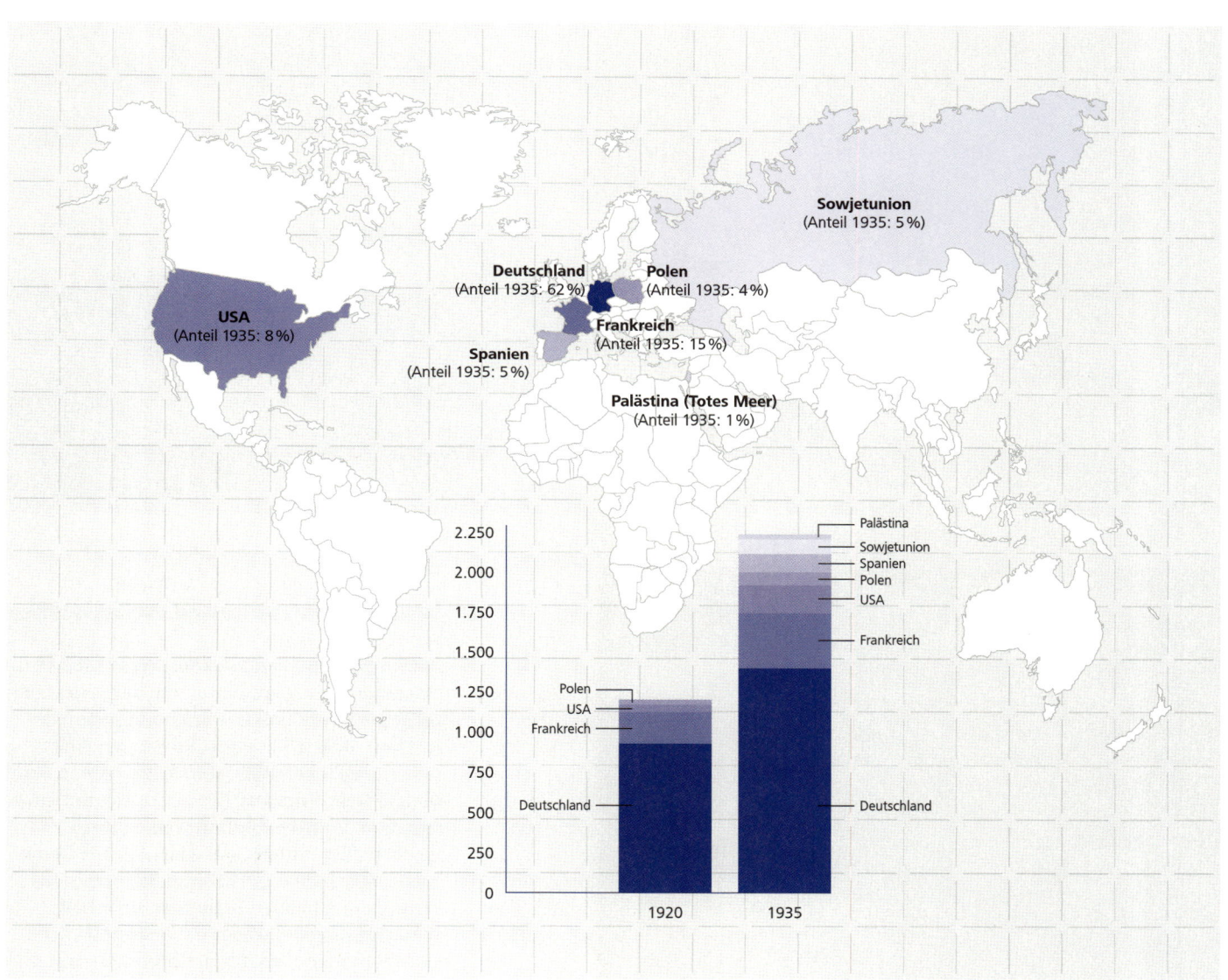

Weltkaliproduktion 1920 und 1935 (Angaben in Tausend Tonnen K$_2$O)

„Das Tor zur Welt":
Kali-Transport Gesellschaft und Kalikai

Mit der Ausdehnung des Überseehandels wurden nach dem Ersten Weltkrieg Transport und Logistik für die deutsche Kaliwirtschaft immer wichtiger. Bisher wurden das Rohsalz und die verschiedenen Kaliumchloridsorten vom Werra-Fulda-Revier oder aus den hannoverschen Kaliwerken per Bahn und Binnenschiff über Elbe und Weser nach Hamburg und Bremen gebracht. Die vorhandenen Umschlaganlagen in den beiden Häfen reichten jedoch für das gestiegene Volumen nicht aus. Zudem besaß die Hamburger Filiale des Kalisyndikats keine eigenen Verladeeinrichtungen oder Lagerhallen. Daher gründete das Syndikat Ende 1926 die Kali-Transport Gesellschaft (KTG), die bis heute das „Tor zur Welt" für die K+S Gruppe ist. Im Frühjahr 1928 nahm das Kalisyndikat den Kalikai in Hamburg in Betrieb. Die Einrichtungen der KTG in Hamburg und Bremen waren mit Weitsicht geplant und boten Lagerkapazität für insgesamt 190.000 Tonnen Kalisalze. In den ersten zehn Jahren verschiffte die KTG vom Hamburger Kalikai jährlich 950.000 Tonnen Düngemittel – heute sind es rund vier Millionen Tonnen.

Weltwirtschaftskrise und Weltagrarkrise

Die konjunkturellen Schwankungen im ersten Nachkriegsjahrzehnt hatten die Kalikonzerne recht gut überstanden. Der Zusammenbruch der New Yorker Börse am „Schwarzen Freitag", dem 25. Oktober 1929, stürzte die Welt in eine der größten Wirtschaftskrisen. In Deutschland traf der Konjunktureinbruch eine ohnehin geschwächte Wirtschaft und eine labile Demokratie. Seit 1929 stagnierte die ökonomische Entwicklung in allen Branchen. Innerhalb weniger Jahre verminderte sich das Investitionsvolumen dramatisch, die durchschnittliche Industrieproduktion sank um rund vierzig Prozent, das Bruttosozialprodukt ging um ein Drittel zurück. Betriebsstilllegungen und Produktionskürzungen häuften sich, die Erwerbslosenquote in Deutschland überstieg die 30-Prozent-Marke.

von links nach rechts

Kaliumschlag im Hamburger Hafen
aus zwei Elbkähnen in einen Dampfer,
vor 1926

Die Weltwirtschaftskrise nach 1929
brachte Massenarbeitslosigkeit und
soziales Elend mit sich.

Unterstützung für die zwangsweise
Entlassenen: Winterhilfe von Wintershall
im Jahr 1931

In Salzdetfurth lag der Grubenbetrieb in den Sommermonaten 1932 für mehr als 13 Wochen still. Auch der Wintershall-Konzern musste einige Werke vorübergehend schließen und die Zahl der Mitarbeiter entsprechend reduzieren. Für die Kalibetriebe waren Betriebspausen von mehreren Monaten neu, denn früher hatten die Werke selbst in „betriebsschwachen" Phasen allenfalls ein bis zwei „Feierschichten" eingelegt. Nun musste die Förderleistung der Kaliwerke deutlich zurückgefahren werden. Die deutsche Kaliproduktion sank 1932 auf rund 800.000 Tonnen K_2O; das war etwa die Hälfte der Menge von 1928.

Auch die Landwirtschaft hatte mit gravierenden strukturellen Problemen zu kämpfen. Seit Ende der 1920er Jahre steuerte sie angesichts einer globalen Überproduktion auf eine Welt-agrarkrise zu. Der damit verbundene Preisverfall drückte auf die landwirtschaftlichen Erlöse und zwang die Landwirte, Kosten zu sparen. Fast zwangsläufig sank der Düngemittelverbrauch. Statt der teureren Spezialprodukte setzten sie jetzt wieder häufiger die Standarddünger ein. Immerhin: Durch die Modernisierungen und Investitionen in den vorausgegangenen Jahren war die Kaliindustrie noch vergleichsweise gut gerüstet, um die Krise zu überstehen. Andere Sparten der Düngemittelindustrie spürten die Auswirkungen der Weltagrarkrise weitaus stärker. Der Absatz der Hamburger Guano-Werke sank über Jahre und im Sommer 1932 lagen ihre Produktionsstätten in Vienenburg und Krefeld-Linn wegen mangelnder Auslastung ganz oder teilweise still.

DIE KALIINDUSTRIE IN NS-ZEIT UND KRIEG (1933–1945)

Das Reichskaligesetz von 1933

Mit der Machtübernahme der Nationalsozialisten im Jahr 1933 veränderten sich die politischen Rahmenbedingungen für die Wirtschaft grundlegend. Wie große Teile der deutschen Bevölkerung verbanden anfangs auch viele Unternehmen der Düngemittelindustrie durchaus Hoffnungen mit dem politischen Wandel. Während etwa die Guano-Werke Indizien für „bessere Zeiten" zu erkennen glaubten, leitete der Vorstand der Salzdetfurth AG seinen Bericht

für das Geschäftsjahr 1933 mit den Worten ein: „Die politische Neuordnung im Jahr 1933 stärkte das Vertrauen auf allen Gebieten der Wirtschaft." Einige führende Kaliproduzenten hatten den Weimarer „Interventionsstaat" und das „parlamentarische Parteiregime" ohnehin abgelehnt und befürworteten daher den autoritären Kurswechsel – ein unter deutschen Industriellen durchaus verbreiteter Standpunkt. Die politische Neuordnung sollte ein stabiles Investitionsklima schaffen, die unternehmerischen Handlungsspielräume vergrößern und die wirtschaftlichen Bedingungen verbessern.

Für die deutsche Kali- und Düngemittelwirtschaft brachte die politische Zäsur des Jahres 1933 eine Reihe von Veränderungen. Der im Jahr 1919 geschaffene gesetzliche Rahmen wurde durch das neue „Reichskaligesetz" von 1933 in einigen Punkten im Geist des NS-Staates verändert. Die staatlichen Eingriffsmöglichkeiten in diesen Industriezweig wurden deutlich erweitert, wobei die bestehende Quotenverteilung im Syndikat unverändert blieb. Die neuen Bestimmungen erleichterten den staatlichen Einfluss auf die industriellen Belange erheblich und entsprachen damit dem Willen der NS-Regierung, die Versorgung der Landwirtschaft mit Mineraldüngern zu regulieren. In der nationalsozialistischen Ideologie spielte der „Reichsnährstand" – wie die Landwirtschaft in der NS-Propaganda nun hieß – eine besondere Rolle, die mit Propaganda- und Fördermaßnahmen verbunden war. Die wachsende Kaliindustrie sollte in diesem Zusammenhang den steigenden Düngemittelbedarf einer prosperierenden Landwirtschaft möglichst preiswert decken.

NS-Propaganda für den „Reichsnährstand": Bauer und Kalibergmann reichen sich die Hand. Anlass für diese Darstellung war das von den Nationalsozialisten auf dem Bückeberg in der Nähe von Hameln organisierte Erntedankfest im Jahr 1936.

Reichsgesetzblatt

1027

Teil II

| 1933 | Ausgegeben zu Berlin, den 19. Dezember 1933 | Nr. 58 |

Inhalt: Kaliwirtschaftsgesetz. Vom 18. Dezember 1933 . . . . S. 1027
Gesetz zur Änderung des Privatnotenbankgesetzes. Vom 18. Dezember 1933 . . . . S. 1034
Verordnung über die vorläufige Anwendung einer Vereinbarung zum deutsch-italienischen
Handels- und Schiffahrtsvertrag über eine vorläufige Neuregelung der Einfuhr italienischer
künstlicher Seide. Vom 16. Dezember 1933 . . . . S. 1035
Bekanntmachung über die Kündigung der deutsch-finnischen handelsvertraglichen Vereinbarungen.
Vom 14. Dezember 1933 . . . . S. 1037
Bekanntmachung zu dem deutsch-belgischen Abkommen über Unfallversicherung in übergreifenden
landwirtschaftlichen Betrieben. Vom 15. Dezember 1933 . . . . S. 1037
Bekanntmachung über den Schutz von Erfindungen, Mustern und Warenzeichen auf einer Aus-
stellung. Vom 15. Dezember 1933 . . . . S. 1038

Kaliwirtschaftsgesetz. Vom 18. Dezember 1933.

Die Reichsregierung hat das folgende Gesetz beschlossen, das hiermit verkündet wird:

1. Allgemeines
§ 1

Kalisalze im Sinne dieses Gesetzes sind:
a) die kaliumhaltigen, aus den Kalibergwerken
gewonnenen Mineralien — die Kalirohsalze — in fester oder gelöster Form,
b) Chlorkalium, schwefelsaures Kali, schwefel-
saure Kalimagnesia, die sogenannten Kali-
düngesalze sowie alle sonstigen kaliumhaltigen Fabrikate, welche in der Regel unmittelbar aus den Kalirohsalzen hergestellt werden,
ferner die kaliumhaltigen Rückstände dieser
Herstellungen, doppelt gereinigtes und
chemisch reines Chlorkalium und doppelt gereinigtes und chemisch reines schwefelsaures
Kali,
c) die Mischungen von Rohsalzen (a) und
Fabrikaten (b) — Mischsalze —.

Ob ein Erzeugnis zu den Kalisalzen im Sinne des
Abs. 1 gehört, entscheidet im Zweifels- oder Streit-
falle der Reichswirtschaftsminister nach Anhörung
der Kaliprüfungsstelle und des Kalisyndikats.

Die Kalierzeuger können dem Kalisyndikat nur
beitreten, wenn dieses es verlangt; wird ein solches
Verlangen gestellt, so müssen sie beitreten.

§ 4

Führen die Kalibergwerksbesitzer den Zusammenschluß zum Kalisyndikat nicht bis zu einem vom
Reichswirtschaftsminister zu bestimmenden Zeit-
punkte herbei oder besteht die Gefahr, daß das bestehende Kalisyndikat über einen bestimmten Zeitpunkt hinaus nicht verlängert wird, so kann der
Reichswirtschaftsminister den Zusammenschluß zu
einem Kalisyndikat herbeiführen oder die Verlängerung des bestehenden Kalisyndikats anordnen.

Macht der Reichswirtschaftsminister von den Be-
fugnissen des Abs. 1 Gebrauch, so kann er die Rechte
und Pflichten der Mitglieder des Kalisyndikats und
dessen Rechtsverhältnisse regeln.

Der Reichswirtschaftsminister kann Kalibergs-
werksbesitzer und Kalierzeuger an das Kalisyndikat
anschließen. In einem solchen Falle regelt er nur
die Beteiligungsziffer.

§ 5

Kalibergwerksbesitzer und solche Kalierzeuger, die
nach § 3 Abs. 2 dem Kalisyndikat beizutreten haben,
sind vor der Zugehörigkeit zum Syndikat zur Liefe-

Das Reichskaligesetz von 1933
ordnete die deutsche Kaliindustrie neu.

Kaliverein und Verein deutscher Salinen im Dritten Reich

Im Zuge der Gleichschaltung der Industrie und der Schaffung neuer Wirtschaftsstrukturen
wurden die Wirtschafts- und Arbeitgeberverbände Kaliverein und Salinenverein 1933
verboten. Der Verein deutscher Salinen existierte allerdings als Kulturverband weiter
und gab die Zeitschrift „Saline" heraus. Stattdessen wurde ein staatliches Salzkartell
aus Salinen und Bergwerken gegründet („Deutscher Salzbund", später „Deutscher Salz-
Verband"), das die Produktionsmengen und -quoten festlegte: 56 Prozent für das Siedesalz, 44 Prozent Steinsalz.

Mineraldüngerindustrie und Autarkiepolitik

Als Teil ihrer „Autarkiepolitik" förderte das NS-Regime nicht nur Rüstungsprogramme, sondern auch den Ausbau industrieller Standorte und Branchen, die die deutsche Wirtschaft vom Import unabhängiger machen sollten. Die Kaliunternehmen konnten vor diesem Hintergrund ihre Produktion und den Warenabsatz steigern, vor allem der Binnenmarkt belebte das Geschäft. Ein Jahr vor dem Ausbruch des Zweiten Weltkriegs erreichten die deutschen Kaliwerke ihre bis dahin höchste Leistung: Die K_2O-Produktion stieg von rund 800.000 Tonnen im Jahr 1932 auf nahezu 1,9 Millionen Tonnen im Jahr 1938. Inzwischen waren 53 Schachtanlagen in Betrieb, unter ihnen die Standorte Siegfried-Giesen, Bergmannssegen-Hugo, Niedersachsen und Salzdetfurth im Hannoveraner Kalibezirk sowie Wintershall, Hattorf, Sachsen-Weimar (Unterbreizbach) und Kaiseroda (Merkers) im Werra-Gebiet. Das Werra-Revier, das jetzt über 40 Prozent der deutschen Kaliproduktion bestritt, hatte sich inzwischen zum leistungsfähigsten Kalirevier der Welt entwickelt.

Auch andere Sparten der Mineraldüngerindustrie spürten die Konjunkturbelebung. So konnte die CFK ihr neues Mischdüngerprodukt „KAMP" gut vermarkten und den Absatz bis zum Ausbruch des Zweiten Weltkriegs erheblich steigern: Zwischen 1930 und 1939 stieg die Produktion von 2.000 Tonnen auf 120.000 Tonnen im Jahr – zeitweise konnten die Lieferungen mit dem Bedarf nicht Schritt halten.

Für die Düngemittelhersteller brachte der steigende Absatz im Inland allerdings nicht zugleich einen wachsenden Ertrag, denn die NS-Regierung griff mit Preisregulierungen mehrmals in die unternehmerischen Entscheidungen der Branche ein. Nach einer ersten Preissenkung im Herbst 1934 kosteten 100 Kilogramm Kalidünger mit 40 Prozent K_2O nur noch 6,72 Reichsmark, während dieselbe Sorte im Vorjahr noch 16,99 Reichsmark einbrachte. Aber nicht nur die Preissenkungen auf dem Binnenmarkt drückten auf die Erlöse. Auch auf dem Weltmarkt gaben die Preise deutlich nach. Zudem wurden die Aus- und Einfuhrgeschäfte mit Kalisalzen ab 1934 einer „Überwachungsstelle" unterstellt. Die staatliche Devisenbewirtschaftung beendete ohnehin den freien Außenhandel und führte zu bilateralen Tauschbeziehungen über Clearing-Abkommen. Das Exportgeschäft mit Kali verlagerte sich zunehmend nach Europa, während die Ausfuhr in die USA merklich sank. Insgesamt entwickelte sich der Binnenmarkt in den 1930er Jahren daher deutlich dynamischer als der Export.

links Speisesaal für die Fabrikbelegschaft

rechts Kalikumpel im Umkleideraum

Neue Sparten bei Wintershall: Erdöl und Magnewin

Der Wintershall-Konzern konzentrierte sich immer stärker auf den Ausbau von neuen, rüstungsorientierten Produktgruppen. Aufgrund der benachbarten Vorkommen von Erdöl und Kali hatte Erdöl schon länger das Interesse von August Rosterg geweckt. Anfang der 1930er Jahre begann er, die Erdöl-Sparte als zweites Standbein des Konzerns aufzubauen. Seit Mitte der 1930er Jahre produzierte auch die Gewerkschaft Victor in Rauxel Kraftstoffe. Die Neuausrichtung von Wintershall passte zum Autarkieprogramm des NS-Regimes, das die Unabhängigkeit in der Erdöl-Brennstoff-Wirtschaft zum Ziel hatte.

Daneben suchte Wintershall nach einem Verfahren, um das Magnesium aus den carnallitischen Rohsalzen zu gewinnen und zu verarbeiten. Dazu entwickelte der Konzern ein Elektrolyse-Verfahren, mit dem das Magnesium aus dem Carnallit gelöst werden konnte, um es anschließend mit Aluminium zu einem Leichtmetall zu legieren. Vor allem für die Luftfahrtindustrie war ein solcher Werkstoff mit seiner geringen Dichte interessant. Für dieses Magnewin (*Magne*sium *Win*tershall) wurde 1935 eine großtechnische Produktionsanlage in Heringen in Betrieb genommen. Magnewin fand bald steigenden Absatz.

Die „landwirtschaftliche Erzeugungsschlacht" und die Gründung der „Vereinigte Kaliwerke Salzdetfurth AG"

Im Frühjahr 1937 folgte ein weiterer staatlicher Eingriff in die Mineraldüngerpreise, die inzwischen durchschnittlich nur noch etwa 60 Prozent des Stands von 1924 erreichten. Diese Senkung der Düngemittelpreise stand in einem engen Zusammenhang mit den agrarpolitischen Zielen des NS-Regimes. Mit großem propagandistischem Aufwand startete die Regierung eine Kampagne für die „landwirtschaftliche Erzeugungsschlacht", die eine Erhöhung der Agrarproduktion zum Ziel hatte. Preissenkungen und andere „Bezugserleichterungen" für den „Reichsnährstand" sollten zu einer „Erweiterung der inländischen Nahrungsgrundlage" führen. In teilweise dramatischer Rhetorik wurde bei den Landwirten die Volldüngung propagiert. Den Handelsdüngern wurde eine zentrale Rolle für „die Erreichung der Nahrungsfreiheit unseres Volkes" zugesprochen.

Die drastischen Preisregulierungen führten zwangsläufig zu erheblichen Einbußen bei den Produzenten. Dabei diktierten der „zweite Vierjahresplan" von 1936 und die ehrgeizigen landwirtschaftlichen Erzeugungsziele zugleich auch umfangreiche Produktionssteigerungen. Um den erwarteten Anforderungen gewachsen zu sein, hielt die Salzdetfurth-Gruppe eine Straffung der Konzernstruktur für ratsam. Bereits 1922 hatten sich die „Consolidirten Alkaliwerke Westeregeln", die „Kaliwerke Aschersleben" und die „Kaliwerke Salzdetfurth AG" zur „Werksgruppe Salzdetfurth-Aschersleben-Westeregeln" zusammengeschlossen. 1937 wurde mit der Gründung der „Vereinigten Kaliwerke Salzdetfurth AG" die geplante endgültige Verschmelzung dieser drei Unternehmen vollzogen und damit, wie es im Vorstandsbericht hieß, die „bisherige Verschachtelung" beseitigt.

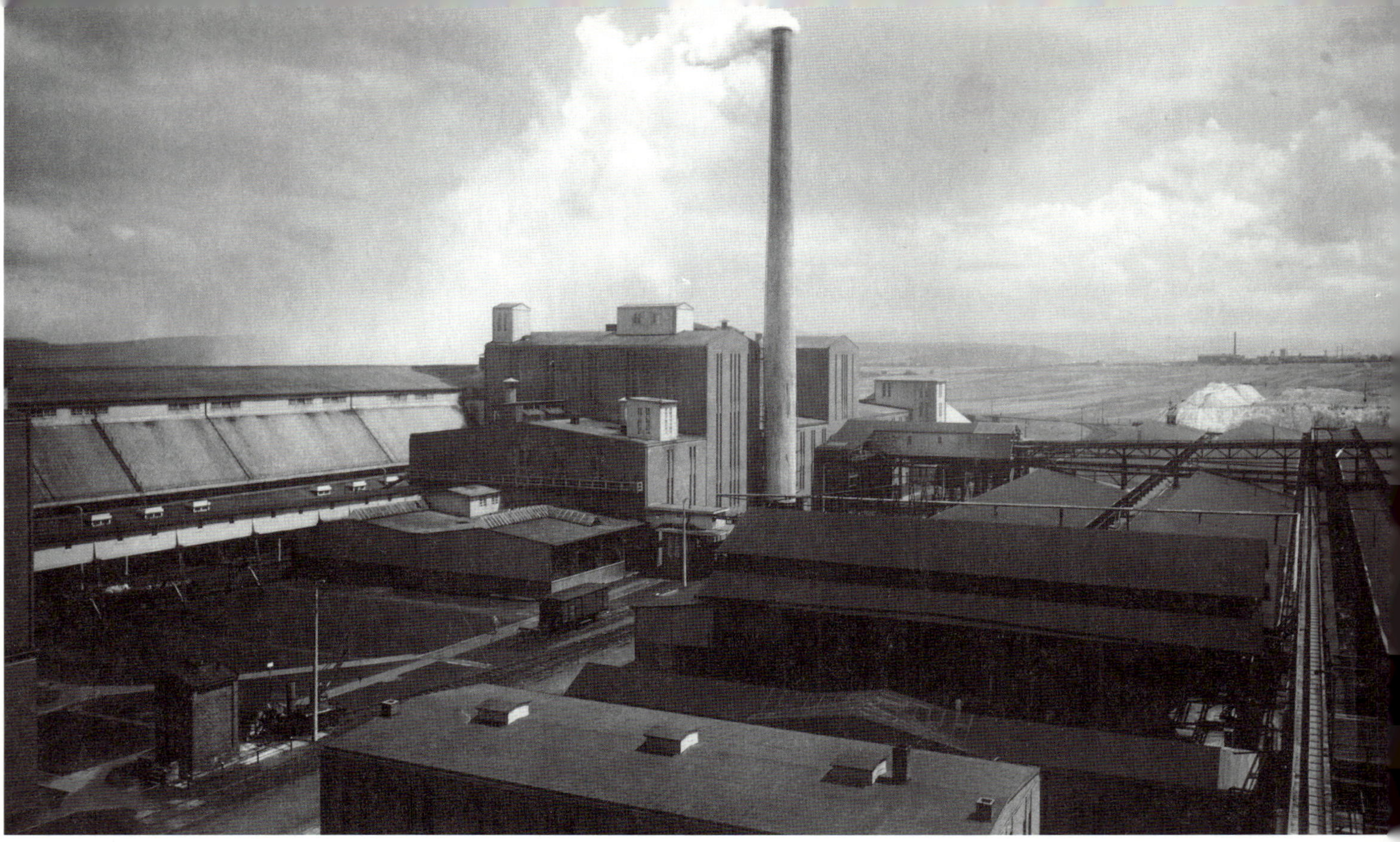

oben Blick auf die Fabrik in Merkers, vor 1945

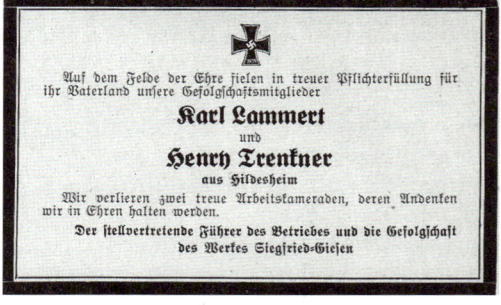

Kaliindustrie und Kriegswirtschaft

Der Ausbruch des Zweiten Weltkrieges im Herbst 1939 erschütterte auch die Kali- und Düngemittelindustrie nachhaltig. Mit dem Übergang zur Kriegswirtschaft mussten die Betriebe umgestellt werden, denn sie hatten jetzt mit Versorgungs- und Transportschwierigkeiten, Rohstoffknappheit und Unterbrechungen im Warenabsatz zu kämpfen. Besonders der Arbeitskräftemangel wirkte sich aus, denn durch die Einberufungen zur Wehrmacht dünnten die Belegschaften immer stärker aus. Deshalb gingen die Fördermengen zunächst zurück.

Schon unmittelbar nach Kriegsbeginn nahm die „Reichsstelle für Kali und Salz" ihre Tätigkeit auf, die den landwirtschaftlichen und kriegswirtschaftlichen Bedarf koordinieren und lenken sollte. Diese neue Behörde organisierte die Zuweisung von Rohstoffen und Arbeitskräften und plante die Produktionsziele. Als Rohstoff- und Düngemittellieferant besaß die deutsche Kaliindustrie eine wichtige Funktion im kriegswirtschaftlichen Gefüge. Mit einer maximalen Auslastung der Betriebe und der Errichtung neuer Produktionsstätten sollte die Produktionsmenge bei allen Erzeugnissen gesteigert werden. Im Kaliwerk Hattorf wurde daher 1940 eine neue Schwefelsäurefabrik in

Auf dem Felde der Ehre fielen in treuer Pflichterfüllung für ihr Vaterland unsere Gefolgschaftsmitglieder

Karl Lammert

und

Henry Trenkner

aus Hildesheim

Wir verlieren zwei treue Arbeitskameraden, deren Andenken wir in Ehren halten werden.

Der stellvertretende Führer des Betriebes und die Gefolgschaft des Werkes Siegfried-Giesen

rechts In den Betriebszeitungen der Kaliwerke erschienen während des Krieges immer häufiger Anzeigen von gefallenen Mitarbeitern.

Betrieb genommen und in Kaiseroda/Merkers nahm eine neue Bromfabrik die Produktion auf. In den Jahren 1941 bis 1943 erreichte die Kaliproduktion in Deutschland eine neue Rekordhöhe. Das galt nicht nur für die geförderten Rohsalze. So steigerte die neue Glaubersalzfabrik in Merkers ihre Herstellung rasch auf 1.200 Tonnen Fertigfabrikate pro Tag.

Der Salzdetfurth-Konzern blickte mit gemischten Eindrücken auf das Geschäftsjahr 1940 zurück: „Trotz der im Krieg unvermeidlichen Schwierigkeiten bei der rechtzeitigen Materialbeschaffung sowie bei der Einarbeitung von Ersatzkräften für eingezogene Gefolgschaftsmitglieder" habe das Unternehmen „eine

Erzeugungssteigerung auf fast allen Arbeitsgebieten" erzielt.

Der Konzern sprach damit zugleich ein zentrales Problem an, denn solche Ergebnisse ließen sich nur durch eine maximale Beanspruchung der vorhandenen Arbeitskräfte und Produktionsanlagen realisieren. Darüber hinaus kamen in der Kaliindustrie – wie in anderen Zweigen der deutschen Wirtschaft auch – Kriegsgefangene und Zwangsarbeiter zum Einsatz. Schon im Jahr 1940 betrug ihr Anteil an der Gesamtbelegschaft der deutschen Kaliindustrie knapp 20 Prozent, bis zum Kriegsjahr 1944 stieg die Quote auf über ein Drittel an.

Zwangsarbeit in der Kaliindustrie

Während des Zweiten Weltkriegs waren in Deutschland schätzungsweise rund 13 Millionen Zwangsarbeiter, Kriegsgefangene und KZ-Häftlinge beschäftigt. Mit dem Einsatz von zwangsweise rekrutierten Arbeitskräften wollte das NS-Regime den Arbeitskräftemangel in der Kriegswirtschaft beheben. Millionen von Männern und Frauen wurden aus den besetzten Gebieten deportiert und zur Arbeit in der deutschen Industrie und Landwirtschaft gezwungen. Dazu kamen Kriegsgefangene aus 26 Ländern und KZ-Häftlinge. 1944 erreichte der Anteil der Zwangsarbeiter an den Beschäftigten in der Industrie etwa ein Drittel. Für die Mehrheit der Arbeitskräfte bedeutete der Zwangseinsatz körperliche Schwerstarbeit unter harten Bedingungen, Unterbringung in Lagern unter strenger Kontrolle, unzureichende Ernährung und schlechte medizinische Versorgung. Auch in der Kaliindustrie wurden Zwangsarbeiter eingesetzt. Anfang 1945 erreichte ihr Anteil an den Belegschaften im Werra-Revier mit rund 43 Prozent ihren Höchststand. Teilweise arbeiteten sie direkt in den Kaliwerken und -fabriken (so in Heringen, Merkers, Hattorf, Dorndorf und Unterbreizbach), teilweise in den nach unter Tage verlegten Produktionsbetrieben der Rüstungsindustrie, etwa bei der Fertigung von BMW-Flugzeugmotoren (in der Schachtanlage Abteroda). Bei Ungehorsam und Verstößen waren allerdings „rücksichtslose Bestrafungen" vorgesehen, insbesondere bei den „Ostarbeitern".

K+S steht in der Rechtsnachfolge derjenigen Vorgängergesellschaften, die im Zweiten Weltkrieg Zwangsarbeiter beschäftigten. Die K+S Gruppe war und ist sich dieser historischen Verantwortung bewusst und beteiligte sich an der Stiftungsinitiative der deutschen Wirtschaft „Erinnerung, Verantwortung und Zukunft".

Lager für britische Luftwaffenangehörige
in Unterbreizbach

Rüstungsproduktion in den Kaligruben

Bereits 1934 hatte die Wehrmacht begonnen, stillgelegte Gruben für die Produktion und Einlagerung von Munitionsvorräten zu nutzen. Insgesamt 48 Schächte wurden auf diese Weise für Rüstungszwecke umfunktioniert. Im Werra-Fulda-Revier etwa richtete man die seit Jahren stillgelegten Gruben Herfa, Neurode und Ellers als Heeresmunitionsanstalten her.

Im Laufe des Krieges wurden schließlich ganze Produktionseinheiten der Rüstungsindustrie in Kali- und Steinsalzbergwerke verlagert, um sie auf diese Weise vor alliierten Bombenangriffen zu schützen. So setzte etwa das Düsseldorfer Unternehmen Hasenclever, ein Zulieferer von Bergbauausrüstungen, seine Produktion in der Grubenanlage des Werkes „Großherzog von Sachsen" bei Dietlas fort. 1944 verlagerten die BMW-Werke die Fertigung von Flugzeugmotorenteile in untertägige Produktionsstätten nach Abteroda in der Nähe von Heringen. Dort wurde auch ein Außenkommando des KZ Buchenwald mit etwa 230 Häftlingen eingesetzt. Bis Kriegsende verlegte man noch weitere Rüstungsstätten in Kaligruben anderer Reviere, etwa Teile der V2-Raketen-Produktion. Bei diesen Außenkommandos in Untertagebetrieben wurden über 1.100 KZ-Insassen eingesetzt.

Nachdem bereits seit Beginn der alliierten Bombardierungen kriegswichtige Vorräte in Kalibergwerken gelagert wurden, nutzten die Nationalsozialisten die sicheren Kaligruben gegen Ende des Krieges auch für die Einlagerung von beweglichen Kulturgütern. Bestände und Sammlungen aus Bibliotheken, Museen, Archiven und Universitäten, aber auch das Schriftgut des Reichspatentamtes und anderer öffentlicher Träger wurden hier deponiert – darunter berühmte Kunstschätze und wichtige kulturhistorische Überlieferungen wie der „Schatz des Priamos" aus dem Museum für Vor- und Frühgeschichte in Berlin oder die Schallplattenmatrizen der Reichs-Rundfunk-Gesellschaft, deren Spur sich nach dem Krieg dann an den Standorten Hattorf und Braunschweig-Lüneburg verlor. Von diesen Kulturgütern blieb vieles bis heute verschollen. Zudem lagerte man große Teile des Staatsschatzes (Gold-, Platin- und Silberbarren, Feingold, Banknoten und Münzen) in den Untertageanlagen von Merkers ein.

Die meisten aktiven Kaliwerke produzierten bis in die letzten Tage von Krieg und NS-Herrschaft. Als die Alliierten im Frühjahr 1945 immer größere Teile Deutschlands besetzten, fanden sie neben funktionierenden Betrieben auch zahlreiche Munitionsanstalten und versteckte Schätze. Da nach dem Krieg nicht zuletzt angesichts der Zerstörungen und des Elends Salz und Kali dringend benötigt wurden, erhielten die meisten Werke sehr schnell wieder Betriebsgenehmigungen.

Zwangsarbeiter bei der Munitionsherstellung in der Heeresmunitionsanstalt Wolkramshausen bei Nordhausen im Harz

Bewachter Eingang zur Heeresmunitionsanstalt Volpriehausen auf dem Gelände des ehemaligen Kaliwerkes Wittekind-Hildasglück in der Nähe von Uslar (Solling)

Bei Kriegsende beschlagnahmten amerikanische Soldaten die in Merkers eingelagerten Kunstschätze.

- **Teilung:** Deutsche müssen getrennte Wege gehen

- **Ausbau:** Stillgelegte Werke gehen wieder in Produktion

- **Neue Konkurrenten:** Mit Kanada und der Sowjetunion treten neue Wettbewerber auf dem Weltkalimarkt auf

- **Abrundung:** Wintershall und Salzdetfurth engagieren sich auf dem Markt der Mehrnährstoffdünger und wagen den Schritt nach Nordamerika

- **Rationalisierung:** Die Kaliwerke in beiden deutschen Staaten rationalisieren grundlegend ihre Produktion

Kapitel 4

GETRENNTE WEGE.
DIE KALI- UND DÜNGEMITTELINDUSTRIE
IM GETEILTEN DEUTSCHLAND

(1945–1968)

Nach dem Zweiten Weltkrieg musste die deutsche Kali- und Düngemittelindustrie in West- und Ostdeutschland getrennte Wege gehen. Ehemals zusammenhängende Unternehmen waren nun geteilt und mussten in unterschiedlichen Gesellschaftssystemen neu beginnen. In Ost und West wurden stillgelegte Werke wieder in Betrieb genommen. Gleichzeitig verstärkte sich der internationale Wettbewerb. Vor allem in der Sowjetunion und in Kanada entstanden in den 1950er und 1960er Jahren mächtige neue Kali-Konkurrenten. Überkapazitäten waren die Folge. Die westdeutsche Kaliindustrie zog die Konsequenzen, rationalisierte und konzentrierte Kapazitäten.

NEUBEGINN IN DER DEUTSCHEN KALI- UND DÜNGEMITTELINDUSTRIE (1945–1955)

Kriegsende

Als die militärische Führung des Deutschen Reiches am 8. Mai 1945 kapitulierte, war der Krieg in vielen Teilen Deutschlands bereits seit einigen Wochen beendet. Die Voraussetzungen für einen Neubeginn waren allerdings sehr unterschiedlich: Bestimmte Regionen waren fast völlig, andere dagegen wenig zerstört, und die Aufteilung Deutschlands in vier Besatzungszonen belastete den Neubeginn. Die Beseitigung der Kriegsschäden, die Versorgung mit Lebensmitteln und mit Material für die Produktion, die Auseinandersetzung mit den Besatzungsbehörden – das waren die Herausforderungen und Sorgen des Alltags. Mangel, Tauschhandel und Improvisation prägten das Leben in dieser Zeit. Vor allem in die Westzonen strömten Millionen von Flüchtlingen und Vertriebenen. Auch in den Kali- und Düngemittelwerken war das Ausmaß der Kriegsschäden sehr unterschiedlich. Während einige Fabriken noch letzte schwere Gefechte mit großen Zerstörungen erlitten, wurden die meisten Kaliwerke unversehrt von den alliierten Truppen besetzt und konnten nach wenigen Wochen die Produktion wieder aufnehmen.

Im hessisch-thüringischen Kalirevier endete der Krieg bereits im Frühjahr 1945. Am 31. März rückten US-amerikanische Truppen

von links nach rechts

Am 31. März 1945 explodierte
im Bahnhof von Heringen ein
Munitionszug.

Amerikanischer Panzer im Kaliwerk
Merkers (vor Schacht 3)

Gedenkstein für die Opfer der
Sprengstoff-Explosionen in der
Grube Riedel im Jahr 1946

bis an die Werra vor. In Heringen stellten sich
ihnen SS-Einheiten entgegen, die trotz der
hoffnungslosen Lage ihren sinnlosen Kampf
weiterführen wollten. Bei den Kämpfen wurde
ein voll beladener Munitionszug aus der Heeres-
Munitionsanstalt Herfa-Neurode auf dem Bahnhof Heringen getroffen und explodierte. Ein
nahe gelegener Kali-Lagerschuppen des Werkes
Wintershall geriet dabei in Brand. Nur mit
großer Mühe konnte verhindert werden, dass
die gesamte Fabrik des Werkes niederbrannte.

Die Amerikaner sprengten die beiden
Fördertürme der Schachtanlage Herfa-Neurode.
Sie sperrten damit den Schacht und die Grube,
in der sich die Munitionsfabrik samt Munitions-
lager befunden hatte. Die Munitionsanlagen
in den Reservewerken stellten in der ersten
Zeit nach dem Krieg ein erhebliches Risiko dar,
denn die Räumungsarbeiten erwiesen sich
als äußerst gefährlich. In der Grube Riedel in
Hänigsen nordöstlich von Hannover etwa waren
rund 11.000 Tonnen Sprengstoff gelagert worden – und zwar offensichtlich nicht nur in den
Kammern, sondern auch in den Strecken. Am
18. Juni 1946 kam es zu mehreren Explosionen,
bei denen 80 Menschen ihr Leben verloren.
Ähnliches geschah bereits Ende September
1945 auf der Schachtanlage Wittekind-Hildasglück in Volpriehausen, einem Ortsteil von
Uslar im Solling, und führte kurz danach zum
Verlust des gesamten Bergwerks.

Das Ende der Leichtmetallproduktion von Wintershall

Die 1935 errichtete Leichtmetallfabrik im Werk Wintershall
sollte auf Befehl eines deutschen Offiziers noch in den letzten
Kriegstagen zerstört werden. Der Steiger, der die Sprengung
durchführen sollte, zerstörte allerdings nur einen ohnehin
stillgelegten Glühofen und entzündete Magnesiumpulver,
um ein extremes Feuer vorzutäuschen. Die Anlage überstand
daher den Krieg und nahm bereits im April 1945 den Betrieb
wieder auf, produzierte jetzt allerdings keine Flugzeugteile
mehr, sondern Kochtöpfe. 1949 wurde die Fabrik demontiert
und 1950 endgültig geschlossen. Die kurze, kriegsbedingte
Ära der Leichtmetallproduktion bei Wintershall war damit
nach 15 Jahren beendet.

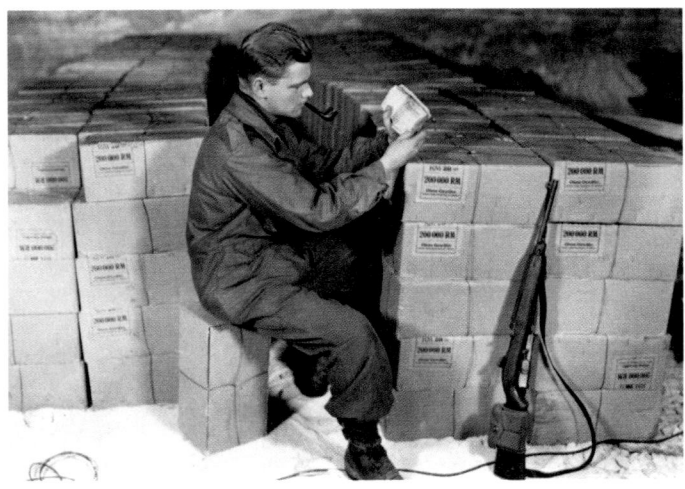

In Merkers war im Februar 1945 in der Grube Kaiseroda ein Teil der Gold- und Devisenreserven der Deutschen Reichsbank eingelagert worden. Am 4. April erreichte eine Infanteriedivision der 3. US-Armee das Werk und entdeckte den Raum mit seinem Goldschatz in 420 Metern Tiefe. Eine Woche später, am 12. April, begutachtete der amerikanische Oberbefehlshaber Dwight D. Eisenhower, der spätere Präsident der USA, die Grube und den spektakulären Fund. Am 16. April begannen die amerikanischen Soldaten, die unterirdischen Depots zu räumen, in denen auch zahlreiche Kunstwerke aus den Staatlichen Museen Berlins eingelagert waren. Während die meisten dieser Kunstwerke später wieder an die Museen zurückgegeben wurden, ist der Verbleib des Reichsbankschatzes bis heute nicht ganz geklärt. Heute erinnert der „Goldraum" im Erlebnis Bergwerk Merkers an diese Episode der Kaligeschichte.

oben Amerikanischer Soldat mit einem Teil der versteckten Geldreserven der Reichsbank

rechts General Eisenhower besichtigt den Goldschatz in Merkers.

Das hessisch-thüringische Kalirevier hatte insgesamt nur wenige Kriegsschäden erlitten. Die aktiven Kaliwerke hatten bis März 1945 produziert und standen nur für wenige Monate still. Bereits im August 1945 förderte die Wintershall AG in Heringen wieder Steinsalz und tauschte es gegen tschechoslowakische Steinkohle. Die Gruben Hattorf und Wintershall lieferten ab Frühjahr 1946 wieder Kali. Obwohl die Werke in der NS-Zeit kaum investieren konnten, verfügten sie zu dieser Zeit über vergleichsweise moderne Produktionsanlagen.

Im niedersächsischen Kalirevier um Hannover waren bei Kriegsende noch sieben Schächte in Betrieb. Das Werk Bergmannssegen-Hugo hatte durchgehend Kali gefördert und ab 1943 auch wieder Steinsalz. Anfang April 1945 besetzten die Amerikaner das Werk. Der gravierende Salzmangel in Deutschland überzeugte die amerikanischen Besatzungsbehörden, dem

Werk bereits am 23. Mai 1945 eine Genehmigung für die Förderung von Steinsalz zu erteilen. Ende August 1945 durfte das zur Wintershall AG gehörende Werk auch wieder Kalisalze fördern.

Die Werke Salzdetfurth und Hansa-Silberberg der Salzdetfurth AG waren ebenso wenig zerstört worden wie die zum Burbach-Konzern gehörenden Werke Siegfried-Giesen, Niedersachsen sowie die Standorte Friedrichshall und Ronnenberg der Kali-Chemie AG. Das Werk Siegfried-Giesen wurde zwar im April 1945 besetzt, doch erteilte die britische Militärregierung bereits im Mai wieder die Produktionsgenehmigung.

Das Kaliwerk Bergmannssegen-Hugo wurde im Krieg kaum zerstört; Werksansicht Anfang der 1950er Jahre

links Kriegszerstörungen bei der CFK in Köln-Kalk und bei der Gewerkschaft Victor in Rauxel

rechts Grenzanlagen an der Werra, um 1965. Im Kalten Krieg machte die DDR mit Plakaten an der Grenze Propaganda gegen die Politik der Bundesrepublik Deutschland.

Kriegszerstörungen in den Düngerwerken

In anderen Branchen war die Lage sehr viel schwieriger als in der Kaliindustrie. Viele Industriebetriebe waren stark beschädigt und kämpften weit länger mit den Kriegsfolgen. Die Guano-Werke AG hatte an ihren Standorten schwere Bombenschäden erlitten. 1943 waren die Hauptverwaltung in Hamburg und die Fabriken in Ludwigshafen und Harburg völlig zerstört worden. Das Werk in Krefeld-Linn meldete ebenfalls Schäden, war allerdings von größeren Zerstörungen verschont geblieben. In den ersten Wochen nach Kriegsende produzierte die Fabrik in ihren Trockentrommeln synthetischen Gips, den sie wie damals üblich als Tauschmittel benutzte, weil das Geld nichts mehr wert war. Wie überall in Deutschland wurde improvisiert, getauscht und aufgeräumt. Die Herstellung von Phosphaten wurde bereits 1945 wieder aufgenommen, und 1946 lieferten auch die Fabriken der Guano-Werke AG in Dänischburg und Vienenburg wieder Superphosphat. Bald bot das Unternehmen auch Mehrnährstoffdünger an, den es nach der Währungsreform 1948 gut absetzen konnte.

Die Guano-Werke AG stand allerdings noch bis 1952 unter besonderer alliierter Kontrolle. 1937 hatten die Westfälisch-Anhaltinischen Sprengstoffwerke (WASAG), einer der wichtigsten Sprengstoff- und Munitionsproduzenten des „Dritten Reiches", die Mehrheit am Unternehmen übernommen, das damit zugleich unter das Dach des IG-Farben-Konzerns gekommen war. Zusammen mit dem Konzern wurden auch die Guano-Werke kontrolliert.

Die Chemische Fabrik Kalk (CFK) in Köln war durch die Bombenangriffe zwischen 1941 und 1944 fast völlig zerstört worden. 65 Prozent der Fabrikgebäude und 55 Prozent der Maschinen waren zerstört oder beschädigt. Ab August 1945 wurde aus Restbeständen von Kalksteinen und Koks Brandkalk hergestellt. Einige Monate später, im März 1946, konnte die Fabrik wieder die ersten Tonnen Ammonsulfat herstellen. Danach dauerte es noch bis zum Sommer 1948, bis auch die Produktion von Superphosphat wieder anlaufen konnte. KAMP-Dünger, der seit 1940 nicht mehr angeboten worden war, weil die Fabrik kein Rohphosphat beziehen konnte, erzeugte das Werk wieder von September 1948 an, und ab 1949 arbeitete auch die Sodafabrik wieder. Vier Jahre brauchte es also, um bei der CFK die gesamte Produktion wieder in Gang zu bringen.

Das Werk Rauxel der Gewerkschaft Victor, an der die Wintershall AG beteiligt war, wurde im Krieg ebenfalls schwer beschädigt, weil die Alliierten die 1935 dort errichtete erste großtechnische Anlage zur synthetischen Treibstofferzeugung in Deutschland zerstören wollten. Wegen dieser Anlage wurde das Werk 1945 gemäß den Bestimmungen des Potsdamer Abkommens geschlossen. Jedoch erhielt das Stickstoffwerk bereits im Herbst 1946 eine Betriebsgenehmigung, um Ammoniaksalpeter zu produzieren.

Die Ausgangslage war also im Jahr 1945 für die Kaliwerke und Düngemittelproduzenten sehr unterschiedlich. Radikal veränderte sich die Lage aber vor allem durch die Teilung Deutschlands, die sich ab 1946 immer mehr verschärfte.

Die Teilung der deutschen Kaliwirtschaft in Ost und West

Anfang Juni 1945 teilten die vier alliierten Hauptmächte USA, Sowjetunion, Großbritannien und Frankreich das Gebiet des Deutschen Reiches in vier Besatzungszonen. Auch Berlin, das von sowjetischen Truppen im April 1945 besetzt worden war, wurde in vier Sektoren geteilt. Im Gegenzug rückten die amerikanischen und britischen Truppen aus Sachsen, Thüringen und Mecklenburg ab und die Regionen wurden der sowjetischen Besatzungszone (SBZ) zugeordnet. Anfang Juli besetzte die sowjetische Armee Thüringen, das plötzlich auf der anderen Seite jener Linie lag, die später zum „Eisernen Vorhang" wurde. Die Gebiete östlich von Oder und Neiße wurden endgültig abgetrennt und die dort lebenden Deutschen vertrieben.

Schon bald zeichnete sich eine Teilung in Ost- und Westdeutschland ab. Anfang 1947 schlossen sich die britische und die amerikanische Zone zur Bizone zusammen und schufen damit ein gemeinsames Wirtschaftsgebiet. Kurz vor der Gründung der Bundesrepublik Deutschland wurde die Bizone im April 1949 um die französische Zone erweitert. Im Gegenzug schirmte die Sowjetunion ihre Zone immer dichter ab. Der wachsende Ost-West-Konflikt

Die Zonenaufteilung Deutschlands 1945

Kalibahn an der Werra in den 1950er Jahren: Um die grenzüberschreitende Eisenbahnlinie von Hessen durch Thüringen kam es immer wieder zu Auseinandersetzungen zwischen der DDR und der Bundesrepublik.

mündete 1949 in der Gründung zweier deutscher Staaten. Deutschland und damit seine Unternehmen und seine Bevölkerung waren jetzt – so musste man annehmen – endgültig geteilt.

Die deutschen Kaliproduzenten – 1945 waren das vor allem die Wintershall AG, die Salzdetfurth AG, die Burbach-Kaliwerke AG sowie die Kali-Chemie AG – hatten ihre Firmensitze bereits in Westdeutschland oder verlegten sie dorthin wie die Salzdetfurth AG, die 1947 von Berlin nach Salzdetfurth und 1952 schließlich nach Hannover umsiedelte. Die Wintershall AG hatte ihren Verwaltungssitz seit Beginn der 1920er Jahre in Kassel, die Kali-Chemie AG war im niedersächsischen Sehnde angesiedelt und verlegte ihren Sitz 1951 nach Hannover. Der Burbach-Konzern verlagerte seinen Sitz von Magdeburg nach Wolfenbüttel und kam nach 1955 im Zuge der Vereinigung mit Wintershall nach Kassel.

Die deutsch-deutsche Grenze zerschnitt nun das Kalirevier an Werra und Ulster. Die SBZ schottete sich mehr und mehr gegenüber den Westzonen ab. Straßen und Stromleitungen endeten an der Grenze, zusammengehörende Gemeinden wurden auseinander gerissen, Eisenbahnlinien unterbrochen. Wirtschaftlich gesehen trennte die neue Grenze eine eng

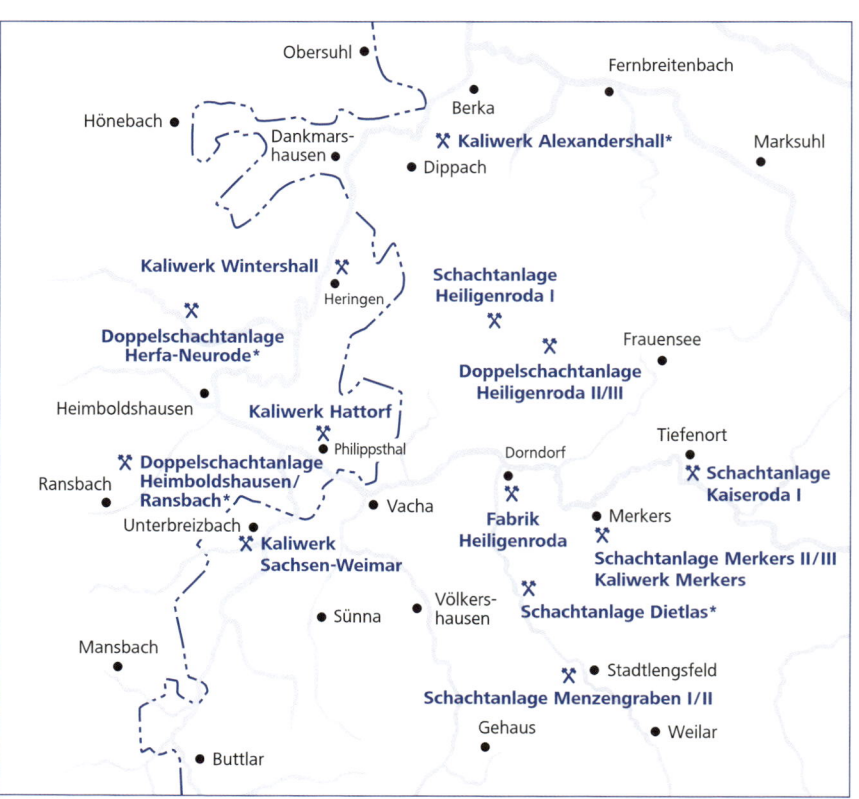

* nicht aktiv

1945: Mitten durch das Werra-Revier verläuft die Zonengrenze

miteinander verwobene Kaliregion, die bestehenden Verbundstrukturen für Energie und Material wurden aufgelöst. Nach einer Sondergenehmigung der Sowjetischen Militäradministration für Deutschland (SMAD) fuhr ab März 1946 immerhin die Kalibahn wieder eingeschränkt von Hessen durch Thüringen (Salzungen-Vacha-Heringen-Gerstungen) und beförderte Personen sowie Kali. Diese Bahnlinie war in den folgenden Jahrzehnten ein ständiger Streitpunkt zwischen DDR und Bundesrepublik, weil die Regierung in Ostberlin die Strecke immer wieder für den Transitverkehr sperrte.

Reparationen und Enteignungen in der sowjetisch besetzten Zone/DDR

Die SMAD stellte bereits mit ihren ersten Befehlen klar, dass ihre Besatzungspolitik darauf zielte, möglichst umfangreiche Reparationen für die enormen Verluste während des Krieges zu erhalten. Dazu betrieb sie nicht nur in großem Umfang Demontagen, sondern eignete sich auch die wichtigsten Industrie-

betriebe und deren Produktionen an. Die 200 größten Industriebetriebe der SBZ wurden in so genannten Sowjetischen Aktiengesellschaften (SAG) zusammengeschlossen. Im Zuge dieser Politik enteignete die SMAD auch die Kaliwerke in Thüringen und Sachsen-Anhalt und ordnete sie der „Sowjetischen Aktiengesellschaft für Kalidüngemittel in Deutschland" zu. Damit waren die östlichen Werke der Wintershall AG und der Salzdetfurth AG enteignet.

Salzdetfurth verlor durch die Enteignungen fast die Hälfte ihres gesamten Betriebsvermögens. Wintershall besaß in Ostdeutschland nicht nur Kaliwerke, sondern in Lützkendorf auch Ölraffinerien und chemische Fabriken zur Herstellung von synthetischem Treibstoff. Daher betrug ihr Verlust in Ostdeutschland sogar etwa 80 Prozent ihres Vermögens. Insgesamt lagen rund 60 Prozent der gesamten Kali-Förderkapazitäten Deutschlands in der SBZ. Dazu gehörte auch die große und damals sehr moderne Fabrik, die Wintershall erst 20 Jahre zuvor in Merkers errichtet hatte.

Enteignete Kali- und Steinsalzwerke in Ostdeutschland

Kaiseroda (Merkers)
Sachsen-Weimar (Unterbreizbach)
Bleicherode
Volkenroda
Heiligenroda (Dorndorf/Springen)
Bismarckshall (Bischofferode)
Roßleben
Sollstedt
Glückauf-Sondershausen
Krügershall-Teutschenthal
Staßfurt
Solvayhall
Bernburg-Gröna
Aschersleben
Alexandershall
Großherzog v. Sachsen (Dietlas)
Klein-Schierstedt

Die neue Zentralwerkstatt der DDR in Dietlas

Durch die Zonengrenze waren die Werra-Werke in Thüringen von der Wintershall-Zentralwerkstatt in Heringen und damit zugleich auch von dringenden Ersatzteillieferungen abgeschnitten, da alle Hersteller von Bergbauausrüstungen in Westdeutschland ansässig waren. Während des Krieges hatte die Düsseldorfer Maschinenfabrik Hasenclever AG ihre Anlagen in der Schachtanlage Dietlas (Großherzog von Sachsen I) in Sicherheit gebracht. Diese Anlage in Ostdeutschland war nun unerreichbar für Hasenclever. Da die ostdeutsche Kaliindustrie dringend Geräte und eine große Werkstatt brauchte, um ihre Anlagen in Stand halten zu können, über-

nahm die Sowjetische Aktiengesellschaft daher im März 1948 die Maschinen und Ausrüstungen in Dietlas. 1953 ging das Werk in der „VEB Bergwerksmaschinen Dietlas" auf. Die DDR baute den Betrieb zu einem Ausrüster für ihre expandierende Kaliwirtschaft aus.

Das Zeichen der Bergwerksmaschinenfabrik Dietlas zeigt einen Schrapper als Symbol der Fortschrittlichkeit.

links Bis heute kann man an dem
früheren Gebäude der Kaliverkaufsstelle in Bad Hersfeld das Zeichen
der Verkaufsgemeinschaft Deutscher
Kaliwerke (VDK) erkennen.

rechts Absackanlage im Kaliwerk
Winterhall. Die Säcke tragen das
Zeichen der Kaliverkaufsstelle Hersfeld.

Neue Verkaufsorganisationen in West und Ost

Im Mai 1945 hob der Alliierte Kontrollrat das Kaligesetz von 1933 mit seinen Quotierungen auf: Das war das Ende des Kalisyndikats als zentraler Verkaufsorganisation. Sowohl in den Westzonen als auch in der sowjetisch besetzten Zone wurden sofort neue zentrale Verkaufsorganisationen geschaffen. Bereits zwei Monate vor der Gründung der „Sowjetischen Aktiengesellschaft für Kalidüngemittel" hatte die SMAD zum 1. Juli 1946 die Gründung der „Deutschen Düngerzentrale" angeordnet, an die alle Kaliwerke der SBZ ihre Produktion abliefern mussten. In Westdeutschland wurden noch 1945 Kaliverkaufsstellen in der amerikanischen (in Hersfeld, seit 1949 Bad Hersfeld) und in der britischen Zone (in Elze, später in Hannover) eingerichtet, die den Absatz der westdeutschen Kaliwerke koordinieren. 1953 wurden die Verkaufsstellen schließlich in Hannover in der Verkaufsgemeinschaft Deutscher Kaliwerke (VDK) zusammengelegt.

Die Thüringer Werke produzierten in den ersten Nachkriegsjahren unter sowjetischer Regie vor allem für Reparationen. Dabei waren sie oftmals gezwungen, zu Lasten der Anlagensubstanz zu wirtschaften. Zugleich prägte Personalmangel die Jahre unter sowjetischer Besatzung und in der jungen DDR. Die Sowjetische Militäradministration versuchte, mit Zwangsverpflichtungen die Produktion der Kaliwerke anzukurbeln. Wegen mangelnder Kompetenz der unerfahrenen und häufig auch wenig motivierten Arbeitskräfte blieb aber der Erfolg aus. Es fehlte vor allem an erfahrenen Steigern und Hauern, die einen gleich bleibend hohen K_2O-Gehalt des Salzes sicherstellen

konnten, besonders angesichts des politischen Drucks, so viel wie möglich zu fördern.

Anfang 1946 wurden die Quoten zu weniger als 50 Prozent erfüllt. Trotzdem übertraf die Kaliproduktion in der SBZ und der späteren DDR in den ersten Jahren die westdeutsche Produktion. Insgesamt erreichte die Produktion in Ost und West aber nur einen Bruchteil des letzten Vorkriegsjahres: 1938 hatte die deutsche Kaliindustrie rund 1,9 Millionen Tonnen K_2O produziert, 1946 waren es nur rund 780.000 Tonnen K_2O.

Ausbau der Förderkapazitäten in West- und Ostdeutschland

Dennoch: Weil die deutschen Kaliproduzenten von der nachhaltigen Bedeutung des Kalis überzeugt waren, bauten sie in West und Ost ihre Kapazitäten aus. Bis Mitte der 1950er Jahre wurden die vorhandenen Anlagen der Vorkriegs- und Kriegszeit durch Reparaturen, zahlreiche Detailverbesserungen und besonders durch die Qualifizierung des Personals immer besser genutzt. Schon 1950 wurde mit rund 2,1 Millionen Tonnen K_2O die Produktionsleistung von 1938 übertroffen. Die ostdeutschen Werke hatten zu diesem Zeitpunkt einen Anteil von knapp 60 Prozent an der deutschen Kaliproduktion. Bis 1960 stieg die deutsche Erzeugung auf nahezu 3,6 Millionen Tonnen K_2O.

Um diese Steigerung zu erreichen, wurden vor allem in Westdeutschland eine Reihe so genannter Reservewerke wieder in Betrieb genommen, die in den 1920er Jahren aufgrund der Schachtstilllegungs-Verordnung aufgegeben worden waren – unter anderem Sigmundshall (Februar 1949; Salzdetfurth AG), Niedersachsen-Riedel, Werksteil Riedel (Juli 1950; Burbach-

Die Kali- und Steinsalzwerke der westdeutschen Kaliproduzenten um 1955/60

Revier Hannover:

Salzdetfurth	Salzdetfurth AG
Hildesia-Mathildenhall	Wintershall AG; Wiederinbetriebnahme 1950/51
Siegfried-Giesen	Burbach-Kaliwerke AG
Glückauf-Sarstedt	Kali-Chemie AG; ruhendes Werk
Friedrichshall	Kali-Chemie AG; ab 1958 Solvay
Bergmannssegen-Hugo	Wintershall AG
Ronnenberg	Kali-Chemie AG; ab 1958 Solvay
Hansa(-Silberberg)	Salzdetfurth AG
Sigmundshall	Salzdetfurth AG; Wiederinbetriebnahme Februar 1949
Niedersachsen-Riedel	Burbach-Kaliwerke AG; Wiederinbetriebnahme Riedel Juli 1950
Mariaglück	Salzdetfurth AG
Adolfsglück-Hope	Salzdetfurth AG Wiederinbetriebnahme 1964
Asse	Burbach-Kaliwerke AG

Südharz-Revier:

Königshall-Hindenburg	Burbach-Kaliwerke AG; Wiederinbetriebnahme Dezember 1950

Werra-Fulda-Revier:

Hattorf	Salzdetfurth AG
Wintershall	Wintershall AG
Herfa-Neurode	Wintershall AG; Schachtanlage Wiederinbetriebnahme Oktober 1950
Neuhof-Ellers	Wintershall AG; Wiederinbetriebnahme Oktober 1954

Oberrhein:

Buggingen	Preussag AG; ab 1965 mehrheitlich Wintershall AG

Kaliproduktion in Deutschland
(Angaben in Millionen Tonnen K$_2$O)

Die Kali- und Steinsalzwerke in der DDR um 1955

Revier Saale/Nordharz:

Klein-Schierstedt	seit 1953 „Freundschaft"
Staßfurt	
Bernburg-Gröna	
Solvayhall	
Teutschenthal	früher Krügershall, seit 1953 „Deutschland"

Südharz-Revier:

Sondershausen	„Glückauf"
Bleicherode	„Karl Liebknecht"
Sollstedt	„Karl Marx"
Volkenroda	
Bischofferode	früher Bismarckshall, seit 1953 „Thomas Müntzer"
Roßleben	„Heinrich Rau"

Werra-Revier:

Unterbreizbach	früher Sachsen-Weimar, seit 1953 „Marx-Engels"
Merkers	früher Kaiseroda, seit 1953 „Ernst Thälmann"
Dorndorf	früher Heiligenroda, seit 1953 „Einheit", seit Ende 1966 „Wilhelm Pieck"

Kaliwerke AG), Herfa-Neurode (Oktober 1950; Wintershall AG), Königshall-Hindenburg (Dezember 1950; Burbach-Kaliwerke AG), Hildesia-Mathildenhall (September 1950/Oktober 1951; Wintershall AG) und Neuhof-Ellers (Oktober 1954; Wintershall AG).

Meist konnten die Gruben rasch wieder in Betrieb genommen werden, denn viele von ihnen waren in der NS-Zeit als Munitionsanstalten genutzt und daher bergmännisch gesichert worden. Burbach musste allerdings kräftig in die Wiederherstellung früherer Gruben investieren. Ab 1946 wurde mit großem Aufwand die im Jahr 1938 abgesoffene Grube Königshall-Hindenburg eröffnet, und in Riedel waren wegen der Explosionen 1946 noch umfangreiche Bauarbeiten notwendig.

Da in der DDR einige der größten deutschen Kaliwerke lagen, wurden dort weniger stillgelegte Werke wieder in Betrieb genommen. 1951 ging die Schachtanlage Sollstedt wieder in Betrieb, die 1932 stillgelegt worden war. Von 1957 bis 1965 förderte auch die zum Kaliwerk Sollstedt gehörende Schachtanlage Gebra/Lohra Rohsalz. Kaiseroda I förderte ebenfalls wieder Kalisalz für die Fabrik in Merkers, nachdem dort seit 1926 ausschließlich Steinsalz gefördert worden war.

Organisation der westdeutschen Salzindustrie nach 1945

Aufgrund des Salzmangels im besetzten Deutschland hatten die Besatzungsbehörden bereits 1945 wieder Genehmigungen für die Förderung von Steinsalz erteilt. Bis 1950 stieg die gesamte deutsche Produktion auf 4,1 Millionen Tonnen Natriumchlorid, 80 Prozent mehr als 1925. Gleichzeitig sank die Zahl der Salinen von 46 auf 31, während es unverändert 20 Salzbergwerke gab. Ähnlich wie bei Kali wurde 1945 durch Kontrollratsbeschluss das 1923 gegründete „Deutsche Steinsalzsyndikat" aufgelöst. Die Salzhersteller im Westen bauten eigene Verkaufsorganisationen auf und wickelten lediglich den Export über die gemeinsame „Steinsalz-Export GmbH" in Hamburg ab. Der „Verein Deutscher Salinen" wurde 1948 von den Alliierten in Bayern als Kulturverein wieder zugelassen, wurde aber erst 1961 bundesweit als Wirtschaftsverband aktiv. 1972 siedelte der Verband nach Bonn über und 1973 kam es nach mehr als 70 Jahren wieder zur Vereinigung der westdeutschen Salinen und Steinsalzbergwerke: Aus dem Verein Deutscher Salinen wurde der „Verein Deutsche Salzindustrie e. V.", der 1975 noch acht Salinen und zehn Salzbergwerke umfasste.

Die Lage in Westdeutschland:
Düngemittelmangel und Hunger

Für die Alliierten war die dramatisch schlechte Ernährungs-
lage in Deutschland eines der dringendsten Probleme. Noch
während des Krieges konnte die Bevölkerung mit rund 2.400
Kalorien pro Kopf und Tag versorgt werden, ab 1945 sank die
tägliche Kalorienzahl jedoch rapide. Die Alliierten legten zwar
eine Mindestversorgung mit 1.500 Kalorien fest, tatsächlich fiel
die Zahl aber in manchen Regionen auf unter 1.000 Kalorien.
Über Jahre herrschte Hunger in Deutschland, und das in einer
Zeit, als die Bevölkerungszahl durch Millionen Vertriebene und
Flüchtlinge, Kriegsheimkehrer und Besatzungstruppen stark
stieg. Vor allem die deutsche Landwirtschaft musste so schnell
wie möglich wieder in Gang gebracht werden.

Die Probleme waren allerdings erheblich: Viele Bauern
waren im Krieg gefallen oder galten als vermisst. Wer sein Land
bestellen wollte, konnte kaum die nötigsten Betriebsmittel dafür
besorgen. Hinzu kamen extreme Wetterbedingungen: Der Winter
1946/47 war sehr kalt und lang, und im darauf folgenden Sommer beeinträchtigte eine lange Hitze- und Dürreperiode die
Ernte erheblich. Über Jahre hinweg konnte die notdürftigste
Versorgung der Bevölkerung überhaupt nur mit englischen und
amerikanischen Lebensmittelimporten gesichert werden.

Die intensive Bewirtschaftung während des Krieges hatte
die Böden besonders ausgelaugt und jetzt fehlte es an Düngemitteln, um den Nährstoffmangel zu beheben. Auf dem Gebiet
der Ende 1946 eingerichteten Bizone lag der Kalidüngerver-
brauch 1946/47 um mehr als ein Drittel unter dem Verbrauch
des Jahres 1938. Immerhin hatten die Kaliwerke und die Produzenten von Phosphat-, Stickstoff- und NPK-Düngemitteln sehr

linke Seite Abfüllanlage im Steinsalzwerk
Asse; Anfang der 1960er Jahre

oben links und Mitte Nach dem Krieg
herrschte Hunger in Deutschland.
Lebensmittel waren oft nur auf dem
Schwarzmarkt oder bei Hamsterfahrten
auf's Land zu bekommen.

rechts Bis in die 1950er Jahre kommen
immer mehr Flüchtlinge und Kriegsheimkehrer nach Westdeutschland.

links Kampagne zur Bodenreform:
„Junkerland in Bauernhand"

rechts und rechte Seite Mit Maschinenausleihstationen, später Maschinen-Trak-
toren-Stationen (MTS) wollte die DDR-
Regierung nach der Bodenreform die
zahlreichen Neubauern mit Maschinen
versorgen.

schnell Betriebsgenehmigungen von den
Besatzungsbehörden erhalten. Auf diese Weise
sollte die Landwirtschaft in den westlichen
Zonen rasch wieder in Gang gesetzt werden.

Letztlich aber veränderte erst die Währungsreform die Versorgungslage der Bevölkerung in Westdeutschland von Grund auf. Mit
der D-Mark gehörte auch der Schwarzmarkt
für Lebensmittel der Vergangenheit an. Im
Jahr 1951 wurde in Westdeutschland wieder
die Kalorienmenge des Jahres 1939 erreicht.
Bald griffen Produktion und Handel ineinan-
der, und in den 1950er Jahren vollzog sich in
der Landwirtschaft eine „Revolution". Neue
Saatsorten, Maschineneinsatz, Pflanzenschutz
und ständig verbesserte Düngemittel steigerten
den Ertrag erheblich.

Kollektivierung der Landwirtschaft in Ostdeutschland

In der SBZ entwickelten sich die Verhältnisse
nach Kriegsende völlig anders. Hier prägte die
Bodenreform die Landwirtschaft ab Herbst
1945 grundlegend. Durch sie wuchs die Zahl
der Kleinbetriebe mit durchschnittlich acht
Hektar Wirtschaftsfläche drastisch an. Eine
neu gegründete „Vereinigung der gegenseitigen

Bauernhilfe" richtete 1947 für diese Betriebe
„Maschinenausleihstationen" ein. Staatliche
Erfassungs- und Aufkaufbetriebe garantierten
die Abnahme der landwirtschaftlichen Erzeugnisse zu festen Preisen. Trotz dieser Maßnahmen
waren die Kleinbetriebe kaum überlebensfähig.

Als die SED schließlich im Sommer 1952
auf ihrem zweiten Parteitag den „planmäßigen
Ausbau des Sozialismus" propagierte, führte
dies auch in der Landwirtschaft zur Einführung
des staatlichen „Kollektivismus". Die Bauern
sollten mit ökonomischen Anreizen, aber auch
mit Zwang, dazu gebracht werden, den neuen
landwirtschaftlichen Produktionsgenossenschaften (LPG) beizutreten. Zu den Vergünstigungen für jene Betriebe, die einer LPG beitra-
ten, gehörte etwa das Ausleihen der Maschinen
zu günstigen Tarifen und die bevorzugte Belieferung mit Saatgut und mit Düngemitteln. Bis
1960 war die „Kollektivierung" der DDR-Land-
wirtschaft abgeschlossen. Jetzt wurden mehr
als 90 Prozent der landwirtschaftlichen Nutzfläche von genossenschaftlichen oder volkseigenen Betrieben bewirtschaftet. Die Erträge
der Landwirtschaft stiegen in diesem Zeitraum
allerdings nicht plangemäß.

Die Probleme der Landwirtschaft in
der DDR lassen sich indirekt auch an der Entwicklung der Kaliproduktion und ihres Vertriebs ablesen. In den ersten Nachkriegsjahren
ging der größte Teil der Kaliproduktion in die
Sowjetunion, für die das Kali Teil der eingefor-
derten Reparationsleistungen von Deutschland
war. In den 1950er Jahren wurden die Repa-
rationsforderungen jedoch immer geringer.
1956 produzierten die ostdeutschen Kaliwerke
bereits rund 1,5 Millionen Tonnen K_2O und
damit dreimal so viel wie im ersten Nachkriegs-
jahr 1946. Allerdings gingen nur 460.000
Tonnen K_2O in die eigene Landwirtschaft;
der Löwenanteil wurde exportiert, und zwar
zu gleichen Teilen in den Ostblock und in
westliche Staaten. Der Kaliexport diente der
DDR schon damals zur Devisenbeschaffung.

KONZENTRATIONSPROZESSE UND WELTKALIMARKT

Neue Namen für die sozialistischen Kaliwerke

1953 wurden zahlreiche ostdeutsche Kaliwerke im sozialistischen Sinne um-
benannt. Das Werk Kaiseroda in Merkers wurde zum VEB Kaliwerk „Ernst
Thälmann", das Werk Sachsen-Weimar in Unterbreizbach zum VEB Kaliwerk
„Marx-Engels" und das Werk Heiligenroda in Dorndorf zum VEB Kaliwerk
„Einheit" (ab 1966 „Wilhelm Pieck"). Das Kaliwerk Alexandershall bei Berka
wurde mit dem VEB „Einheit" zusammengeschlossen. Außerdem wurden
die Werke Bischofferode („Thomas Müntzer"), Bleicherode („Karl Liebknecht"),
Sollstedt („Karl Marx"), Sondershausen („Glückauf") und Roßleben („Heinrich
Rau") umbenannt.

Die Entwicklung sowohl der deutschen Kali-
als auch der Düngemittelindustrie war seit
Mitte der 1950er Jahre wesentlich vom wachsenden internationalen Wettbewerb geprägt.
Rationalisierungen und die ständige Modernisierung der Betriebsanlagen waren die Folge
(siehe Seite 142ff). Gleichzeitig setzte sich der
Konzentrationsprozess in der Kaliindustrie
fort, die außerdem ihr Engagement in der
Düngemittelbranche verstärkte. In der Bundesrepublik entstanden Strukturen mit größeren
Unternehmen, die 1970 zur Gründung der
Kali und Salz GmbH – der späteren Kali und
Salz AG – unter dem Dach der BASF führten
(siehe Seite 163). Unter völlig anderen Voraussetzungen fand zur gleichen Zeit in der DDR
ein ähnlicher Konzentrationsprozess statt,
der – ebenfalls 1970 – in die Bildung des VEB
Kombinates Kali mündete. Damit entstanden
in West- und Ostdeutschland etwa gleichzeitig
zwei große, international ausgerichtete Kali-
und Düngemittelanbieter.

Die Entwicklung in der DDR
in den 1950er Jahren

In der DDR war die gesamte Wirtschaftsent-
wicklung von verschiedenen Phasen der Verstaatlichung und schließlich der Bildung von
Kombinaten geprägt. Nach der ersten Wieder-
aufbauphase und im Rahmen der wachsenden
Eigenständigkeit der DDR wurden die Kaliwerke 1952 aus der Sowjetischen Aktienge-
schaft ausgegliedert. Sie kamen als „Volkseigene Betriebe" (VEB) in das Staatseigentum
der DDR.

    Alle Werke unterstanden als volkseigene
Betriebe der „Hauptverwaltung Kali" in Ost-
Berlin, die 1956 ihren Sitz nach Erfurt verlegte.

1958 entstand aus ihr die „Vereinigung Volks-eigener Betriebe (VVB) Kali". Die ostdeutschen Kaliwerke an der Werra wurden im selben Jahr zum „VEB Kalikombinat Werra" mit Sitz in Merkers zusammengeschlossen. Bereits seit 1954 hatten die Werke eng zusammengearbei-tet. Durch diese „Fusion" sollten Synergien zwischen den Werken genutzt werden. Auch die übrigen ostdeutschen Kaliwerke wurden in „Volkseigenen Betrieben" zusammenge-schlossen: Der VEB Kalibetrieb Südharz um-fasste die Werke in Sondershausen, Bleicherode, Sollstedt, Volkenroda, Bischofferode und Roß-leben, der VEB Kali- und Steinsalzbetrieb „Saale" die Werke in Schierstedt, Staßfurt, Bernburg und Teutschenthal.

In Westdeutschland: Wintershall über-nimmt die Burbach-Kaliwerke AG (1955)

In der Bundesrepublik Deutschland fand seit den 1950er Jahren ein Konzentrationsprozess unter den verschiedenen Kaliproduzenten statt. Bereits 1955 schloss die Burbach-Kali-

werke AG mit der Wintershall AG einen Organ-schaftsvertrag. Burbach wurde „ungeachtet seiner aktienrechtlichen Selbstständigkeit" wirtschaftlich, finanziell und organisatorisch in die Wintershall AG eingegliedert. Der Organschaftsvertrag war mit einer Gewinn-abführungsverpflichtung verbunden.

Die Aktien der Burbach-Kaliwerke AG waren traditionell breit gestreut. Großaktionär mit 45,5 Prozent war die Wintershall, die 1934 mit dem Kauf neuer Burbach-Aktien und einem Darlehen von 2,4 Millionen Reichsmark dem in die Krise geratenen Burbach-Konzern unter die Arme gegriffen hatte. 1955 wurde die Übernah-me schließlich erreicht, indem die Wintershall AG den Gläubigern der Burbach-Kaliwerke AG die Bankschulden abkaufte. Dadurch wurde Wintershall Großgläubiger von Burbach und konnte die Gesellschaft mit ihren Aktienantei-len beherrschen. Trotz Kritik vor allem am Ab-findungsangebot für die Kleinaktionäre zeigte sich, dass die Übernahme durch Wintershall wirtschaftlich die beste Lösung war. Die Integra-tion der beiden Konzerne beanspruchte zwar einige Jahre, aber als Dr. Ernst Denzel, der spä-tere Vorstandsvorsitzende der Kali und Salz AG, 1967 in den Vorstand der Wintershall eintrat, traf er dort auf eine ganze Reihe ehemaliger Burbach-Mitarbeiter unter seinem Führungs-personal (zu Denzel siehe Kapitel 5, Seite 167). Wintershall übernahm durch den Organschafts-vertrag die Kaliwerke Königshall-Hindenburg (1969 stillgelegt), Niedersachsen-Riedel (1996 stillgelegt) und Siegfried-Giesen (1987 stillge-legt) sowie das Steinsalzwerk Asse (1964 still-gelegt) und konnte dadurch seine Kali- und Steinsalzproduktion erheblich ausweiten.

Nach dem Organschaftsvertrag von 1955 zwischen Wintershall und Burbach

linke Seite Das ostdeutsche Kaliwerk Unterbreizbach wurde im Jahr 1953 zum VEB Kaliwerk „Marx-Engels"; im Bild: die Schachtanlage des Werkes in der Nähe des Ortes Sünna

oben Briefkopf des Kaliwerkes Sachsen-Weimar (Unterbreizbach) vor seiner Umbenennung

links Nach einem CO_2-Ausbruch im Kaliwerk Unterbreizbach: Arbeitsbrigade an einer verschütteten Schrapper-Füllstelle; Anfang der 1960er Jahre

links Untertägige Flotationsanlage im Steinsalzwerk Riedel (Burbach-Kaliwerke AG); 1956 wurde die Anlage wieder stillgelegt.

rechts Flotationsanlage im Kaliwerk Sigmundshall (Salzdetfurth AG); um 1960

konzentrierte sich die westdeutsche Kaliindustrie im Wesentlichen auf die beiden großen Anbieter Wintershall und Salzdetfurth. Zwei kleinere Anbieter konnten sich auf dem schwierigen Markt daneben nicht lange behaupten. Die Preussag hatte 1933 die Mehrheitsanteile der Burbach-Gruppe an den Gewerkschaften Baden und Markgräfler erworben, die das Kaliwerk Buggingen betrieben. 1965 verkaufte die Preussag diese Anteile an die Wintershall AG. Im April 1973 wurde das Werk Buggingen aber stillgelegt. Die Mehrheitsanteile an der Kali-Chemie AG hatte bereits 1958 Solvay übernommen, deren Interesse sich vor allem auf die Geschäftsbereiche Soda, Wasserstoffperoxid und Persalze der Kali-Chemie AG richtete. Die Kali-Chemie AG betrieb die Kaliwerke Friedrichshall in Sehnde und Ronnenberg bei Hannover. Die Grube Ronnenberg soff 1975 nach einem Wassereinbruch ab, und das Werk musste geschlossen werden. 1981 wurde das Werk Friedrichshall stillgelegt und anschließend von der Kali und Salz AG übernommen, die die Rohsalzvorräte und Untertageanlagen bis 1994 vom Nachbarwerk Bergmannssegen-Hugo aus nutzte.

Wintershall und Salzdetfurth – zwei ungleiche Gesellschaften

Wintershall befand sich mehrheitlich im Besitz der beiden Unternehmerfamilien Rosterg und Quandt. Die Familie Rosterg besaß 50 Prozent der Kuxe der Gewerkschaft Wintershall, die Familie Quandt rund 25 Prozent. Mit ihren Anteilen beherrschten sie die Gewerkschaft, die zugleich 50 Prozent der Anteile an der Wintershall AG hielt. Die schon sehr verschachtelte Struktur wurde durch eine ungewöhnliche Erbschaftsregelung von August Rosterg noch komplexer (zu Rosterg siehe Kapitel 2, Seite 57). Der Nachlass des langjährigen Wintershall-Generaldirektors bestand vor allem aus einer beherrschenden Beteiligung von 83 Prozent an der Gewerkschaft Thea, die gleichzeitig auch 50,5 Prozent der Kuxe der Gewerkschaft Wintershall besaß. Über diese Konstruktion beherrschte August Rosterg die Wintershall AG. Um den Fortbestand der Gesellschaft zu sichern und die Interessen seiner Familie zu wahren, hatte August Rosterg bereits 1941 seinen Sohn Heinz Rosterg als Vorerben eingesetzt. Nach

Ablauf des Erbvertrages im Jahr 1972 sollte die Wintershall AG als Nacherbin die Anteile an der Gewerkschaft Thea übernehmen. Das Unternehmen hätte sich danach selber gehört und wäre weitgehend immun gegen Einflüsse von außen gewesen.

Zur Verwaltung des Rosterg-Erbes war ein Gremium eingesetzt worden (Rostergsche Testamentsvollstreckung, RTV), in dem in den 1960er Jahren unter Vorsitz von Otto Werthmann, Vorsitzender des Aufsichtsrats der Wintershall AG, u.a. Dr. Heinz Rosterg sowie der Vorstandsvorsitzende der Wintershall AG, Dr. Josef Rust, saßen. Als schließlich 1965 im Zuge einer Änderung des Aktienrechts gegenseitige oder wechselseitige Beteiligungen stimmrechtslos wurden, war der Erbschaftsvertrag von August Rosterg mit einem Mal hinfällig. Bis 1972 musste also entschieden werden, wie mit dem Rosterg-Erbe weiter verfahren werden sollte.

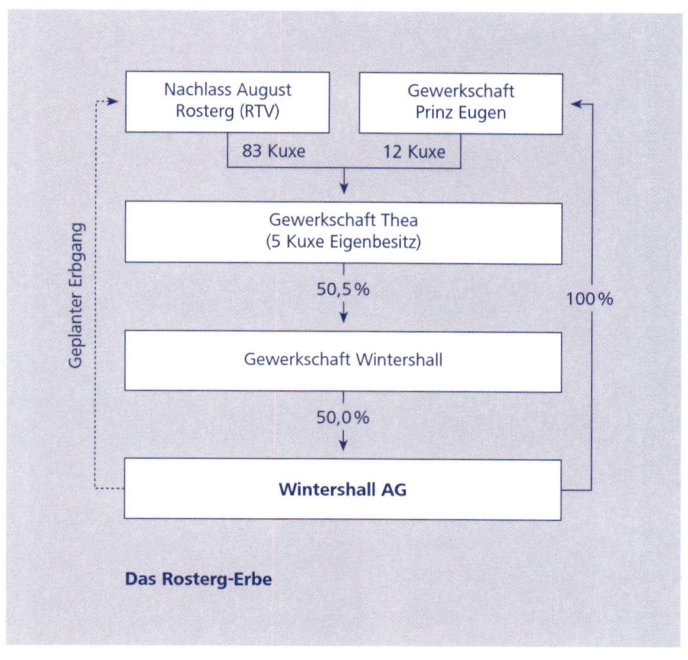

Das Rosterg-Erbe

Das August-Rosterg-Haus in den 1950er Jahren, Sitz der Wintershall AG

Das Kaliwerk Wintershall bei Nacht;
1950er Jahre

Dr. Josef Rust bestimmt die Entwicklung der Wintershall AG

Dr. Josef Rust (1907–1997), seit 1959 Vorstands-vorsitzender der Wintershall AG, hatte von 1926 bis 1929 Rechts- und Staatswissenschaften studiert. Nach der Promotion und der zweiten Staatsprüfung trat er als Assessor in das Reichs-wirtschaftsministerium ein, wo er zunächst in der Rechtsabteilung, später als Referatsleiter in der Kreditabteilung tätig war. Im Zweiten Weltkrieg war er Militärverwaltungsoberrat. Nach dem Krieg arbeitete Rust zunächst auf einem Bauern-hof, später war er in Oldenburg als Rechtsanwalt tätig. 1948 wurde er Oberregierungsrat im nieder-sächsischen Finanzministerium. 1949 holte ihn Bundeskanzler Konrad Adenauer als Leiter der Abteilung Wirtschaft und Finanzen in das Bundes-kanzleramt. 1952 wechselte Rust als Ministerial-direktor in das Bundeswirtschaftsministerium, wo er die Montanabteilung leitete. Im Oktober 1955 wurde er auf Vorschlag Adenauers Staats-sekretär im Bundesverteidigungsministerium unter Theodor Blank und später unter Franz-Josef Strauß. Am 1. September 1959 nahm Rust seinen Abschied aus dem Staatsdienst.

Aufgrund seiner früheren Verbindungen zur deutschen Wirtschaft und zu den Banken

kam Rust 1959 zur Wintershall AG und wurde deren Vorstandsvorsitzender. Gleichzeitig wurde er Mitglied der Rostergschen Testa-mentsvollstreckung (RTV). Im April 1969 schied Rust aus dem Vorstand der Wintershall AG aus und übernahm bis 1978 den Vorsitz des Aufsichtsrats. 1986 schied Rust aus dem Auf-sichtsrat der Wintershall AG aus.

Um die Bedeutung von Wintershall für die BASF nach der Übernahme zu verdeut-lichen, wurde Rust 1969 in den Aufsichtsrat der BASF gewählt. Von 1970 bis 1978 war er stellvertretender Vorsitzender des BASF-Aufsichtsrats und gleichzeitig Mitglied im Präsi-dium des Aufsichtsrats. Im gleichen Zeitraum gehörte er zudem dem Aufsichtsrat der Kali und Salz an. Rust war derjenige, der die Zusammenführung der Kali-Interessen von Wintershall und Salzdetfurth in der Kali und Salz wesentlich mitgestaltete. Zu Rusts beson-deren unternehmerischen Leistungen gehörte die Einbindung der Wintershall in den BASF-Konzern, für die er sich stark gemacht hatte (siehe Kapitel 5, Seite 156ff.).

Anders als bei Wintershall bestimmten bei
Salzdetfurth nicht Familien, sondern vor allem
Banken die Geschäftspolitik. Allerdings besaß
auch die Wintershall AG 15 Prozent Anteile an
der Salzdetfurth AG. Während die Wintershall
AG eher zurückhaltend Dividenden ausschüt-
tete und Gewinne zum Teil in eine hohe Eigen-
kapitalquote verwandelte, erwarteten bei Salzdetfurth die beteiligten Banken nennenswerte
Renditen für ihre Beteiligungen.

Gemeinsame Interessen in gemeinsamen Einrichtungen

Die beiden Unternehmen kooperierten auf den
unterschiedlichsten Ebenen miteinander. Ihre
Interessen als Arbeitgeber vertraten sie gemeinsam im Kaliverein, und über die gemeinsamen
Kaliverkaufsstellen in Hannover und Bad Hersfeld setzten sie ihre Kaliprodukte ab. Im Kaliverein beteiligten sich Wintershall und Salzdetfurth, aber auch Burbach, die Kali-Chemie und
Preussag am bergtechnischen Hauptausschuss
und den zahlreichen Arbeitsausschüssen, die
die Forschung auf bergtechnischem Gebiet vor-
anbringen sollten. Die Ergebnisse dieser Arbeiten trugen wesentlich zur Modernisierung und
Rationalisierung der Gruben bei.

Beim Neuanfang der Kaliindustrie
nahm im Jahr 1948 die bereits 1919 gegründete
Kaliforschungs-Anstalt (KAFA; siehe Kapitel 3,
Seite 99) ihre Arbeit wieder auf. Auf Initiative
von Salzdetfurth, Kali-Chemie, Burbach und
Wintershall wurde zum 1. Januar 1949 die
Kaliforschungsstelle gegründet. Die KAFA blieb
aus patent- und steuerrechtlichen Gründen
bestehen. 1957 wurde das Kaliforschungs-
Institut (KAFI) gegründet. Was die Arbeit des
bergtechnischen Hauptausschusses für die Gru-
benmodernisierung leistete, brachte das KAFI
für die Verarbeitung des Kalisalzes. Ohne diese
beiden gemeinsamen Einrichtungen wären die
notwendigen grundlegenden Modernisierungen
der Kaliwerke nicht möglich gewesen.

Mit der Verkaufsgemeinschaft Deutscher
Kaliwerke (VDK) entstand 1953 eine gemeinsame Verkaufsstelle für die Produkte der westdeutschen Kaliproduzenten, nachdem die Alli-

Der Sitz des Kaliforschungs-Institutes
(KAFI) in Hannover

ierten 1945 das Kalisyndikat aufgelöst hatten
und der Verkauf in den ersten Nachkriegsjahren noch von zwei Büros aus koordiniert
worden war. Gleichzeitig mit der Gründung
der VDK beantragten die westdeutschen Kaliproduzenten die Genehmigung eines neuen
Rationalisierungskartells mit dem Ziel, ihre
Produktangebote abstimmen zu können und
Kostenvorteile etwa beim Transport zu erreichen. Vor allem innerhalb Westdeutschlands
wollten sich die Werke angesichts des internationalen Wettbewerbs keine Konkurrenz machen.
Nach Inkrafttreten des neuen Kartellgesetzes
im Jahr 1957 wurde das Kartell „Gemeinschaft
Deutscher Kalierzeuger" 1959 vom Bundeswirtschaftsministerium genehmigt. Zum ausfüh-
renden Organ des Kartells wurde die „Verkaufsgemeinschaft Deutscher Kaliwerke" bestimmt.

Die VDK unterhielt wie schon das Kalisyndikat landwirtschaftliche Beratungsstellen,
die den Landwirten die notwendigen Informationen für eine optimale Düngung ihrer Felder
lieferten. An die Verkaufsgemeinschaft ange-
gliedert war der Büntehof (Hannover), der als
landwirtschaftliche Forschungsanstalt durch
die Verbreitung von Forschungsergebnissen
zu den Pflanzennährstoffen Kali, Magnesium,
Natrium und Schwefel wesentlich zur Umsatz-
steigerung der deutschen Kali- und Düngemittelwirtschaft beitrug.

Einstieg in die Produktion von Mehrnährstoffdünger

In den 1950er Jahren stiegen die Kaliproduzenten Wintershall, Salzdetfurth und Kali-Chemie AG verstärkt in das Geschäft mit Mehrnährstoffdüngern ein, um dadurch den Kaliabsatz zu sichern. Sie sahen in den NPK-Düngern eine wichtige Ergänzung ihrer Angebotspalette und wollten an diesem rasch wachsenden Markt teilhaben. Außerdem fiel das für die Mehrnährstoffdünger produzierte Kali nicht unter die Quotierung der VDK, mit den NPK-Düngern konnte also der Absatz der einzelnen Werke erhöht werden.

Clemens von Velsen – Der Bergassessor als Salzdetfurth-Chef

Der gebürtige Berliner Clemens von Velsen (1905–1983), Diplom-Ingenieur und Bergassessor, studierte in Heidelberg und Berlin das Bergfach und legte 1932 das Assessorexamen ab. Anschließend wurde er Prokurist der Steinkohlenzeche Carl-Alexander. Bis Kriegsende 1945 war er im Vorstand der Preussag und trat 1947 in die Geschäftsführung der Olex ein, einer Vorgängerin der BP. 1956 wurde er in den Vorstand der Salzdetfurth AG berufen, deren Vorsitzender er von 1961 bis 1971 war.

Um die Salzdetfurth AG, die nur das Kali-Standbein hatte, abzusichern, suchte von Velsen nach Möglichkeiten der Diversifizierung. Darum verfolgte er den Kauf der CFK und der COMPO, forcierte aber auch ein Projekt am Großen Salzsee in den USA, bei dem gemeinsam mit einem amerikanischen Partner eine Anlage zur Salzgewinnung durch Verdunstung errichtet wurde. Nach dem Scheitern des Salzsee-Projektes versicherte er: „Wenn ich nicht so fest an die Zukunft des Großen Salzsees geglaubt hätte, hätte ich es niemals gewagt, eine so optimistische Prognose zu stellen."

In ihrem Nachruf 1983 beschrieb die Frankfurter Allgemeine Zeitung Clemens von Velsen als eher leisen, zurückhaltenden Mann und als eine bedeutende Persönlichkeit der deutschen Wirtschaft. Mit seinem Charisma konnte er die Mitarbeiter für das Unternehmen und für sein Ziel, mit Salzdetfurth zu wachsen, begeistern. Als typischer preußischer Bergassessor „vom Scheitel bis zur Sohle" hatte er jene umfassende Ausbildung genossen, die der preußische Staat bereits im 19. Jahrhundert eingerichtet hatte, um Führungspersonal für seine Bergwerke zu gewinnen. Nach der Zusammenführung der westdeutschen Kali- und Steinsalzwerke von Salzdetfurth und Wintershall in der neu gegründeten Kali und Salz schied Clemens von Velsen 1972 aus dem aktiven Geschäftsleben aus.

Salzdetfurth übernimmt CFK und COMPO

Die Salzdetfurth AG erwarb 1952 eine 25-prozentige Beteiligung an der Chemischen Fabrik Kalk in Köln (CFK). 1957 stockte sie ihre Beteiligung auf 75 Prozent auf und übernahm 1960 das Werk zu 100 Prozent. Die CFK gehörte seit 1930 mit ihrem Stickstoff-Phosphat-Dünger KAMP zu den Pionieren der Mehrnährstoffdüngerindustrie. Nach 1945 kam die Fabrik mit dem Mehrnährstoffdünger KAMPKA auf den Markt, der zusätzlich Kali enthielt. Damit wurde die CFK zu einem wichtigen Kunden der Kaliwerke. Nach der Übernahme durch Salzdetfurth baute die CFK die Palette der angebotenen Düngemittel immer weiter aus und bot darüber hinaus auch Phosphate für die Futtermittelindustrie an. Allerdings arbeitete die CFK wenig rentabel. Die Salzdetfurth AG musste wiederholt Verluste ausgleichen.

Einen anderen Weg beschritt die Salzdetfurth AG, als sie 1967 einen Anteil von 50 Prozent an der COMPO GmbH übernahm. Diese Gesellschaft war 1956 als „Holländisch-Deutsche Düngemittel-Gesellschaft Sprenger & Todenhagen KG" gegründet worden und hatte ihren Sitz in Münster. Das Unternehmen produzierte und vertrieb „Original Holländische Blumen-Kompost-Erde" unter dem Markennamen „COMPO Sana". 1959 zog das Unternehmen auf das heutige Werksgelände in Münster-Handorf und nutzte seit 1964 die COMPO-Primel als Markenzeichen. Salzdetfurth stieg mit der COMPO in den wachsenden Markt der Gartendüngung und -pflege ein, der sich in den folgenden Jahren rasant entwickeln sollte.

Salzdetfurth hatte mit der Salzdetfurth Verkaufskontor GmbH unter dem Markennamen „Dr. Glück's" ein ähnliches Geschäft wie die COMPO angestoßen. In die Marktdurchdringung hatte die Gesellschaft sehr viel Geld investiert, ohne dass sich der erwartete wirtschaftliche Erfolg einstellte. Die entsprechenden Betriebsverluste sorgten für einige Unruhe bei den Hauptversammlungen, und die beteiligten Banken drängten auf eine Veränderung. Da fügte es sich, dass der Gründer von COMPO, Konsul Sprenger, nach einer Nachfolgeregelung suchte. Die COMPO war 1967, als die Salzdetfurth einstieg, ein erfolgreiches Unternehmen mit kleiner Verwaltung und Produktion, aber mit einem hohen Handelsanteil. Die Salzdetfurth AG verzichtete daher auf ihre eigene Produktlinie „Dr. Glück's" und konzentrierte den Bereich der Spezialdünger bei COMPO. Das führte unter anderem dazu, dass COMPO ab 1971 auch die Spezial- und Flüssigdünger der CFK vertrieb.

von links nach rechts
Blick auf die CFK um 1960

Konsul Ernst Hindrik Sprenger, der Gründer der COMPO

Erfolgreiches Markenzeichen: Die COMPO-Primel

Dr. Glück's, eine Produktserie
der Salzdetfurth

Düngemittelverbrauch und landwirtschaftliche Produktion

Zwischen 1960 und 1970 wuchs der landwirtschaftliche Düngemittelverbrauch (N, P, K) weltweit auf mehr als das Doppelte, nämlich von rund 30 Millionen Tonnen auf 69 Millionen Tonnen, der weltweite Kaliverbrauch in der Landwirtschaft verdoppelte sich in dieser Zeit von 8,5 auf 16,4 Millionen Tonnen K_2O. Eine ähnliche Entwicklung vollzog sich auch in Westeuropa, wenngleich die Zuwächse dort geringer ausfielen.

Die westdeutsche Landwirtschaft setzte 1970 je Hektar ungefähr doppelt so viel Kali- und Phosphatdüngemittel ein wie noch 1950, beim Stickstoff war es sogar dreimal so viel. Diese intensivere Düngung wurde von einer durchgreifenden Mechanisierung der Landwirtschaft begleitet. Traktoren ersetzten nach und nach fast vollständig die Zugpferde, Saat- und Erntemaschinen lösten die traditionelle Handarbeit ab. Durch diese Modernisierungen stiegen seit den 1950er Jahren die Hektarerträge bei Getreide, Kartoffeln, Gemüse und Obst. Lag der Hektarertrag bei Getreide um 1950 noch bei rund 25 Doppelzentnern, erreichte er um 1970 etwa 50 Doppelzentner. Bei den Kartoffeln stieg er von rund 220 auf weit über 300 Doppelzentner.

Wintershall übernimmt die Guano-Werke AG

Die Wintershall AG beteiligte sich 1961 im Rahmen einer Kapitalerhöhung an der Guano-Werke AG. Die Wintershall und der bisherige Mehrheitsaktionär, die Wasag-Chemie AG in Essen, hielten nun zusammen rund 80 Prozent der Anteile an der Guano, die auf eine lange Geschichte zurückblickte (siehe Kapitel 2, Seite 20 und 42; Kapitel 3, Seite 96). 1956 hatte das Unternehmen mit der Superphosphat-Fabrik AG in Nordenham fusioniert und besaß danach Standorte in Krefeld, Hamburg, Vienenburg, Dänischburg sowie Nordenham. Sie produzierte Mehrnährstoffdünger aus Stickstoff und Phosphat (NP-Dünger), deren einzelne Komponenten sie selber herstellte, sowie NPK-Dünger, für die sie das Kali zukaufte.

Als sich Wintershall 1961 an der Guano-Werke AG beteiligte, war das für beide Seiten eine sinnvolle Ergänzung ihrer Geschäftsaktivitäten. Zwischen 1962 und 1967 wurden die Werke in Krefeld und Nordenham ausgebaut und 1967 die „GUANO-Spezialdünger Handelsgesellschaft mbH & Co. KG" in Bielefeld als eigene Handelsgesellschaft gegründet. 1968 übernahm Wintershall die Anteile der Wasag-Chemie AG und wurde damit zum Mehrheitsaktionär bei der Guano-Werke AG. Da das Unternehmen mit der Gewerkschaft Victor in Rauxel bereits an einem Stickstofflieferanten beteiligt war, entwickelte sich die Wintershall AG mit ihren Tochtergesellschaften schnell zu einem der bedeutendsten deutschen Anbieter von Düngemitteln.

Das Guano-Werk in Krefeld vom Hafen aus (im Bild links); 1965

In Saskatoon/Kanada sichert 1962 erst
der Tübbing-Ausbau (rechts) des Schachtes
Esterhazy durch deutsche Ingenieure den
Erfolg. Links: Der Alwinsal-Schacht bei
Lanigan nach Beginn des Abteufens 1965

Neue Konkurrenten auf dem Weltkalimarkt

Die Entwicklung der deutschen Kaliindustrie war seit Ende der
1950er/Anfang der 1960er Jahre von grundlegenden Veränderungen auf dem Weltkalimarkt geprägt. Kanada und die Sowjetunion traten mit neuen Werken als junge, stark expandierende
Konkurrenten am Weltkalimarkt auf. Sie brachten zusätzliche
Mengen Kali auf den Markt, während auch die anderen Hersteller ihre Produktion ausweiteten. Insgesamt vervierfachte sich die
weltweite Kaliproduktion nahezu zwischen 1950 und 1970 von
rund 4,7 Millionen Tonnen auf 17,5 Millionen Tonnen K_2O.
Obwohl die beiden deutschen Staaten 1970 mit 4,7 Millionen
Tonnen K_2O mehr als zweieinhalb Mal so viel Kali produzierten
wie 1950, sank die Bedeutung der deutschen Produzenten am
Weltmarkt kontinuierlich. Kamen 1950 noch rund 46 Prozent
des Kalis aus Deutschland, waren es 1970 nur noch 27 Prozent.
Gleichzeitig verschärfte sich der internationale Wettbewerb.

In dieser schwierigen Situation bewährte es sich, dass
Wintershall, Salzdetfurth, Burbach, Kali-Chemie sowie Preussag
bereits seit den 1920er Jahren wegen des Kostendrucks weit
reichende Rationalisierungen durchgeführt hatten. Die Kalihersteller hatten sich angesichts des internationalen Wettbewerbs
und der staatlich festgelegten Höchstpreise entschlossen, nur
die besten Lagerstätten abzubauen und die Betriebe technisch
auf den neuesten Stand zu bringen.

Der Blick auf die gesamtdeutsche Kaliproduktion ver-
deckt allerdings die unterschiedliche Entwicklung in West- und
Ostdeutschland nach 1945. Denn nach der Teilung verschoben
sich die Verhältnisse in der Kaliproduktion zwischen der Bundesrepublik und der DDR. Die ostdeutschen Werke produzierten
in den ersten Jahren mehr Kali als die westdeutschen Standorte.
Die DDR profitierte dabei auch von den modernen Werken, die
ihr auf den ergiebigen Kalilagerstätten an der Werra zugefallen
waren. Bis 1960 holten die westdeutschen Kalianbieter auf und
überboten in den nächsten Jahren die DDR-Werke in den Pro-
duktionszahlen. Bis Ende der 1960er Jahre näherten sich die
Produktionsmengen an, so dass 1970 beide Staaten einen Anteil
von 13 bzw. 14 Prozent an der Weltproduktion hatten.

Zu den Verlusten an Marktanteilen der deutschen Kaliindustrie trug entscheidend die Sowjetunion bei, die seit 1956

mit ihrem billigen Kali erhebliche Marktanteile gewann und zugleich die weltweite Kaliproduktion in die Höhe trieb. Von 1950 bis 1970 steigerte die Sowjetunion ihre Kaliproduktion von 300.000 Tonnen auf 4,1 Millionen Tonnen K_2O, überholte damit die USA und Kanada und stellte nun 23 Prozent der Weltkaliproduktion. Das sowjetische Kali stammte zum größten Teil aus dem Ural und wurde dort von den beiden Kombinaten Solikamsk und Beresniki gefördert. Sie verfügten über eines der reichsten Kalivorkommen der Welt. Solikamsk war vor dem Zweiten Weltkrieg das einzige Kaliwerk der Sowjetunion und konnte nach dem Krieg den Kalibedarf der riesigen sowjetischen Landwirtschaft nicht einmal ansatzweise decken. Daher wurde mit Solikamsk II ein weiteres Werk errichtet und beide Werke zu einem Kombinat zusammengeschlossen. Ein zweites, noch leistungsfähigeres Kombinat wurde in Beresniki errichtet, weitere Kalivorkommen bei Starobinsk in Weißrussland wurden 1949 entdeckt und seit 1963 durch das Kombinat Soligorsk ausgebeutet.

Etwa zur gleichen Zeit versuchten US-amerikanische Unternehmen in Kanada die Kalivorkommen in der Provinz Saskatchewan zu erschließen. Die dortige Lagerstätte hat eine gewaltige Ausdehnung und erstreckt sich über eine Länge von 700 Kilometern und eine Breite von 300 Kilometern unter den Provinzen Saskatchewan und Manitoba. Das Kali war 1943 bei Bohrungen nach Erdöl entdeckt worden. Die Erschließung dieser Vorkommen gestaltete sich aber sehr schwierig, da sie in einer Tiefe von rund 1.100 Metern liegen und es schon beim

Abteufen der Schächte große Probleme mit wasserführenden Schichten gab. Anfang 1958 ging bei Saskatoon ein erster Schacht in Betrieb, musste die Förderung aber bereits nach wenigen Monaten wegen starker Wasserzuflüsse wieder einstellen. Westdeutschen Schachtbau-Fachleuten gelang es, den Schacht durch einen Tübbingausbau zu sichern. 1962 konnte dann das erste kanadische Kalibergwerk (Schacht von Esterhazy) dauerhaft in Betrieb gehen. Seine geschätzte Jahresförderleistung lag nur knapp unter der Gesamtleistung aller Salzdetfurth-Bergwerke. Kanada hatte sich damit als ein weiterer mächtiger Kalianbieter auf dem Markt etabliert. Bis 1970 erreichte das Land eine Produktion von 3,2 Millionen Tonnen K_2O, was einem Anteil von rund 18 Prozent an der weltweiten Kaliproduktion entsprach. Die kanadischen Lager bestehen aus Sylvinit (Kaliumchlorid) sowie Natriumchlorid und bieten damit nur die Rohstoffbasis für Standardprodukte. Außerdem liegen die Vorkommen etwa 2.000 Kilometer vom nächsten Hafen entfernt, so dass die Transportkosten die Kostenvorteile in der Produktion teilweise wieder aufzehren.

Die deutschen Kaliproduzenten beobachteten diese Entwicklung sehr genau. Salzdetfurth äußerte sich zu der Inbetriebnahme des ersten kanadischen Schachtes in ihrem Geschäftsbericht 1962 unter der Überschrift „Kanada trat als neuer Konkurrent auf den Plan": „Damit ist das lang erwartete Erscheinen des kanadischen Kalis auf dem Weltmarkt eine Tatsache geworden, die auch in den folgenden Jahren von nachhaltiger Wirkung auf unsere Arbeit bleiben wird."

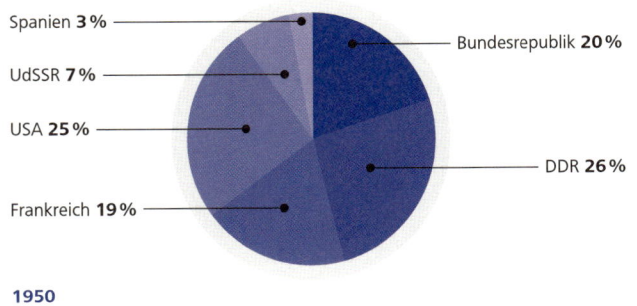

Spanien 3%
UdSSR 7%
USA 25%
Frankreich 19%
Bundesrepublik 20%
DDR 26%

1950
4,7 Millionen Tonnen K_2O

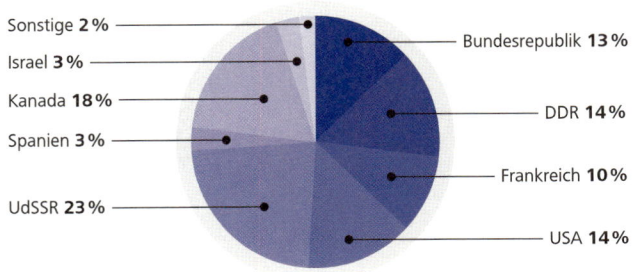

Sonstige 2%
Israel 3%
Kanada 18%
Spanien 3%
UdSSR 23%
Bundesrepublik 13%
DDR 14%
Frankreich 10%
USA 14%

1970
17,5 Millionen Tonnen K_2O

Weltkaliproduktion nach Ländern 1950 und 1970 (Angaben in Prozent)

Salzdetfurth und Wintershall in Kanada und Salzdetfurth in den USA: Alwinsal und Großer Salzsee

Der Vorstandsvorsitzende der Salzdetfurth AG, Clemens von Velsen (zu von Velsen siehe Seite 134), wollte für seine Gesellschaft neue Geschäftsfelder erschließen. Gemeinsam mit der Wintershall AG verfolgte Salzdetfurth daher selber ein großes Kaliprojekt in Kanada. Bereits 1956 hatten die beiden Konzerne eine „Gesellschaft für Kali-Interessen mbH" (GKI) gegründet mit dem Ziel, gemeinsam mit der französischen Kaliindustrie – alle französischen Kaliwerke gehörten nach dem Zweiten Weltkrieg zur staatlichen MDPA (Mines de Potasse d'Alsace), einer Tochter der EMC (Entreprise Minière et Chimique) – in Kanada aktiv zu werden. Am 19. März 1956 gründeten Salzdetfurth und Wintershall die „Winsal", nach Beitritt der Französischen Kaliindustrie 1957 in „Alwinsal" umbenannt: „Alwinsal Potash of Canada Ltd.".

Die beteiligten Gesellschaften erhielten von der kanadischen Regierung eine Konzession für das Abteufen eines Schachts in der Nähe des Ortes Lanigan in der Provinz Sas-katchewan. Ab 1960 fanden die notwendigen geologischen Untersuchungen statt und im Sommer 1963 entschlossen sich Salzdetfurth und Wintershall, gemeinsam mit der EMC ein Kaliwerk mit einer Kapazität von 350.000 bis 500.000 Tonnen K_2O zu errichten. Im Sommer 1964 begannen die Abteufarbeiten und im Oktober 1968 ging die Anlage in Betrieb. Das Werk hatte ein riesiges Potenzial. Das Grubenfeld erstreckte sich über eine Fläche von 160 Quadratkilometern und wurde mit einer Schachttiefe von rund 1.000 Metern erschlossen. Unter Tage konnte das Kali aufgrund der Lagerstättenverhältnisse schneidend, das heißt ohne das aufwändige Bohren und Sprengen gewonnen werden. Das kanadische Kali zeichnete sich vor allem durch seinen hohen K_2O-Gehalt aus, der mehr als 20 Prozent betrug.

Trotz der guten Voraussetzungen entwickelte sich das Engagement in Kanada letztlich nicht zu einer Erfolgsgeschichte.

Salzernte auf dem Großen Salzsee in Utah/USA. Nachdem das Salz mit dem Pflug aufgebrochen wurde (links), kann es mit Baggern abtranspor-tiert werden (rechts).

1977 wurde die Alwinsal enteignet und ver-
staatlicht sowie anschließend von der kanadischen „Potash Corporation of Saskatchewan"
(PCS) übernommen (siehe Kapitel 5, Seite 210).

1964 hatte die Salzdetfurth AG gemeinsam mit einem US-Partner ein weiteres Aufsehen
erregendes Engagement am Großen Salzsee in
Utah gestartet. Zunächst sollte dort im Rahmen
eines Forschungs- und Entwicklungsprogramms
eine 5.000 Hektar große Anlage zur Mineralsalzgewinnung durch natürliche Verdunstung
entstehen. Die Partner wollten nicht nur Salz
gewinnen, sondern vor allem auch Kalium- und
Magnesiumsulfat produzieren. Nach Untersuchungen des Mineralgehaltes glaubte man
darüber hinaus, eine Reihe weiterer hochwertiger Mineralien, wie etwa Lithium, gewinnen
zu können. 1967 gründeten die beiden Partner
Salzdetfurth und die „Lithium Corporation of
America" die gemeinsame Gesellschaft „Great
Salt Lake Minerals & Chemicals Corporation".
Die geplante Fabrik bei Ogden (Utah) sollte

Ende 1970 die Produktion aufnehmen. Der
Anteil der Salzdetfurth AG an der Gesellschaft
betrug 49 Prozent. Die Verantwortlichen bei
Salzdetfurth versprachen sich von dem Projekt
die Gewinnung wertvoller Salzmineralien ohne
großen Aufwand an teurer Energie. Dafür gab
es mit der Kaligewinnung Israels am Toten
Meer bereits ein erfolgreiches Vorbild.

Allerdings entwickelte sich das Projekt
am Großen Salzsee für die Salzdetfurth AG
bald zu einem Fiasko. Der Salzgehalt des Sees
schwankte stärker als anfangs gedacht und die
Deiche, die die riesigen Verdunstungsbecken
eingrenzten, mussten wegen starker Regenfälle
und des Zuflusses von Schmelzwasser erhöht
werden. 1973 endete das Engagement am
Salzsee mit großen Verlusten (siehe Kapitel 5,
Seite 165).

NEUE TECHNIKEN, BETRIEBE UND PRODUKTE

von links nach rechts

Modernste Technik im Einsatz: Leitstand
im Kaliwerk Bergmannssegen-Hugo;
1960er Jahre

Einbau einer neuen Granulierpresse
im Kaliwerk Salzdetfurth; 1960er Jahre

Rationalisierung und Wettbewerbs-fähigkeit

Auf die umwälzenden Entwicklungen auf dem Weltmarkt musste die westdeutsche Kaliindustrie reagieren. Die verschärfte Konkurrenzsituation erhöhte den Preisdruck. Zugleich mussten die Werke ihre Produktion ausweiten, um sich behaupten zu können. In der DDR waren es zusätzlich politische Vorgaben, die mehrfach die Rahmenbedingungen der Werke änderten. Nach der langen Phase der Reparationsleistungen an die Sowjetunion wurde die Kaliindustrie hier als Devisenbringer immer wichtiger.

Gemeinsamkeiten zwischen Ost und West ergaben sich im Werra-Revier aus der vergleichbaren Ausgangssituation. Die Lagerstätte dort lieferte trotz eines relativ niedrigen K_2O-Gehaltes ein außergewöhnlich reichhaltiges Rohsalz mit einem Magnesiumsulfatgehalt von bis zu 20 Prozent. Dieser Magnesiumsulfatanteil machte die Lagerstätte weltweit einzigartig und ermöglichte mit einer Reihe anderer Bestandteile die Herstellung einer überaus breiten Palette verschiedener Düngemittel-Spezialitäten. Die Kaliwerke an der Werra konnten daher kali- und magnesiumhaltige Dünger in verschiedensten Zusammensetzungen produzieren. Dies sicherte vor allem den Unternehmen in der Bundesrepublik ihren bedeutenden Marktanteil.

Unterschiede ergaben sich hingegen vor allem aus den betrieblichen Ausgangssituationen. In der DDR hatte die Beschaffung westlicher Devisen höchste Priorität, die Kostenrechnung spielte – wenn überhaupt – eine untergeordnete Rolle. Die Kaliwerke in der DDR konnten vor allem durch niedrige Preise beim Export in westliche Länder und hohe Lieferungen in den Ostblock ihren Absatz steigern. In der Bundesrepublik waren die Anbieter hingegen gezwungen, kostendeckende Preise für ihre Produkte zu erzielen und dabei zugleich wettbewerbsfähig zu bleiben. Die westdeutschen Unternehmen hatten somit ein großes Maß an Erfahrung mit Rationalisierungen, Modernisierungen und Qualitäts-

steigerungen, die nötig waren, um die Produktivität zu erhöhen.

In dieser Frage gingen die Werke in der Bundesrepublik und in der DDR erst einmal unterschiedliche Wege. Da es in der DDR nur einen Betrieb für Bergwerksmaschinenbau gab und es zugleich notorisch an Material und Devisen fehlte, um den weiteren Maschinenbedarf durch Importe zu decken, verzögerte sich dort der Einsatz neuer Techniken zum Teil erheblich. Die Werke glichen diesen Rückstand vor allem dadurch aus, dass sie die Leistung der Grubenbetriebe durch verstärkten Personaleinsatz und weitere Verbesserungen an den bestehenden Förderanlagen erhöhten.

In Westdeutschland begann dagegen in den 1950er Jahren die Suche nach neuen Abbau-, Förder- und Aufbereitungsverfahren. Dabei gingen die Werke immer stärker von arbeitsintensiven zu kapitalintensiven Abbauverfahren über, die deutlich kostengünstiger waren.

Wegen Devisenmangel konnten die Kaligruben in der DDR nicht in dem Maße modernisiert werden wie die Werke in der Bundesrepublik. Im Bild: Bohrwagen, 1960er Jahre

NEUE BERGBAU- UND AUFBEREITUNGSTECHNIKEN

Mit dem Blick auf die Erfahrungen im nordamerikanischen Bergbau bestand der erste Schritt der Modernisierungen ab 1955 darin, mobile Schrämmaschinen und Sprengloch-Bohrwagen auf Reifenfahrwerken einzusetzen. Bald konnte auch der größte Engpass des Kaliabbaus in gleicher Weise modernisiert werden: der Schrapperbetrieb. Hier waren die USA Vorreiter, wo die Schrapperförderung durch bewegliche Lademaschinen auf Raupenfahrwerken ersetzt wurde, die das Rohsalz in Pendelwagen luden. Diese Pendelwagen brachten das Fördergut zu einem Brecher, der einer zentralen Revierbandanlage vorgeschaltet war. Über diese Bandanlage wurde das Rohsalz schließlich zum Schacht transportiert. Die Ingenieure der westdeutschen Werke kombinierten nach diesem Vorbild zunächst einmal die amerikanischen Schräm-, Bohr- und Pendelwagen mit in Deutschland entwickelten Ladern, Brechern und Stegketten-Förderern zu passenden Maschinensätzen, die gegenüber dem Schrapper nahezu eine Verdopplung der Förderleistung brachten. Beim Bohren der Sprenglöcher wurde in diesem Zusammenhang der Fächersatz vom Parallelbohrverfahren abgelöst. Über erste

Erfahrungen mit dieser Mechanisierung im Werrawerk Wintershall berichtete die Zeitschrift „Kali und Steinsalz" 1958.

Der Bericht behandelte eine weitere Innovation: In Wintershall wurde der versatzlose Rohsalzabbau mit quadratischen Pfeilern getestet (Room and Pillar), der den auf Schrapperbetrieb zugeschnittenen Abbau mit Längspfeilern ersetzen sollte. Dabei wurde der Abbauverlust bei der Gewinnung des Rohsalzes verringert, und es entstanden mehr Arbeitspunkte als in den langen Kammern. Dadurch konnten die neuen mobilen Maschinen flexibel eingesetzt werden, ohne dass sie sich gegenseitig behinderten. In den 1960er Jahren setzten sich die neuen Großgeräte im Abbau endgültig durch. Das Bohren der Einbruch- und Sprenglöcher übernahmen eigens konstruierte Bohrwagen, und der Sprengstoff wurde nicht mehr von den Bergleuten patroniert, sondern lose in Spezialfahrzeugen vor Ort gebracht. Seit Beginn der 1960er Jahre wurde „Andex" als neuer Sprengstoff genutzt, der mit Druckluft lose in die Sprenglöcher geblasen werden konnte.

von links nach rechts

Modernisierungen in den westdeutschen Gruben: Bohrwagen bereiten ab Ende der 1950er Jahre die Sprenglöcher vor.

Bis in die 1960er Jahre patronierten die Bergleute den Sprengstoff in den Bohrlöchern noch von Hand. Anschließend wurde der neue Sprengstoff „Andex" mit Druckluft in die Sprenglöcher geblasen.

Load, Hoal and Dump (LHD): Frontlader transportieren ab 1962 das Rohsalz direkt zu einem Brecher, der das Fördergut an das Förderband übergibt.

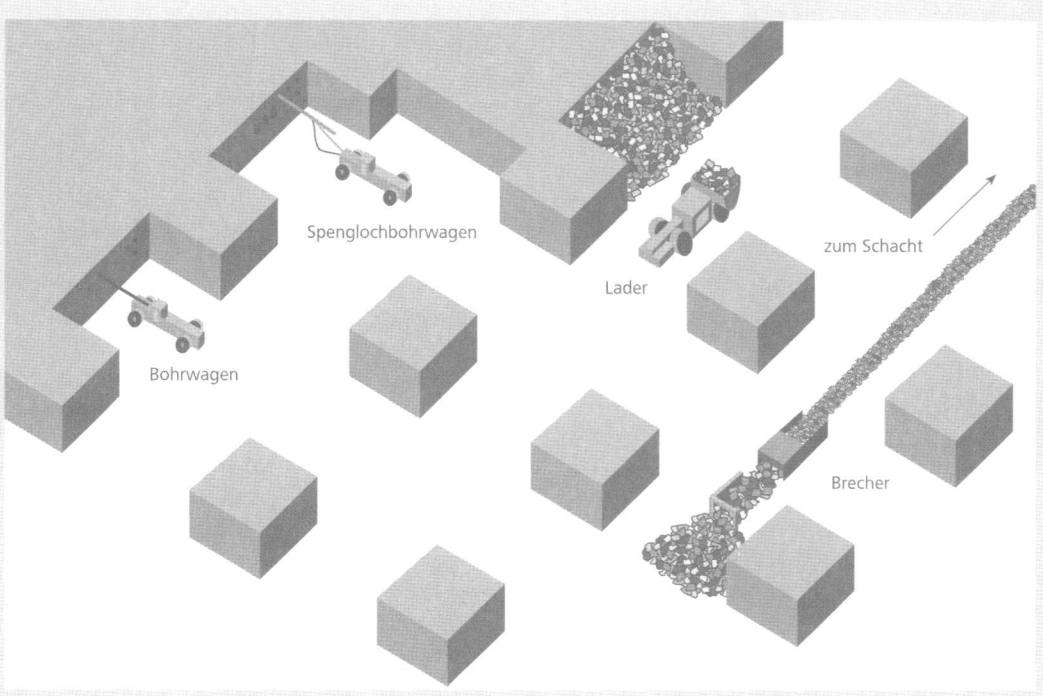

Room-and-Pillar-Verfahren

links Die Bandförderung löst ab 1955 den Gleisbetrieb ab (im Bild: Montage einer Bandanlage in Hattorf).

rechts Modernisierungen über Tage: Die Flotation ergänzt das Heißlöseverfahren (im Bild: Flotationsanlage Anfang der 1960er Jahre).

Zur gleichen Zeit wurden im Werra-Revier die Transportanlagen unter Tage auf die gleislose Bandförderung umgestellt. Der Betrieb einer ersten Bandstrecke im Werk Hattorf ab 1955 läutete das Ende der schienengebundenen Streckenförderung ein. Kilometerlange Förderbänder setzen sich immer mehr durch und ersetzen nach und nach Kettenbahnen, Seilbahnen und elektrische Fahrdrahtlokomotiven. Die Förderbänder steigerten die Transportmengen und waren zugleich billiger als der Gleisbau der alten Anlagen. Außerdem ließen sich mit den Bändern Steigungen in den Strecken leichter überwinden. In der DDR wurde die Bandförderung erst später eingeführt. Das Werk in Merkers setzte sie erstmals 1961 ein.

Auch in der steilen Lagerung der norddeutschen Werke steigerten verbesserte Verfahren die Effizienz. Die Streckenförderung wurde mit neuartigen Ladern mechanisiert, wobei der Transport zum Schacht noch einige Zeit schienengebunden blieb. Der bislang praktizierte Firstkammerbau wurde abgelöst durch den Strossentrichter- und Schrägbau.

Alle Modernisierungen seit Mitte der 1950er Jahre erhöhten die Leistungsfähigkeit der Werke. Gleichzeitig wuchs jedoch der Wettbewerbsdruck durch die neuen Anbieter Sowjetunion und Kanada. Ein entscheidender Schritt zur Verbesserung der Wirtschaftlichkeit war daher nötig. Er gelang mit der Einführung der „Load, Hoal and Dump"-Technik (LHD). Dabei nehmen dieselbetriebene Schaufellader mit Gummibereifung das abgesprengte Rohsalz auf und werfen es direkt an der Bandübergabe in den vorgeschalteten Brecher ab. Die ersten

Maschinen dieser Art mit vier bis fünf Tonnen Nutzlast wurden 1962 eingesetzt. Innerhalb weniger Jahre konnte die neue Technik den Schrapperbetrieb in den Werken völlig verdrängen.

Verbesserungen der Verfahren gab es nicht nur unter Tage. Über Tage ergänzte bei der Aufbereitung das Flotationsverfahren das Heißlöseverfahren, bei dem der Energieverbrauch durch den ständigen Wechsel von Erhitzen und Kühlen der Salzlösungen sehr hoch war. Außerdem fielen bei diesem Verfahren abhängig vom verarbeiteten Rohsalz Restlösungen an. Mit der Flotation konnten diese Probleme weitgehend umgangen werden, da hier die Trennung von Kaliumchlorid und Natriumchlorid ohne Wärmezufuhr möglich war und zudem weniger Restlösungen entstanden. In Westdeutschland setzten die Werke Sigmundshall und Friedrichshall zu Beginn der 1950er Jahre erstmals das Flotationsverfahren ein, in der DDR folgte 1958 das Werk Merkers.

Ab Mitte der 1960er Jahre kam mit der Granulierung der Kaliprodukte ein neues Verfahren zum Einsatz. Kalidünger ist in seiner stofflichen Zusammensetzung international weitgehend standardisiert. Daher ist für den Landwirt neben dem Preis vor allem die Handhabbarkeit der Düngemittel ein wichtiges Auswahlkriterium. Der durch Granulierung gewonnene körnige und gut dosierbare Kalidünger kam daher den Interessen der Anwender bei dem Einsatz des damals neuartigen Schleuderdüngerstreuers entgegen. In der DDR wurden erstmals 1964 in Unterbreizbach Kalidüngemittel granuliert.

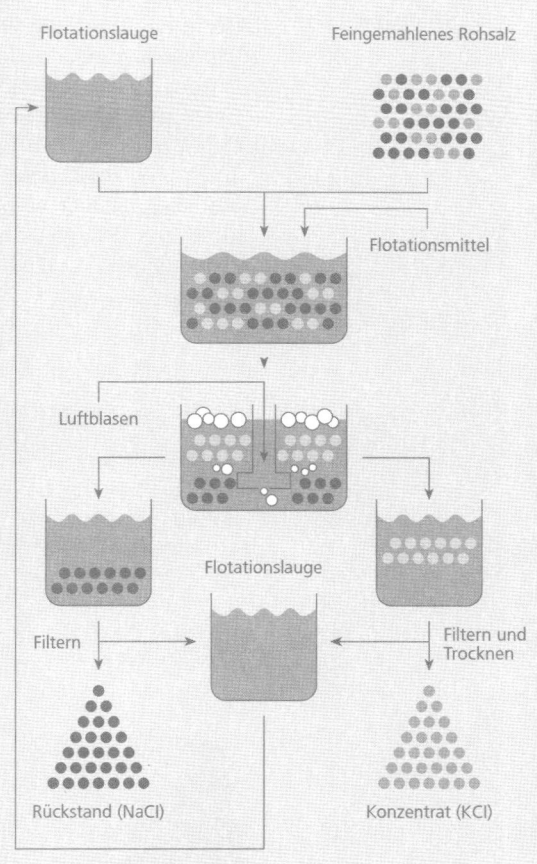

Seit Beginn der 1950er Jahre (Bundesrepublik) bzw. 1958 (DDR) wurde zur Trennung von Kaliumchlorid und Natriumchlorid das Flotationsverfahren eingesetzt.

Rationalisierungserfolge

Mit den mobilen Maschinen, dem „Room and Pillar"-Abbauverfahren und vor allem den neuen Schaufelladern erreichten die westdeutschen Werke in den 1960er Jahren eine erhebliche Steigerung der Fördermengen. Mitte der 1950er Jahre lagen sie noch zwischen 10 und 18 Tonnen je Mannschicht, bis Mitte der 1970er Jahre stiegen sie auf mehr als 50 Tonnen je Mannschicht. Die Nutzlast der Frontlader wurde von 5 auf bis zu 12 Tonnen deutlich vergrößert. Heute erreicht sie bis zu 20 Tonnen. In der Summe brachten die eingeführten neuen Verfahren unter und über Tage eine erhebliche Rationalisierung, die allerdings auch mit einem Personalabbau verbunden war. Während die Gesamtproduktion der westdeutschen Kaliindustrie zwischen 1955 und 1975 um rund 30 Prozent auf 2,2 Millionen Tonnen K_2O pro Jahr stieg, sank die Zahl der Beschäftigten in dieser Zeit von etwa 21.000 auf rund 10.000 Mitarbeiter.

Seit Anfang der 1970er Jahre produzierte das DDR-Werk Bernburg ausschließlich Steinsalz.

Die DDR-Werke Bernburg und Zielitz

In der Kaliindustrie der DDR stieg die Belegschaftsstärke dagegen auf über 30.000 Beschäftigte. Ausschlaggebend waren politische Vorgaben der Staatsführung, aber auch die große Bedeutung von Kali als wichtigem Devisenbringer für die an chronischem Devisenmangel leidende DDR. Den technischen Rückstand kompensierten die Werke in der DDR mit einem hohen Personaleinsatz. Zudem erhöhten in der DDR gesellschaftliche Nebenfunktionen der Werke wie beispielsweise die Einrichtung von Kindergärten die Mitarbeiterzahl, ohne dass diese Mitarbeiter zur Produktion beitrugen.

Kali war inzwischen zu einem der wichtigsten Exportgüter der DDR geworden. Parallel zur langsam voranschreitenden Modernisierung ihrer Werke errichtete die DDR daher in den 1960er Jahren einen neuen Betrieb, der mit der neuesten Technik ausgestattet wurde. 1966 bis 1973 entstand in Zielitz bei Magdeburg der letzte Schacht, der im Kalibergbau in Deutschland geteuft, und das einzige Kalibergwerk, das nach dem Krieg bisher neu gebaut wurde. Die Schächte I und II entstanden bis 1969 und begannen 1973 mit der kontinuierlichen Förderung. Später kamen die Schächte III und IV im Norden des Grubenfeldes dazu.

Die Lagerstätte verläuft in einer Tiefe von 350 bis 1.400 Metern. Abgebaut wird das Flöz Ronnenberg bis zu einer Tiefe von 1.200 Metern mit einer durchschnittlichen Mächtigkeit von sieben Metern. In diesem neuen Werk mit einer „halbsteilen" Lagerstätte wurden von vornherein keine traditionellen Fördertechniken mehr eingesetzt. Trotz erheblicher Anlaufschwierigkeiten erreichte das Werk Zielitz den weltweiten Stand der Abbau- und Fördertechnik.

Daneben wurde Anfang der 1970er Jahre das Kali- und Steinsalzwerk in Bernburg ausschließlich auf seine Funktion als leistungsfähiges Steinsalzwerk ausgerichtet. Es sollte den Steinsalzbedarf der gesamten DDR decken und die sozialistischen Nachbarländer mitversorgen.

Am 28. März 1969 wird der erste Kübel
Kali in Zielitz gefördert.

Die Rundschuppen im neuen
Kaliwerk Zielitz

Die deutsche Kaliindustrie
Ende der 1960er Jahre

In der Bundesrepublik Deutschland war die Zahl der Kaliunternehmen überschaubar geworden: Nachdem Wintershall 1955 den Burbach-Konzern übernommen hatte, waren nur noch vier Firmen übrig: Das größte Unternehmen war Ende der 1960er Jahre die Kasseler Wintershall AG. Sie betrieb die Kaliwerke Wintershall an der Werra, Neuhof-Ellers bei Fulda und Bergmannssegen-Hugo im Raum Hannover. Hinzu kamen die Burbach-Werke Niedersachsen-Riedel bei Celle, Siegfried-Giesen bei Hildesheim und Königshall-Hindenburg bei Göttingen sowie das Werk Buggingen in Südbaden, das bis 1965 der Preussag gehört hatte. Der Konzern erzielte 1967 einen Umsatz von 1,6 Milliarden Mark und erwirtschaftete 24,6 Millionen Mark Gewinn. „Wintershall befand sich damals in einer hervorragenden Verfassung", erinnerte sich das damalige Vorstandsmitglied Dr. Ernst Denzel. Das Unternehmen hatte dank konsequenter Thesaurierungspolitik finanzielle Rücklagen. Es hatte solide gewirtschaftet und ansehnliche Dividenden gezahlt, 1967 waren es 14 Prozent auf das Grundkapital. Anders als die Konkurrenzunternehmen hatte Wintershall drei Standbeine: Neben Kali und Steinsalz, auf die rund 25 Prozent des Umsatzes entfielen, trat das Mehrnährstoffdüngergeschäft sowie das zukunftsträchtige und sehr ertragreiche Geschäft mit Öl und Gas.

Nummer zwei auf dem deutschen Kalimarkt war die Salzdetfurth AG in Hannover mit den niedersächsischen Kaliwerken Salzdetfurth, Hansa(-Silberberg), Sigmundshall und Hope, dem hessischen Kaliwerk Hattorf sowie den Steinsalzwerken Braunschweig-Lüneburg in Grasleben und Mariaglück bei Eschede. Neben diesen beiden großen Unternehmen mit zusammen rund 11.000 Mitarbeitern gab es noch die Kali-Chemie AG mit etwa 1.200 Mitarbeitern, seit 1953/54 eine Tochter

von Solvay, mit ihren Werken Friedrichshall in Sehnde und Ronnenberg bei Hannover. 1968 betrieben Wintershall, Salzdetfurth und Kali-Chemie insgesamt 16 Kali- und Steinsalzwerke in der Bundesrepublik.

Gemeinsam betrieben die vier westdeutschen Kalianbieter die Verkaufsgemeinschaft Deutscher Kaliwerke (VDK) in Hannover, die 1956 gegründete landwirtschaftliche Forschungsanstalt Büntehof, die 1919 gegründete Kaliforschungs-Anstalt (KAFA) und die Kali-Transport Gesellschaft in Hamburg (KTG). Mit dem Kaliverein verfügten sie über eine gemeinsame Interessenvertretung. Wintershall und Salzdetfurth besaßen außerdem zusammen mit der französischen EMC-Gruppe das kanadische Kaliunternehmen Alwinsal. Dennoch drängte die Entwicklung auf dem Weltmarkt zu weiteren Konzentrationen. Die Initiative dazu kam von außen: Die BASF suchte nach einer Erweiterung ihres Angebots, besonders im Bereich der Endprodukte. Wintershall wiederum war auf der Suche nach einem größeren Partner sowie nach Kapital für die Abfindung der Rosterg-Erben. Ende 1968 kam es deshalb zur Übernahme der Wintershall durch die BASF.

In der DDR war die Kaliindustrie in den vier volkseigenen Betrieben Südharz, Werra, Saale und Zielitz konzentriert, die insgesamt 13 Kali- und Steinsalzwerke betrieben: „Glückauf" Sondershausen, „Karl Marx" Sollstedt, „Karl Liebknecht" Bleicherode, „Heinrich Rau" Rossleben, „Thomas Müntzer" Bischofferode, Volkenroda, „Ernst Thälmann" Merkers, „Marx-Engels" Unterbreizbach, „Wilhelm Pieck" Dorndorf, „Ernst Schneller" Zielitz, Bernburg, Staßfurt und Teutschenthal. Auch die DDR-Werke erfuhren in diesen Jahren einen wesentlichen Konzentrationsprozess, als sie 1970 im „VEB Kombinat KALI" zusammengeführt wurden.

Kali- und Steinsalzwerke der westdeutschen Kaliproduzenten in der Bundesrepublik Deutschland 1968

1 Sigmundshall	**9** Siegfried-Giesen
2 Hansa(-Silberberg)	**10** Salzdetfurth
3 Ronnenberg	**11** Braunschweig-Lüneburg
4 Hope	**12** Königshall-Hindenburg
5 Mariaglück	**13** Wintershall
6 Niedersachsen-Riedel	**14** Hattorf
7 Bergmannssegen-Hugo	**15** Neuhof-Ellers
8 Friedrichshall	**16** Buggingen

Kali- und Steinsalzwerke in der DDR 1968

1 Zielitz	**9** Volkenroda
2 Staßfurt	**10** Roßleben
3 Bernburg	**11** Dorndorf
4 Teutschenthal	**12** Unterbreizbach
5 Bischofferode	**13** Merkers
6 Bleicherode	
7 Sollstedt	
8 Sondershausen	

- **Konkurrenz:** Kanada und UdSSR werden bedeutende Wettbewerber auf dem Weltkalimarkt

- **Zusammenschluss:** Wintershall und Salzdetfurth bündeln ihre Kali- und Steinsalzaktivitäten in der „Kali und Salz"

- **Kombinatsbildung:** Die DDR gründet das „VEB Kombinat Kali"

- **Modernisierungen:** Neue Techniken und Verfahren verbessern Kaliabbau und -verarbeitung

- **Entsorgung:** Kali und Salz richtet die weltweit erste Untertage-Deponie ein

- **Tauwetter:** Erste Annährung der Kaliindustrie in Ost und West

Kapitel 5

ZUSAMMENSCHLÜSSE UND HERAUSFORDERUNGEN. UNTERSCHIEDLICHE ENTWICKLUNGEN IN WEST UND OST

(1968–1989)

Die Entwicklung der deutschen Kaliindustrie in den 1970er Jahren war von zwei wichtigen Zusammenschlüssen geprägt: Um auf dem Weltmarkt konkurrenzfähig zu bleiben, schlossen in der Bundesrepublik die Salzdetfurth AG und die Wintershall AG ihre Kali- und Steinsalzaktivitäten in der neu gegründeten „Kali und Salz" unter dem Dach der BASF zusammen. Im Zuge der allgemeinen Kombinatsbildung konzentrierte die DDR ihre Kaliindustrie im „VEB Kombinat Kali". In den 1970er Jahren setzten sich in der Kaliindustrie in beiden Teilen Deutschlands moderne Abbau- und Verarbeitungsverfahren durch. Im Westen waren Rationalisierungen und Standortstilllegungen notwendig, um die Konkurrenzfähigkeit zu sichern, während die DDR ihre Kapazitäten ausbaute, um die Exporte zu steigern. In den 1980er Jahren gab es eine erste Annäherung zwischen der ost- und westdeutschen Kaliindustrie.

KALIFUSIONEN IN WEST- UND OSTDEUTSCHLAND (1968–1972)

Die Lage der westdeutschen Kaliindustrie

Die wirtschaftliche Lage der drei verbliebenen westdeutschen Kaliunternehmen – Wintershall einschließlich Burbach, Salzdetfurth und Kali-Chemie – war Ende der 1960er Jahre nur auf den ersten Blick in Ordnung. Tatsächlich machte die internationale Konkurrenz den Unternehmen schwer zu schaffen. Zu den Wettbewerbern gehörte auch die DDR-Kaliindustrie, die 1967 mit 2,2 Millionen Tonnen K_2O die Produktion in der Bundesrepublik knapp überholt hatte. Echte betriebswirtschaftliche Kosten spielten in den „volkseigenen Betrieben" der DDR keine Rolle, so dass die DDR große Mengen Kali zu günstigen Preisen auf den Weltmarkt bringen konnte. Immerhin entfachte die DDR dabei keinen Preiskampf, sondern orientierte sich, um möglichst große Devisenerträge zu erzielen, in ihrer Preisgestaltung am Weltmarktpreis.

Vor allem belasteten neue Konkurrenten auf dem Weltmarkt die Zukunftsaussichten der westdeutschen Kaliunternehmen. Besonders die kanadische Kaliindustrie mit ihren riesigen

Lagerstätten und ihren hohen K_2O-Gehalten im Rohsalz schickte sich an, den Weltmarkt zu erobern. Daneben trat insbesondere in den 1960er Jahren auch die Sowjetunion mit einer weiteren Produktion in Weißrussland nennenswert am Weltmarkt in Erscheinung, zusätzlich steigerte Israel die Kaliproduktion am Toten Meer.

Im Vergleich mit den neuen Konkurrenten aus Kanada und der UdSSR waren die westdeutschen Kaliunternehmen nicht nur relativ klein, sondern auch durch ihre geringeren K_2O-Rohsalzgehalte im Nachteil und daher nur eingeschränkt wettbewerbsfähig: „Die Kanadier lieferten billiger nach Rotterdam als wir", erinnert sich der ehemalige Salzdetfurth-Vorstand Max-Stephan Schulze. „Sie diktierten nun die Preise." Weil in der DDR-Kaliindustrie die echten Kosten kaum eine Rolle spielten, konnte sie mit diesem Preisdruck leichter fertig werden.

Vor allem wegen ihrer geringen Größe konnten die westdeutschen Kaliunternehmen die notwendigen, aber kostspieligen

Zukunftsinvestitionen – wie etwa große Explorationsvorhaben in Amerika – nur schwer finanzieren. Die Salzdetfurth AG hatte ihr Engagement am Großen Salzsee (siehe Kapitel 4, Seite 140) überwiegend mit Krediten amerikanischer und kanadischer Banken finanziert. Dadurch hing das Überleben des Salzdetfurth-Konzerns nun stark vom Erfolg dieses Engagements in Übersee ab.

Angesichts der schwierigen Weltmarktlage hätten die beiden westdeutschen Kaliunternehmen Wintershall und Salzdetfurth eigentlich stärker zusammenarbeiten müssen. Tatsächlich aber scheiterten unternehmensübergreifende Rationalisierungsmaßnahmen, die Synergien freigesetzt hätten, an den Eigeninteressen der Unternehmen: Sie produzierten weiterhin relativ kleine Mengen fast gleichartiger Kaliprodukte mit einer ungünstigen Kostenstruktur.

Daher lag es nahe, die westdeutschen Kaliunternehmen zusammenzuschließen. Besonders die Wintershall AG war seit langem daran interessiert, ihren bedeutendsten deutschen Konkurrenten, die nur etwa halb so große Salzdetfurth AG, zu übernehmen.

linke Seite Titelbild der Wintershall-Werkzeitschrift „Salz und Oel" vom Juni 1970 (links) mit einem Tiefschaufel-Fahrlader ST 5 im Kaliwerk Bergmannssegen-Hugo. Die vorletzte Ausgabe der Salzdetfurth-Werkzeitschrift „wir salzdethfurter" vom Januar 1970 (rechts): Im Kaliwerk Hattorf wird eine Ladung Auftausalz für den Transport abgedeckt.

oben und unten Kaliindustrie in der UdSSR: Die Fabrikanlagen von Beresniki III am Ural gingen 1973 in Betrieb.

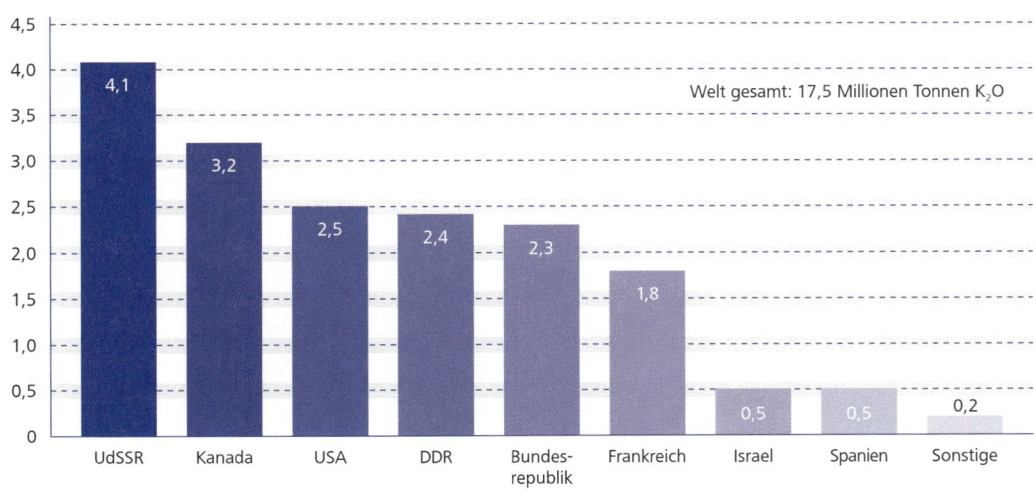

Weltkaliproduktion nach Ländern 1970 (Angaben in Millionen Tonnen K_2O)

Welt gesamt: 17,5 Millionen Tonnen K_2O

UdSSR	Kanada	USA	DDR	Bundesrepublik	Frankreich	Israel	Spanien	Sonstige
4,1	3,2	2,5	2,4	2,3	1,8	0,5	0,5	0,2

Die Übernahme der Wintershall durch die BASF

Die Wintershall-Raffinerie Salzbergen im Jahr 1969

Gleichzeitig musste die Wintershall AG aber noch ein ganz anderes Problem lösen, denn das neue Aktienrecht von 1965 hebelte den alten Erbvertrag von Konzerngründer August Rosterg aus. August Rosterg hatte seinen Sohn Dr. Heinz Rosterg lediglich zum Vorerben eingesetzt, ihn aber per Erbvertrag von der Unternehmensleitung ausgeschlossen. Nach Ablauf des Vertrags 1972 sollte die Wintershall AG die Kuxe der Gewerkschaft Thea erben, die 50,5 Prozent der Kuxe der Gewerkschaft Wintershall besaß, der wiederum 50 Prozent der Wintershall AG gehörten (siehe Kapitel 4, Seite 130). Mit dieser Konstruktion wollte August Rosterg die Zukunft der „Familiengesellschaft" Wintershall, die bis dahin von den Gründerfamilien Rosterg und Quandt beherrscht wurde, auch über seinen Tod hinaus – unabhängig von

seinen direkten Erben – langfristig sichern. Nach dem neuen Aktienrecht von 1965 wurden jedoch gegenseitige oder wechselseitige Beteiligungen stimmrechtslos und der Erbvertrag hätte damit genau das Gegenteil bewirkt: Statt sich selbst zu gehören, hätte die Wintershall AG jeden Einfluss auf die eigenen Geschicke verloren und die Minderheitsaktionäre hätten allein das Sagen gehabt. Die Alternative, den Erbvertrag zugunsten von Dr. Heinz Rosterg aufzugeben, kam für die Mehrheit des Wintershall-Vorstands nicht in Frage, da viele Vorstandsmitglieder ihm die Führung des Unternehmens nicht zutrauten.

Die Wintershall AG war also Ende der 1960er Jahre aus zwei Gründen auf der Suche nach einem starken Partner: Zum einen mussten Heinz Rosterg, die Familie Quandt und die

Wintershall AG und Salzdetfurth AG im Vergleich (1969)

	Wintershall AG	Salzdetfurth AG
Umsatz in Mio. DM	810	465
Mitarbeiter	6.340	6.000
Anteil an der westdeutschen Kaliproduktion	54 %	34 %

links Das Kaliwerk Bergmannssegen-Hugo um 1975

rechts Das Kaliwerk Wintershall um 1970

Kleinaktionäre mit erheblichen Summen ab-
gefunden werden. Heinz Rosterg sollte dazu
bewegt werden, zugunsten von Wintershall auf
sein Erbrecht zu verzichten. Zum anderen sollte
das Unternehmen in die Lage versetzt werden,
die notwendigen großen Zukunftsinvestitionen
– etwa bei den Raffinerien, der Öl-, Gas- und
Kaligewinnung – zu finanzieren. Parallel dazu
plante Wintershall seit 1967 auch eine „Kooperation mit anderen Unternehmungen der Mine-
ralöl- und Düngemittelwirtschaft", wobei man
in erster Linie an Chemieunternehmen dachte.
Die Führungskräfte bei Wintershall favorisierten
als Partner ein deutsches Chemieunternehmen,
um Wintershall als selbstständiges Unternehmen zu erhalten und dennoch Synergien zu
nutzen. Aber auch zu ausländischen Unternehmen in Frankreich oder den USA wurden
Kontakte geknüpft.

Da Wintershall ein gesundes Unternehmen war, konnte sie selbst wählen, an wen sie
sich binden wollte. Nach längerer Suche ergab
sich, dass es von der deutschen Großchemie die
BASF war, zu der Wintershall am besten passte.

oben Blick von der Rückstandshalde auf
das Kali- und Steinsalzwerk Niedersachsen-
Riedel (1970)

unten (v.l.n.r.) Dr. Josef Rust, Dr. Otto
Roser, Dr. Hans Moell und Dr. Ernst Denzel
auf der Arbeitstagung von Wintershall und
Kali und Salz im Jahr 1973

Das BASF-Stammwerk Ludwigshafen
im Jahr 1968

Unter den IG-Farben-Nachfolgern Bayer,
Hoechst und BASF war die BASF AG – damals
noch „Badische Anilin- & Soda-Fabrik AG" –
das kleinste Unternehmen und bestand fast
nur aus dem Werkskomplex Ludwigshafen.
Bei einem Umsatz der BASF AG von etwa
4 Milliarden Mark im Jahr 1968 (Gruppenumsatz 5,5 Milliarden Mark) erzielte das Unternehmen einen jährlichen Gewinn von rund
300 Millionen Mark. Im Zentrum der Unter-
nehmensaktivitäten standen Forschung und
Entwicklung neuer chemischer Verfahren und
Produkte. Produziert wurden vor allem hochwertige chemische Grundstoffe, daneben
aber auch der bereits seit 1927 erfolgreich auf
dem Markt eingeführte Mehrnährstoffdünger
„Nitrophoska". Seit etwa 1963 verfolgte die
BASF unter ihrem Vorstandsvorsitzenden
Professor Dr. Bernhard Timm eine Politik der
Expansion, um das Werk Ludwigshafen zu
einem integrierten Chemiekomplex umzu-
bauen. Im Zug einer vertikalen Diversifizierung
bemühte sich BASF einerseits, weitere End-
verbraucherprodukte anzubieten (Tonträger,

Pharma-Artikel). Andererseits wollte die BASF
ihre Eigenversorgung mit Rohstoffen sichern.
Wachstum war für die BASF zentral: „Ein Unternehmen, das dieses Wachstum nicht durch-
halten kann, ist unweigerlich zum Untergang
verurteilt", so Bernhard Timm auf der BASF-
Hauptversammlung 1968. Auf diesem Wachstumskurs kam Professor Timm das Angebot
der Wintershall AG gerade recht.

Die BASF war aus mehreren Gründen
an Wintershall interessiert: Die Wintershall AG
war schuldenfrei, hatte hohe Rücklagen und
war über die Ausgabe eigener BASF-Aktien
günstig zu erwerben. Außerdem ergänzten
die Geschäftszweige, Produktionsstätten und
Produktionsverfahren von Wintershall ideal
die BASF-Arbeitsgebiete, denn die BASF war
mit ihrer Produktion des Nitrophoska-Düngers
ein wichtiger Abnehmer der Kaliindustrie.
Allerdings fühlte sich die BASF „im Würgegriff"
der deutschen Kaliindustrie, wie Professor Timm
es ausdrückte. Immer wieder hatte er sich über
das unbewegliche Verhalten der Kaliindustrie
geärgert, die über ihre Verkaufsgemeinschaft

in Hannover (VDK) Preise und Lieferkonditionen bestimmen konnte.

Zudem war die Wintershall AG mit der Gewerkschaft Victor in Castrop-Rauxel (Stickstoff- und Stickstoff-Kali-Dünger) durch die Übernahme der Mehrheit an der Guano-Werke AG in Krefeld, Nordenham und Hamburg (NPK-Dünger) im Jahr 1968 sowie besonders durch das deutsch-französische Gemeinschaftsunternehmen Pec-Rhin in Ottmarsheim im Elsass gerade im Bereich der Mehrnährstoffdünger zu einem ernst zu nehmenden Konkurrenten der BASF mit ihrem „Nitrophoska" geworden. Ähnliches galt auch für die Salzdetfurth AG, die die Chemische Fabrik Kalk (CFK) mit dem NPK-Dünger „KAMPKA" erworben hatte, sowie für die Kali-Chemie AG in Hannover mit ihrem PK-Dünger.

Das Öl der Wintershall AG bot dem Chemieunternehmen BASF die immer wichtiger werdende eigene Rohstoffbasis, denn die BASF war in den 1950er Jahren in die Petrochemie eingestiegen und hatte gemeinsam mit Shell die „Rheinischen Olefin-Werke" (ROW, heute Basell) in Wesseling gegründet. Schließlich lieferte die Wintershall AG der BASF Schwefel, Rohstoffe für petrochemische Primärchemikalien, Erdgas und natürlich große Mengen an Kaliumchlorid. Zu Recht bezeichnete BASF den Erwerb der Wintershall später als „Durchbruch zu einer partiellen Eigenversorgung mit Rohstoffen".

links Das deutsch-französische Gemeinschaftsunternehmen von BASF/Wintershall und Grande Paroisse (Groupe Total) PEC-Rhin in Ottmarsheim am Rhein (Elsass) um 1970

Mitte 1974 produzierte BASF die 20-millionste Tonne „Nitrophoska".

rechts Prof. Dr. Bernhard Timm (rechts) und Prof. Dr. Matthias Seefelder (links) auf der Hauptversammlung der BASF AG 1974. Professor Timm war von 1965 bis 1974 Vorstandsvorsitzender der BASF AG, anschließend bis 1983 Vorsitzender des Aufsichtsrates. Professor Seefelder war von 1974 bis 1983 als Vorstandsvorsitzender und von 1983 bis 1990 als Vorsitzender des Aufsichtsrates der BASF AG Timms Nachfolger.

Die außerordentliche Hauptver-
sammlung der BASF AG stimmte
am 20. Dezember 1968 dem Ver-
schmelzungsvertrag zwischen der
Gewerkschaft Thea und der BASF
zu. Außerdem genehmigte sie den
Beherrschungsvertrag zwischen
BASF und der Wintershall AG. Am
Rednerpult der Vorsitzende des
BASF-Vorstands Prof. Dr. Bernhard
Timm.

Nach langen, schwierigen Verhandlungen
zwischen Wintershall und BASF über Beherrschungsvertrag, Dividendengarantie und vor
allem über das Verhältnis beim Aktienumtausch
informierte die BASF im November 1968 die
Öffentlichkeit über die bevorstehende Übernahme. Nach Ansicht der Presse handelte es
sich um die „bedeutendste Unternehmens-
konzentration der Nachkriegszeit". Nachdem
auch der Kaufpreis, also vor allem die Abfindung der bisherigen Großaktionäre Dr. Heinz
Rosterg und der Familie Quandt, festgelegt und
mit dem hessischen Finanzministerium eine
tragbare steuerliche Regelung, insbesondere
der Erbschaftssteuer, vereinbart worden war,
fand die BASF die Wintershall-Aktionäre mit
BASF-Aktien ab. Zur Übernahme der Gewerkschaften Thea und Wintershall sowie der Wintershall AG beschloss eine außerordentliche
BASF-Hauptversammlung am 20. Dezember
1968 eine Kapitalerhöhung um rund 164 Millionen Mark zur Ausgabe von rund 3,3 Millionen
Aktien im Nennwert von 50 Mark. Die Gewer-
ken (Anteilseigner) der Gewerkschaft Thea
bekamen für jeden Kux neue BASF-Aktien im
Nennwert von rund 500.000 Mark, die Wintershall-Aktionäre erhielten für zehn Winters-

hall-Aktien neun BASF-Aktien oder eine entsprechende Zahlung.

Nach einer höchst turbulenten und emo-
tionsgeladenen Diskussion stimmte die Winters-
hall-Hauptversammlung am 19. Dezember 1968
mit überwältigender Mehrheit dem Zusammenschluss zu, am folgenden Tag auch die Hauptversammlung der BASF AG. Damit war die Übernahme perfekt. BASF übernahm die Gewerkschaften Thea und Wintershall und verschmolz
sie auf sich. Mit der Wintershall AG wurde ein
Beherrschungsvertrag abgeschlossen.

Allerdings folgten danach noch langwierige gerichtliche Auseinandersetzungen
über die Höhe der Abfindung der Kleinaktionäre, die erwartet hatten, für neun Winters-
hall-Aktien zehn BASF-Aktien zu bekommen.
Als der Aktientausch anders geregelt wurde,
war die Enttäuschung der Kleinaktionäre groß.
Allgemein wurde der Kauf als „Schnäppchen"
für die BASF gewertet, auch wenn er die finanziellen Ressourcen der BASF mit ihren vier
Milliarden Mark Umsatz sehr stark belastete.

Die „Chemische Fabrik Kalk" (CFK) gehörte zur Salzdetfurth AG und produzierte unter anderem den NPK-Dünger „KAMPKA" (Foto 1971).

Wintershall erwirbt Salzdetfurth-Aktien

Während die BASF die Öl- und Gasproduktion der Wintershall AG sofort nutzen konnte, war die Lage bei Kali und Düngemitteln schwieriger, denn an der ungünstigen Lage der deutschen Kaliindustrie auf dem Weltmarkt hatte sich nichts geändert. Die Rationalisierungsmöglichkeiten der westdeutschen Kaliunternehmen, mit denen sie bisher die Konkurrenten aus Kanada und der UdSSR abgewehrt hatten, waren weitgehend ausgeschöpft. So war die Salzdetfurth AG 1968 angesichts sinkender Erlöse gezwungen, ihre Dividende auf 10 Prozent zu reduzieren.

Auch der Vorstand der Salzdetfurth AG um den Vorsitzenden Clemens von Velsen wusste, dass das Unternehmen – auf sich allein gestellt – gegen die Kanadier und gegen die mit der BASF verbundene Wintershall AG kaum eine Chance auf dem Weltmarkt haben würde. Das wurde umso dringender, als sich bei der Salzdetfurth AG die schlechten Nachrichten häuften, besonders vom Großen Salzsee.

„Gespräche und Planspiele über eine Kooperation hatte es bereits seit Jahren gegeben", so der frühere Salzdetfurth-Vorstand Max-Stephan Schulze, „sie waren aber abge-

brochen worden, weil man nicht wusste, was mit der Wintershall wird."

Auch wenn einige Bankenvertreter der Meinung waren, Wintershall sollte die Salzdetfurth AG einfach in Konkurs gehen lassen und dann günstig übernehmen, entschied sich die Wintershall-Führung – mit Rücksicht auf die Belegschaft und mit Blick auf die zukünftige Zusammenarbeit – für eine Rettung der Salzdetfurth AG. Eine wichtige Rolle spielte dabei sicher auch die Sorge, ein ausländischer Kalikonkurrent könnte die Salzdetfurth übernehmen.

Nach dem Erwerb zweier großer Aktienpakete hielt die Wintershall AG überraschend schnell 43,4 Prozent der Aktien der Salzdetfurth AG. Der Rest des Kapitals von insgesamt 125 Millionen Mark verteilte sich auf etwa 10.000 freie Aktionäre. Auch die Bankenvertreter im Salzdetfurth-Aufsichtsrat befürworteten die Aktion. Als der Vorstandsvorsitzende der Salzdetfurth AG, Clemens von Velsen, durch die steigenden Aktienkurse bemerkte, dass sein Unternehmen aufgekauft wurde, war es für Gegenmaßnahmen bereits zu spät.

Vor diesem Hintergrund stimmte Clemens von Velsen zu, die Kali- und Steinsalzaktivitäten von Salzdetfurth und Winters-

Eröffnungsfeier der kanadischen Alwinsal im Jahr 1967 (v.l.n.r.): Dr. Josef Rust, Vorstandsvorsitzender der Wintershall AG, Pierre Julien Couture, Aufsichtsratsvorsitzender der französischen EMC, Clemens von Velsen, Vorstandsvorsitzender der Salzdetfurth AG, Heinrich v. Hundelshausen, Vorstandsmitglied der Wintershall AG, Dr. Henry Bornemann, Konsul der Bundesrepublik Deutschland in Winnipeg, Dr. Heinz Foerstner, Vorstandsmitglied der Salzdetfurth AG, Herbert W. Fox, Vorstandsmitglied der Wintershall AG, und schließlich H. O. Behrendt, Geschäftsführer der Verkaufsgemeinschaft Deutscher Kaliwerke GmbH.

Wintershall-Finanzdirektor Helmut Klucke begann im Frühjahr 1969 alle erreichbaren Aktien der Salzdetfurth aufzukaufen. Helmut Klucke war von 1974 bis 1986 Finanzvorstand bei Wintershall sowie Kali und Salz.

hall in einem gemeinsamen Tochterunternehmen, der „Kali und Salz GmbH", zusammenzufassen. Die Verhandlungen zwischen den beiden Unternehmen waren allerdings äußerst schwierig, denn Clemens von Velsen forderte eine Gleichrangigkeit zwischen beiden Mutter-Unternehmen sowie eine paritätisch besetzte Geschäftsführung der GmbH mit einem Sprecher von der Salzdetfurth AG an der Spitze. Die Forderung nach einer 50-prozentigen Beteiligung der Salzdetfurth am neuen Unternehmen war aber nur schwer zu realisieren, lag der Anteil der Wintershall an der Kaliproduk-

tion in Deutschland doch bei 54 Prozent, der Anteil der Salzdetfurth AG aber nur bei 34 Prozent. Außerdem forderte Clemens von Velsen, dass die Salzdetfurth AG über ihren Anteil am Gewinn der gemeinsamen Kali und Salz GmbH frei verfügen könne. Die Wintershall AG wollte eigentlich nicht mit ihren Gewinnen die defizitären Geschäftszweige der Salzdetfurth unterstützen, stimmte aber im Interesse einer neuen Chance für die Kaliindustrie den Forderungen der Salzdetfurth zu.

Die Unternehmen setzten daher eine gemeinsame Kommission ein, um das Substanzvermögen beider Unternehmen zu bewerten. Dabei stellte sich bald heraus, dass die Salzdetfurth AG ihre Beteiligungen in Nordamerika (Alwinsal und Großer Salzsee) zu hoch eingeschätzt hatte. Ein 50-Prozent-Anteil am neuen gemeinsamen Tochterunternehmen wäre nur dann zu erreichen gewesen, wenn die Salzdetfurth neben dem Kali- und Steinsalzvermögen noch weitere Beteiligungen eingebracht hätte; dazu gehörte neben einer 25-prozentigen Beteiligung an dem Transport- und Lagerhaus-Unternehmen „UNION Schiffahrt" auch ein „dicker Scheck", so das spätere Kali und Salz-Vorstandsmitglied Dr. Willi Heim, der für die Salzdetfurth AG Mitglied der Bewertungskommission war.

Das neue Unternehmen „Kali und Salz"

Mit der Wintershall AG als beherrschender Gesellschafterin der Salzdetfurth AG war nun der Weg zur gemeinsamen „Kali und Salz" frei. Genutzt wurde dafür die 1956 gegründete „Gesellschaft für Kali-Interessen mbH" (GKI), die in „Kali und Salz GmbH" umbenannt wurde. In diese Gesellschaft brachten Wintershall und Salzdetfurth zum 1. Juli 1970 alle inländischen Kali- und Steinsalzaktivitäten sowie den Verkauf sämtlicher Produkte ein. Die „Alwinsal" in Kanada war bereits eine 50-prozentige Tochtergesellschaft der GKI. Die Beteiligung ging nun auf die neue Kali und Salz GmbH über. Die

Aktionäre der Wintershall AG und der Salzdetfurth AG stimmten am 9. Juni in Kassel und am 25. Juni 1970 in Hannover dieser Transaktion zu.

Die BASF-Tochter Wintershall AG (einschließlich der Burbach-Kaliwerke AG) sowie die Salzdetfurth AG hielten nun jeweils 50 Prozent des Kapitals der neuen Kali und Salz GmbH. Die Düngemittel-Beteiligungen (Chemische Fabrik Kalk, Guano-Werke, Gewerkschaft Victor) sowie die ausländischen Tochterunternehmen („Great Salt Lake" in den USA, „Pec-Rhin" in Frankreich) verblieben bei den jeweiligen Muttergesellschaften.

Am 5. März 1971 beschloss eine außerordentliche Gesellschafterversammlung die schon zuvor geplante Umwandlung der GmbH in eine Aktiengesellschaft, die „Kali und Salz AG", die am 27. August 1971 in das Kasseler Handelsregister eingetragen wurde. Das Aktienkapital der AG betrug 200 Millionen Mark. Die Gesellschaft hatte einen Anteil von 88 Prozent an der westdeutschen Kalierzeugung. Die übrige Produktion stammte aus den Werken Friedrichshall und Ronnenberg der Kali-Chemie AG, die mehrheitlich der Deutsche Solvay Werke GmbH gehörte.

Bald war jedoch klar, dass die verbliebene Salzdetfurth AG ohne ihre deutschen Kali- und Steinsalzwerke nicht lebensfähig war. Von den anderen Tochterunternehmen erwirtschaftete die CFK 1971 einen operativen Gewinn, die COMPO und die noch junge kanadische Alwinsal allerdings Verluste. Die größte Gefahr für die Salzdetfurth AG ging allerdings vom gescheiterten „Salzsee-Projekt" in Utah aus (siehe Kasten Seite 165). Ende 1971 musste die Salzdetfurth AG ankündigen, für das Jahr 1971 keine Dividende zahlen zu können, und 1972 war sie angesichts der enormen Abschreibungen von 65 Millionen Mark für das Salzsee-Projekt finanziell am Ende.

Die Lösung bestand in einem zweiten großen gesellschaftsrechtlichen Schritt, der in mehreren komplizierten Stufen schließlich zur Kali und Salz AG (neu) führte.

Der Bohrwagenfahrer Helmut Grunewald vom Kaliwerk Neuhof-Ellers ist als „einer von zehntausend" Mitarbeitern der neuen Kali und Salz GmbH auf dem Titelbild der ersten Werkzeitschrift abgebildet.

Die Geschäftsführung der neuen Kali und Salz

Die Geschäftsführung der am 1. Juli 1970 aus der „Gesellschaft für Kali-Interessen mbH" (GKI) entstandenen „Kali und Salz GmbH" und der Vorstand der am 27. August 1971 gebildeten „Kali und Salz AG" (alt) wurde paritätisch besetzt: Sprecher der GmbH-Geschäftsführung wurde zunächst Max-Stephan Schulze von der Salzdetfurth AG, der gleichzeitig das Personal-Ressort leitete (Vorstand bis 1983). Am 14. September 1972 wurde Dr. Ernst Denzel von der Wintershall AG Vorstandsvorsitzender der Kali und Salz AG (Vorstand bis 1975), der gleichzeitig seit 1970 für Finanzen zuständig war. Von der Salzdetfurth AG kam 1970 außerdem der Geschäftsführer für Bergbau Dr. Willi Heim (Vorstand bis 1989), von der Wintershall AG der Geschäftsführer für Produktion Professor Dr. Arno Singewald (Vorstand bis 1989). Leiter des Verkaufsressorts wurde am 1. Januar 1971 (Vorstand bis 1990) Ralf Zimmermann v. Siefart, bis dahin Geschäftsführer der „Verkaufsgemeinschaft Deutscher Kaliwerke" (VDK) in Hannover. Die Vertriebsorganisation der VDK wurde als Verkaufsressort der Kali und Salz GmbH übernommen. Nach der Umwandlung der Kali und Salz AG (alt) in die Kali und Salz AG (neu) wurde der Vorstand am 8. August 1972 durch Anton Ubbenjans (Technik, bis 1978) ergänzt. Sitz der neuen Gesellschaft wurde Kassel, wo sie Räume im Gebäude der Wintershall AG bezog.

Dr. Josef Rust und Clemens von Velsen gehörten ab dem 11. September 1970 dem Aufsichtsrat der Kali und Salz GmbH und der späteren AG an. Anders als Rust, der bis 1978 im Aufsichtsrat tätig war, schied von Velsen 1972 aus dem Aufsichtsrat aus. Von seinem Posten als Vorstandsvorsitzender der Salzdetfurth AG trat er bereits zum 29. Juni 1971 zurück und wurde zum Vorsitzenden des Aufsichtsrates gewählt. Sein Nachfolger als Vorstandsvorsitzender war bis zur Umfirmierung der Salzdetfurth AG in die Kali und Salz AG (neu) am 7. August 1972 Dr. Willi Danz.

Dr. Hans Moell – Aufsichtsratsvorsitzender 1970 bis 1982

Die BASF-Gruppe blieb bei der Besetzung des neuen Vorstands im Hintergrund, sicherte sich aber durch die Berufung ihres Vorstandsmitglieds Dr. Hans Moell am 8. Juni 1970 zum Aufsichtsratsvorsitzenden der Kali und Salz GmbH und ab 1971 der Kali und Salz AG ihren Einfluss als indirekter Mehrheitsgesellschafter. 1920 in Freiburg i.B. geboren, studierte Hans Moell Pharmakologie und Chemie und kam 1953 zur BASF. 1966 wurde er stellvertretendes und 1968 ordentliches Vorstandsmitglied für das Ressort Personal und Soziales. Seit 1970 war er für das Ressort Grund- und Agrochemikalien, Gas und Öl zuständig. In dieser Funktion trieb er die Eigenversorgung der BASF mit Rohstoffen voran. Von 1972 bis 1975 war Moell gleichzeitig Vorstandsvorsitzender der Wintershall AG, die er erfolgreich in die BASF integrierte. Bis zu seiner Pensionierung 1982 blieb er BASF-Vorstandsmitglied und Aufsichtsratsvorsitzender der Kali und Salz AG. Er starb im Jahr 2000.

Max-Stephan Schulze, Sprecher der
Geschäftsführung der Kali und Salz GmbH

Dr. Hans Moell, Aufsichtsratsvorsitzender
der Kali und Salz GmbH

Das Fiasko der Salzdetfurth AG am Großen Salzsee

Im Dezember 1970 wurde – nach fünf Jahren Entwicklung, drei Jahren Bauzeit und 35 Millionen Dollar Investitionssumme – die Produktionsanlage der „Great Salt Lake Minerals & Chemicals Corp." (GSL) in Ogden/Utah in Betrieb genommen, zunächst „mit befriedigendem Erfolg". Die Salzdetfurth AG hatte zwar viel Geld investiert, aber dennoch gehörte ihr die GSL nur zu 49 Prozent. Zu 51 Prozent gehörte sie der „Gulf Resources & Chemicals Corp." in Houston (siehe Kapitel 4, Seite 130f). Die geplante Mineralsalzgewinnung aus dem Wasser des Großen Salzsees vor allem zur Produktion von Kaliumsulfat war jedoch viel schwieriger als anfangs gedacht. Vor allem die Salzkonzentration des Sees (und damit der durch Verdunstung entstehende Salzertrag) schwankte erheblich – je nachdem, wie viel Regen gefallen war und wie viel Schmelzwasser in den See gelangte. Langfristig konnte der Salzgehalt des Sees sogar abnehmen, denn der Eisenbahndamm, der den hochprozentigen Südteil des Sees vom niederprozentigen Nordteil trennte, wurde mehrfach vom Wasser durchbrochen. Die „Ernte" im Salzsee in der zweiten Jahreshälfte 1971 fiel aufgrund ergiebiger Regenfälle katastrophal aus. Angesichts des steigenden Wasserstandes mussten die Deiche erhöht werden, die die Verdunstungsbecken (Bild 1974) vom See trennten. Auch die geplante Verwertung der Magnesiumchlorid-Laugen konnte nicht verwirklicht werden. Für mehrjährige Verlustübernahmen waren aber weder die Salzdetfurth AG noch Gulf Resources finanziell stark genug. Das Engagement der Salzdetfurth AG am Großen Salzsee entwickelte sich zum wirtschaftlichen „Fiasko" für Salzdetfurth (Süddeutsche Zeitung). Nach eingehenden technischen und wirtschaftlichen Untersuchungen fiel auf Drängen der Wintershall die Entscheidung, sich von dem „Fass ohne Boden" (Helmut Klucke) zu trennen – gegen den erbitterten Widerstand seitens Clemens von Velsens, der nach wie vor an den Erfolg des Engagements glaubte. Am 8. Mai 1973 verkaufte die Kali und Salz AG ihre Beteiligung und verabschiedete sich von den „unkalkulierbaren Risiken" am Großen Salzsee. Die hohen Abschreibungen von 96 Millionen Mark (90 Prozent des Salzdetfurth-Kapitals), davon allein 65 Millionen Mark für das Salzsee-Engagement, hatten der Salzdetfurth AG finanziell den Todesstoß versetzt und belasteten auch die erste Bilanz der 1972 gebildeten Kali und Salz AG (neu) erheblich: „Im Großen Salzsee … ist die Salzdetfurth AG untergegangen", bilanzierte die Frankfurter Börsen-Zeitung im Mai 1973.

Die Logos der Salzdetfurth AG, der Wintershall AG und der Kali und Salz AG

Mit Hilfe der Bankenvertreter im Salzdetfurth-Aufsichtsrat wurden 1972 die notwendigen aktienrechtlichen Beschlüsse herbeigeführt: Die Hauptversammlung der Salzdetfurth AG vom 13. Juli 1972 beschloss, das Grundkapital von 125 Millionen Mark (Wintershall-Beteiligung: 43,4 Prozent) auf 250 Millionen Mark zu erhöhen, wobei das gesetzliche Bezugsrecht der außen stehenden Aktionäre ausgeschlossen wurde. Weitere Beschlüsse waren die Umwandlung der Kali und Salz AG (alt) auf die Salzdetfurth AG, die Änderung des Firmennamens in Kali und Salz AG (neu) und die Sitzverlegung von Hannover nach Kassel.

Die Umwandlung vollzog sich in zwei Schritten: Zunächst brachte die Wintershall AG ihre Beteiligung an der Kali und Salz AG (alt) in Höhe von 85,7 Millionen Mark (42,8 Prozent) als Sacheinlage in die Salzdetfurth AG ein und erhielt dafür nominell 107,1 Millionen Mark Salzdetfurth-Aktien. Das Umtauschverhältnis betrug acht Kali und Salz-Aktien im Nennwert von 100 Mark für zehn Salzdetfurth-Aktien im gleichen Nennwert. Die Salzdetfurth AG besaß nach der Übernahme des Wintershall-Anteils zusammen mit ihrem Anteil von 50 Prozent nunmehr eine Beteiligung von 92,8 Prozent an der Kali und Salz AG (alt). Diese Beteiligung gab der Salzdetfurth AG das Recht, die Kali und Salz AG (alt) auf sich umzuwandeln.

Mit Erlöschen der Kali und Salz AG (alt) schied auch die Burbach-Kaliwerke AG als Aktionärin aus. Sie erhielt für ihren Beteiligungswert entsprechende Aktien der Kali und Salz AG (neu). Damit waren die Wintershall AG mit 64,6 Prozent und die Burbach-Kaliwerke AG mit 7,2 Prozent am Grundkapital von 250 Millionen Mark der Kali und Salz AG (neu) beteiligt. Der Rest befand sich in Streubesitz. Die BASF war über die Wintershall AG Mehrheitsaktionärin. Alle Hauptversammlungsbeschlüsse vom 13. Juli 1972 wurden mit Eintragung in das Handelsregister am 7. August 1972 rechts-

kräftig. Damit war der Firmenname Salzdetfurth AG erloschen.

Die letzte Hauptversammlung der Salzdetfurth AG am 13. Juli 1972 verlief überaus turbulent. Zahlreiche aufgebrachte Aktionärsvertreter und viele alte und treue Salzdetfurth-Aktionäre fühlten sich von Wintershall und BASF über den Tisch gezogen. Sie kritisierten heftig das „Missmanagement" des Salzdetfurth-Vorstands am Großen Salzsee und zweifelten die Unternehmensbewertung der Salzdetfurth an. Einige Aktionäre warfen Wintershall vor, Salzdetfurth ausgebeutet und „kaputtgerechnet" zu haben. Am Ende aber genehmigte die Hauptversammlung mit überwältigender Mehrheit die Beschlussvorlagen. Die Wintershall erhöhte die bereits zugesagte Garantiedividende für die Minderheitsaktionäre von 5 auf 7,5 Prozent. Trotzdem klagte die Frankfurter Schutzgemeinschaft der Kleinaktionäre gegen Kali und Salz und den Ausschluss der freien Aktionäre vom Bezugsrecht bei der Erhöhung der Wintershall-Beteiligung an Salzdetfurth gegen Sacheinlage – allerdings erfolglos.

Die kartellrechtliche Genehmigung des Zusammenschlusses war hingegen kein Problem, denn das Kartellamt sah in der neuen Firma eine Fortführung des alten Rationalisierungskartells aus den 1950er Jahren. Weil die deutschen Landwirte weiterhin das Kali in ganz Deutschland zum gleich günstigen Preis beziehen konnten, stimmten auch die Vertreter der Landwirtschaft dem Zusammenschluss zu.

Diese Kalifusion war ein Markstein im jahrzehntelangen Konzentrationsprozess, der unmittelbar vor dem Ersten Weltkrieg begonnen und in der Zwischenkriegszeit mit den Konzernbildungen um Wintershall, Salzdetfurth und Burbach seinen ersten Höhepunkt erreicht hatte. Nun war der Weg frei für die Rationalisierungen und Modernisierungen, die die 1970er und 1980er Jahre der westdeutschen Kaliindustrie prägen sollten.

Dr. Ernst Denzel – Vorstandsvorsitzender der Kali und Salz AG 1972–1975

Am 14. September 1972 wurde Dr. Ernst Denzel Vorstandsvorsitzender der Kali und Salz AG.
1920 in Wetter an der Ruhr geboren, studierte Ernst Denzel nach Krieg und Gefangenschaft in
Köln Betriebswirtschaft und promovierte 1950. Im selben Jahr trat er in die Wintershall AG ein,
arbeitete auf verschiedenen Werken und leitete schließlich den Geschäftsbereich Erdöl- und Erdgas-
gewinnung in der Kasseler Hauptverwaltung. 1967 wurde er Vorstandsmitglied der Wintershall AG,
zuständig u.a. für Finanzen. Bei der Gründung der Kali und Salz GmbH im Jahr 1970 wurde er der
für Finanzen zuständige Geschäftsführer. Von 1972 bis 1975 war er Vorstandsvorsitzender der Kali
und Salz AG, bevor er 1975 als Finanzchef in den BASF-Vorstand wechselte.

Der Aufsichtsratsvorsitzende der
Wintershall AG, Dr. Josef Rust, bei
der Eröffnungsansprache zur Hauptversammlung der Wintershall AG am
9. Juni 1970 in Kassel. Links von ihm
die Vorstandsmitglieder Dr. Otto Roser
und Dr. Hans-Lothar Pallas.

Ein Teil des Vorstandes und Aufsichtsrates der Salzdetfurth AG bei der Hauptversammlung am 25. Juni 1970 in
Hannover. Vorstandsvorsitzender
Clemens v. Velsen erstattet den Bericht
des Vorstandes.

Die Kali- und Steinsalzwerke in der Bundesrepublik Deutschland 1970

Kali und Salz

Niedersachsen (Raum Hannover/Braunschweig)

Braunschweig-Lüneburg in Grasleben
> Steinsalzwerk, abgeteuft 1910-1912, ehemals Salzdetfurth, 2006 aktiv

Sigmundshall in Wunstorf-Bokeloh
> Kaliwerk, abgeteuft 1898-1904, ehemals Salzdetfurth, 2006 aktiv

Niedersachsen-Riedel in Hänigsen/Wathlingen
> Kali- und Steinsalzwerk, abgeteuft 1905-1910, ehemals Burbach, Stilllegung 1996

Bergmannssegen-Hugo in Sehnde-Ilten
> Kaliwerk, abgeteuft 1908-1911, ehemals Wintershall, Grube 1994 stillgelegt, Fabrik 2006 aktiv

Salzdetfurth in Bad Salzdetfurth
> Kaliwerk, abgeteuft 1896-1899, ehemals Salzdetfurth, Stilllegung 1993

Siegfried-Giesen in Groß-Giesen
> Kaliwerk, abgeteuft 1906-1909, ehemals Burbach, Stilllegung 1987

Hope in Lindwedel
> Kaliwerk, abgeteuft 1909-1912, ehemals Salzdetfurth, Stilllegung 1982

Mariaglück in Höfer
> Steinsalzwerk, abgeteuft 1911-1915, ehemals Salzdetfurth, Stilllegung 1977

Hansa(-Silberberg) in Ronnenberg-Empelde
> Kali- und Steinsalzwerk, abgeteuft 1896-1907, ehemals Salzdetfurth, Stilllegung 1973

Hessen (Werra-Fulda-Revier)

Wintershall in Heringen
> Kaliwerk, abgeteuft 1900-1903, ehemals Wintershall, 2006 aktiv

Hattorf in Philippsthal
> Kaliwerk, abgeteuft 1905-1908, ehemals Salzdetfurth, 2006 aktiv

Neuhof-Ellers in Neuhof
> Kaliwerk, abgeteuft 1905-1907, ehemals Wintershall, 2006 aktiv

Baden (Oberrhein)

Buggingen bei Müllheim
> Kaliwerk, abgeteuft 1922-1928, bis 1965 Preussag, dann Wintershall, Stilllegung 1973

Kali-Chemie

Niedersachsen (Raum Hannover)

Ronnenberg bei Hannover
> Kaliwerk, abgeteuft 1898-1905, 1975 abgesoffen

Friedrichshall in Sehnde
> Kaliwerk, abgeteuft 1902-1905, Fabrik 1981 stillgelegt, Grube (verbunden mit Bergmannssegen-Hugo) 1994 stillgelegt

Solvay

Nordrhein-Westfalen (Niederrhein)

Borth bei Rheinberg
> Steinsalzwerk, abgeteuft bis 1908, 2004 über esco an K+S, 2006 aktiv

Südwestdeutsche Salzwerke (SWS)

Baden-Württemberg

Heilbronn
> Steinsalzwerk, abgeteuft 1884-1885, 2006 aktiv

Bad Friedrichshall-Kochendorf
> Steinsalzwerk, abgeteuft 1896-1899, Produktion 1994 stillgelegt

Bayerische Berg-, Hütten- und Salzwerke (BHS), heute Tochter der SWS

Bayern

Berchtesgaden
> Salzbergwerk, Stollen angeschlagen 1517, 2006 aktiv

Wacker-Chemie

Baden-Württemberg

Stetten in Haigerloch
> Steinsalzwerk, abgeteuft 1854-1857, 2006 aktiv

oben Außenansicht des ehemaligen Wintershall-Werkes Neuhof-Ellers in den 1970er Jahren

links Einfahrt in ein Kalibergwerk (1969)

rechts Das Steinsalzwerk Mariaglück in Höfer bei Eschede (Foto 1972) gehörte zur Salzdetfurth AG und wurde 1977 stillgelegt.

Die Gründung des VEB Kombinat Kali in der DDR

Praktisch zeitgleich mit der Kalifusion in Westdeutschland kam es in der DDR – im Zug der beginnenden Kombinatsbildung – zu einem organisatorischen Zusammenschluss der Kaliindustrie. Die Gründe für die Fusionen waren allerdings unterschiedlich: Im Westen mussten die Kosten gesenkt werden, um auf dem Weltmarkt konkurrenzfähig zu bleiben. Im Osten sollte die Kaliproduktion so weit wie möglich gesteigert werden, um durch deren Export möglichst viele Devisen erwirtschaften. Da die DDR ihre Arbeiter und Angestellten in nichtkonvertierbarer Ostmark bezahlte, spielten die eigenen Kosten keine Rolle, so dass die DDR ihre Kalipreise in Dollar dem Weltmarktniveau anpassen konnte.

Bis 1970 hatten die einzelnen Kaliwerke der „Vereinigung Volkseigener Betriebe" (VVB) in Erfurt oftmals recht selbstständig agiert. Mit der neuen Kombinatsstruktur wurden ab 1. Januar 1970 alle Werke unter dem Dach des volkseigenen Betriebs „VEB Kombinat Kali"

in Sondershausen zusammengefasst: So sollten die Produktion erhöht und unterschiedliche technische Entwicklungen der Werke bei Bergbau und Verarbeitung vermieden werden.

Die Gründung des VEB Kombinat Kali stand am Anfang einer umfassenden Kombinatsbildung in der DDR, die Ende der 1960er Jahre unter dem Schlagwort „sozialistische Großproduktion" eingeleitet wurde. Bis Ende der 1970er Jahre wurden sämtliche überbetrieblichen Zusammenschlüsse in 147 Kombinate umgewandelt. Mit diesen Kombinaten sollten wenige, besser überschaubare sowie zentral steuerbare Wirtschaftseinheiten geschaffen werden. Die Kombinate sollten außerdem die Produktionsbasis zentralisieren, die Zulieferung sichern, die industrielle Forschung vorantreiben und das System der sozialistischen Planwirtschaft verbessern.

Organisiert waren die Kombinate als juristisch selbstständige Wirtschaftseinheiten mit einem Direktorium, an dessen Spitze ein

oben links Moderne Technik in der DDR: Die zentrale Fabrikwarte des Kaliwerkes Zielitz (um 1973)

oben rechts DDR-Kalikumpel bei der Einfahrt in den Schacht

persönlich verantwortlicher Generaldirektor
stand. Tatsächlich aber verfügten die Kombinate zur Realisierung ihrer Ziele nur über eine
sehr begrenzte Selbstständigkeit. Die Generaldirektoren waren dem zuständigen Fachminister direkt unterstellt und konnten von ihm
berufen oder abgelöst werden. Jeden Montag
musste etwa der Generaldirektor des Kalikombinats beim zuständigen DDR-Minister für
Erzbergbau, Metallurgie und Kali (EMK) über
die Planerfüllung seines Kombinats Rechenschaft ablegen.

Die Kali- und Steinsalzwerke der DDR
wurden mit ihren Zuliefer- und Absatzunternehmen in sieben regional und fachlich orientierte Betriebe innerhalb des Kombinats aufgeteilt. Außerdem gehörten das 1955 gegründete
Kaliforschungsinstitut in Sondershausen mit
etwa 450 Mitarbeitern und das 1953 gegründete Kali-Ingenieurbüro in Erfurt mit etwa 200
Mitarbeitern zum Kombinat.

Insgesamt beschäftigte das Kalikombinat Anfang der 1970er Jahre mehr als 30.000
Mitarbeiter, darunter – auch im gewerblichen
Bereich – sehr viele Frauen. Allerdings arbeitete
nur ein Teil der Beschäftigten im Bergbau. Andere arbeiteten in den sozialen Einrichtungen
der Betriebe (Küche, Kindergarten, Ferienheime
usw.), im Maschinen- und „Rationalisierungsmittelbau" und in der Konsumgüterproduktion.

Der Generalsekretär der SED, Erich
Honecker (im Bild vorne links), besuchte
am 15. Januar 1976 das Kaliwerk in
Merkers.

Das Direktorium des Kalikombinats

Generaldirektor des Kalikombinats war von 1970 bis 1990 Dr. Ing. Heinrich
Taubert (Bild). Taubert stammte aus Dankmarshausen an der hessisch-thüringischen Grenze. Sein Vater war vor dem Krieg auf dem Werk Wintershall beschäftigt,
wo er selbst noch als Lehrling gearbeitet hatte. Dr. Taubert unterstanden sechs
fachlich zugeordnete Direktoren für Ökonomie (Dr. Willing), für Kader und
Bildung (Rosenbaum), für Forschung und Entwicklung (Prof. Duchrow), für
Technik (Seesemann) und für Produktion (Bachmann) sowie für Beschaffung
und Absatz (Rug). Daneben gab es in der Kombinatsleitung einen Beauftragten
des Ministeriums für Staatssicherheit.

Die Betriebe des VEB Kombinat Kali (1970)

VEB Kalibetrieb „Südharz"
„Glückauf" Sondershausen
    abgeteuft 1893-1895, ehemals Wintershall, Stilllegung 1991
„Karl Marx" Sollstedt
    abgeteuft 1902-1904, ehemals Salzdetfurth, Stilllegung 1990
„Karl Liebknecht" Bleicherode
    abgeteuft 1899, ehemals Preussag, Stilllegung 1990
„Heinrich Rau" Roßleben
    abgeteuft 1903-1905, ehemals Salzdetfurth, Stilllegung 1991
„Thomas Müntzer" Bischofferode (früher „Bismarckshall")
    abgeteuft 1912-1915, ehemals Wintershall, Stilllegung 1993
Volkenroda-Menteroda
    abgeteuft 1906-1909, ehemals Burbach, Stilllegung 1991

VEB Kalibetrieb „Werra"
„Ernst Thälmann" Merkers (früher „Kaiseroda")
    abgeteuft 1895-1901, ehemals Wintershall, Stilllegung 1993 *
„Marx-Engels" Unterbreizbach (früher „Sachsen-Weimar")
    abgeteuft 1905-1910, ehemals Wintershall, 2006 aktiv *
„Wilhelm Pieck" in Dorndorf (früher „Heiligenroda")
    abgeteuft 1913, ehemals Wintershall, Stilllegung 1991

VEB Kalibetrieb Zielitz
„Ernst Schneller" (Umbenennung 1982) Zielitz
    abgeteuft 1967-1969, Produktionsaufnahme 1973, 2006 aktiv *

VEB Kali- und Steinsalzbetrieb „Saale"
Bernburg (Kali-, ab 1974 nur noch Steinsalzwerk)
    abgeteuft 1912-1914, ehemals Wintershall, 2006 aktiv *
Staßfurt (Kali- und Steinsalzwerk)
    abgeteuft 1851, ehemals Preussag, Stilllegung 1973
Teutschenthal (Kali- und Steinsalzwerk), früher „Deutschland"
    abgeteuft 1905-1906, ehemals Burbach, Stilllegung 1982
Saline Oberilm, abgeteuft 1904, Stilllegung 1999

VEB Fluß- und Schwerspatbetrieb Lengenfeld

VEB Bergwerksmaschinen Dietlas

BERGBAU-HANDEL Gesellschaft für Ausfuhr und Einfuhr
von Bergbauerzeugnissen m. b. H., Berlin
1981–1990: **VE Außenhandelsbetrieb KALI-BERGBAU,** Berlin

* seit 1993 Kali und Salz

linke Seite oben Das Kaliwerk „Ernst Thälmann" in Merkers war eines der wichtigsten Werke des Kalikombinats.

linke Seite Mitte Das Kaliwerk „Glückauf" in Sondershausen. In Sondershausen war auch die Kombinatsleitung des 1970 gegründeten „VEB Kombinat Kali" angesiedelt.

linke Seite unten Montagehallen des Bergwerksmaschinenbaus in Dietlas

links Kalikumpel bei der Einfahrt (Merkers)

rechts Der Bohrwagenfahrer Hans Wittig vom Kalibergwerk Unterbreizbach bekam 1976 den „Vaterländischen Verdienstorden in Gold" der DDR.

Anders als im Westen herrschte in der Kaliindustrie der DDR stets ein Mangel an Arbeitskräften, weil man – statt teurer und importierter Technik, etwa schwerer Bergwerksmaschinen – häufig mehr Menschen einsetzte. Hinzu kamen lange Warte- und Stillstandszeiten, wenn die Produktion etwa aus Materialmangel stockte. Diese Wartezeiten mussten durch Überstunden wieder ausgeglichen werden, was sich negativ auf die Arbeitsmoral auswirkte. Die sinkende Arbeitsintensität führte zwangsläufig zu einem Rückgang der Arbeitsproduktivität. Zahlreiche Mitarbeiter wurden zudem durch aufwändige Reparaturen, die Herstellung von Ersatzteilen, Instandsetzungsarbeiten veralteter und überlasteter Maschinen oder durch technische Improvisationen gebunden. Die Rationalisierungen und die Verbesserung der Arbeitsorganisation dienten deshalb in der DDR weniger dazu, Personalkosten zu sparen, sondern um Arbeitskräfte zu gewinnen, die an anderen Stellen dringender gebraucht wurden.

Die Konzentration der Kaliproduktion in einem Großkombinat war erfolgreich. Die DDR steigerte ihre Kaliproduktion von 2,4 Millionen Tonnen K_2O im Jahr 1970 auf 3,5 Millionen Tonnen K_2O in den 1980er Jahren. 75 bis 80 Prozent dieser Produktion wurden exportiert – vornehmlich in den „nichtsozialistischen Wirtschaftsraum", wo die DDR existenzwichtige Devisen erwirtschaften konnte. Das bedeutete, dass die DDR auf den Weltmärkten, in Asien, Nord- und Südamerika, als Konkurrent der Kali und Salz AG auftrat. Kosten spielten im Kalikombinat keine wesentliche Rolle. Der Staat finanzierte die Investitionen und vereinnahmte die Gewinne.

Integration und Neuorganisation im Westen

Die Integration der beiden Unternehmen Salzdetfurth und Wintershall in der neuen Kali und Salz war eine Herausforderung, denn Organisation und Unternehmenskultur der Werke waren sehr unterschiedlich. Während die Wintershaller in der Branche spöttisch als „Ölhändler" bezeichnet wurden, nannte man die Salzdetfurther „Glückauf-Schreier": Hier gaben Bergleute den Ton an, bei der Wintershall dagegen Kaufleute. So waren die Salzdetfurther stets stolz auf den bergbautechnischen Vorsprung gegenüber Wintershall, während Wintershall den betriebswirtschaftlichen Erfolg und die eigene Sparsamkeit betonte. „Salzdetfurth war im Kali- und Steinsalzgeschäft gut im Geld-Zusammenbringen, Wintershall im Geld-Zusammenhalten", brachte es Heinrich von Hundelshausen, Vorstand der Wintershall AG, später auf den Punkt. Planzahlen lehnte Clemens von Velsen strikt ab („Wir sind nicht die DDR!"). Stattdessen gab er seinen Leuten lieber eine Investitionssumme vor, die sie ausgeben durften.

Hatte die Salzdetfurth AG moderne Bergwerke, aber Finanzprobleme, so verdiente die Wintershall AG viel Geld – allerdings vor allem mit Öl. Während die Salzdetfurth AG eine offen organisierte Publikumsgesellschaft mit breit gestreuten Aktien und hoher Dividende war, gehörte die Wintershall AG mehrheitlich den beiden Familien Rosterg und Quandt. Aus diesem Grund hatten dort die Banken keinen Einfluss. August Rosterg hatte sie bereits Ende der 1920er Jahre aus dem Aufsichtsrat gedrängt. Im Salzdetfurth-Aufsichtsrat saßen dagegen zahlreiche Bankenvertreter. Daher schüttete die Salzdetfurth

eher Gewinne aus, während Wintershall eine Thesaurierungspolitik verfolgte und die Gewinne möglichst im Unternehmen beließ.

Die Salzdetfurth AG galt als „feiner Laden mit kleiner Hauptverwaltung" und war – fast wie eine Holding – mit sehr selbstständigen Werken und Tochterunternehmen aufgebaut. Die Wintershall AG war hingegen auf den Mann an der Spitze zugeschnitten, zunächst auf August Rosterg, dann auf Wilhelm Zentgraf, später auf Dr. Josef Rust. Dieser Zentralismus führte dazu, dass bei Wintershall ein autokratischerer Umgangston herrschte als in der Salzdetfurth. Solche atmosphärischen Unterschiede in der Unternehmenskultur erschwerten die Integration der beiden Gesellschaften.

Erleichtert wurde die Zusammenführung hingegen durch den Umstand, dass die Vorstände sich untereinander gut kannten, oftmals dieselben Universitäten besucht hatten, gemeinsam in den Ausschüssen des Kalivereins saßen, in der VDK miteinander über Quoten und Preise verhandelten oder zwischen den Kaliunternehmen wechselten, wie der ehemalige Salzdetfurth-Vorstand Max-Stephan Schulze erläuterte, der 1970 Sprecher der Geschäftsführung der Kali und Salz GmbH geworden war: „Alle kannten sich untereinander und es gab in der Regel eine freundschaftliche und offene Zusammenarbeit."

Lediglich die beiden Unternehmenslenker, Clemens von Velsen von der Salzdetfurth und Dr. Josef Rust von Wintershall, waren oft gegensätzlicher Auffassung, erinnert sich der spätere Vorstandsvorsitzende Dr. Otto

Walterspiel – während die jüngere Generation der Vorstände gut miteinander auskam. „Das war später eine große Hilfe bei der Fusion", so Max-Stephan Schulze.

Schwieriger war es, unter den Belegschaften ein „Wir-Gefühl" zu erzeugen. Eine der wichtigsten Aufgaben der ersten Jahre war daher, Ressentiments abzubauen, denn noch jahrelang prägte der Stolz auf die eigene Herkunft als Wintershaller oder Salzdetfurther die Identität unter wie über Tage. Unter Tage gingen die Unterschiede so weit, dass in der Grube Wintershall rechts gefahren wurde, während bei Salzdetfurth im benachbarten Hattorf das Linksfahrgebot galt.

Um den Zusammenschluss möglichst konfliktarm zu bewältigen, setzten Dr. Josef Rust und Clemens von Velsen eine Kommission ein (bestehend aus Dr. Heim, Schulze, Prof. Dr. Singewald und Dr. Denzel), die zusammen mit den jeweiligen Wirtschaftsprüfern eine Bewertung beider Unternehmen durchführen und die zukünftige Organisation des neuen, gemeinsamen Unternehmens und die Aufgabenverteilung festlegen sollte. Dabei wurden auch bewusst personelle Umsetzungen veranlasst. Auch der damalige Vorsitzende des Gesamtbetriebsrats, Willi Schüler vom Werk Wintershall, sowie sein Stellvertreter und Nachfolger, Wolfgang Oppermann vom Salzdetfurth-Werk in Hattorf, hatten einen wesentlichen Anteil an der erfolgreichen Zusammenführung der Kali- und Steinsalzaktivitäten beider Unternehmen.

oben Der ehemalige Geschäftsführer der Verkaufsgemeinschaft Deutscher Kaliwerke (VDK) Ralf Zimmermann v. Siefart leitete von 1971 bis 1990 das Verkaufsressort in der Geschäftsführung bzw. im Vorstand der Kali und Salz.

unten Dr. Willi Heim von der Salzdetfurth AG wurde 1970 Mitglied der Geschäftsführung der Kali und Salz GmbH und leitete im Vorstand der Kali und Salz bis 1989 das Ressort Bergbau.

rechte Seite oben Französische Kalikumpel im Elsass in den 1970er Jahren

unten links Befahrungsfahrzeug im Kaliwerk Hattorf (1976)

unten rechts Leitstand im Kaliwerk Salzdetfurth um 1972

Die deutsch-französische Zusammenarbeit beim Kali

In Westeuropa war Kali und Salz nun der größte Kaliproduzent. Mehr als 40 Prozent der westeuropäischen Produktion stammte 1970 aus dem neuen Unternehmen. Zweitgrößter Kaliproduzent war das französische Staatsunternehmen „Mines de Potasse d'Alsace" (MDPA), deren Produkte durch die „Société Commerciale des Potasses et de l'Azote" (SCPA) vermarktet wurden, beides Tochterunternehmen der staatlichen „Entreprise Minière et Chimique" (EMC). Seit Ende des Ersten Weltkriegs hatten die deutschen Kaliproduzenten stets eine freundschaftliche Verbindung zu den französischen Kollegen aufrechterhalten und beim Vertrieb sowie bei Auslandsaktivitäten zusammengearbeitet, so etwa in Kanada oder bei der Pec-Rhin in Ottmarsheim (Elsass). Es gab immer einen regen technischen Erfahrungsaustausch zwischen Deutschland und Frankreich. Auch im 1952 gegründeten „Internationalen Kali-Institut" (IKI) in Bern (siehe Seite 205) arbeiteten die westdeutsche Kaliindustrie und SCPA gut zusammen. Allerdings gab es auch immer wieder Reibungspunkte, die aus der unterschiedlichen Eigentümer- und Gesellschaftsform beider Unternehmen – SCPA als abgesicherte Staatsgesellschaft, Kali und Salz als Privatunternehmen – resultierten. Im Mai 1973 allerdings untersagte die EG-Kommission, um den Wettbewerb in Europa zu stärken, aus kartellrechtlichen Gründen die Vertriebskooperation in den EG-Ländern.

DIE 1970ER JAHRE: MODERNISIERUNG UND WIRTSCHAFTLICHER ERFOLG

Investitionen und Rationalisierungen

Die erste Aufgabe des Vorstands der neuen Kali und Salz AG war die Konsolidierung des neuen Unternehmens und die Straffung der Produktionsabläufe. Es galt, das Potenzial des Zusammenschlusses zu nutzen, denn noch war die wirtschaftliche Lage des Unternehmens nicht stabil, Exporte und Erträge waren rückläufig. Das Unternehmen investierte sehr viel Geld in Rationalisierungsmaßnahmen und die qualitative Verbesserung der Produktpalette, um vor allem das einfache 40er oder 50er-Kali durch höherwertige Sorten und Spezialprodukte – wie beispielsweise Kieserit und andere Magnesiumsalze – zu ersetzen und dazu die jeweils kostengünstigsten Werke zu nutzen. Die Kaliförderung sollte auf die acht Werke Wintershall, Niedersachsen(-Riedel), Bergmannssegen-

Hugo, Neuhof-Ellers, Salzdetfurth, Hattorf, Sigmundshall und Hope konzentriert und gleichzeitig gesteigert werden. Parallel dazu war ein Ausbau des Industriegeschäfts geplant. Auch die drei Steinsalzwerke (Niedersachsen-)Riedel, Braunschweig-Lüneburg und Mariaglück sollten umstrukturiert und die Produktion von Speise- und Gewerbesalz auf zwei Werke konzentriert werden. Das Werk Hattorf übernahm bei Bedarf zusätzlich die Auftausalzversorgung der Kunden in Süddeutschland.

Die Kali und Salz AG investierte erhebliche Summen in die Grubenbetriebe und in neue Anlagen über Tage. Während unter Tage vor allem die Mechanisierung vorangetrieben wurde, wurden über Tage unter anderem zwei Anlagen ausgebaut: Im Werk Hattorf wurde die

linke Seite **Ein moderner Fahrlader vom Typ „LF29" in der Grube Hattorf (1976)**

oben links **Die Großraumzüge im Kaliwerk Sigmundshall bestehen aus 12 bis 15 Waggons mit jeweils 30 Tonnen Nutzlast (1976).**

oben rechts **Flotationsanlage 1975**

Kaliumsulfatfabrik und im Werk Bergmannssegen-Hugo die Thomaskali-Anlage erweitert. An den Standorten Neuhof-Ellers und Wintershall gingen die ersten Anlagen zur elektrostatischen Trennung von Rohsalzen in Betrieb. Dadurch konnten die Abwassermengen drastisch reduziert und die Produktion von Spezialitäten gesteigert werden.

Von Anfang an war es das Ziel des Vorstands, alle Investitionen aus eigener Kraft zu erwirtschaften und eine teure Fremdfinanzierung zu vermeiden. Als Konsequenz aus den finanziellen Schwierigkeiten der Salzdetfurth AG einerseits und den langjährigen guten Erfahrungen bei der Wintershall AG andererseits wollte Kali und Salz „jede Abhängigkeit von Bankkrediten ausschließen", so Dr. Otto Walterspiel.

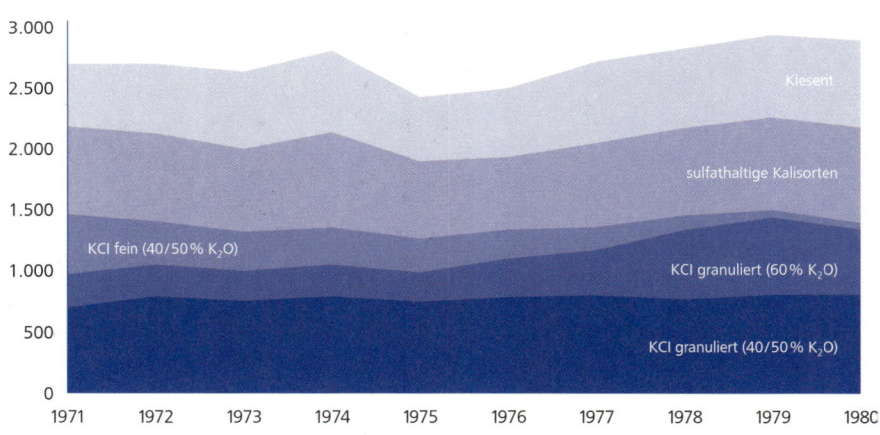

Absatz ausgewählter Produkte der Kali und Salz AG 1971–1980
(Angaben in Tausend Tonnen Ware)

Die wirtschaftliche Entwicklung der Kali und Salz AG

Die Investitionen waren erfolgreich und die Rahmenbedingungen günstig: In den 1970er Jahren erlebte die Kali und Salz AG eine bemerkenswerte Aufwärtsentwicklung. Zwischen 1971 und 1980 konnte der Umsatz von 713 Millionen Mark auf 1,4 Milliarden Mark verdoppelt werden. Mit einem Gewinn von knapp 40 Millionen Mark war 1974 das damalige „Rekordjahr" der deutschen Kaliindustrie (Otto Walterspiel). Maßgeblich für die gute Geschäftsentwicklung der Kali und Salz waren die Erfolge der Rationalisierungsmaßnahmen und die günstige Nachfrage im internationalen Düngemittelmarkt. Erst in den Jahren 1979 bis 1981 konnten die Gewinne diesen Wert wieder übertreffen. Die Kaliproduktion erhöhte sich zwar zwischen 1971 und 1980 von 2,1 auf 2,5 Millionen Tonnen K_2O. Weil die Erzeugung aber langsamer wuchs als die Nachfrage, sank der Weltmarktanteil der Kali und Salz AG von elf auf etwa neun Prozent.

Die weltweit steigende Düngemittelnachfrage kurbelte die Produktion an. Wegen der rasch wachsenden Weltbevölkerung und steigender Ansprüche an die Nahrungsmittel in den Industrieländern mussten die landwirtschaftlichen Hektarerträge deutlich gesteigert werden. Allein der landwirtschaftliche Stickstoffverbrauch verdoppelte sich weltweit zwischen 1970 und 1980 auf mehr als 60 Millionen Tonnen, der landwirtschaftliche Verbrauch von Phosphat und Kali stieg um jeweils rund 50 Prozent auf 32 bzw. 24 Millionen Tonnen Reinnährstoffe.

Nachdem es 1973 schon bei der Versorgung mit Stickstoff- und Phosphatdüngern Engpässe und Preissteigerungen gegeben hatte, konnte auch die Kaliproduktion im Jahr 1974 den weltweit steigenden Bedarf nicht mehr decken, Preise und Erträge stiegen. Diese insgesamt positive Entwicklung hielt bis 1981 an – wenn auch mit gelegentlichen kleinen Dämpfern. Allerdings überschätzten die Kaliproduzenten Mitte der 1970er Jahre die künftige Bedarfsentwicklung, so dass in Kanada und in der

Sowjetunion große Überkapazitäten aufgebaut wurden, die später auf die Preise drückten.

Angesichts der wachsenden Konkurrenz durch kanadische und US-amerikanische Unternehmen gründeten die europäischen Kaliproduzenten 1974 die „Kali-Export GmbH" in Wien. Die Gesellschaft bündelte den Vertrieb nach Übersee und verlieh der europäischen Kaliindustrie so auf den Weltmärkten ein größeres Gewicht. Neben den beiden großen Unternehmen Kali und Salz AG und der französischen SCPA gehörten dieser Übersee-Export-Gesellschaft die Kaliproduzenten aus Spanien (Copsa), Israel (Dead Sea Works) und Großbritannien (Cleveland Potash) an. Die neue Gesellschaft ließ sich zunächst gut an, allerdings sank die Zahl der Mitglieder in den 1980er Jahren wieder: Die „Dead Sea Works" schied wegen Regelverstößen aus und der britische Produzent Cleveland wollte sich auf seinen Heimatmarkt konzentrieren. Schließlich wurde die Gesellschaft Ende der 1980er Jahre nur noch von Kali und Salz, der SCPA und der Copsa getragen.

Außer der Konkurrenz aus den USA und Kanada machten der Kali und Salz AG in der zweiten Hälfte der 1970er Jahre vor allem die Kaliproduzenten des „Ostblocks" zu schaffen, die mit ihren verstärkten Exportbemühungen

Der Sitz der 1974 gegründeten „Kali-Export GmbH" in Wien

den internationalen Wettbewerb verschärften. Die DDR exportierte Ende der 1970er Jahre mehr als 80 Prozent ihrer Produktion. Allerdings blieb die Lage Anfang der 1980er Jahre noch beherrschbar, denn die DDR und die sowjetischen Anbieter hielten ihre Marktposition von etwa 40 Prozent. Vor allem die inzwischen zum größten Kaliproduzenten aufgestiegene Sowjetunion konzentrierte sich auf die Belieferung der heimischen Landwirtschaft und der COMECON-Staaten. Dies sollte sich erst später ändern. 1980 entfielen rund 35 Prozent der Weltkaliproduktion auf nordamerikanische Firmen und 21 Prozent produzierten die westeuropäischen Anbieter. Knapp die Hälfte davon lieferte die Kali und Salz AG.

linke Seite oben Das „August-Rosterg-Haus" in Kassel war Sitz der Hauptverwaltung der Wintershall AG sowie der Kali und Salz AG. Der Erweiterungsbau vorne im Bild wurde 1974 bis 1976 errichtet.

linke Seite unten links Ein deutscher Kalidampfer hat in einem kleinen Überseehafen angelegt. Das Kali wird per LKW und Eselskarren weitertransportiert. In vielen Entwicklungsländern spielen solche einfachen Transportmittel noch die Hauptrolle (1971).

linke Seite unten rechts Entladung von Düngemittel-Säcken 1977 im Hafen von Puerto Cabello (Venezuela)

Dr. Otto Walterspiel – Vorstandsvorsitzender 1975 bis 1991

1975 kam es zu einem wichtigen Führungswechsel im Unternehmen. Der Kali und Salz-Vorstandsvorsitzende Dr. Ernst Denzel wechselte als Finanzchef in den BASF-Vorstand, sein Nachfolger wurde Dr. Otto Walterspiel – für viele eine Überraschung, denn Walterspiel war bisher in Kassel wenig bekannt. Für ihn sprachen seine Herkunft aus dem Vertrieb, seine Auslandserfahrung und sein diplomatisches Geschick. Außerdem kam er von der BASF, die damit ihren Einfluss bei der Kali und Salz AG absichern konnte. Zudem war er weder der Salzdetfurth AG noch der Wintershall AG verpflichtet, und so konnte ihm von keiner Seite Parteilichkeit vorgeworfen werden.

Otto Walterspiel wurde 1927 in München geboren, studierte 1947 bis 1952 in München und den USA Landwirtschaft, promovierte 1952 und kam 1954 als Auslandsberater für Lateinamerika zur BASF. Von 1975 bis 1991 war er Vorstandsvorsitzender der Kali und Salz AG, von 1976 bis 1980 gleichzeitig Vorstandsvorsitzender der Wintershall AG.

Die Dollar-Turbulenzen der Jahre 1973 bis 1980

Ab 1973 sorgte die Freigabe der internationalen Wechselkurse für dramatische Veränderungen im Vertrieb. Diese Freigabe war nötig geworden, als 1973 das System der festen Wechselkurse zusammenbrach, das 1944 von der Finanz- und Währungskonferenz der Vereinten Nationen in „Bretton Woods" eingerichtet worden war und bisher für eine relative Stabilität auf den Finanzmärkten gesorgt hatte. Die im internationalen Vergleich bis dahin unterbewertete Deutsche Mark machte sofort einen kräftigen Sprung nach oben und der Kurs des US-Dollars halbierte sich in der Zeit von 1970 bis 1980 auf rund 1,80 Mark. Da die Kali-Weltmarktpreise auf Dollar-Basis notiert wurden, zehrte der fallende Dollarkurs einen großen Teil der Erlöse von Kali und Salz wieder auf. Der US-Dollar hatte also – neben der Entwicklung auf dem Weltkalimarkt – entscheidenden Einfluß auf das Ergebnis. Auch die anderen europäischen Anbieter aus „Hartwährungsländern" waren nicht in der Lage, diese Einbußen durch Preiserhöhungen auszugleichen. Sie mussten kostengünstiger produzieren. Für die Kalierzeuger des „Ostblocks" spielte die Entwicklung des US-Dollarkurses nur eine untergeordnete Rolle.

Auftausalz

Die Bundesrepublik Deutschland war in den 1960er Jahren zur „automobilen" Gesellschaft geworden, die auch im Winter bei Eis und Schnee freie Straßen für einen reibungslosen Straßenverkehr benötigte. Als geeignetes Auftaumittel für schnee- und eisglatte Straßen bot sich Auftausalz an, das bereits seit Ende der 1950er Jahre eingesetzt wurde. Seit 1968 wurde in Hattorf Auftausalz produziert, 1971 bekam auch das Werk Braunschweig-Lüneburg eine Auftausalzfabrik. Allerdings war und ist der Auftausalzabsatz extrem witterungsabhängig und schwankt von Jahr zu Jahr stark.

Das neue Auftausalz war bald umstritten. Sicherheitsgewinne im Straßenverkehr standen Korrosionsschäden am Auto und Salzschäden an Straßenbäumen gegenüber. Mit optimierter Salzqualität und verbesserter Streutechnik (Bild) bekam man diese Probleme in den Griff. Vor allem dank der elektronisch gesteuerten Feuchtsalz-Streutechnik, bei der das Auftausalz mit einer Salzlösung angefeuchtet wird, sank die benötigte Salzmenge bis heute auf 25 bis 50 Prozent der Mengen der 1960er Jahre (10 bis 20 statt 40 Gramm pro Quadratmeter).

Der Absatz von Steinsalz war und ist starken, wetterbedingten Schwankungen unterworfen. Abhängig von der Nachfrage nach Auftausalz für den Winterdienst bewegte sich der Absatz in den 1970er Jahren zwischen ein und zwei Millionen Tonnen pro Jahr. Die Kali und Salz AG besaß Ende der 1970er Jahre einen Anteil an der deutschen Steinsalzerzeugung zwischen 15 und 20 Prozent. Bei einzelnen Salzsorten war der Marktanteil höher: Beim Gewerbesalz hielt das Unternehmen in der Bundesrepublik einen Anteil von 45 Prozent und beim Speisesalz von 25 Prozent. Beim Auftausalz stammten, je nach Bedarf, 20 bis 30 Prozent aus der Produktion von Kali und Salz. Am Geschäft mit Industriesalzen für die Elektrolyse beteiligte sich Kali und Salz wegen der relativ hohen Frachtkosten kaum. Trotz der großen Produktionsmenge trug das Steinsalz lediglich 10 bis 15 Prozent zum Gesamtumsatz der Kali und Salz AG bei.

Salzlagerstätten bieten ideale geologische Voraussetzungen für die Einlagerung von Abfällen.

Die Untertage-Deponie Herfa-Neurode

Die Kali und Salz AG entwickelte ab 1972 einen nahe liegenden, neuen Geschäftszweig, der in den nächsten Jahrzehnten immer größere Bedeutung gewinnen sollte: In einem Teil des Grubenfeldes Herfa-Neurode des Werkes Wintershall wurde in 700 Metern Tiefe die weltweit erste Untertage-Deponie (UTD) für Industrierückstände in Betrieb genommen. Dabei konnten zahlreiche Synergien erschlossen werden, denn die UTD nutzt nicht nur die durch den Kaliabbau entstandenen Hohlräume, sondern im Verbundbetrieb mit dem Kaliabbau auch die vorhandene Infrastruktur, die Schächte und Fördereinrichtungen.

    Die gesetzlichen Standards für diese Art der langfristigen Abfallentsorgung waren von Anfang an sehr hoch. In der UTD werden nach gründlichen Eingangskontrollen umweltgefährdende Stoffe in jeweils separaten Bereichen langzeitsicher eingelagert. Die Abfälle stammen beispielsweise aus der Metallverarbeitung, aus der Chemieindustrie oder aus Verbrennungsanlagen. Der Vorteil der Salzlagerstätten als Deponien ist ihre absolute Trockenheit. Ein System aus technischen und natürlichen Barrieren schließt die eingelagerten Stoffe sicher gegen die Biosphäre ab. Während der Betriebsdauer der Deponien können alle eingelagerten Materialien auch wieder ausgelagert werden – etwa wenn neue Techniken die Wiederverwertung wertvoller Rohstoffe ermöglichen sollten.

Nach Ende des Betriebs werden die Abfälle dauerhaft in 700 Metern Tiefe fest eingeschlossen. Das machte diese damals einzigartige Einrichtung auf der Welt zu einem wichtigen Eckpfeiler der Abfallbeseitigungspläne von Bund und Ländern. 1990 wurde die einmillionste Tonne Sonderabfall in Herfa-Neurode langzeitsicher entsorgt. Das Entsorgungsgeschäft lieferte in den schwierigen Jahren des Weltkalimarktes wichtige Beiträge zum Ergebnis.

Meister Georg Siebold führte Buch über die Eingänge und Einlagerungen der UTD, die er in Grubenkarten einträgt (1973).

Konzentration und Konsolidierung: Grubenstilllegungen

Die Kehrseite des geschilderten Konzentrationsprozesses im Westen waren Gruben- und Werkstilllegungen, denn die Kali und Salz AG musste ihre Produktionsmengen und -kosten der Weltmarktentwicklung anpassen. Gab es um 1970 in Westdeutschland noch 13 Kaliwerke, sank ihre Zahl bis Ende der 1980er Jahre auf nur noch 7. Von den 11 Kaliwerken, die Anfang der 1970er Jahre in der DDR in Betrieb waren, blieben bis 1988 allerdings noch 10 übrig.

Noch während der Phase der Zusammenlegung drosselte die Kali und Salz AG 1971 die Produktion des seit Jahren defizitären Werkes im badischen Buggingen. 1973 wurden die Werke Buggingen und Hansa bei Hannover stillgelegt. Vorstandsvorsitzender Dr. Denzel betonte jedoch, dass Stilllegungen für die Zukunft keine Option seien. Stattdessen müssten die Produktionskosten gesenkt werden, um international konkurrenzfähig zu bleiben.

Im Sommer 1975 soff das Werk Ronnenberg der Kali-Chemie AG/Deutsche Solvay ab.

Nachdem die Kali-Chemie 1981 ihr letztes Werk Friedrichshall stillgelegt und Lagerstätte sowie Gelände an die Kali und Salz AG verkauft hatte, stieg sie ganz aus der Kaliproduktion aus. Kali und Salz baute die Lagerstätte über eine untertägige Verbindung vom Werk Bergmannssegen-Hugo weiter ab. Bereits vorher hatte Kali und Salz exklusiv den Vertrieb der Kalidüngemittel der Kali-Chemie übernommen. Die EG-Kommission hatte das zwar aus kartellrechtlichen Gründen zunächst verboten, dieses Verbot wurde jedoch später durch ein Urteil des Europäischen Gerichtshofs wieder aufgehoben. Der Fall fand kartellrechtlich große Beachtung.

Auch in den 1980er und 1990er Jahren gab es weitere Stilllegungen: 1982 schloss Kali und Salz das kleine Kaliwerk Hope, das die Kaliförderung bereits 1980 eingestellt hatte. 1987 wurde der Untertagebetrieb in Siegfried-Giesen stillgelegt. Dort war die Kaliförderung bereits 1976 reduziert und 1983 die Herstel-

lung von hochprozentigem Kaliumchlorid zugunsten von Magnesia-Kainit eingestellt worden. Bei den Rationalisierungen und Werksschließungen wurden Kündigungen vermieden und die Mitarbeiter stattdessen versetzt, an benachbarte Unternehmen vermittelt oder in den vorzeitigen Ruhestand verabschiedet. Mit der Übernahme der verbliebenen Aktivitäten der Kali-Chemie AG im Jahre 1981 war die gesamte westdeutsche Kaliindustrie endgültig in einer Hand zusammengefasst. Durch die Rationalisierungen war ein für die damalige Zeit wettbewerbsfähiges Unternehmen geschaffen.

Auch auf dem westdeutschen Steinsalzmarkt zeichnete sich in den 1970er Jahren das Ende eines Konzentrationsprozesses ab: Hatten Anfang der 1950er Jahre noch 21 Salinen und 8 Steinsalzbergwerke sowie 5 Solebetriebe rund 3,3 Millionen Tonnen Natriumchlorid (Steinsalz, Siedesalz und Sole) produziert, waren es 1975 nur noch 6 Salinen und 9 Steinsalzbergwerke sowie 5 Solebetriebe, deren gemeinsame

Produktion 9,3 Millionen Tonnen Salz erreichte. Angesichts der sinkenden Zahl ihrer Mitglieder schlossen sich der „Verein Deutscher Salinen" und die Salzbergwerke, die sich um 1900 getrennt hatten, 1973 erneut zum „Verein Deutsche Salzindustrie e.V." mit Sitz in Bonn zusammen.

Im Rahmen des Konsolidierungs- und Konzentrationsprozesses der deutschen Steinsalzindustrie schloss die Kali und Salz AG 1977 das 1911 geteufte Steinsalzwerk Mariaglück bei Celle, wo nach einigen Jahren der Kaliförderung 1923 durch den Aschersleben-Konzern ein wertvolles Steinsalzlager aufgeschlossen worden war. Zwischen 1911 und 1977 wurden hier rund 13 Millionen Tonnen Steinsalz und auch Kali gefördert. Die Kaliproduktion auf Mariaglück war bereits 1969 eingestellt worden.

von links nach rechts

1982 schloss Kali und Salz das kleine Kaliwerk Hope in Lindwedel nördlich von Hannover (Foto 1980).

Das Kali- und Steinsalzwerk Hansa bei Hannover wurde 1973 stillgelegt.

1976 wurde die Förderung des Kaliwerkes Siegfried-Giesen bei Hildesheim reduziert und 1987 der Untertagebetrieb stillgelegt (Foto 1975).

Anfang Mai 1971 konstituierte sich in Kassel aus den gewählten Belegschaftsvertretern der Werke und Verwaltungen der Gesamtbetriebsrat der Kali und Salz. Zum Vorsitzenden wurde Willi Schüler (1. Reihe, 3.v.r.) gewählt. Annegret Volling war die einzige Frau im Betriebsrat.

Gewerkschaft und Betriebsrat

Große Umstellungen, wie sie die Kali und Salz AG in den 1970er Jahren vollzog, sind leichter zu bewältigen, wenn die Zusammenarbeit der Unternehmensführung mit den Arbeitnehmervertretern von Betriebsrat und Gewerkschaft gut funktioniert. Bei Kali und Salz war das der Fall. In vielen Betrieben des Unternehmens waren und sind mehr als 90 Prozent der gewerblichen Mitarbeiter gewerkschaftlich organisiert. In Gesprächen loben Unternehmensvorstände, Betriebsräte und Gewerkschaft immer wieder die verlässliche Partnerschaft, die auch in schwierigen Zeiten einen offenen Umgang möglich macht. Besonders gilt diese Anerkennung den Vorsitzenden des Gesamtbetriebsrats Willi Schüler, Wolfgang Oppermann und Gerhard Söllner sowie Adolf Schmidt, Helmut Gelhorn und Heinz-Werner Meyer aus dem Vorstand der Industriegewerkschaft Bergbau und Energie (IG BE). Gelhorn und Meyer waren auch stellvertretende Aufsichtsratsvorsitzende von Kali und Salz.

Intensive und kritische Auseinandersetzungen zwischen Gesamtbetriebsrat und Gewerkschaft auf der einen Seite sowie dem Kali und Salz-Vorstand hatte es gegeben, als die IG BE 1976 ihr nur in der Montanindustrie geltendes Recht auf die Berufung des für Personal zuständigen Vorstandsmitglieds (Arbeitsdirektor) auch auf das Unternehmen Kali und Salz ausdehnen wollte. Dabei trafen sie auf den entschiedenen Widerstand des Vorstands um Dr. Otto Walterspiel. Als Kompromiss übernahm Walterspiel selbst – statt eines Vertreters der Gewerkschaft – nach dem altersbedingten Ausscheiden von Max-Stephan Schulze zusätzlich zu seinen Aufgaben als Vorstandsvorsitzender das Personalressort. Dass die Gewerkschaft diesen Kompromiss akzeptierte, zeigt das Vertrauensverhältnis zum Vorstand. „Walterspiel hatte immer ein gutes Verhältnis zur Gewerkschaft", bestätigt auch Gerhard Söllner, der von 1972 bis 1998 Betriebsrats- und zuletzt Gesamtbetriebsratsvorsitzender bei Kali und Salz war.

Beginn des Grubenverbunds an der Werra

Entscheidende Synergie- und Konzentrationseffekte erreichte das neue Unternehmen Kali und Salz durch die engere Zusammenarbeit der Kaligruben an der Werra. Die Gruben Wintershall und Herfa-Neurode waren bereits 1969 unter Tage verbunden worden, um die Schachtförderung und Wetterführung zu optimieren. Um die wachsenden Fördermengen bewältigen zu können, erweiterte die Kali und Salz AG im Jahr 1971 den Wintershall-Schacht Grimberg zur „Zentralschachtanlage Wintershall" und schuf damit einen Wetterverbund zwischen den vier Wintershall-Schächten Grimberg, Heringen, Herfa und Neurode.

1979 wurde unter Tage ein Förderverbund zwischen den Gruben Hattorf und Wintershall eingerichtet, um wertstoffreicheres Rohsalz von Hattorf zur Verarbeitung nach Wintershall zu bringen. Aus Sicherheitsgründen wurde von Hattorf her auf der oberen und von Wintershall auf der unteren Sohle je eine Strecke bis zur „Markscheide" aufgefahren, die dann durch ein „Rollloch" miteinander verbunden wurden. Durch das Rollloch wurden täglich mehrere tausend Tonnen Rohsalz aus dem wertstoffreicheren Grubenfeld Hattorf zur Fabrik Wintershall befördert. 1988 entstand außerdem ein Wetter- und Fahrverbund zwischen beiden Gruben. Damit war ein wichtiger Baustein zum späteren „Verbundwerk Werra" gelegt.

oben 1970/71 wurde der Schacht Grimberg des Kaliwerkes Wintershall zu einer Zentralschachtanlage umgebaut. Der markante neue Förderturm wurde mit einer Achtseilförderung ausgerüstet.

links Schematischer Grubenriss der Baufelder Wintershall und Herfa-Neurode mit den Schächten Grimberg (1), Heringen (2), Herfa (3) und Neurode (4) sowie dem Wetterloch (5), dem Sprengsiloraum (6) und Werkstatt/Magazin (7). Die 1. Sohle bildet das Kaliflöz Hessen, die 2. Sohle das Kaliflöz Thüringen.

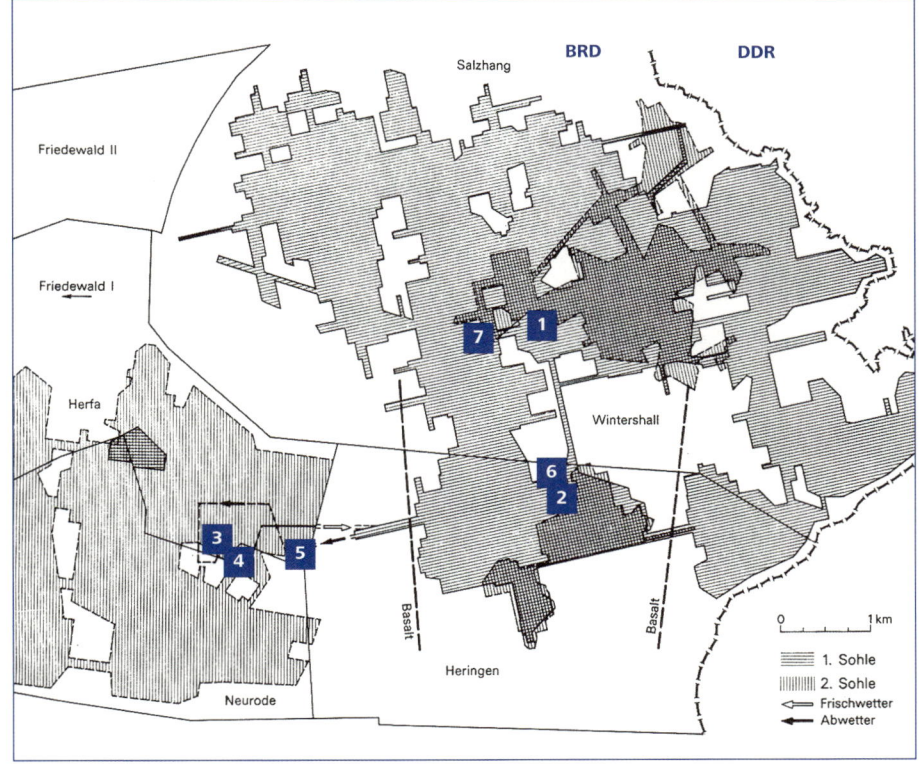

oben Gruppenaufnahme in 1.500
Meter Tiefe im Kali- und Steinsalzwerk
Niedersachsen-Riedel (v.l.n.r.): Gerhard
Paschkowski, Dr. Willi Heim (Vorstand),
Dietmar Krug, Peter Seifert, Alwin
Potthoff und Heinz Busche

unten Moderne Untertage-Technik in
der DDR: Ein Tiefschaufellader ST8 im
Kaliwerk „Ernst Thälmann" (Merkers)

Gruben-Kooperationen in Niedersachsen und in Thüringen

Gruben-Kooperationen gab es auch in Norddeutschland: 1974 gelang in einer Tiefe von 490 Metern der Durchschlag zwischen den Bergwerksfeldern Niedersachsen und Riedel, die ursprünglich zu unterschiedlichen Konzernen gehört hatten. Im gleichen Jahr war man hier mit 1.200 Metern in die größte Tiefe vorgestoßen, die bis dahin je ein Kaliwerk erreicht hatte. Anfang der 1990er Jahre wurden sogar 1.525 Meter erreicht. 1977 wurde schließlich die letzte trennende Wand zwischen den Kaligruben Niedersachsen und Riedel durchbrochen. Mit diesem „historischen Augenblick" war der Weg zum Einfeldbetrieb frei. Diese Verbindung ermöglichte eine rationellere Förderung und eine Steigerung der Grubenleistung. Ein zweiter Grubenverbund entstand, als die Kali und Salz AG 1982/83 einen untertägigen Verbund der benachbarten Grubenfelder Bergmannssegen-Hugo und Friedrichshall realisierte. Außerdem lieferte das Werk Hope zwischen 1964 und 1982 Rohsalz per LKW zum Werk Sigmundshall.

Während auf der hessischen Seite Hattorf und Wintershall zusammenwuchsen, verbesserte auf der benachbarten thüringischen Seite auch das Kalikombinat die Zusammenarbeit der Gruben Merkers, Unterbreizbach und Springen. Bereits Ende 1958 war aus den Gruben und Fabriken in Merkers (Kaiseroda), Dorndorf (Heiligenroda) und Unterbreizbach (Sachsen-Weimar) der VEB Kalibetrieb „Werra" mit 7.500 Mitarbeitern gebildet worden; über Tage wurde ein Rohsalzverbund zwischen diesen Werken eingerichtet. 1978 wurden die drei Gruben auch unter Tage zum „Wetterverbund" Werra zusammengeschlossen, um die Lagerstätten besser auszunutzen. Zur Versorgung der Fabrik in Merkers nach dem Gebirgsschlag von Völkershausen 1989 (siehe Kapitel 6, Seite 229) wurde 1989/90 zwischen den Gruben Springen und Merkers ein Förderverbund eingerichtet. Bis dahin hatte Springen per Seilbahn ausschließlich die Fabrik Dorndorf mit Rohsalz versorgt.

oben Auszeichnungen für den Kalibetrieb Werra, präsentiert in: „Die Jugend und der wissenschaftlich-technische Fortschritt im Kalibetrieb Werra", 1976

links Festveranstaltung mit Umzug beim „Tag des Bergmanns" 1974. Die Bergleute gehörten in der DDR zur hofierten Arbeiterelite.

VEB Kombinat Kali: Die Kaliindustrie der DDR in den 1970er Jahren

Mit der Gründung des Kalikombinats verband die Kaliindustrie der DDR ehrgeizige Ziele: Nachdem die Kaliproduktion bereits bis 1970 auf 2,4 Millionen Tonnen K_2O gesteigert worden war, sollten nach dem Fünfjahresplan bis 1975 jährlich 2,9 Millionen Tonnen K_2O produziert werden.

Um auf den Weltmärkten konkurrenzfähig zu bleiben, wollte das Kalikombinat die Qualität der Dünger verbessern, denn die Standardsorten 40er- und 50er-Kali ließen sich in Übersee kaum mehr absetzen. Die Planziele wurden erreicht: In den 1970er Jahren wurde mehr und mehr hochprozentiger Kalidünger produziert und das Produktionsziel des Jahres 1975 wurde mit mehr als 3 Millionen Tonnen K_2O sogar übertroffen. Damit lag die Kaliindustrie im Trend der gesamten DDR-Wirtschaft, die in den 1970er Jahren ein jährliches Wachstum von rund vier Prozent erzielte.

Außerdem versuchte das Kombinat, durch Granulierung die Landwirtschaft mit gekörnten und staubfreien Kalidüngern zu versorgen. Allerdings gab es in den 1970er Jahren Probleme mit der physikalischen Beschaffenheit der Granulate, deren Lagerfähigkeit nur begrenzt war.

Defizite gab es jedoch nach wie vor im Hinblick auf Produktivität und Effizienz. Das lag vor allem daran, dass die finanziellen Mittel für moderne Maschinen fehlten. Mit der steigenden Produktion wuchsen zwar Grubengebäude, Teufen und Bandanlagen, aber gleichzeitig auch die Entfernungen zwischen Förderschächten und Abbaubereichen. Der Abbau wurde aufwändiger und teurer. Um technisch optimal ausgestattet zu sein, schlossen die DDR und die UdSSR 1973 ein Abkommen über eine verstärkte Zusammenarbeit in der Kaliindustrie. Ziel war es, sich gegenseitig bei Rationalisierung und Produktionserweiterung zu unterstützen sowie Forschungsergebnisse und Ausrüstung auszutauschen.

Während der nächsten Fünfjahresplan-Periode zwischen 1975 und 1980 konnte die DDR ihre Produktion noch einmal von 3,0 auf 3,4 Millionen Tonnen K_2O steigern. 1984 und 1985 wurden sogar fast 3,5 Millionen Tonnen K_2O erreicht, womit das Kalikombinat allerdings knapp unter dem Plan von 3,56 Millionen Tonnen K_2O blieb. Trotzdem war das Kalikombinat damit der drittgrößte Kaliproduzent der Welt, deutlich größer als Kali und Salz.

Möglich war diese Produktionssteigerung, weil die DDR die Bohr- und Sprengtechniken sowie das Transportsystem erfolgreich verbessert hatte. Außerdem verringerte das Kalikombinat die Abbauverluste im Werra-Revier durch eine schwächere Dimensionierung der Stützpfeiler, ein, wie sich später herausstellen sollte, sehr riskantes Unterfangen (siehe Kapitel 6, Seite 229). Schließlich konnten auch die Stillstandzeiten gesenkt werden. Allein in den Ausbau der Werra-Werke wurden zwischen 1969 und 1984 fast eine Milliarde Ostmark investiert.

Da die DDR rund 80 Prozent ihres Kalis exportierte, übte sie mit diesen großen Mengen Druck auf die Weltmärkte aus. Vor allem in Lateinamerika und Asien trat sie auch als Konkurrentin der Kali und Salz AG auf. Während das wertstoffärmere 40er-Kali in die sozialistischen Nachbarländer des Comecon exportiert wurde (beispielsweise im Tausch gegen Kohle), lieferte die DDR auf den Weltmarkt ihr hochwertigeres 60er-Kali, etwa nach Brasilien im Tausch gegen Erz und Kaffee, aber auch nach Indien oder Kolumbien. Basis des DDR-Exports waren meist so genannte Clearing-Abkommen, bei denen die Vergütungen für Ein- und Ausfuhren auf dem Weg einer gegenseitigen Verrechnung erfolgten. Die DDR hatte solche Clearing-Abkommen mit 29 Entwicklungsländern abgeschlossen. Hauptumschlagplatz der Kaliexporte der DDR war der Ostseehafen Wismar, der Anfang der 1970er Jahre modernisiert wurde. Jetzt konnten täglich 5.000 Tonnen verladen werden. In vier Hallen wurden 1973 Lagermöglichkeiten für 70.000 Tonnen Dünger geschaffen.

VEB Kalibetrieb „Ernst Schneller" in Zielitz

Das ehrgeizigste Projekt der ostdeutschen Kaliwirtschaft war jedoch das Kaliwerk Zielitz im heutigen Sachsen-Anhalt, das 1973 mit der kontinuierlichen Förderung aus einer Tiefe von bis zu 1.100 Metern begann (siehe Kapitel 4, Seite 148f). Mit Fahrschaufelladern, Kammerpfeilerbau und Bandanlagen zur Streckenförderung galt Zielitz damals als modernstes Kaliwerk Europas. Die zur Kaliumchlorid-Gewinnung eingesetzte Flotationstechnik war im Vergleich zur sonstigen DDR-Kaliindustrie nicht nur moderner, sondern auch umweltfreundlicher.

Nach einer ersten provisorischen Förderung 1969 nahm das Werk 1970 eine Versuchsanlage zur Verarbeitung der hochwertigen Rohsalze mit einem Wertstoffgehalt von 16,5 Prozent K_2O in Betrieb. Allerdings stieß man im Sommer 1971 unerwartet auf eine steil stehende Störungszone und musste ein neues Entwicklungskonzept ausarbeiten. Damit war

von links nach rechts
Auch die DDR modernisierte den untertägigen Transport: leistungsfähiger Fahrlader des Kalikombinats.

- -

Kali-Umschlag im Hafen von Stralsund

- -

Hauptumschlagplatz der Kaliexporte der DDR war der Ostseehafen Wismar, der Anfang der 1970er Jahre modernisiert wurde.

Festveranstaltung zur Aufnahme des Dauerbetriebs im Kaliwerk Zielitz am 23. Juni 1973

von links nach rechts
Die Waschkaue des Kaliwerkes Zielitz

Der markante Förderschacht des Werkes Zielitz

Ein Absetzbagger auf der Zielitzer Abraumhalde

klar, dass der vorgesehene Zeit- und Produktionsplan nicht einzuhalten war.

Ein weiteres Problem war die Rekrutierung von Arbeitskräften, die entweder mühsam aus anderen Bergbaurevieren angeworben und auf Kali umgeschult werden mussten oder die aus gänzlich bergbaufremden Berufen stammten. Auch dies war ein Grund, dass die Produktion lange hinter den Erwartungen zurückblieb.

Erst 1973 begann die planmäßige Produktion. Etwa gleichzeitig wurde das unwirtschaftliche Werk in Staßfurt stillgelegt und ein Teil der Mitarbeiter nach Zielitz versetzt. Mit einer Produktion von rund 600.000 Tonnen K_2O (1975) trug das neue Werk erheblich zur Steigerung der DDR-Kaliproduktion bei. Die Erwartungen an das Werk waren allerdings noch höher, denn bereits 1976 sollten nach politischer Vorgabe jährlich 890.000 Tonnen K_2O erreicht werden. Die Kalifabrik mit der Flotationsanlage lieferte zwar die gewünschten Ergebnisse, aber das Bergwerk kam mit der Rohsalzförderung nicht nach. Angesichts der komplizierten Lagerstättenverhältnisse, der oft noch wenig getesteten Abbau- und Verarbeitungstechnik und zahlreicher fachfremder Mitarbeiter blieben die Mengen hinter den Planzahlen zurück. Das zuständige Ministerium wurde ungeduldig, ständig mussten neue „Planaufholkonzeptionen" vorgelegt werden.

So wurde Zielitz „zum Schrecken aller übergeordneten staatlichen und gesellschaftlichen Leitung", so die Werksgeschichte von 1998. Zeitweise musste der Betriebsdirektor dem zuständigen Minister jeden Morgen über die Planerfüllung berichten. Ein Bergwerksdirektor nach dem anderen musste sich in Berlin beim Ministerium verantworten – und wurde entlassen. Im Sommer 1979 hatte das Werk Zielitz bereits den siebten Betriebsleiter.

Erst Ende der 1970er Jahre zeichnete sich eine Wende ab. Anfang der 1980er Jahre wurde ein umfangreiches Streckenauffahrprogramm zur Sicherung des Abbaus umgesetzt. Über Tage wurde eine Granulieranlage gebaut, um hochwertiges staubfreies 60er-Kali zu produzieren. Rohsalzgewinnung und Kaliproduktion stabilisierten sich allmählich. Zeitweise wurde sogar mehr Kali produziert als geplant und der Überschuss – vorschriftswidrig – für schwierigere Zeiten gelagert. Das fiel erst auf, als Ende 1982 nach einem Brand trotz Produktionsstillstand weiter geliefert werden konnte. Zusätzlich zu den beiden vorhandenen Schächten (Förderschacht und Seilfahrt) bekam das Werk 1988 noch zwei rund 430 Meter tiefe Wetterschächte. So erreichte das Werk 1989 die gesamtdeutsche Spitzenproduktion von 860.000 Tonnen K_2O.

Neue Verfahren unter Tage: Moderne Grubentechnik in West und Ost

Hintergrund der steigenden Produktivität der Kaligruben waren umfassende Modernisierungen der Untertage-Betriebe sowohl in West- als auch in Ostdeutschland. Die 1970er Jahre wurden in Westdeutschland rückblickend als „Jahrzehnt des technischen Umschwungs unter Tage" bezeichnet. Durch Investitionen von mehr als 300 Millionen D-Mark in neue Abbau- und Fördermethoden stieg die Förderleistung in Westdeutschland um etwa ein Drittel. Die Grubenleistung wurde von 1970 bis 1980 sogar auf mehr als 50 Tonnen je Mann und Schicht verdoppelt. In den 1980er Jahren wurde diese Modernisierung in der Gruben- und Abbautechnik durch den Einsatz von Prozessrechnern und Mikroprozessoren, die

Automatisierung von Gewinnungs- und Förderaggregaten sowie den Einsatz von Elektrofahrladern noch einmal deutlich verstärkt.

In der DDR und der Bundesrepublik verlief die technische Entwicklung des Bergbaus weitgehend parallel. Auch in der DDR wurden selbst fahrende Sprenglochbohrwagen statt elektrischer Säulendrehbohrmaschinen eingesetzt, seit 1966/67 ersetzten moderne Frontlader aus der Bergwerksmaschinenfabrik Dietlas die alten Schrapper, die manuelle Beraubung wurde von maschineller abgelöst, die Streckenförderung von Bahn- auf Bandanlagen umgestellt und der Sprengstoff wurde nicht mehr patroniert, sondern als einblasfähiger Sprengstoff eingesetzt.

Ein Beraubefahrzeug im Kaliwerk Wintershall. Beim „Berauben" werden lockere Gesteinsschichten an Decken (Firste) und Wänden (Stöße) entfernt.

Allerdings gab es bei den technischen Neuerungen einen Qualitätsrückstand gegenüber dem Westen, der mit den Jahren wuchs. Das hatte mehrere Ursachen: Zum einen fehlte im Osten nach dem Krieg die Geräte- und Maschinenbauindustrie für die Gruben. Die entsprechenden Firmen lagen in Westdeutschland, während in der DDR der Maschinenbau erst neu aufgebaut werden musste (Dietlas). Häufig waren die Maschinen aus Dietlas Nachbauten von Modellen aus dem Westen, wurden auf Lizenzbasis oder mit importierten Baugruppen montiert. Zum anderen waren die Investitionen des Staates in die Kaligruben letztlich zu gering. Daher blieben Teile der Grubentechnik, besonders der Bergwerksmaschinenbau, in den 1970er und 1980er Jahren gemessen an internationalen Standards technologisch immer weiter zurück. So gingen zwar auf den ersten Blick Ost und West dieselben technologischen Schritte, doch mit unterschiedlicher Konsequenz sowie auf Basis unterschiedlicher finanzieller und technischer Möglichkeiten.

Angesichts der letztlich unzureichenden Investitionen und des oft überalterten und überstrapazierten Maschinenparks konnte die enorm hohe Produktion in der DDR nur durch das bemerkenswerte Engagement und eine beeindruckende Improvisationsfähigkeit der ostdeutschen Kalikumpel aufrechterhalten werden. Zahlreiche Mitarbeiter waren nur damit beschäftigt, irgendwo in Ostdeutschland Ersatzteile aufzutreiben oder notfalls mit Schmiede und Drehbank selbst herzustellen, veraltete Maschinen mit viel Zeit und Engagement am Laufen zu halten und mangelnde Automatisierung durch Arbeitskraft zu ersetzen. Die Ressourcen, die für die Aufrechterhaltung dieser Mangelwirtschaft aufgewendet werden mussten, waren gewaltig. Außerdem kam es immer wieder zu Warte- und Stillstandszeiten. Die Findigkeit, Flexibilität und Hartnäckigkeit, die die Kalikumpel im Osten dabei gewannen, kamen ihnen nach der Wende zugute.

links oben Der beeindruckende Hauptgrubenlüfter des Kali- und Steinsalzwerkes Niedersachsen-Riedel bewegte pro Minute 27.000 Kubikmeter Frischluft (1982).

links unten Sprengfahrzeug im Werk Niedersachsen-Riedel um 1980. Der Sprengstoff wurde jetzt nicht mehr patroniert, sondern als einblasfähiger Sprengstoff eingesetzt.

rechts Selbst fahrende Bohrwagen ersetzten die elektrischen Säulendrehbohrmaschinen; hier ein Großlochbohrwagen im Jahr 1986.

rechte Seite Die ESTA-Anlage des Kaliwerkes Wintershall erstreckt sich über mehrere Stockwerke (1979).

Neue Verfahren über Tage:
ESTA, Kristallisation und Granulierung

Modernisiert wurden in den 1970er Jahren nicht nur die Grubentechnik, sondern auch die Produktionsverfahren über Tage: So hatte die Kali und Salz AG 1971 nach langer Forschungsarbeit das revolutionäre ESTA-Verfahren zur trockenen, elektrostatischen Trennung von Kali-Rohsalzen bis zur Produktionsreife entwickelt. Das Verfahren reduzierte die Abwassermengen; außerdem konnte Kali und Salz die Herstellung von Spezialprodukten steigern.

Bedeutenden Anteil an der Entwicklung hatte der Leiter des Produktionsressorts Professor Dr. Arno Singewald mit seinen Mitarbeitern Dr. Günther Fricke und Hans Domning: „Professor Singewald glaubte fest an die Machbarkeit des Konzeptes", erinnert sich der heute unter anderem für Forschung und Entwicklung zuständige K+S-Vorstand Gerd Grimmig. Jahrelang hatte das Kaliforschungs-Institut (KAFI), das Kali und Salz 1970 übernommen hatte, am Verfahren getüftelt und in einem eigens dafür gebauten Technikum Großversuche unternommen. Für die ersten Proben mit einer großtechnischen Anlage wurden die Werke Neuhof-Ellers und Wintershall ausgewählt. Nach erfolgreichen Tests im Jahr 1973 bekam die Fabrik in Neuhof-Ellers 1974 die weltweit erste ESTA-Anlage zur abwasserfreien Herstellung von Kieserit. In Wintershall ging 1977 die erste ESTA-Stufe in Betrieb, 1979 folgte eine zweite Stufe. Es dauerte allerdings noch bis in die 1980er Jahre, bis das ESTA-Verfahren auch wirtschaftlich erfolgreich war. Heute gibt es ESTA-Anlagen an den Standorten Wintershall, Hattorf, Neuhof-Ellers und Sigmundshall, so dass dort jährlich mit relativ geringem Energieaufwand Millionen Tonnen Rohsalze trocken in ihre verschiedenen Bestandteile zerlegt werden. „Die Russen und die Kanadier haben bisher vergeblich versucht, die ESTA auf Basis eigener Entwicklung einzusetzen", so Gerd Grimmig.

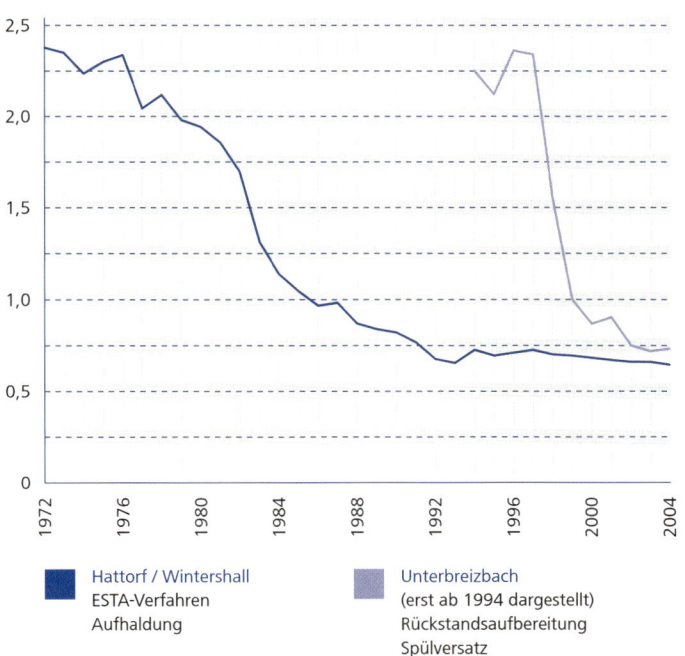

Hattorf / Wintershall
ESTA-Verfahren
Aufhaldung

Unterbreizbach
(erst ab 1994 dargestellt)
Rückstandsaufbereitung
Spülversatz

Entwicklung der spezifischen Abwassermengen der Werra-Standorte
(Angaben in m³/Tonne Rohsalz)

Die ESTA-Großanlage im Kaliwerk Hattorf sortiert mehr als 1.000 Tonnen Rohsalz pro Stunde in die einzelnen Mineralienbestandteile (Bild 1988).

Professor Dr. Arno Singewald, der „Vater" des ESTA-Verfahrens. Singewald wurde 1970 Mitglied der Geschäftsführung der Kali und Salz GmbH und leitete im Vorstand der Kali und Salz bis 1989 das Ressort Produktion.

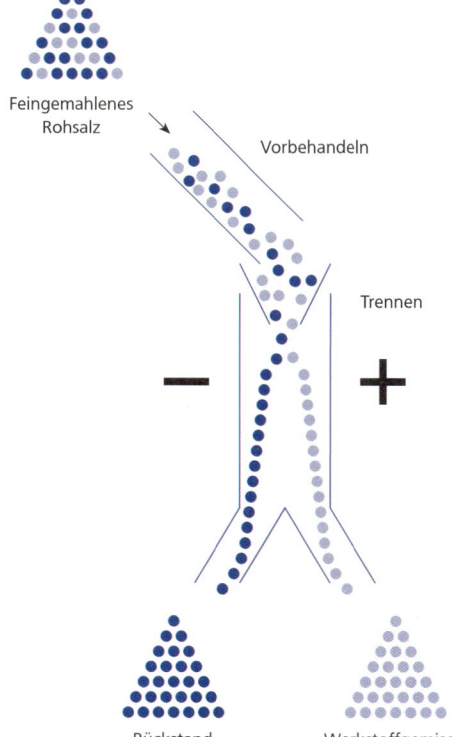

Feingemahlenes Rohsalz

Vorbehandeln

Trennen

− +

Rückstand (NaCl)

Werkstoffgemisch (KCl u. Kieserit)

Schematische Darstellung der elektrostatischen Trennung

Die ESTA-Technik

Salzminerale trocken zu sortieren war seit langem ein Wunschtraum der Kaliindustrie. Mitte der 1950er Jahre begannen dazu intensive Forschungs- und Entwicklungsarbeiten. Zwanzig Jahre später stand mit dem „ESTA-Verfahren" zur elektrostatischen Trennung von Rohsalzen eine praxistaugliche Technik zur Verfügung, die zunächst für Magnesiumsulfat (Kieserit), später auch bei anderen Salzen angewendet wurde.

Beim ESTA-Verfahren werden die Salzmineralien im Rohsalz mit Hilfe eines elektrischen Spannungsfeldes getrennt. Die elektrischen Eigenschaften an der Oberfläche werden durch die Zugabe bestimmter Reagenzien und klimatischer Konditionierung so beeinflusst, dass sich die unterschiedlichen Mineralien durch Reibung unterschiedlich aufladen. Beim anschließenden freien Fall durch ein Hochspannungsfeld werden die positiv geladenen Teilchen in die eine Richtung, die negativ geladenen Teilchen in die andere Richtung abgelenkt und getrennt aufgefangen.

Da das ESTA-Verfahren ohne Wasser auskommt und keine Abwässer anfallen, konnte durch das Verfahren die Versenkung von salzhaltigen Produktionsabwässern (Salzlaugen) oder deren Einleitung in die Werra erheblich reduziert werden. Da außerdem sehr viel weniger Energie benötigt wird als beim Heißlöse- oder Flotationsverfahren, ist das ESTA-Verfahren im Betrieb insgesamt erheblich kostengünstiger und umweltfreundlicher (siehe Seite 205).

Umstellung auf den Voll-Konti-Betrieb

Um die Anlagenlaufzeiten zu verlängern und damit die
Kosten zu senken, führte Kali und Salz in den 1970er Jahren
die durchgehende „vollkontinuierliche" Betriebsweise
(„Voll-Konti-Betrieb") in den übertägigen Anlagen ein.
1971 machten die Werke Wintershall und Sigmundshall
den Anfang, später wurde der Voll-Konti-Betrieb auf allen
Werken übernommen. Voraussetzung war der Bau großer
Untertage-Bunker, aus denen die Fabriken kontinuierlich
Rohsalz beziehen konnten, wenn an den Wochenenden
der Grubenbetrieb ruhte. Allerdings erforderte der vollkontinuierliche Betrieb mehr Personal, dessen zusätzliche Kosten
aber durch die bessere Auslastung der Werke wieder aufgefangen werden konnten.

Staubender Dünger bereitet bei Produktion und Anwendung
Probleme. Er verschmutzt Luft und Anlagen, lässt sich
schlechter handhaben und dosieren und bedeutet letztlich
einen Produktverlust. Um den Dünger staubfrei und damit
verbraucher- und umweltfreundlicher anbieten zu können,
setzte Kali und Salz ursprünglich auf das Pressen des Kalis.
Schließlich kam aber in den 1970er Jahren das neue Verfahren der Grobkorn-Kristallisation zum Einsatz. Mit Hilfe des
von dem früheren K+S-Mitarbeiter Hans Domning entwickelten „Gegenstrom-Kristallisationsverfahrens" werden grob-
körnige und staubfreie Düngemittel erzeugt. 1974 wurde
in Sigmundshall eine erste Grobkorn-Kristallisationsanlage
in Betrieb genommen und 1976 eine entsprechende Anlage
in Wintershall, damals eine der größten der Welt.

Neben dem Kristallisationsverfahren wurde ab Mitte
der 1960er in der DDR wie auch in der Bundesrepublik immer
häufiger das so genannte Granulierungsverfahren angewandt.
Mit den entsprechenden Ausbringungsmaschinen setzte
sich granulierter Dünger in den 1970er Jahren in der Landwirtschaft schnell durch. Nach dem Standardprodukt Kaliumchlorid gelang der Kali und Salz AG auch die Granulierung von Düngemittel-Spezialitäten.

oben Voraussetzung für den Voll-Konti-
Betrieb waren unterirdische Großbunker,
wie hier in der Grube des Kaliwerkes
Hattorf (1976).

unten In der Grobkorn-Kristallisationsanlage des Werkes Wintershall produzieren acht riesige Gegenstromverdampfer
(Kristallisatoren) stündlich 140 Tonnen
staubfreies Kaliumchlorid (1976).

links Rundpacker für Korn-Kali-Säcke
im Kaliwerk Neuhof-Ellers (1970)

rechts Kartoffelfeld mit optimaler
Kalium- und Magnesium-Ernährung

rechte Seite In der Tablettenpresse wird
das Salz zu Tabletten von 20 mm Durchmesser kompaktiert. K+S hat 1978 rund
350 verschiedene Verpackungsarten
für Salz im Verkaufsprogramm.

Neue Produkte: Kieserit und andere Spezialitäten von Kali und Salz

Neue Produktionsverfahren wurden ergänzt durch neue Produkte. Mit den „Massenprodukten" 50er- oder 60er-Kali war angesichts der Konkurrenz auf dem Weltmarkt kein großer wirtschaftlicher Erfolg mehr zu erzielen. Kali und Salz gelang es in den 1970er und 1980er Jahren aber, besonders in der deutschen Landwirtschaft neben den Standardprodukten zahlreiche Spezialitäten wie Korn-Kali, Patentkali, Kaliumsulfat, Kieserit oder Bittersalz zu vermarkten, mit denen die Erträge gesteigert werden konnten. Korn-Kali und Kieserit werden beispielsweise auf Böden und in Kulturen eingesetzt, die einen erhöhten Magnesium- und Schwefelbedarf haben, wie Raps, Kartoffeln oder Zuckerrüben. Die sulfathaltigen (Schwefel in pflanzenverfügbarer Form) Spezialdünger Kaliumsulfat oder Patentkali, aber auch Kieserit werden vor allem bei chloridempfindlichen Kulturen benötigt, wie etwa Kartoffeln, Wein, Gemüse oder Zitrusfrüchte. Das Vorhandensein der Mineralien für diese Spezialitäten war und ist ein bedeutender Vorteil der deutschen Kali-Lagerstätten.

Die Bedeutung von Kali, Stickstoff und Phosphat für die Pflanzenernährung war seit Mitte des 19. Jahrhunderts bekannt. Die Bedeutung der zahlreichen anderen Nährstoffe wurde jedoch erst nach und nach erkannt: So etwa die positive Wirkung von Schwefel und Magnesiumsulfat für das Pflanzenwachstum. Erst in den 1970er Jahren konnte Kali und Salz – vor dem Hintergrund einer Intensivierung der Landwirtschaft – durch intensive Beratungs- und Werbeaktivitäten der eigenen Anwendungsberatung langsam den Absatz von Magnesiumsulfat (Kieserit und Bittersalz) ausbauen.

Das neue Produkt „Kieserit" erforderte aber auch neue Verfahren, denn besonders die Granulierung des Kieserits bereitete zunächst Schwierigkeiten. Entscheidend für die Kieserit-Gewinnung war daher das ESTA-Verfahren, das Kali und Salz seit den 1970er Jahren aufbaute. Mit dem neuen Verfahren verdoppelte das Unternehmen die Kieserit-Produktion. Da die Lagerstätte von Neuhof-Ellers viel Kieserit enthielt, baute die Kali und Salz AG Mitte der 1980er Jahre auch hier die ESTA-Anlage weiter aus, um das gesamte Rohsalz zur Kieserit-Gewinnung elektrostatisch aufzubereiten. Neuhof-Ellers wurde damit Hauptproduzent für Kieserit.

Parallel dazu suchte Kali und Salz nach Wegen, um das Potenzial der Magnesium-Salze für die Düngung besser zu nutzen. Als Anfang der 1980er Jahre die Waldschäden bekannt wurden, die der „saure Regen" aus den schwefelhaltigen Emissionen der Kraftwerke verursachte, stellte die Kaliforschung fest, dass eine Kieserit-Düngung bei der Bekämpfung der Waldschäden hilft, denn Kieserit macht die Bäume widerstandsfähiger.

Als Reaktion auf das Waldsterben wurden in den 1980er Jahren überall in den westeuropäischen Kraftwerken Entschwefelungsanlagen eingebaut. Die dadurch verringerten Schwefel-Emissionen führten dazu, dass seit Anfang der 1990er Jahre in weiten Teilen Westeuropas die landwirtschaftlichen Flächen nicht mehr genug Schwefel als Nährstoff aus der Luft bekamen und sulfathaltige Spezialdünger wie Kieserit plötzlich dringend für die Pflanzenernährung benötigt wurden.

Steinsalzverarbeitung in Niedersachsen (1978)

Die niedersächsischen Steinsalzlagerstätten, die während des Zechsteins entstanden waren, sind mehr als 500 Meter stark, liegen aber in einer Tiefe von 3.000 bis 4.000 Metern und sind damit bergmännisch unerreichbar. Allerdings gibt es in der norddeutschen Tiefebene immer wieder Salzdurchbrüche nach oben, die teilweise bis in eine Tiefe von nur 100 Metern unter der Erdoberfläche reichen. Auf solchen Salzstöcken liegen die Steinsalzbergwerke Riedel und Braunschweig-Lüneburg, in denen das Salz in steiler Lagerung zwischen 350 bis 1.200 Metern Tiefe abgebaut wurde bzw. wird. Nach der Förderung wird das Salz durch Zerkleinern, Klassieren, Selektieren und Konditionieren veredelt. Es entsteht eine breite Palette von Salzqualitäten in rund 350 verschiedenen Verpackungsarten. Außerdem wird Salz zu Tabletten kompaktiert oder mit verschiedenen Zusätzen für unterschiedliche Gewerbezwecke konditioniert oder präpariert, etwa mit Naphtalin und Soda für das Häutesalz oder Jod für das Speisesalz. Weil Speisesalz bis 1993 der Salzsteuer unterlag, wurden die anderen Salzarten bis dahin durch gesetzlich vorgeschriebene „Denaturierungsmittel" (Geschmacks-, Geruchs- und Farbstoffe) vergällt.

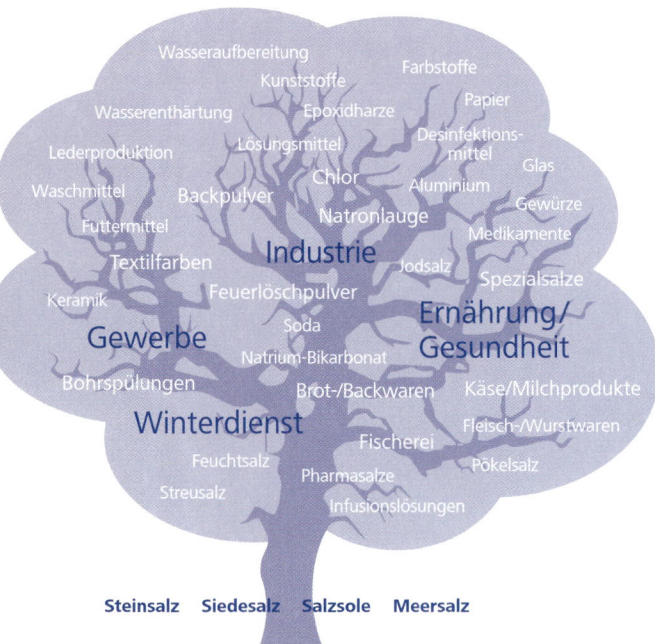

Wasseraufbereitung
Kunststoffe
Farbstoffe
Wasserenthärtung
Epoxidharze
Papier
Lederproduktion
Lösungsmittel
Desinfektionsmittel
Chlor
Aluminium
Glas
Waschmittel
Backpulver
Gewürze
Natronlauge
Futtermittel
Medikamente
Industrie
Textilfarben
Jodsalz
Keramik
Feuerlöschpulver
Spezialsalze
Gewerbe
Soda
Ernährung/ Gesundheit
Natrium-Bikarbonat
Bohrspülungen
Brot-/Backwaren
Käse/Milchprodukte
Winterdienst
Fleisch-/Wurstwaren
Fischerei
Feuchtsalz
Pökelsalz
Pharmasalze
Streusalz
Infusionslösungen

Steinsalz   Siedesalz   Salzsole   Meersalz

Der „Salzbaum" zeigt die vielfältigen Anwendungsbereiche von Salz.

Kaliforschung zur Verbesserung von Abbau und Produktion

Die bemerkenswerten Fortschritte in den Produktionsverfahren wären ohne eine intensive Forschungsarbeit des Kaliforschungs-Instituts (KAFI) nicht möglich gewesen. Über viele Jahre stand die Entwicklung und Weiterentwicklung des ESTA-Verfahrens im Vordergrund. Daneben beschäftigte sich das KAFI mit den Grundlagen und verfahrenstechnischen Bedingungen des Heißlöse- und des Flotationsverfahrens. Für alle Verfahren kamen aus dem KAFI wichtige Anregungen und Impulse. Für die Koordination der bergtechnischen Forschung war und ist der 1905 gegründete Kaliverein mit seinem „Bergtechnischen Ausschuss" zuständig, der in seiner Fachzeitschrift „Kali und Steinsalz" kontinuierlich über die technischen Verbesserungen der Abbauverfahren berichtete.

Das DDR-Gegenstück zum KAFI war das 1955 als „Zentrale Forschungsstelle für die Kaliindustrie" gegründete Kaliforschungsinstitut (KFI) in Sondershausen, das nach 1970 in die Kombinatsleitung integriert wurde. Forschungsschwerpunkte waren hier Rationalisierung (Mechanisierung), Rohstoffsicherung sowie Produktverbesserung, aber auch die Konsumgüterentwicklung. Daneben gehörte 1964 auch die Erkundung des künftigen Grubenfeldes in Zielitz zu den Aufgaben des Instituts.

1984 hatte es mehr als 500 Mitarbeiter und beschäftigte sich beispielsweise intensiv mit der Entwicklung und Einführung von alternativen Gewinnungsmethoden (solende Gewinnung) und Verbesserung der Aufbereitungsverfahren (Heißlöse- und Flotationsverfahren), der Technik sowie der Bergbauforschung (Gebirgsmechanik).

Nach einem schweren Gebirgsschlag im thüringischen Merkers im Jahr 1958 entwickelte das Kaliforschungsinstitut der DDR neue mathematische Modelle für die Dimensionierung der Stützpfeiler. Um die Abbauverluste möglichst gering zu halten und möglichst viel Salz aus einer Lagerstätte zu fördern, gab es dabei allerdings die gefährliche Tendenz, bei der Stützpfeiler-Dimensionierung bis an die physikalischen Grenzen zu gehen – und manchmal auch darüber hinaus. Diese von den DDR-Bergbehörden geforderte und sanktionierte Abbaupraxis mit den damit einhergehenden Gefahren (seismische Aktivitäten, Bruchgefahr) veranlassten die DDR zu einer sehr restriktiven Informationspolitik: Bergbaufragen und Bergbauprobleme entwickelten sich – wie alle strategisch wichtigen Wirtschaftsbereiche der DDR – zur „geheimen Kommandosache".

links Das Kaliforschungs-Institut (KAFI) befand sich von 1967 bis 1989 in Hannover-Kirchrode. Im Hintergrund das „Kali-Haus" der ehemaligen „Verkaufsgemeinschaft Deutscher Kaliwerke". Das KAFI wurde 1989 nach Heringen verlegt und mit dem dort ansässigen Technikum zum KAFI-Technikum zusammengefasst.

rechts Arbeit an einem modernen Spectrometer im Jahr 1995

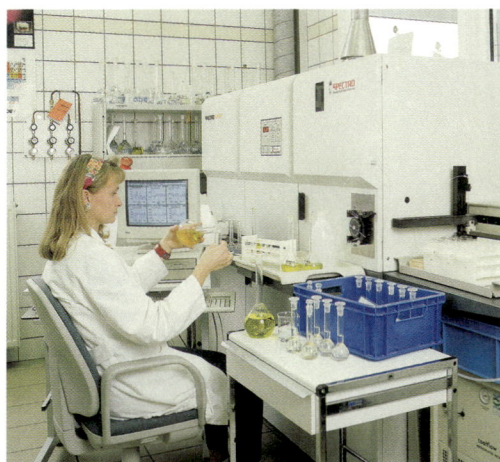

Der Gebirgsschlag von Sünna 1975

Die Grenzen der Abbaupraxis in der DDR mit den immer schmaler dimensionierten Pfeilern zeigten sich, als es 1975 in Sünna in der Nähe von Unterbreizbach (Thüringen) zu einem schweren Gebirgsschlag mit einer Erdbebenstärke von 5,2 auf der Richter-Skala kam, der durch unzureichende Pfeilerdimensionierung und fehlerhafte Abbauführung ausgelöst worden war. Zwei Quadratkilometer Bergwerksflächen brachen zusammen. Nach den Gebirgsschlägen Teutschenthal bei Halle 1940 (Stärke 4,3 mit 42 Toten), Heringen in Hessen 1953 (Stärke 5) und Merkers in Thüringen 1958 (Stärke 4,8) war dies das vierte Ereignis dieser Art. Bei den zuständigen Ministerien der DDR wurden die Ursachen des Gebirgsschlags von Sünna allerdings in der Bundesrepublik gesehen: Die „Verpressung von Kalilaugen" in den Plattendolomit durch die westdeutsche Kali und Salz AG habe das Erdbeben ausgelöst, hieß es. Von einer „nachweisbaren und vorsätzlichen Verletzung der Souveränität der DDR" war die Rede. Die DDR forderte vom Westen daher eine Entschädigung von fast 100 Millionen Mark (West). Verschärft wurde der Konflikt dadurch, dass die DDR ihre Abstoßquoten an Salzabwasser in die Werra überschritten hatte und die Werra dadurch schwer belastete. Der Konflikt um den Gebirgsschlag dauerte fast zehn Jahre und endete damit, dass die DDR angesichts ihrer erwiesenermaßen falschen Pfeilerdimensionierung ihre Forderungen nicht weiter verfolgte. Die deutsch-deutsche Kali-Kooperation war auf einem Tiefpunkt angelangt.

Ein Großlochbohrwagen (oben) und ein Firstankerbohrwagen (unten) in einem Bergwerk des Kalikombinats der DDR

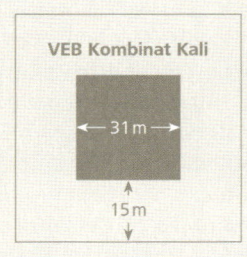

VEB Kombinat Kali

← 31m →

↕ 15m

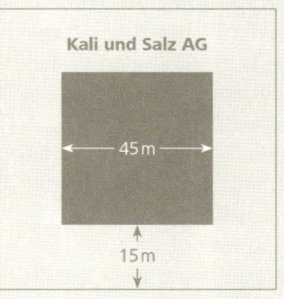

Kali und Salz AG

← 45m →

↕ 15m

	VEB Kombinat Kali	Kali und Salz AG
Pfeilerbelastung	45 MPa (= N/mm²)	38 MPa
Bruchlast	45 MPa	119 MPa
B:H	4,4	6,4
Pfeilerfläche	100 %	204 %
Salzart: C 80	Teufe: 850 m	Abbauhöhe: 7 m

Vergleich der Pfeiler-Dimensionierungen bei der westdeutschen Kali und Salz AG und beim VEB Kombinat Kali der DDR

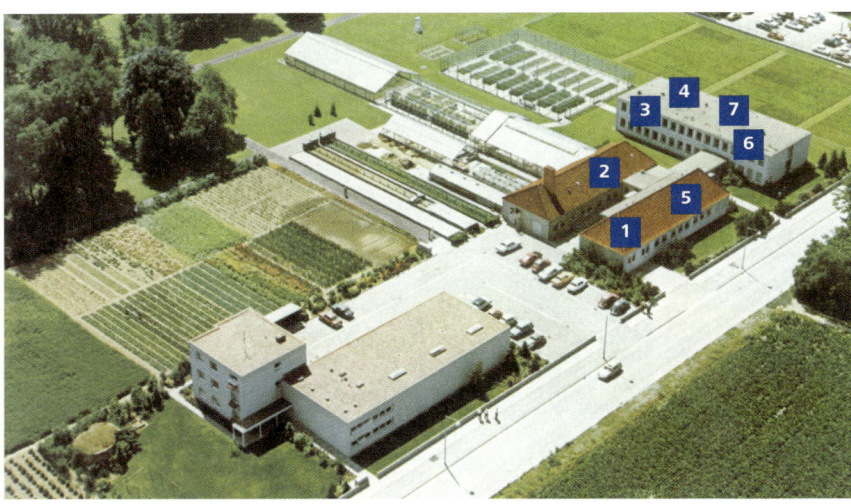

Bodenuntersuchung und Kaliberatung in West und Ost

oben links Luftbild der Landwirtschaftlichen Forschungsanstalt „Büntehof" in Hannover-Kirchrode mit den Abteilungen für Bodenkunde (1), Pflanzenernährung (2), Pflanzenphysiologie und Biochemie (3), Mikrobiologie (4), Grünland und Tierernährung (5), tropische und subtropische Landwirtschaft (6) sowie Dokumentation und Bibliothek (7)

oben rechts Im Isotopen-Labor auf dem Büntehof wird die Aufnahme von markierten Nährstoffen durch die Wurzeln und ihr Weitertransport in die verschiedenen Pflanzenteile gemessen.

Während sich die beiden deutschen Kaliforschungsinstitute in Hannover und Sondershausen mit Abbau- und Produktionsverfahren beschäftigten, untersuchten landwirtschaftliche Forschungsanstalten in West- und Ostdeutschland die Anwendung des Kalidüngers auf dem Feld. Im Westen war dafür die 1956 gegründete landwirtschaftliche Forschungsanstalt „Büntehof" zuständig.

Forschungsschwerpunkte waren die Ernährungsphysiologie der Pflanzen, die Nährstoffverfügbarkeit und -dynamik in den Böden, Düngungsfragen und Düngungsmethoden. Die Forschungsergebnisse über die Wirkung von Kali auf verschiedene Getreidearten wurden in den „Büntehof-Abstracts" und dem „Büntehof-Kolloquium" veröffentlicht.

1991 wurde der Büntehof im Zuge eines Ergebnissteigerungsprogramms von Kali und Salz geschlossen, die für Kali kaum noch benötigte Grundlagenforschung übernahm das BASF-Agrarzentrum Limburgerhof, andere Aufgaben wurden der landwirtschaftlichen Beratung zugeordnet.

Neben der Optimierung der Kaliproduktion und der landwirtschaftlichen Forschung ist die Beratung der Landwirte als Kalianwen-

der der dritte Baustein einer erfolgreichen Kaliwirtschaft. Um die Ergebnisse der Düngerforschung bekannt zu machen, betrieb Kali und Salz 1973 zwölf Beratungsstellen in Westdeutschland, jede besetzt mit einem Kaufmann und einem Diplomlandwirt. Grundlage ihrer Arbeit waren die Ergebnisse der Feldforschungen des Büntehofes, eigene Feldversuche und wissenschaftliche Arbeiten Dritter.

Diese Beratung hatte eine lange Tradition, denn schon das Kalisyndikat hatte erkannt, dass es die Verbindung zur Landwirtschaft nicht dem Zufall oder den amtlichen Beratern überlassen durfte. Daher hatte die Kaliindustrie bereits 1891 eine „Agrikulturabteilung" eingerichtet. Auch wenn sich der Düngerverbrauch pro Hektar von den 1920er bis in die 1970er Jahre erheblich gesteigert hatte, wurden den Kunden immer wieder neue Forschungsergebnisse, die Bedingungen der landwirtschaftlichen Pflanzenproduktion und damit der Düngeranwendung näher gebracht.

Während in den 1980er Jahren im Zeichen der Umweltschutzdebatte die staatlichen Beratungsstellen der Kali und Salz AG zu hohe Düngerempfehlungen vorwarfen,

Bilder von Kalisteigerungsversuchen:
Oben Hafer, darunter Kartoffeln und Zuckerrüben sowie unten zwei Grünland-Felddün-
gungsversuche

ist heute die Zusammenarbeit konstruktiv,
um gemeinsam eine optimale Kaliversorgung
der Böden zu erreichen. Trotz jahrzehntelanger
Kaliberatung waren nach Erkenntnissen der
landwirtschaftlichen Beratungsstellen Ende
der 1980er Jahre noch immer 60 Prozent der
Böden mit Kali unterversorgt und nur gut
30 Prozent optimal versorgt.

von links nach rechts

Die Beratung der Landwirte war und ist ein
wichtiger Baustein der Kaliwirtschaft (1972)

„Eine gute Durchschittssernte!" Aber hätte
der Ertrag nicht noch höher liegen können,
wenn der Pflanze stets genug Kali zur Verfügung gestanden hätte?

Grobe und gekörnte Kalidünger lassen sich
besser transportieren, lagern und ausbringen.

Die Industrialisierung der DDR-Landwirtschaft

Bis Ende der 1970er Jahre bemühte sich die DDR um eine Industrialisierung
der Landwirtschaft. In immer größeren Kooperationen wurde die strikte Trennung von Tier- und Pflanzenproduktion durchgesetzt. 1975 bewirtschafteten
1.210 „Kooperative Abteilungen Pflanzenproduktion" (KAP) rund 85 Prozent
der landwirtschaftlichen Nutzfläche. „Agrochemische Zentren" (ACZ) spezia-
lisierten sich auf Pflanzenschutz und Düngung.

    Die Böden erhielten infolge der getrennten Tier- und Pflanzenproduk-
tion nicht mehr genügend organische Substanzen, der Verbrauch an Mineraldüngern stieg beträchtlich. Trotz eines enormen Einsatzes an Produktionsmitteln
blieben die erhofften Ernteerfolge aus, teilweise nahmen die Hektarerträge
sogar ab, so dass die DDR Getreide, Kartoffeln und Futtermittel importieren
musste. Das Missverhältnis von Aufwand und Ertrag wuchs.

    Damit war der Versuch gescheitert, in der Landwirtschaft industrielle
Produktionsbedingungen aufzubauen. 1979/80 begann eine neue Phase der
DDR-Agrarpolitik: Durch kleinere Einheiten, die Beachtung von Standortbedin-
gungen und Vegetationszeiten, die Anpassung der Fruchtfolgen, den Anbau
von Gründünger zur Erhöhung der Bodenfruchtbarkeit, die Veränderung der
Arbeitsorganisation, die Aufwertung der Privatproduktion, die Nutzung jeder
möglichen Anbaufläche und eine Agrarpreisreform sollte der landwirtschaftliche Ertrag gesteigert werden. Dennoch blieb das Missverhältnis von Aufwand
und Ertrag bestehen. Ende der 1980er Jahre hatte sich die Landwirtschaft
der DDR mit ihren radikalen Maßnahmen in eine Sackgasse manövriert. Die
schlechten Ernten der Jahre 1988 und 1989 machten erneut Getreideimporte
aus dem Westen notwendig.

Auch die DDR bemühte sich um einen optimalen Düngereinsatz. Grundlage dafür waren
umfangreiche Bodenuntersuchungen. Bereits
1952 war die Bodenuntersuchung für alle Betriebe ab einer Größe von einem Hektar Pflicht
geworden. Zuständig für die Agrarforschung in
der DDR war das Jenaer „Institut für Pflanzenernährung" der Akademie der Landwirtschaftswissenschaften der DDR. Das Institut nahm
agrochemische Untersuchungen von Böden
und Pflanzen vor und gab wissenschaftliche
Empfehlungen zur Düngung und Steigerung
der Pflanzenproduktion. Ihr angeschlossen war
die bereits 1875 gegründete „Landwirtschaftliche Untersuchungs- und Forschungsanstalt"
(LUFA) in Rostock, die Düngerempfehlungen
erarbeitete („DS 69" siehe Kasten) und regelmäßige Bodenuntersuchungen vornahm – in
den 1970er Jahren jährlich 300.000 bis 350.000
Untersuchungen zu Phosphat, Kalium, Magnesium und Mikronährstoffen.

    Die Düngerberatung in der DDR war
eine der Aufgaben der 1970 gegründeten Abteilung für „Agrochemische Untersuchung und
Beratung" (ACUB) des Jenaer Instituts, dessen
Zweigstelle 1973 die LUFA wurde. Die ACUB
schloss Verträge mit den Agrochemischen Zentren (ACZ), in denen die zu untersuchenden
Betriebe festgelegt wurden. ACUB-Mitarbeiter
berieten diese Betriebe und organisierten die
Untersuchung der Bodenproben im Zentral-
labor in Jena.

    Als Erfolg ihrer eigenen Arbeit wertete
es die LUFA, dass zwischen 1970 und 1985
nur noch drei bis fünf Prozent der Böden mit
Kalium unterversorgt waren, während es vorher
30 Prozent waren. Ende der 1980er Jahre stieg
dieser Anteil allerdings wieder auf 10 Prozent.
Bei Phospat war Anfang der 1970er Jahre mit
19 Prozent unterversorgter Böden der niedrigste
Anteil erreicht, anschließend stieg der Wert auf
27 Prozent.

DS 69 – Die Düngemittelempfehlungen der LUFA

Die DDR-Düngeberatung nutzte ein landesweit einheitliches Computerprogramm zur Berechnung von Düngeempfehlungen. 1969 war es „DS 69", später „DS 73" und schließlich „DS 79", das für die damalige Zeit ein sehr modernes Programm war. Es berücksichtigte bereits Klimazonen und beinhaltete ein Mikronährstoffprogramm. DS 79 wurde in jedem Landwirtschaftsbetrieb der DDR berechnet. Es gab daraufhin Sekundärauswertungen für jeden Kreis und alle 14 DDR-Bezirke. Der Anwender konnte damit die Anbaustrukturen, den Düngemittelbedarf nach Nährstoffen oder die angestrebten Erträge genau verfolgen. Später entstand mit „DS 87" ein erstes Kleinrechnerprogramm für die Landwirtschaft.

linke Seite Industrielle Düngung in der DDR mit dem „Düngerflieger"

rechts Das Gebäude der Landwirtschaftlichen Untersuchungs- und Forschungsanstalt (LUFA) Rostock wurde von 1911 bis 1913 errichtet.

unten Bodenuntersuchungen durch Mitarbeiterinnen der LUFA um 1975/76

Das Internationale Kali-Institut (IKI) im Jahr 2005

Das IKI stellt heute die Bedeutung des Nährstoffes Kali für die Welternährung dar und fördert weltweit eine standortgerechte, nachhaltige Düngung. Außerdem ist das IKI eine Informationsplattform für den Austausch, die Auswertung und die Weitergabe wissenschaftlicher Daten an Produzenten, Händler, Berater und Anwender sowie die Entscheidungsträger in Politik und Wirtschaft. In China, Indien, Osteuropa, Westasien, Nordafrika und einigen GUS-Staaten versuchen beispielsweise die regionalen Koordinatoren durch Demonstrationsversuche den Nutzen einer ausgewogenen Kalidüngung aufzuzeigen.

Auf internationaler Ebene hat das „Internationale Kali-Institut" / „International Potash Institute" (IKI/IPI) in Basel die Aufgabe, das Ausmaß und die Folgen von anhaltend unausgewogener Düngung aufzuzeigen sowie Landwirte, Handel, Berater und Entscheidungsträger durch Düngungsversuche, Seminare, Konferenzen und zahlreiche Publikationen über die Vorteile einer ausgewogenen Düngung mit Kali zu informieren. Das IKI wurde 1952 in Bern von mehreren europäischen Kaliproduzenten gegründet. 1990 wurde es angesichts der Einbußen beim Kaliabsatz verkleinert und nach Basel verlegt. Seit 2005 hat es seinen Sitz in Zürich. Träger des IKI sind die Kaliproduzenten in West- und Osteuropa sowie im Nahen Osten.

oben Dünge-Beratung im Maisfeld um 1983

rechts Ein Experte der UNO-Ernährungsorganisation FAO und Westafrikaner besprechen Anbauthemen.

links Flotationszellen im Kaliwerk Hattorf
in den 1980er Jahren

rechts Umweltschutz: Der bei der
Verladung entstehende staubförmige
Abrieb wird abgesaugt, aufgefangen
und der Produktion wieder zugeführt.

Umweltprobleme und Umweltschutz

Wie die Debatte um eine mögliche Überdün-
gung der Felder zeigte, waren die 1970er und
die frühen 1980er Jahre auch die Zeit eines
erwachenden Umweltbewusstseins. In der
Kaliindustrie spielten Umweltbelastung und
Umweltschutz von Anfang an eine wichtige
Rolle, denn durch die Kaliproduktion gelangten
jahrzehntelang große Salzfrachten in die Flüsse.
Schon zu Beginn des 20. Jahrhunderts wurde
daher die Versalzung der Flüsse und die Notwendigkeit der Verringerung dieser Salzfracht
diskutiert. Bereits 1913 nahm in Vacha die
„Abwasserkommission" für das Werra- und
Fuldagebiet ihre Arbeit auf und legte 1920
erste Einleitungsquoten und Höchstwerte für
den Salzgehalt der Werra fest.

In der zweiten Hälfte der 1970er Jahre
verstärkte die Kali und Salz AG vor dem Hintergrund des wachsenden öffentlichen Umweltbewusstseins ihre Anstrengungen auf dem Gebiet
des Umweltschutzes. Die Abwassermengen,
die bei der Kaliaufbereitung entstanden, konnten nach und nach reduziert werden, da durch

die Flotation und durch das neue ESTA-Verfahren ein großer Teil der Rückstände in fester
Form anfiel. Die verringerten Salzabwässer
wurden entweder in tiefere Gesteinsschichten
des Plattendolomits versenkt oder umwelt-
verträglich in die Vorfluter (in diesem Fall
Werra und Ulster) eingeleitet. Die festen
Rückstände wurden auf Großhalden gelagert.
Mehr als 100 Millionen Mark setzte das Unternehmen bis Ende 1982 für diese „abwasser-
mindernde Umstrukturierung" der gesamten
Produktion ein.

Neben der Verringerung der Salzfrachten in den Flüssen spielte schon in den 1970er
Jahren die Reinhaltung der Luft eine immer
größere Rolle. Besonders die Schwefeldioxid-
emissionen wurden seit 1977 stetig verringert.
Seit 1981 war der Umweltschutz neben der
Energieeinsparung und dem ESTA-Verfahren
ein zentrales Ziel der Forschungs- und Ent-
wicklungsanstrengungen der Kali und Salz AG.
Gleichzeitig wurden im internationalen Vergleich aber auch die ersten Wettbewerbsver-

von links nach rechts
Sauerstoff-Anreicherung der Werra.
Das Abwasser der Werke wird mit dem
Flusswasser vermischt und dabei mit
Sauerstoff angereichert.

Die Lagerhalle für den KAMPKA-Dünger
der CFK in den 1960er Jahren

Das COMPO-Verwaltungsgebäude
in Münster-Handorf im Jahr 1969

zerrungen durch international ungleiche
Umweltauflagen zum Nachteil der deutschen
Kaliindustrie spürbar.

Anders als in Westdeutschland, wo
die Umweltbelastungen durch den Kalibergbau in den 1970er Jahren reduziert wurden,
verschärften sich in der DDR die ökologischen
Probleme. Hier hatte die Produktion den ab-
soluten Vorrang vor dem Schutz der Umwelt.
Seit Mitte der 1960er Jahre überstiegen die
Einleitungen in die Werra deutlich die seit
1920 festgelegten Grenzwerte, besonders nachdem die thüringischen Werra-Werke 1968 die
Versenkung der Kaliabwässer in den Plattendolomit eingestellt hatten. Nun flossen die
Abwässer mit jährlich neun Millionen Tonnen
Salz nahezu vollständig in die Werra, die dadurch schon bald biologisch tot war. Weil die
Salzfracht der Werra über die Weser auch Teile
der Bundesrepublik belastete, verhandelten
beide deutsche Staaten schon in den 1970er
Jahren über eine Reduzierung der Mengen,
allerdings ohne Erfolg. Zur überhöhten Salzfracht in Werra und Weser kamen hohe Schad-
stoffemissionen aus den veralteten Kraftwerken
der DDR hinzu.

Energieeinsparungen

Die Kaliindustrie ist eine energieintensive
Branche. Neben den Personalkosten sind
die Aufwendungen für Energie in der Produktion der größte Kostenblock. Angesichts der
seit den Ölkrisen 1973 und 1980 sprunghaft
gestiegenen Energiepreise investierte die Kali
und Salz AG seit Ende der 1970er Jahre verstärkt in Energie sparende Maßnahmen. Der
Energieverbrauch bei der Gewinnung und
Verarbeitung der Salze sollte gesenkt werden.
Der Einsatz alternativer Energien wurde
geprüft. Möglichkeiten zum Energiesparen
bot beispielsweise das ESTA-Verfahren, das
sich allerdings nicht für alle Rohsalze eignet,

außerdem die Nutzung der Kraft-Wärme-
Kopplung und der Energieverbund der
Werra-Werke. Um die Energiewirtschaft der
Nachbarwerke Wintershall und Hattorf zu
verbessern, wurde 1977 ein Stromverbund
zwischen den Werken geschaffen. 1981/82
war die Umstrukturierung weitgehend
abgeschlossen. Mit einem eigenen Kraftwerk wurden die Werke später weitgehend
unabhängig von Fremdstrombezug. Die
Energiekosten blieben jedoch weiterhin
ein entscheidender Kostenfaktor der westdeutschen Kaliindustrie.

CFK, COMPO, Guano-Werke und KTG in den 1970er Jahren

Von den Tochterunternehmen der Kali und Salz gab es zu Beginn der 1970er Jahre zunächst positive Nachrichten. Die Chemische Fabrik Kalk (CFK) steigerte ihren Umsatz mit dem Düngemittel „KAMPKA" sowie mit Soda, Calciumchlorid, Feinchemikalien, Futterphospaten und Spezialdüngern (Blumen- und Gartendünger) und erreichte 1974 mit rund 1.800 Mitarbeitern einen Umsatz von mehr als 400 Millionen Mark. Bis 1985 konnte der Umsatz sogar auf 570 Millionen Mark gesteigert werden. In einem Artikel zum 125-jährigen Jubiläum im Jahre 1983 blickte die Geschäftsleitung der CFK optimistisch in die Zukunft: „Wir haben ein stetig modernisiertes und stabiles Unternehmen mit einer guten Mannschaft ... Es besitzt einen ausgezeichneten Namen und eine ökonomisch vorzügliche Versorgungsbasis durch eigene ... Energie- und Wasserversorgung", dies sei die Voraussetzung für „gute Fahrt trotz ... starken Seegangs".

Noch rasanter entwickelte sich in den 1970er und 1980er Jahren die 1956 gegründete COMPO in Handorf bei Münster. Im Zuge der Neuorganisation der Kali und Salz AG übertrug die CFK 1971 den Verkauf von Spezialdüngern an COMPO. Die COMPO verbreiterte so ihre Angebotspalette um Spezialdünger und zahlreiche Pflanzenpflegeprodukte und konnte ihren Umsatz von 38 Millionen Mark (1973) auf 142 Millionen Mark (1985) fast vervierfachen. COMPO beschäftigte damals rund 230 Mitarbeiter. Das seit 1968 zur Wintershall AG gehörende Torfwerk Uchte (heute COMPO-Standort) erreichte mit 47 Beschäftigten einen Umsatz von 3,5 Millionen Mark und war ebenfalls mit Ergebnis und Geschäft zufrieden.

Die Chronik der COMPO (1967–1999)

1967 Salzdetfurth erwirbt 50 Prozent der „Sprenger & Todenhagen KG", Zusammenarbeit mit der „Salzdetfurth Verkaufskontor GmbH". Gründung der „Salzdetfurth COMPO-Werk GmbH & Co. KG" in Handorf, an der die Salzdetfurth AG und Konsul E. H. Sprenger gleichberechtigt beteiligt sind.

1970 Das COMPO-Werk in Handorf übernimmt die Tätigkeit der Guano-Spezialdünger Handelsgesellschaft mbH & Co. KG (Bielefeld).

1971 Die COMPO-Primel wird neues Firmenlogo. Wintershall erwirbt vom Firmengründer Konsul Sprenger dessen 50-prozentigen Anteil an der „Salzdetfurth COMPO-Werk GmbH & Co. KG".

1972 Im Zuge der Umfirmierung geht der 50-prozentige Salzdetfurth-Anteil an der COMPO an die Kali und Salz AG. Damit halten Kali und Salz AG und Wintershall AG je 50 Prozent an der COMPO.

1973 Die BASF-Gruppe bündelt ihre Vertriebsinteressen und einen Teil ihrer Produktion im Bereich Haus und Garten unter dem Namen „COMPO Produktions- und Vertriebsgesellschaft mbH".

1974 Die Blumenerde COMPO SANA bekommt das amtliche LUFA-Siegel der Landwirtschaftlichen Untersuchungs- und Forschungsanstalt Münster.

1976 BASF übernimmt die COMPO-Geschäftsanteile von der Wintershall, vereinigt ihren Vertrieb und einen Teil ihrer Produktion für Haus und Garten, Gartenbau und öffentliches Grün unter dem Dach der COMPO.

1981 COMPO wird die BASF-Geschäftseinheit „Garten- und Haus-Spezialprodukte". Die BASF verlegt die Geschäftsleitung der COMPO von Münster nach Limburgerhof bei Ludwigshafen.

1986 Die BASF kauft von der Kali und Salz AG den restlichen 50-Prozent-Anteil an der COMPO, die damit 100-prozentige Tochter der BASF wird.

1999 K+S kauft die COMPO von der BASF zurück.

oben Entladung eines Binnenschiffs im Krefelder Rheinhafen der Guano-Werke AG

unten Im August 1976 wurde im Werk Krefeld der Guano-Werke AG eine neue Schiffsentladeeinrichtung in Betrieb genommen.

Die Chronik der Guano-Werke AG (1961–1999)

1961 Die Wintershall wird im Rahmen einer Kapitalerhöhung Anteilseigner der „Guano-Werke AG vormals Ohlendorff'sche und Merck'sche Werke".

1968 Die Wintershall AG übernimmt von der Essener WASAG-CHEMIE (Sprengstoff-Hersteller, heute H & R Wasag AG) die Mehrheit an der Guano mit Standorten in Krefeld (das heutige COMPO-Werk), Nordenham, Hamburg, Friedrichstadt, Dänischburg bei Lübeck sowie Vienenburg am Harz.
Durch die Übernahme der Wintershall AG kommt die Guano-Werke AG zur BASF-Gruppe.

1971 Schließung der Produktion in Dänischburg und Vienenburg, Umbau zu Lagern. Schließung und Verkauf des Tochterunternehmens „Rohphosphat-Gesellschaft mbH", Hamburg.

1972 Stilllegung des Lagers Friedrichstadt. Auflösung des Tochterunternehmens „Norddeutsche Hyperphosphatkali GmbH".

1986 Die BASF übernimmt die Guano-Werke AG von der Wintershall AG.

1988 Die BASF gibt das Guano-Werk in Nordenham auf.

1999 K+S kauft das Krefelder Düngemittelwerk zusammen mit der COMPO von BASF.

Die Guano-Werke AG in Hamburg, seit 1968 mehrheitlich ein Tochterunternehmen der Wintershall AG (siehe Kapitel 4, Seite 137) stellte Anfang der 1970er Jahre mit knapp 800 Beschäftigten vor allem in den Werken Krefeld, Nordenham und Hamburg jährlich rund 400.000 Tonnen Düngemittel sowie Chemikalien und Produkte für die Futtermittelindustrie her. Nach tief greifenden Umstrukturierungen erwirtschaftete das Unternehmen 1975 einen Umsatz von 300 Millionen Mark und erzielte erstmals seit Jahren wieder einen Gewinn. Zwischen 1974 und 1979 investierte die Guano-Werke AG rund 52 Millionen Mark in neue Anlagen sowie Umweltschutz- und Rationalisierungsmaßnahmen. So bekam der Standort Krefeld 1976 zum Beispiel eine neue Schiffsentladeeinrichtung. Seit dem Jahr 2000 ist das Werk Krefeld ein wichtiger Produktionsstandort der K+S-Tochter COMPO.

Wenig dynamisch entwickelte sich dagegen zunächst das Geschäft der 1926 vom Kalisyndikat gegründeten Kali-Transport Gesellschaft (KTG) mit ihren Verladeanlagen in Hamburg und Bremen. Die Kali und Salz AG hatte ihre Beteiligung an der KTG zum 1. Januar 1972 durch die Übernahme der von der Kali-Chemie AG gehaltenen Anteile von 90 auf 100 Prozent aufgestockt. Nach dem Verkauf des Bremer Umschlag- und Lagerbetriebs „Anker Anlage"

im Jahr 1973 wurden die Kaliexporte im Wesentlichen über Hamburg abgewickelt. (KTG Bremen firmierte bis 1992 noch als Hafenspedition). Bis Mitte der 1970er Jahre stagnierte der Umsatz der KTG bei rund 17 Millionen Mark. Die Zahl der Mitarbeiter sank durch Rationalisierungen von 262 (1971) auf 168 (1977). Seit 1976 entwickelte sich das Geschäft aufgrund verstärkter Übersee-Exporte wieder günstiger.

Am „Kalikai" in Hamburg wird ein Seeschiff beladen (1977).

Die Übertageanlagen des Kaliwerkes der Alwinsal in Saskatchewan Anfang der 1970er Jahre

Kanada I: Schwierigkeiten und Verstaatlichung der Alwinsal (1970–1977)

Während die 1970er Jahre für die Kali und Salz AG in Europa eine Zeit der Modernisierung und der wirtschaftlichen Erfolge waren, entwickelte sich das noch von Salzdetfurth und Wintershall gemeinsam mit dem französischen Partner EMC eingegangene Engagement bei der kanadischen Beteiligungsgesellschaft „Alwinsal Potash of Canada Ltd." in Lanigan nicht zu einer Erfolgsgeschichte. Dabei waren die Voraussetzungen doch ideal: Es gab ein riesiges Grubenfeld, dessen Rohsalz einen hohen Wertstoffgehalt von rund 20 Prozent K_2O aufwies und das mit der technisch einfacheren schneidenden Gewinnungsmethode abgebaut werden konnte.

Ende der 1960er Jahre jedoch hatten die kanadischen Kaliwerke den Weltmarkt durch Überproduktion und Dumpingpreise so stark beeinträchtigt, dass sie selber in eine schwere Krise gerieten. 1970 legte daher die Provinzregierung von Saskatchewan Mindestpreise fest und erließ gleichzeitig Förderquoten, um den Weltmarkt zu stabilisieren und die defizitäre Kaliindustrie im Land zu einem wirtschaftlicheren Kurs zu zwingen. Durch die staatlichen Produktionsbeschränkungen konnte die Alwinsal ihre Anlagen nicht mehr auslasten

und geriet daher schnell in die Verlustzone. Schließlich erhob die Regierung 1974 eine ruinöse, weil ertragsunabhängige „Reserve Tax" auf die Ausbeutung von Bodenschätzen. Die Alwinsal entwickelte sich zu einer „Geldvernichtungsmaschine", so der damalige Kali und Salz-Vorstand Dr. Willi Heim.

Als sich 1975 der Kalimarkt wieder erholte, betrieb die sozialistische Provinzregierung von Saskatchewan die Verstaatlichung von Kaligesellschaften, um die Gewinne aus dem Kaligeschäft im Land zu behalten. Zu diesem Zweck wurde die staatliche „Potash Corporation of Sasketchewan" (PCS) gegründet. Die Regierung führte erste Sondierungsgespräche mit den Kaligesellschaften. Die Kali und Salz AG und die französische EMC beschlossen daraufhin, das geplante Investitionsprogramm der Alwinsal zu reduzieren. Als 1976 die Kosten stiegen und die Erlöse schlecht blieben, informierten die Gesellschafter die Provinz-Regierung, dass sie nicht mehr bereit seien, für das defizitäre Geschäft auch noch Steuern zu bezahlen. Daraufhin entschloss sich die Regierung zur Verstaatlichung: Zum 1. November 1977 übernahm die staatliche PCS für 76,5 Millionen kanadische Dollar das Kaliwerk der Alwinsal. Nach dem verlustreichen Ausstieg der Salzdetfurth AG am Großen Salzsee war damit der zweite Versuch der deutschen Kaliindustrie beendet, in Nordamerika Fuß zu fassen. Der Firmenmantel „Alwinsal" mit seinen hohen Verlustvorträgen (die Kosten für Schächte konnten in Kanada im ersten Jahr in voller Höhe abgeschrieben werden) wurde an eine Wintershall-Tochter verkauft. Dank des letztlich glimpflichen Ausgangs des Kanada-Projekts konnte die Kali und Salz AG sogar eine „Alwinsal-Sonderdividende" ausschütten. Die neue Eigentümerin des Werks, die staatliche Kaligesellschaft PCS, baute eine zweite Fabrik. Heute steht hier eines der größten Kaliwerke der Welt mit einer Produktionskapazität von 3,8 Millionen Tonnen Kaliumchlorid. Die 1989 privatisierte PCS ist heute neben der amerikanischen Mosaic (Fusion von IMC Global und Cargill Crop Nutrition) der größte Kaliproduzent der Welt.

Kanada II: Erfolg und Ende von New Brunswick (1980–1998)

Das Kaliwerk der Denison-Potacan Potash Company (DPPC) in New Brunswick kurz vor der Fertigstellung im Jahr 1985

Trotz der Verstaatlichung der „Alwinsal" blieb es für die deutsche und die französische Kaliindustrie interessant, Kalivorräte im Ausland zu erschließen – einerseits um auf dem Weltmarkt konkurrenzfähig zu bleiben, andererseits um am Wachstum der überseeischen Kalimärkte teilnehmen zu können. Angesichts der absehbaren Erschöpfung der französischen Kalivorkommen im Elsass war besonders das Interesse der Franzosen an der Erschließung neuer Kalivorräte groß.

Bereits in den Jahren 1971 bis 1973 hatte die Provinzregierung von New Brunswick an der kanadischen Ostküste die Suche nach Bodenschätzen gefördert. Die US-amerikanische IMC, ein großer Kaliproduzent in Saskatchewan (Kanada), war in der Nähe des Ortes Sussex,

nur 65 Kilometer entfernt vom eisfreien Atlantikhafen St. John, auf viel versprechende Kalivorkommen gestoßen. Die Reserven wurden nach weiterer Exploration durch IMC auf etwa 200 Millionen Tonnen Kalisalze mit einem sehr hohen K_2O-Anteil geschätzt. Die Schürfrechte kaufte 1979 das kanadische Unternehmen „Denison Mines Ltd." aus Toronto. Da Denison aber aus dem Erz- und Kohlebergbau kam, benötigte die Firma für die Exploration und Vermarktung des Kalis einen kompetenten Partner. Den fand sie in der „Potacan" (Potash Company of Canada Ltd.), die bereits 1932 als gemeinsame kanadische Verkaufsgesellschaft der französischen und der deutschen Kaliindustrie gegründet worden war. „Die Potacan war unser Standbein im Markt eines mächtigen

Wettbewerbers", so der heutige Bergbau-Vorstand Gerd Grimmig. Die Potacan sollte gemeinsam mit Denison nach Kali suchen und – wenn sich die Lagerstätten wirtschaftlich nutzen ließen – als Partner von Denison ein Kaliwerk errichten. Deshalb wurde 1980 ein gemeinsames Tochterunternehmen gegründet, die „Denison-Potacan Potash Company" (DPPC), an der Potacan mit 40 Prozent und Denison mit 60 Prozent beteiligt waren. Zur Finanzierung des 560-Millionen-Mark-Projektes wurde ein internationales Bankenkonsortium gebildet. Die beteiligten 19 Banken stellten die benötigten Gelder in Form einer Projektfinanzierung zur Verfügung. Bei dieser Finanzierungsform übernahmen die Banken den größten Teil des Projektrisikos. Denison und Potacan vereinbarten eine klare Arbeitsteilung: Denison übernahm den Bau und die Betriebsführung von Grube und Kaliwerk, während die Potacan den Vertrieb übernahm. 1982/84 wurden zwei Schächte abgeteuft und eine Kalifabrik gebaut. Die Planungen sahen vor, dass ab 1985 jährlich 1,3 Millionen Tonnen Kaliumchlorid produziert werden sollten.

Zunächst wurden diese Mengen jedoch deutlich verfehlt, denn die Verhältnisse unter Tage waren ungünstiger als angenommen. Bei einem Umsatz zwischen 60 und 80 Millionen kanadischer Dollar erwirtschaftete die DPPC bis 1987 jährliche Defizite. Erst 1988 wurde bei einer Produktion von mehr als 1 Million Tonnen KCl und einem Umsatz von 130 Millionen kanadischer Dollar endlich ein leicht positives Ergebnis erreicht, aber schon 1989 machte die DPPC bei rückläufiger Produktion und sinkendem Absatz wieder Verluste. Hintergrund war die durch den Zusammenbruch des Ostblocks ausgelöste weltweite Kalikrise. Als Denison Mines durch eine Reihe von Misserfolgen auf anderen Geschäftsgebieten in finanzielle Schwierigkeiten geriet, übernahm die Potacan 1991 nach langen und schwierigen Verhandlungen und zu sehr günstigen Bedingungen den 60-prozentigen Denison-Anteil und benannte das Unternehmen in „Potacan Mining Corporation" (PMC) um, an dem die Kali und Salz AG und die französische EMC nun jeweils

mit 50 Prozent beteiligt waren. Mit der vollständigen Übernahme der Potacan wurde auch die Projektfinanzierung durch eine konventionelle Finanzierung mittels Bankkredit abgelöst. „Dies führte zu einer deutlichen Reduzierung der Finanzierungskosten" so Dr. Volker Schäfer, der damals als Finanzvorstand von Kali und Salz die Verhandlungen führte.

Als sich der Weltkalimarkt nach 1993 langsam wieder erholte, warf das Unternehmen PMC endlich deutlich Gewinne ab, 1995 fast 20 Millionen kanadische Dollar. So konnte ein großer Teil der Bankverbindlichkeiten getilgt werden. Der Umsatz stieg auf fast 170 Millionen kanadische Dollar (1995/96) und die Produktion stabilisierte sich bei 1,1 Millionen Tonnen Kaliumchlorid, das im Wesentlichen nach Nord- und Südamerika sowie nach Asien verkauft wurde. Zu dieser Zeit beschäftigte das Werk rund 500 Mitarbeiter.

Mitte der 1990er Jahre gab es jedoch Differenzen zwischen Kali und Salz und der

EMC, die einen größeren Teil der Produktion der Potacan nach Frankreich exportieren wollte. Zum Konflikt über die Ausrichtung der Potacan kam es jedoch nicht mehr, denn im März 1997 traten aus einer Laugenstelle in der Grube plötzlich mehrere Hundert Kubikmeter Wasser täglich aus dem Deckgebirge aus. Man hatte ganz zu Anfang der Inbetriebnahme beim Abbau offensichtlich zu wenig Sicherheitsabstand zu den Grundwasser führenden Schichten gehalten, so dass an einigen Stellen nur noch wenige Meter Salz zwischen dem Bergwerk und dem Grundwasser lagen.

Der Wassereinbruch verstärkte sich stetig, bis im Juni 1997 täglich fast 10.000 Kubikmeter in die Abbauhohlräume strömten. Die unverzüglich eingeleiteten Rettungsmaßnahmen verschlangen rund 30 Millionen kanadische Dollar, und während dieser Zeit konnte auch nicht produziert werden. Im Oktober 1997 mussten schließlich die umfangreichen Rettungsversuche und damit das Bergwerk aufgegeben werden.

Die Kali und Salz AG und EMC verkauften 1998 ihre Anteile an der Potacan an die „Potash Corporation of Saskatchewan" (PCS). Sie nutzt seither die Übertage-Anlagen in New Brunswick zur Granulierung, um dann die Ware über den eisfreien Hafen St. John zu exportieren. Durch den Verkauf und die Versicherungsleistungen wurden die finanziellen Folgen aus der Stilllegung für Kali und Salz stark gemildert. Nach dem Scheitern der Salzdetfurth AG am Großen Salzsee und der Verstaatlichung der Alwinsal war dies das dritte unglückliche Ende eines Nordamerika-Engagements der deutschen Kaliindustrie.

linke Seite Klare Strukturen der Förder- und Produktionsanlagen der PMC in New Brunswick

unten Der eisfreie Hafen St. John an der kanadischen Atlantikküste mit seinen Kali-Lagerhallen liegt nur 65 Kilometer vom Kaliwerk in New Brunswick entfernt.

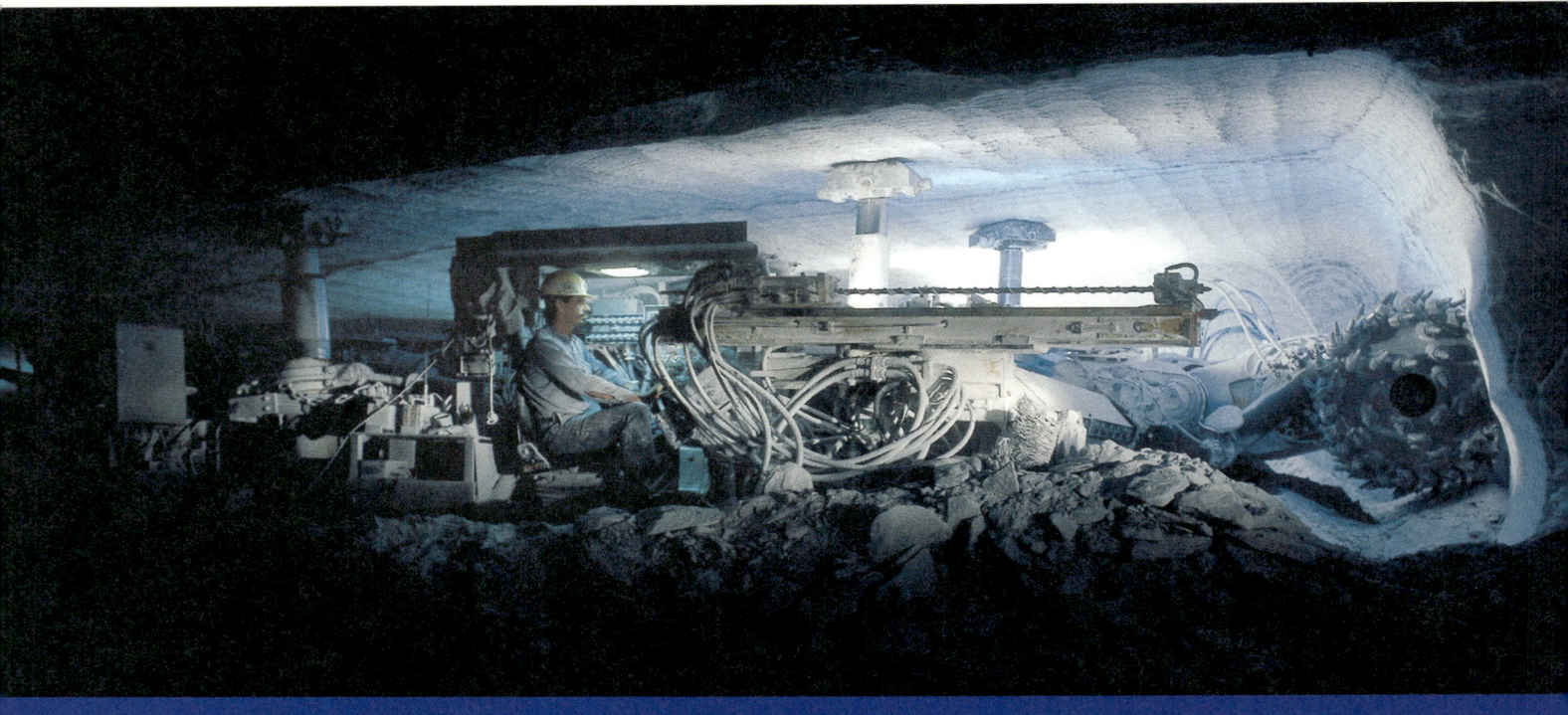

DIE 1980ER JAHRE: STAGNATION AUF DEM KALIMARKT

Die wirtschaftliche Entwicklung der Kali und Salz AG

Nach einigen ertragreichen Jahren zeichnete sich 1981 ein Ende der positiven Entwicklung auf dem Weltkalimarkt ab. So sank die Nachfrage in den Jahren 1981 und 1982 um insgesamt fast zehn Prozent auf weltweit 24 Millionen Tonnen K_2O. Diese Entwicklung war zwar auch eine Folge der weltweiten Rezession Anfang der 1980er Jahre, die Ursachen für den Preisverfall bei Kali waren aber vielfältiger: Dank guter Witterung und zweier Rekordernten sanken in den USA die landwirtschaftlichen Erzeugerpreise, während die Kosten für die Betriebsmittel der Landwirtschaft weiter stiegen. Mit einem umfangreichen Flächenstilllegungsprogramm versuchten die USA seit 1983 die Agrarpreise zu stabilisieren. Gleichzeitig waren die Zinsen hoch und den Entwicklungsländern fehlten die Devisen. Schließlich

entstanden in Kanada und Jordanien neue Kaliwerke, die den Weltmarkt weiter belasten sollten.

Das Überangebot an Kali auf dem Weltmarkt ließ die Preise sinken. Der Jahresüberschuss der Kali und Salz AG sank drastisch von 55 Millionen (1980) auf 15 Millionen Mark (1982). Nach vier Jahren der Steigerung ging die Kaliproduktion des Unternehmens von 2,5 Millionen Tonnen K_2O (1980) auf 2,1 Millionen Tonnen (1982) zurück. Die Steinsalz-Produktion sank witterungsbedingt von 1,4 Millionen Tonnen (1980) auf 1,1 Millionen Tonnen (1982). Dank ihrer gesunden Finanzstruktur konnte die Kali und Salz AG die Schwierigkeiten jedoch meistern. Positiv wirkte sich außerdem die seit langem geplante Stilllegung der Fabrik Friedrichshall (1981) durch die Kali-Chemie AG aus, wodurch Kapa-

„Noch kein Ende der Talsohle in Sicht":
Rund 370 Aktionäre, Aktionärs- und
Bankenvertreter informierten sich 1982
auf der Kali und Salz-Hauptversammlung
über die „unerfreuliche Geschäftsentwicklung" im Jahr 1981.

Ein untertägiges Büro im Kaliwerk
Sigmundshall (1982)

linke Seite und unten
Einsatz einer Teilschnittmaschine im Kaliwerk Wintershall in den 1980er Jahren.
Rund 70 Meter Strecke werden damit
pro Tag in Hartsalz-Lagerstätten mit
geringer Mächtigkeit aufgefahren. Das
Verfahren setzte sich allerdings nicht
durch.

zität vom Markt genommen wurde. Außerdem profitierten die
Exporterlöse vom rasant steigenden Dollarkurs der Reagan-Ära.
　　　Ende 1982 ließ der Preisverfall bei Kali nach, und 1983/84
schienen die Schwierigkeiten überwunden zu sein. Die Erzeugerpreise in der Landwirtschaft stiegen wieder. Damit belebte sich
auch die Düngermittelnachfrage. Der Weltkaliverbrauch zog
wieder kräftig an und der Exportanteil der Kali und Salz, der in
den 1970er Jahren zwischen 45 und 50 Prozent gelegen hatte,
wuchs auf fast 60 Prozent. Die Kaliproduktion erreichte 1984
mit 2,6 Millionen Tonnen K_2O einen neuen Rekordwert, Umsatz und Gewinn der Kali und Salz AG erreichten in diesem
Jahr mit 1,7 Milliarden und 60 Millionen Mark ebenfalls neue
Rekordhöhen. Die Perspektiven schienen gut zu sein.

links Unterwegs zu einem neuen Einsatz entlang der Bandstrecke im Kaliwerk Sigmundshall (1986)

rechts Berauben der Firste mit der Beraubemaschine BR 3

Es traf Kali und Salz überraschend, dass dieser Trend nicht anhielt, sondern sich Mitte 1985 in sein Gegenteil verkehrte: Erstmals seit 1972 musste das Unternehmen 1986 mit 25 Millionen Mark einen erheblichen Verlust ausweisen, der 1987 sogar auf 41 Millionen Mark stieg. Der Umsatz brach innerhalb von nur zwei Jahren um 25 Prozent ein. Die Ursachen für diesen Rückgang waren vielfältig: Weltweit hohe Getreideernten führten zu Preiseinbrüchen bei wichtigen Agrarprodukten. Diese Überschüsse verschlechterten die wirtschaftliche Lage vieler landwirtschaftlicher Betriebe in Nordamerika und Westeuropa. Der daraus resultierende Rückgang des Düngemittelverbrauches wurde durch die Devisenknappheit in Entwicklungsländern noch verstärkt.

Die Kalipreise gerieten zunehmend unter Druck. Hinzu kam, dass der US-Dollar bis 1987 deutlich an Wert verloren hatte, so dass es für die nordamerikanischen Anbieter attraktiver war, verstärkt in westeuropäische Märkte zu liefern. Der verstärkte Wettbewerb führte auch hier zu niedrigeren Preisen. Verschärft wurde die Krise schließlich auch durch die zu hohen Lohnabschlüsse der 1980er Jahre.

Als Reaktion auf diesen Wettbewerbsdruck musste die Kali und Salz AG erneut verstärkt Kosten reduzieren und war 1987 gezwungen, das Werk Siegfried-Giesen bei Hildesheim zu schließen. Dadurch wurde zugleich eine Kapazität von 250.000 Tonnen K_2O vom Markt genommen.

Das Auf und Ab des US-Dollar in den 1980er Jahren

1980 hatte sich der Dollarkurs auf dem niedrigen Niveau von etwa 1,80 Mark stabilisiert. Die Situation änderte sich, als nach dem Amtsantritt von Ronald Reagan (1981) der Dollarkurs scheinbar unaufhaltsam stieg. Erst 1985 war bei einem Spitzenkurs von 3,45 Mark der Gipfel erreicht. Der steigende Dollar erhöhte zwar die Wettbewerbsfähigkeit der europäischen Kaliproduzenten und begünstigte die Exporte der Kali und Salz AG in Industrieländer, er schmälerte aber andererseits die Kaufkraft der Entwicklungsländer für Kalidünger. Nach seinem Höhenflug bis 1985 sank der Dollar ab 1987 wieder unter 2 Mark. Bis zum Ende der 1980er Jahre verharrte er auf niedrigem Niveau. Die Kursschwankungen zeigten, dass die Wechselkurs-Unsicherheiten fortbestehen würden.

Dr. Hans Detzer – Aufsichtsratsvorsitzender 1982 bis 1989

Dr. Hans Detzer (Jahrgang 1927) studierte Chemie, promovierte 1953, trat 1954 in die BASF ein, wurde 1982 Vorstandsmitglied und 1983 stellvertretender Vorstandsvorsitzender. Zu seinem Ressort gehörten die Unternehmensbereiche Düngemittel, Pflanzenschutz, Energie, Kohle sowie Kali und Salz, deren Aufsichtsratsvorsitz er 1982 übernahm. Auch bei schwierigen Anpassungsmaßnahmen „bewies er Einfühlungsvermögen, warb vehement um Verständnis und setzte ein hohes Maß an sozialem Ausgleich für die Betroffenen durch", so 1989 die „BASF-Information".

links Die Grubenlampe gehört damals wie heute zur Ausrüstung der Bergleute.

rechts Die Arbeit am Schreibtisch zählt auch zu den Tätigkeiten unter Tage; hier im Bild: Buchführung im Sprengstofflager

Der Konzernumbau der BASF (1986)

Mitte der 1980er Jahre befand sich die BASF auf einem Kurs der Umstrukturierung und Rationalisierung. Zu den Arbeitsgebieten, mit denen die BASF nicht zufrieden war, gehörten neben Raffinerieprodukten auch Düngemittel. Um hier die Ergebnisse zu verbessern, sollten die gesellschaftsrechtlichen und organisatorischen Strukturen an die veränderte Aufgabenverteilung im BASF-Konzern angepasst werden. Es ging vor allem darum, die operative Führung der Düngemittelbeteiligungen

durch BASF zu verbessern. Denn bisher war die Kette lang: Die BASF war Mitte der 1980er Jahre Alleinaktionärin der Wintershall AG, der wiederum inzwischen 98,5 Prozent der Guano-Werke AG, das Torfwerk Uchte, die Gewerkschaft Victor, die Chemag AG, 50 Prozent der Pec-Rhin, 50 Prozent der COMPO sowie die Mehrheit der Kali und Salz AG gehörten. Kali und Salz ihrerseits hielt die anderen 50 Prozent der COMPO sowie 100 Prozent an der CFK und der KTG. Zum 1. Januar

1986 übernahm die BASF die erwähnten Düngemittelbeteiligungen der Wintershall und erwarb von Kali und Salz die restlichen 50 Prozent an COMPO. CFK und KTG blieben Tochterunternehmen der Kali und Salz AG. Kali und Salz und die anderen Düngemittelunternehmen wurden so gesellschaftsrechtlich direkt der BASF zugeordnet, die die Unternehmen auf diese Weise leichter führen konnte. Für Kali und Salz änderte sich durch die neue Struktur zunächst wenig.

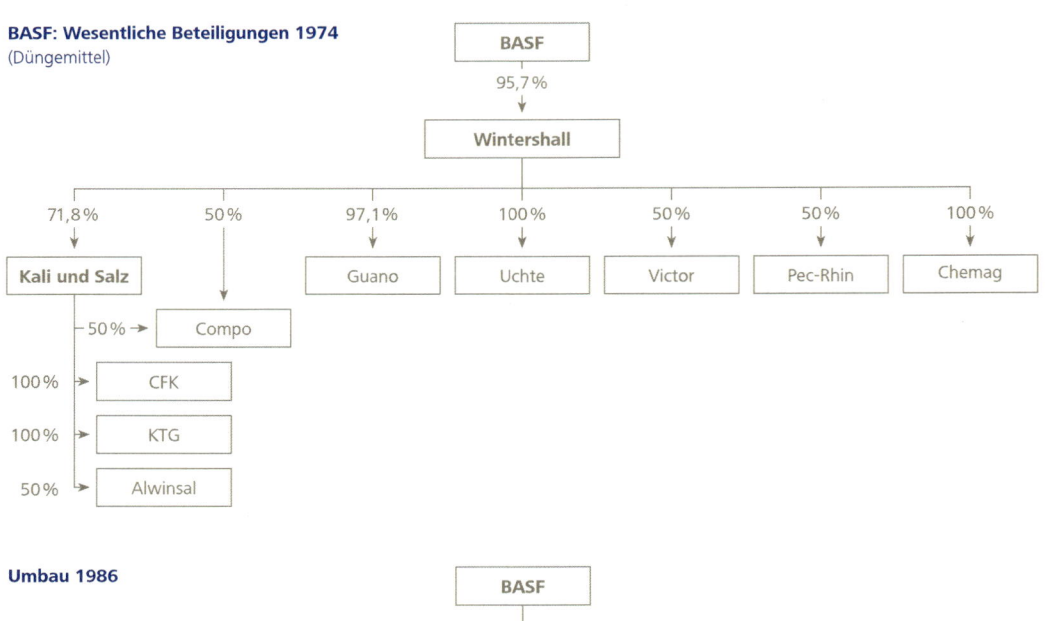

BASF: Wesentliche Beteiligungen 1974
(Düngemittel)

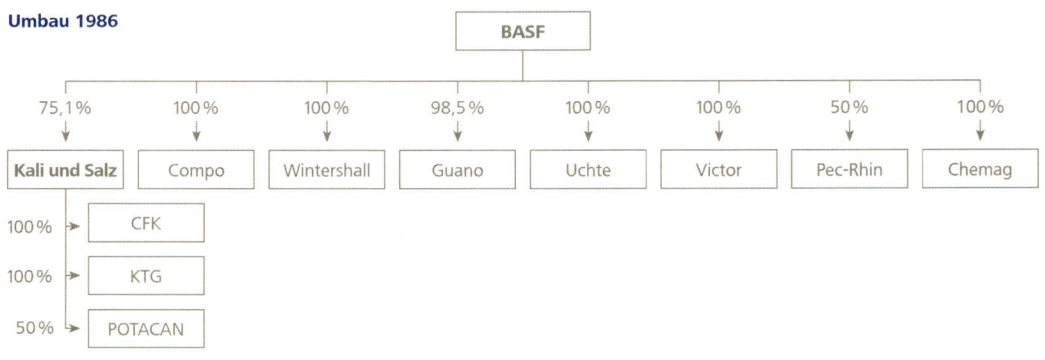

Umbau 1986

Luftaufnahme von der CFK in Köln-Kalk (1988)

Umsatzeinbruch bei der CFK

Bei der Kali und Salz-Tochtergesellschaft CFK waren die Geschäftsaussichten seit Mitte der 1980er Jahre ungünstig, denn sie litt unter der scharfen Wettbewerbssituation in der westeuropäischen Mehrnährstoff-Düngemittelindustrie und dem zunehmenden Trend hin zum Einzeldünger (siehe Kasten). Der Umsatz der CFK brach in den Jahren 1985 bis 1987 von 570 auf 370 Millionen Mark ein. Jahr für Jahr nahmen die Verluste der CFK im Düngergeschäft zu und eine Besserung war nicht in Sicht. Am Kölner Standort in Kalk waren die Produktionskosten für den Mehrnährstoffdünger nicht weiter zu senken. Entscheidender Standortnachteil war die Entfernung zum Rhein: Jährlich mussten rund 500.000 Tonnen Rohstoffe für die Produktion über den Kölner Hafen umgeschlagen und per LKW ins Werk gebracht werden. Hinzu kamen rund 100.000 Tonnen Fertigprodukte der CFK, die ebenfalls per LKW über den Hafen zum Weiterversand gebracht wurden. Angesichts der Krise bei NPK-Düngern hatte die CFK Anfang der 1980er Jahre begonnen, eine Feinchemiesparte aufzubauen, die auf Brom-Verbindungen basierte. Benötigt wurde dieses Brom als Flammschutz und in der Pharmazie. 1985 war die 30 Millionen Mark teure Brom-Anlage fertig gestellt – 14 Tage später brannte sie ab. Die Versicherung deckte zwar die Schäden ab, aber trotzdem war mit dieser Katastrophe der Einstieg in die Feinchemie gescheitert, zumal sich aufgrund der toxischen Eigenschaften des Broms auch Umweltfragen ergaben.

Der Trend zum Einzeldünger

Hatte die Bedeutung der NPK-Dünger bis 1980 stetig zugenommen, kehrte sich der Trend in den folgenden Jahren um. Der Einzeldünger wurde immer wichtiger. Damit geriet die NPK-Düngerindustrie in eine schwere Krise – verschärft durch den Markteintritt des neuen norwegischen Wettbewerbers Norsk Hydro, der einen ruinösen Wettbewerb entfachte. Die Ursache für diesen Trend vom Mehrnährstoff- zum Einzeldünger war vor allem der Strukturwandel in der Landwirtschaft: Zu Beginn der Mineraldüngung Ende des 19. Jahrhunderts war die Landwirtschaft geprägt von vielen kleinen Bauernhöfen. Die oft kaum ausgebildeten Landwirte nutzten gerne die NPK-Fertigrezepte, die ihnen die schwierige Dosierung der Düngersorten abnahmen. Mit der Zunahme größerer Betriebe und besser ausgebildeter Landwirte wurde häufiger preiswerter Einzeldünger eingesetzt. Um aus wirtschaftlichen und ökologischen Gründen die Düngermengen reduzieren zu können, gingen die Landwirte mehr und mehr zu einer „gezielten Düngung" über, die den unterschiedlichen Ansprüchen der Kulturen, dem Wasserbedarf und den Böden mit ihrem unterschiedlichen Mineraliengehalt sehr spezifisch gerecht wurde. Diese „gezielte Düngung" war Inhalt der landwirtschaftlichen Beratung seit den 1970er Jahren. Die dafür notwendigen Bodenanalysen durch die Landwirtschaftskammern und durch private Labore nahmen seit den 1980er Jahren erheblich zu. Gefördert durch stark verbilligte Einzelkomponenten setzten zahlreiche Kunden auf das preiswertere mechanische Mischverfahren („Bulk blending"), statt auf kompaktierte und granulierte NPK-Komplexdünger. Die Landwirte lassen dabei ihren Dünger individuell nach den eigenen Bedürfnissen vom Handel mischen. Die eingeführten NPK-Marken wie Nitrophoska überlebten durch ihren guten Ruf sowie durch die vielfältigen Zusammensetzungen, die auch unterschiedlichsten Nährstoffbedürfnissen gerecht werden – dies gilt bis heute.

Modernisierte Sodaproduktion:
1985 stellte die CFK die Abtrennung
des Natriumbikarbonats, eines Vorpro-
duktes von Soda, von alten Trommel-
filtern (links) auf eine moderne Band-
filteranlage (rechts) um.

Ende der Düngerproduktion und Werksschließung bei der CFK

Verschärft wurde die Krise der CFK durch die umweltpolitische Diskussion der 1980er Jahre. „Auch wenn die Emissionen der CFK weniger gefährlich waren, als sie auf den ersten Blick wirkten, haftete unserem Unternehmen doch der Ruf einer ‚Dreckschleuder' an", schildert CFK-Geschäftsführer Peter Heinsohn die dama- lige Diskussion. Die Akzeptanz der Chemie- fabrik inmitten von Wohngebieten sank. Viele Kommunalpolitiker wünschten sich „saubere" Industrien und wollten die CFK lieber heute als morgen loswerden. Der richtige Zeitpunkt für eine Umsiedlung der CFK war allerdings vorüber, denn ohne Unternehmensgewinne war ein solches Projekt nicht mehr finanzier- bar. Mangels Zukunftsperspektiven wurde die NPK-Düngerproduktion daher Mitte 1989 auf- gegeben; die Kunden wurden über die BASF weiter beliefert. Die Zahl der CFK-Mitarbeiter sank von 1.400 (1985) auf 830 (1990). Weiter- geführt wurden noch die Produktion und der Vertrieb von Soda, Calciumchlorid und minera- lischen Futterzusatzstoffen. Bis 1990 war eine schwarze „Null" im Betriebsergebnis gewähr- leistet. Auch andere Unternehmen der BASF- Düngemittelsparte waren von der schwierigen Stickstoffmarktlage betroffen: 1988 gab die BASF das Guano-Werk in Nordenham und 1990 das erst 1984 komplett erworbene Victor- Werk in Castrop-Rauxel auf, die beide ebenfalls NPK-Dünger produzierten.

Nachdem sich das Geschäft der CFK um 1990 stabilisiert hatte, geriet das Unternehmen 1992 in die nächste Krise, als die Preise für Soda fielen, von dem die CFK jährlich rund 250.000 Tonnen produzierte. Einerseits sank der Soda- verbrauch der Glasindustrie durch den immer stärkeren Einsatz von Recycling-Glas, ande- rerseits sorgte der Verfall des Dollarkurses seit 1985 dafür, dass große Mengen billiger US-Soda von Deutschland importiert wurden. Der Umsatz sank um zwölf Prozent auf 225 Millionen Mark, die jährlichen Verluste der CFK stiegen in den zweistelligen Millionen- bereich. Da auch das Calciumchlorid- und das Futterphosphat-Geschäft diese Verluste bei weitem nicht mehr auffangen konnten, entschieden sich Kali und Salz und BASF zur Schließung des traditionsreichen, allerdings technisch veralteten Werks zum Jahresende 1993. Von der Stilllegung waren rund 700 Mit- arbeiter betroffen. Die Fabrikanlagen wurden abgerissen, das 360.000 Quadratmeter große Gelände saniert und verkauft.

Die „Chemische Fabrik Kalk GmbH" betreibt heute mit einer kleinen Mannschaft ein Handelsgeschäft mit Grundchemikalien wie beispielsweise Calciumchlorid aus Schwe- den oder Soda aus Frankreich und erwirtschaf- tet damit einen Umsatz von rund 10 Millionen Euro jährlich.

Kaliindustrie und Konsumgüterproduktion in der DDR

Während die westdeutsche Kaliindustrie in den 1980er Jahren mit den Turbulenzen des Weltmarktes zu kämpfen hatte, belasteten die ostdeutsche Kaliindustrie ganz andere Probleme: Trotz einer Rekordproduktion von 3,5 Millionen Tonnen K_2O konnte sie die Planvorgaben Mitte der 1980er Jahre nicht erfüllen. Für die notwendigen technischen Investitionen fehlte das Geld, und der schlechte technische Zustand der vorhandenen Anlagen war nirgendwo mehr zu übersehen. Damit ging es der DDR-Kaliindustrie nicht anders als der gesamten DDR-Wirtschaft, die in den 1980er Jahren mit einem hohen Verschleiß der Industrieausrüstung, geringer Arbeitsproduktivität, viel zu hohen Kosten und übermäßigem Planungs- und Verwaltungsaufwand zu kämpfen hatte.

Wegen ihrer wachsenden Verschuldung war die DDR nicht mehr in der Lage, ihre Bürger mit den Konsumgütern zu versorgen, die die Überlegenheit des Sozialismus beweisen sollten. 1971 hatte der neue Parteichef der SED, Erich Honecker, die „weitere Erhöhung des materiellen und kulturellen Lebensniveaus des Volkes" versprochen und damit begonnen, die Konsumgüterindustrie zu Lasten von Investitionen in der Großindustrie anzukurbeln. Als dieser Versuch Ende der 1970er Jahre geschei-

tert war – nicht zuletzt aufgrund der Verstaatlichung der letzten privaten Betriebe –, erhielt die DDR-Industrie 1978 den Auftrag, neben den Investitionsgütern auch Konsumgüter herzustellen. So produzierte das Kaliwerk Bleicherode beispielsweise Spülbecken, während Zielitz den Auftrag erhielt, gemeinsam mit dem Campingwagen-Hersteller „Queck Junior" zum X. Parteitag einen Campingwohnanhänger samt Innendekoration als „Parteitagsobjekt" zu bauen. Tatsächlich war im August 1981 der Prototyp eines Campingwagens namens „KALIBRI" fertig entwickelt und eine „Nullserie" von 30 Stück wurde gebaut. Da aber die erforderlichen Polyesterharze fehlten, wurde die Produktion im März 1982 wieder eingestellt und nur die Innendekoration für Campinganhänger weiter gefertigt. Andere Konsumgüter, die bis 1990 in Zielitz hergestellt wurden, waren vor allem Hochantennen für Binnenmarkt und Export, darüber hinaus Elektrospulen, Anhängerräder, Kinderturnbeutel, Schaukelstuhlbezüge, Laminatteile und Kondensatoren. Rund 160 Mitarbeiter waren in Zielitz mit diesen bergbaufremden Aufgaben beschäftigt.

1981 versucht sich das Kaliwerk Zielitz mit der Produktion des Campinganhängers „KALIBRI". Nach einer Nullserie von 30 Anhängern musste das Experiment 1982 aus Mangel an Rohstoffen wieder eingestellt werden.

Tauwetter in den Ost-West-Beziehungen

Das Interesse der Bundesrepublik an einer Entsalzung der Werra, das Interesse der DDR an einem Kaliabbau jenseits der Staatsgrenze und schließlich die Notwendigkeit, die Salzabwasserversenkung im Grenzgebiet zu koordinieren, führten ab 1980 zu ersten konstruktiven Kontakten zwischen der Kaliindustrie der Bundesrepublik und der DDR. Seit Herbst 1980 wurden deutsch-deutsche Expertengespräche über die Frage der Werra-Entsalzung und eine mögliche finanzielle Beteiligung der Bundesrepublik an den Entsalzungsmaßnahmen der DDR geführt. Da die Werra aus dem thüringischen Kalirevier nach wenigen Kilometern in den Westen floss, hatten die Verantwortlichen in der DDR jedoch wenig Interesse, diese wirtschaftlich günstigste Form der Rückstandsbeseitigung aufzugeben. Vermutlich nur aufgrund des westlichen Drucks zeigte sie sich überhaupt zu Verhandlungen bereit. Diese zogen sich allerdings lange hin, weil das Kalikombinat immer neue Varianten durchspielte und letztlich kein Geld für die Werra-Entsalzung aufbringen wollte. Schließlich wollte man – mit finanzieller Beteiligung der Bundesrepublik – zur Entsalzung der Werra an den ostdeutschen Werra-Werken eine ESTA-Anlage errichten. Die Kali und Salz AG war durchaus zu einer Lizenzvergabe bereit, bestand aber darauf, über das in den Anlagen produzierte Kieserit mitbestimmen zu dürfen. Denn es bestand die Gefahr, dass die DDR ohne Rücksicht auf die wirklichen Kosten mit dem im ESTA-Verfahren erzeugten Kieserit der Kali und Salz Konkurrenz machen würde. Trotz des politischen Drucks aus Bonn, der DDR entgegenzukommen, bestand Kali und Salz darauf, dass diese Gefahr vorher ausgeschlossen würde. Weil der DDR-Kalivertrieb in Ost-Berlin aber allein über das Kieserit verfügen wollte, scheiterte das Projekt.

Einen weiteren wichtigen Ost-West-Kontakt gab es seit 1984 in der Frage eines grenzüberschreitenden Kaliabbaus. Der Grenzverlauf zwischen der Bundesrepublik und der DDR in Hessen und Thüringen nahm keine Rücksicht auf die unterirdischen Kalilagerstätten. Zahlreiche Kalivorräte, die nur vom Osten oder vom Westen aus wirtschaftlich abgebaut werden konnten, befanden sich auf der jeweils anderen Seite des „Eisernen Vorhangs" und waren damit unzugänglich. Bereits in den Jahren 1943/45 hatte man einen Teil dieser untertägigen Feldesgrenzen „begradigt". Mitten im Kalten Krieg hatte 1954 ohne Wissen der Regierungen unterirdisch eine weitere „Grenzbegradigung" zwischen den Werken Hattorf und Unterbreizbach („Marx-Engels") stattgefunden, wie der ehemalige Kali und Salz-Vorstand Dr. Willi Heim berichtete. Als dies Anfang der 1970er Jahre durch die deutsch-deutsche Grenzkommission, die im Zusammenhang mit den Ostverträgen die innerdeutsche Grenze markierte, an die Öffentlichkeit kam, habe es einigen Wirbel deswegen gegeben.

Um den grenzüberschreitenden Abbau vertraglich zu ermöglichen, wurden Anfang der 1980er Jahre Verhandlungen zwischen der „Treuhandstelle für Industrie und Handel" im Westen und dem Außenhandelsministerium der DDR geführt. Nach „irrsinnig langen und unglaublich komplizierten Verhandlungen", so der damalige Vorstandsvorsitzende Dr. Otto Walterspiel, wurde im April 1984 (der lange Streit um den Gebirgsschlag von Sünna im Jahr 1975 war gerade beigelegt) ein entsprechender Staatsvertrag paraphiert. Im Dezember wurden

Nach der Seilfahrt auf der 785-Meter-Sohle im Kaliwerk
Sigmundshall (1986)

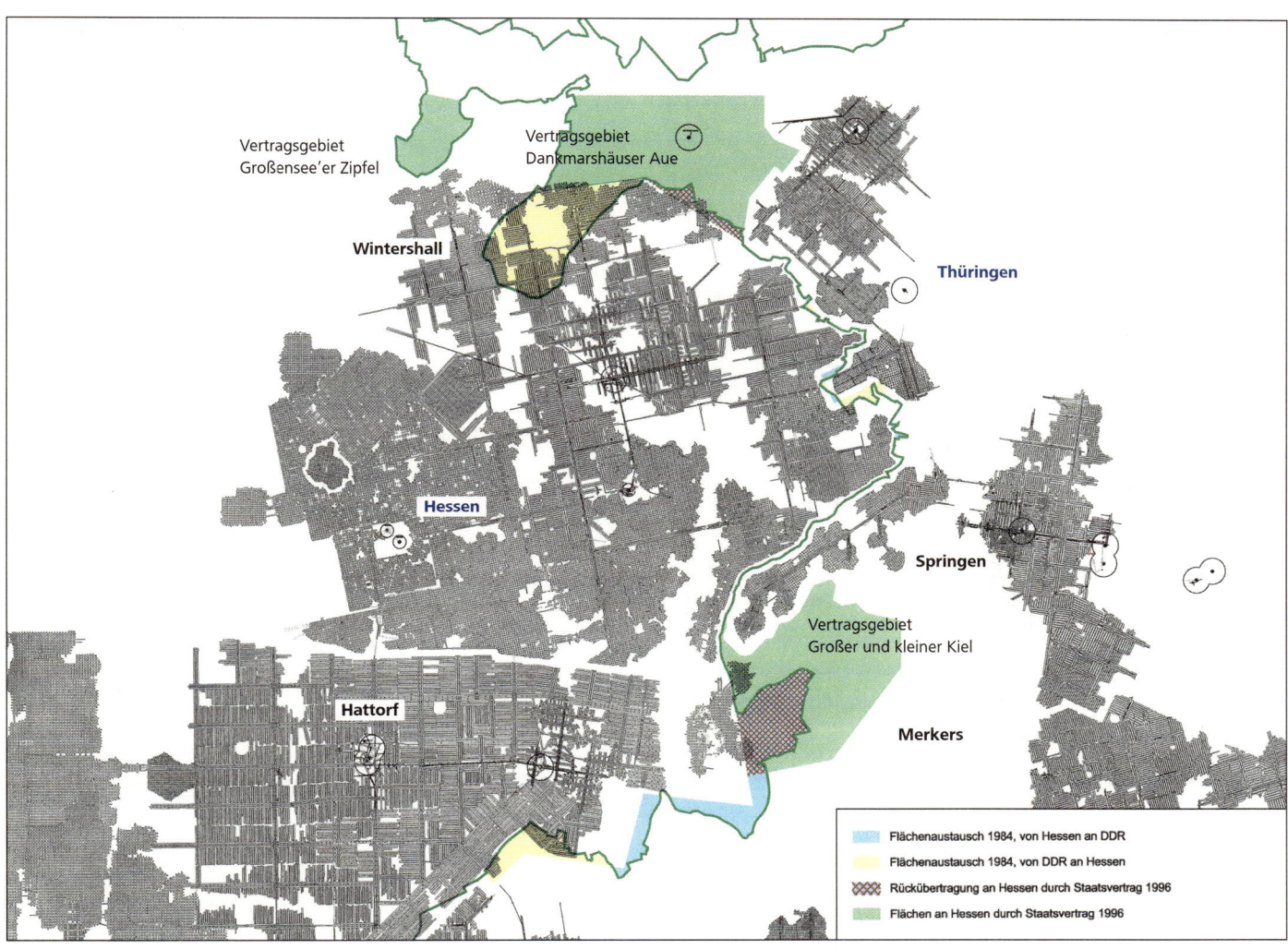

Flächenaustausch zwischen Hessen und der DDR im Jahr 1984 und Flächenaustausch zwischen Hessen und Thüringen im Jahr 1996 (siehe Kapitel 6, Seite 267 f.) im Bereich der Standorte Wintershall und Hattorf (Grubenbaue auf der ersten Sohle)

die Verträge unterschrieben und der Bundestag und die Volkskammer der DDR stimmten dem Gesetz über den Abbau von Salzen im Grenzgebiet zu. Nun konnten die Kali und Salz AG und das Kalikombinat auch grenzübergreifend Lagerstätten abbauen. Eine mindestens 200 Meter breite Salzbarriere („Markscheidesicherheitspfeiler") sollte einen möglichen Wassereinbruch ebenso stoppen wie fluchtwillige Bergleute. Die der Kali und Salz AG zugewie-

senen Vorräte entsprachen zwar nur dem Rohsalzbedarf von acht Monaten, aber immerhin gab es nun endlich offizielle Kontakte zum DDR-Kalikombinat. Das deutsch-deutsche Verhältnis im Kalibergbau hatte sich verbessert: Seit 1986 gab es sogar einige gemeinsame Vorstandstreffen der Kali und Salz AG und des Kalikombinats mit gegenseitigen Betriebsbesichtigungen.

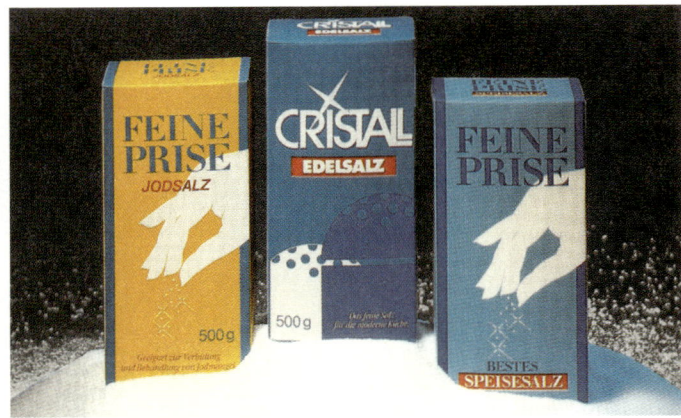

Salz für die Industrie in den 1980er Jahren

Seit den 1980er Jahren gingen etwa 75 bis 80 Prozent des deutschen Salzabsatzes in die chemische Industrie. Während früher Soda ein wichtiger Stoff für die Textil- und Glasindustrie war, ist heute die Chloralkali-Elektrolyse das wichtigste Einsatzgebiet für Salz. In diesem Verfahren wird das Salz mit Hilfe von elektrischem Strom in seine Bestandteile Chlor und Natrium zerlegt. Während das Chlor als Trägerstoff beispielsweise in der chemischen Industrie benötigt wird

(etwa zur Herstellung von Vinylchlorid, aus dem der Kunststoff PVC hergestellt wird), wird das Natrium zu Natronlauge weiterverarbeitet, die beispielsweise von der Papierindustrie zur Trennung der Cellulose von den anderen Holzbestandteilen verwendet wird. Hinzu kommen aber noch viele andere Anwendungsgebiete.

1989 musste sich Kali und Salz zwar im In- und Ausland gegen starke Wettbewerber behaupten, war aber trotzdem bei Gewerbe-, Speise- und

Auftausalz ein „überragender Anbieter", so ein Unternehmenssprecher damals. Exportiert wurde vor allem nach Skandinavien und in frachtnahe EG-Länder und auch hier hatte die Kali und Salz AG eine bedeutende Marktposition. Das Unternehmen war zuversichtlich, sich durch intensive Forschung, verbesserte Produktionsmethoden, Qualitätssicherung und Servicebereitschaft „auch in Zukunft einen hervorragenden Platz im heiß umkämpften Markt zu sichern".

Das Ende der Krise?

Nach dem Rekordverlust von mehr als 40 Millionen Mark im Jahr 1987 zeichnete sich für die Kali und Salz AG im Jahr 1988 eine Trendwende ab. Ein Anfang 1988 erfolgreich beigelegtes Anti-Dumping-Verfahren der USA gegen Kanada besaß Signalwirkung für den Weltmarkt und sorgte dafür, dass sich das internationale Preisniveau verbesserte. Trotzdem war der frühere Stand noch nicht wieder erreicht. Die Weltkalinachfrage kletterte 1988 auf mehr als 30 Millionen Tonnen K_2O – den für lange Zeit höchsten Wert. Die Kapazitätsauslastung der Werke von Kali und Salz wurde wieder besser. Der Weg zum Erfolg auf dem Düngemittelsektor sei zwar noch steinig, „aber das härteste Stück haben wir wohl hinter uns", vermutete der BASF-Vorstandsvorsitzende Dr. Hans Albers Anfang 1988. Nur ein Jahr nach dem schlechtesten Ergebnis der Geschichte schloss die Kali und Salz AG das Geschäftsjahr 1988 bei fast unverändertem Umsatz mit 22,5 Millionen Mark Gewinn ab.

Das Geschäftsjahr 1989 lief zwar zunächst gut an, doch es zogen bereits erste Gewitterwolken auf: Zwar konsolidierte sich der Weltkalimarkt, aber die erhoffte Belebung des nordamerikanischen Kaliverbrauchs blieb aus, und die Preise stagnierten. Auch die Düngerexporte nach China entwickelten sich nicht wie erhofft und die Düngerexportpolitik der Sowjetunion blieb „unklar und wechselhaft", so Kali und Salz 1989. In Osteuropa waren die Lebensmittel zwar knapp, aber es fehlte das Geld für den Kauf von Düngemitteln. In Westeuropa kämpfte Kali und Salz mit der sinkenden Nachfrage der deutschen Mehrnährstoffdünger-Industrie und mit der Stilllegung oder nur noch extensiven Bewirtschaftung von Nutzflächen in der EG. Außerdem reduzierten verschärfte Umweltschutzauflagen den Düngerverbrauch.

Trotzdem blieb man bei Kali und Salz optimistisch und ging von einer stabilen Nachfrage auf dem Weltmarkt aus. Am 3. Oktober 1989 beging die Kali und Salz AG zwar ohne große Feier, aber voller Zuversicht das 100-jährige Jubiläum der „Aktiengesellschaft für Bergbau und Tiefbohrung", der späteren Salzdetfurth AG. Wie schwierig die Lage des Unternehmens im 101. Jahr werden würde, ahnte bei diesem Geburtstagsfest wohl niemand.

links Elektrolysezellen in der DDR (1987). In der chemischen Industrie ist die Chloralkali-Elektrolyse das wichtigste Einsatzgebiet für Salz.

„Feine Prise" und „Cristall Edelsalz" sind in den 1980er Jahren die Spitzensorten unter den Speisesalzprodukten der Kali und Salz. Zu den Speisesalzen gehörten auch eine Reihe erfolgreicher Eigenmarken.

rechts Durchschlag auf der 900-Meter-Sohle: Handschlag zwischen dem neuen Kali und Salz-Aufsichtsratsvorsitzenden Gerhard R. Wolf (links) und dem langjährigen Vorstandsvorsitzenden Dr. Otto Walterspiel im Kaliwerk Salzdetfurth am 4. Oktober 1989.

- **Mauerfall:** Neue Ära in der deutschen Geschichte und tief greifende politische und wirtschaftliche Umwälzungen in Osteuropa

- **Übergang:** Aus dem VEB Kombinat Kali wird die „Mitteldeutsche Kali AG"

- **Einbruch:** Dramatischer Rückgang der Kalinachfrage, Überkapazitäten und Preisverfall

- **Stilllegungen:** Werksschließungen in der ost- und westdeutschen Kaliindustrie sind unvermeidbar

- **Gemeinsame Zukunft:** Die Zusammenführung der ost- und westdeutschen Kaliindustrie eröffnet neue wirtschaftliche Chancen im internationalen Wettbewerb

- **Geschäftsplan:** Zukunftsweisendes und wirtschaftliches Konzept von Treuhandanstalt und deutscher Kaliindustrie zur nachhaltigen Sicherung von 7.500 Arbeitsplätzen

- **Erfolg:** Orientierung an technischen und betriebswirtschaftlichen Notwendigkeiten, realistische Einschätzung der Marktchancen sowie soziale Verantwortung lässt Kalifusion zu einer der gelungensten Privatisierung in Ostdeutschland werden

Kapitel 6

ZUSAMMEN WACHSEN.
DIE WIEDERVEREINIGUNG
DER DEUTSCHEN KALIINDUSTRIE

(1989–1997)

9. November 1989: Mit der Maueröffnung begann eine neue Ära der deutschen Geschichte. Die Wiedervereinigung bot der deutschen Kaliindustrie die einmalige Chance, gemeinsam eine neue Startposition im internationalen Wettbewerb einzunehmen. Die ost- und westdeutsche Kaliindustrie entwickelten zusammen mit der Treuhandanstalt ein zukunftsweisendes Konzept, um unter gemeinsamer Führung und Nutzung der besten deutschen Lagerstätten auf dem Weltmarkt konkurrenzfähig zu sein. Dieses Konzept der „wirtschaftlichen und sozialen Vernunft" fand breite Zustimmung auch bei Gewerkschaften und Politik. Im Zuge der Privatisierung der ostdeutschen Kaliindustrie vereinigten „Mitteldeutsche Kali AG" und „Kali und Salz AG" ihre Kali- und Steinsalzaktivitäten in der „Kali und Salz GmbH". Bis 1997 investierte das neue Unternehmen mehr als eine Milliarde Mark in die Modernisierung vor allem der ostdeutschen Kaliwerke. 7.500 Arbeitsplätze in Ost- und Westdeutschland wurden gesichert, davon gut 3.000 in den neuen Bundesländern. Die Kalifusion wurde zu einer der erfolgreichsten Privatisierungen der Treuhandanstalt.

VOM ZUSAMMENBRUCH DES KALIMARKTS BIS ZUR KALIFUSION (1989–1992)

oben Der sowjetische Staats- und Parteichef Michail Gorbatschow während seines Besuchs in der Bundesrepublik Deutschland im Juni 1989

links „Wir sind das Volk". Mehrere hunderttausend DDR-Bürger demonstrierten im Oktober 1989 bei „Montagsdemonstrationen" in Leipzig für politische Reformen, Reisefreiheit, das Recht auf freie Meinungsäußerung und freie Wahlen.

Glasnost und Perestroika: Der Zusammenbruch des osteuropäischen und russischen Kalimarkts

1986 verkündete der neue Generalsekretär des Zentralkomitees der KPdSU, Michail Gorbatschow, sein Programm von Glasnost (Offenheit) und Perestroika (Umgestaltung) für die UdSSR. Mit der Abkehr vom alten staatssozialistischen Plansystem und der Hinwendung zu marktwirtschaftlichen Strukturen löste er einen tief greifenden Wandel der sowjetischen Wirtschaft und damit der Wirtschaft des gesamten „Ostblocks" aus. Damit leitete Gorbatschow – eigentlich unbeabsichtigt – innerhalb weniger Jahre die Auflösung des gesamten COMECON ein, des staatssozialistischen Wirtschaftsraums. Das hatte Folgen für die übrige Welt – auch für die DDR und deren Kaliindustrie.

An den Standorten der DDR-Kaliindustrie wuchs bereits 1988 die Kritik am staatlichen Druck zur Planerfüllung, der Menschen und Maschinen ständig überforderte. Zunehmend und offen wie nie zuvor in der DDR formulierten die Menschen ihre Unzufriedenheit mit ihrer persönlichen Situation, ihren Lebens- und Arbeitsbedingungen. Sie kritisierten das Staatsversagen, das auch in dem schweren Gebirgsschlag von Völkershausen im März 1989 erneut offenkundig geworden war. Ende November 1989 kam es im ehemaligen „Musterbetrieb" Zielitz zu Arbeitsniederlegungen. Die Zielitzer Kalikumpel forderten eine Reduzierung der familienunfreundlichen Wochenendschichten, bessere Arbeitsbedingungen und Lohnerhöhungen. Das Ansehen der DDR-Führung bröckelte – nicht nur in der Kaliindustrie.

links Der Gebirgsschlag von 1989 richtete in Völkershausen verheerende Zerstörungen an.

rechts Die Verwahrungsarbeiten in Merkers schützen vor Gebirgsschlägen.

Der Gebirgsschlag von Völkershausen

Am 13. März 1989 kam es in der Kaligrube „Ernst Thälmann" (Merkers) zum stärksten Gebirgsschlag, der bislang weltweit im Kalibergbau registriert wurde. Dieses Erdbeben mit der Stärke 5,7 auf der Richterskala zerstörte oder beschädigte innerhalb von zwölf Sekunden mehr als 80 Prozent aller Gebäude des Ortes Völkershausen. Zahlreiche historische Gebäude, darunter die Kirche und das Schloss, mussten anschließend abgerissen werden. Die Bodenerschütterungen waren noch in mehr als 300 Kilometern Entfernung zu spüren.

Überraschend kam dieser Gebirgsschlag nicht: Bereits vorher hatte die Kali und Salz AG aufgrund ihrer seismischen Messungen die DDR-Regierung über die Bundesregierung eindringlich gewarnt, dass ein Gebirgsschlag bevorstehe. Bergmännische Mängel – gefördert und sanktioniert von den DDR-Bergbehörden

(siehe Kapitel 5, Seite 186) – führten zu dem Unglück, denn die Stützpfeiler der Bergwerke in Thüringen waren zu schwach dimensioniert. Als noch Fehler beim Sprengen hinzukamen, brachen die Stützpfeiler zusammen. Schockiert von dem schweren Beben akzeptierten die ostdeutschen Offiziellen zunächst ihre Verantwortlichkeit für das Beben. Schnell aber besann man sich und schob – wie beim Gebirgsschlag 1975 – die Schuld auf die Salzabwasserversenkung der Kali und Salz in den Plattendolomit des Werra-Gebiets und forderte Entschädigungen. Die ständige deutsch-deutsche Kommission, die sich mit Fragen des Kalibergbaus im Werra-Revier beiderseits der Grenze beschäftigte, kam zu keinem gemeinsamen Untersuchungsergebnis. Die Positionen standen sich unversöhnlich gegenüber. Nach der deutschen Wiedervereinigung erwies es sich, dass

wie schon 1975 zu schmal dimensionierte Pfeiler die Ursache des Gebirgsschlags gewesen waren.

Um aus dieser DDR-Altlast einen ähnlichen Gebirgsschlag für die Zukunft zu vermeiden, bauen in dem 1993 stillgelegten Bergwerk Merkers bis heute rund 250 Bergleute in staatlichem Auftrag jährlich etwa zwei Millionen Tonnen Salz ab, um mit ihm gefährdete Hohlräume zu verfüllen und die langfristige Standfestigkeit des gesamten Grubenfeldes Merkers zu sichern. Bis 2005 wurden in Merkers durch Versatz von 21,5 Millionen Tonnen Rohsalz die Gebirgsschlagsgefahr bereits deutlich reduziert und die am meisten gefährdeten Bereiche gesichert. Die Verwahrungsarbeiten werden mit entsprechendem Aufwand für den Steuerzahler noch Jahre andauern.

Angesichts der Forderungen der Gewerkschaft „Solidarnosz" in Polen, der Reformen in der UdSSR und der damit eingeläuteten raschen Auflösung des „Ostblocks" demonstrierten im September und Oktober 1989 bei den Leipziger „Montagsdemonstrationen" zuletzt 300.000 Menschen friedlich für Reisefreiheit und Reformen in der DDR. Erich Honecker wurde am 18. Oktober 1989 als SED-Generalsekretär von Egon Krenz abgelöst. Ende Oktober 1989 musste die DDR-Führung schließlich einsehen, dass ihr Land wirtschaftlich am Ende war und sich „der unmittelbar bevorstehenden Zahlungsunfähigkeit" gegenübersah, so eine interne Analyse für das Politbüro: Nur eine „grundsätzliche Änderung der Wirtschaftspolitik

der DDR" und ein „konstruktives Konzept der Zusammenarbeit mit der BRD" könne die DDR noch retten.

Am Abend des 9. November 1989 öffnete die DDR ihre Grenzen – dies war der Anfang vom Ende des ostdeutschen Staates. Die Bilder von der Grenzöffnung in Berlin gingen um die Welt, aber auch auf der mittelalterlichen Werrabrücke zwischen Philippsthal und Vacha, deren Sperrung mehr als 40 Jahre lang die benachbarten Kaliwerke in Thüringen und Hessen getrennt hatte, trafen sich die Menschen, tanzten, lagen sich in den Armen und weinten. Heute erinnert die Brücke in Vacha unter dem Namen „Brücke der Einheit" an diese friedliche Revolution.

oben Egon Krenz (rechts), Mitglied im Zentralkomitee der SED wurde am 18. Oktober 1989 zum Nachfolger von Erich Honecker (links) als SED-Generalsekretär gewählt.

rechts Auf der Werrabrücke zwischen Philippsthal und Vacha diente im November 1989 ein Bauwagen als Abfertigungsschalter für DDR-Bürger, die nach der Grenzöffnung in den Westen reisen wollten.

Ende 1989 wurde in der DDR die Führungsrolle der SED abgeschafft – im Staat und auch in der Kaliindustrie. Nach heftigen Diskussionen im Dezember 1989 streikten im Januar 1990 die Bischofferoder Bergleute erfolgreich für Lohnerhöhungen. Allerdings war absehbar, dass dieser Lohn nicht im Werk erarbeitet werden konnte. Es wurde erst wieder produziert, nachdem das Kalikombinat im März 1990 mit der westdeutschen Industriegewerkschaft Bergbau und Energie (IG BE) einen neuen Tarifvertrag abgeschlossen hatte. Am 31. Mai 1990 wurde von der DDR-Führung ein neuer, vorerst noch provisorischer Vorstand für das Kalikombinat bestellt.

Mit den Grenzöffnungen in Ungarn, Polen und schließlich der DDR im Jahr 1989 wurden die dortigen Planwirtschaftssysteme und Industrien unvorbereitet mit der Konkurrenz am Weltmarkt konfrontiert. Weil die Staaten nicht mehr stützend eingriffen, brachen ganze Branchen zusammen und Millionen von Arbeitsplätzen gingen verloren. Auch für die Landwirtschaft des ehemaligen Ostblocks waren die Folgen dramatisch, denn die landwirtschaftlichen Betriebe mussten nach dem Ende der sozialistischen Planwirtschaft ihren Dünger zu deutlich höheren Weltmarktpreisen kaufen und in einer konvertierbaren Währung bezahlen. Dazu waren sie aber nicht in der Lage, und sie sollten es noch für weitere Jahre nicht sein.

links Bundeskanzler Dr. Helmut Kohl (rechts) und Bundesaußenminister Hans-Dietrich Genscher (links) reisten im Juli 1990 zu einem Arbeitsbesuch nach Archys im Kaukasus, um mit dem sowjetischen Staatspräsidenten Michail Gorbatschow (Mitte) über die Modalitäten der Vereinigung der beiden deutschen Staaten zu sprechen.

rechts Die mit einem großen Maschinenpark ausgestatteten Produktionsgenossenschaften des Ostblocks waren nach dem politischen und wirtschaftlichen Umbruch nicht mehr in der Lage, die notwendigen Mengen an Kalidünger einzukaufen.

rechts 1991 zerbrach die UdSSR. Elf frühere Sowjetrepubliken gründeten am 21. Dezember 1991 in der kasachischen Hauptstadt Alma Ata die Gemeinschaft Unabhängiger Staaten (GUS). Auf dem Bild (v.l.n.r.) die Präsidenten Leonid Krawtschuk (Ukraine), Nursultan Nasarbajew (Kasachstan), Boris Jelzin (Russland) und Stanislaw Schuschkjewitsch (Weißrussland).

Innerhalb weniger Jahre sank daher der Kaliabsatz in Osteuropa und der Sowjetunion von 9,9 Millionen Tonnen K_2O (1988) auf 2,4 Millionen Tonnen (1993). Auch der Kaliverbrauch auf dem Gebiet der ehemaligen DDR ging innerhalb von nur drei Jahren von 580.000 auf nur noch rund 100.000 Tonnen K_2O zurück. Der Heimatmarkt der ostdeutschen und der sowjetischen Kaliproduzenten in Russland und Weißrussland war also innerhalb kürzester Zeit zusammengebrochen. Die landwirtschaftlichen Produktionsgenossenschaften (LPG) kämpften ebenso um ihr Überleben wie die ostdeutsche Kaliindustrie.

1991 zerbrach die UdSSR und an ihre Stelle trat die „Gemeinschaft Unabhängiger Staaten" (GUS). Nach wie vor mussten die ehemals sowjetischen Kaliunternehmen Devisen erwirtschaften, die die GUS-Staaten zur Schuldentilgung oder für den Ankauf von Getreide dringend benötigten. Die russische und weißrussische Kaliindustrie suchte sich neue Absatzmärkte und drängte mit extremen Dumpingpreisen auf die ohnehin seit Jahren stagnierenden Kali-Exportmärkte. Dies traf besonders die westeuropäische Kaliindustrie. Auf Drängen der in der „Association des Producteurs Europeens de Potasse" (APEP) organisierten westeuropäischen Kaliproduzenten verfügte die Europäische Gemeinschaft 1992 zwar Anti-Dumping-Maßnahmen. Diese wurden aber von den osteuropäischen Produzenten wo immer möglich umgangen. Die durch den Nachfragerückgang entstandenen Überkapazitäten der Kaliindustrie und der durch den GUS-Export verschärfte Preiskampf sorgten für einen beispiellosen Preisverfall auf dem Kali-Weltmarkt. Während die weltweite Produktionskapazität rund 36 Millionen Tonnen K_2O betrug, sank der Absatz 1993 auf 20,9 Millionen Tonnen – fast ein Drittel weniger als 1988.

Aufgrund der EU-Agrarreformen mit ihren Flächenstilllegungen und der drastischen Absenkung der Agrarinterventionspreise sank der Kaliabsatz auch in Westeuropa zwischen 1988 und 1993 um fast 30 Prozent. Damit verlor die Kali und Salz AG etwa 20 Prozent ihres Absatzes in Europa. Die ostdeutsche Kaliindustrie traf die Kalikrise unvergleichlich härter: Sie büßte im gleichen Zeitraum mehr als 75 Prozent ihres europäischen Absatzes vor allem im Gebiet des sich auflösenden Ostblocks ein. Eine wichtige Ursache war die Währungsumstellung. Mit der Einführung der D-Mark im Zuge der Wirtschafts-, Währungs- und Sozialunion von Bundesrepublik und DDR am 1. Juli 1990 musste der Osthandel in „harter Währung" erfolgen, statt in den bisherigen Verrechnungseinheiten, und die Kosten mussten in D-Mark ausgewiesen und kalkuliert werden.

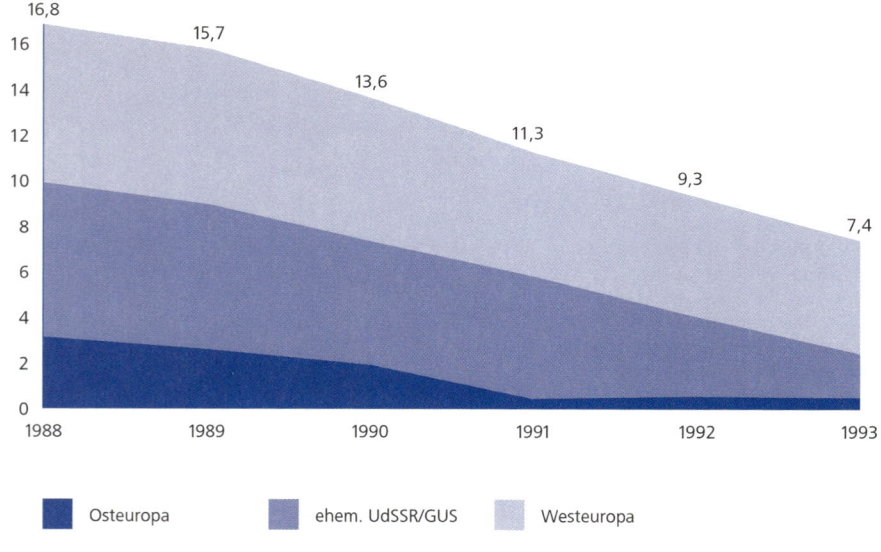

Kaliabsatz in Europa und der GUS 1988–1993 (Angaben in Millionen Tonnen K_2O)

- Osteuropa
- ehem. UdSSR/GUS
- Westeuropa

Die Gründung von Treuhand und Mitteldeutscher Kali AG

Am 1. März 1990 beschloss der Ministerrat der DDR auf Vorschlag des „Runden Tisches" – einer Vertretung aller demokratischen Kräfte in den Jahren des Umbruchs in der DDR 1989/90 sowie der SED – die Gründung der „Anstalt zur treuhänderischen Verwaltung des Volkseigentums". Die „Treuhandanstalt" (THA) sollte als eine Art Staatsholding zunächst die Kombinate entflechten und anschließend die Nachfolge- unternehmen in Kapitalgesellschaften umwandeln, die allerdings in „Volkseigentum" bleiben sollten. Um einen befürchteten Ausverkauf der DDR-Wirtschaft zu verhindern, durften Unter- nehmen aus dem Westen zunächst nur Minder- heitsbeteiligungen erwerben.

Bei der Volkskammerwahl am 18. März 1990, der ersten und letzten demokratischen Wahl zur Volkskammer der DDR, siegte die „Allianz für Deutschland" unter Führung der CDU, die 40,8 Prozent der Stimmen erhielt, während die SPD nur auf knapp 22 Prozent kam. Lothar de Maizière bildete eine große Koalition aus „Allianz", SPD und Liberalen

und wurde am 12. April 1990 zum Minister- präsidenten gewählt. Seine Regierung betrieb die Wiedervereinigung mit Westdeutschland und änderte die Wirtschaftspolitik grundlegend in Richtung Privatisierung. So beschloss die Volkskammer am 18. Mai 1990 den Vertrag über die Wirtschafts-, Währungs- und Sozial- union mit der Bundesrepublik, der zum 1. Juli 1990 in Kraft trat.

Mit dem Treuhandgesetz vom 17. Juni 1990, das die Regierung de Maizière bereits vor der Wirtschafts-, Währungs- und Sozialunion vom 1. Juli 1990 in enger Abstimmung mit der Bundesregierung entworfen hatte, änderte sich der Auftrag der Treuhand entsprechend der neuen Wirtschaftspolitik grundlegend: Sie sollte nun nicht mehr die Staatsbetriebe verwalten, sondern „das volkseigene Vermö- gen privatisieren" und – wenn möglich – „sanierungsfähige Betriebe zu wettbewerbs- fähigen Unternehmen" entwickeln, um die DDR-Wirtschaft „an die Erfordernisse des Marktes" anzupassen. Die Treuhand-Aktien-

links Am 18. Mai 1990 unterzeichneten die Finanzminister der Bundesrepublik, Dr. Theo Waigel (rechts), und der DDR, Walter Romberg (links), in Bonn den Staatsvertrag über die Wirtschafts-, Wäh- rungs- und Sozialunion beider deutschen Staaten. Im Hintergrund Bundeskanzler Dr. Helmut Kohl (Mitte) und DDR-Minis- terpräsident Lothar de Maizière (2.v.l.).

oben rechts Die Gesprächsteilnehmer des ersten „Runden Tisches" in Ost- Berlin am 7. Dezember 1989 beschlossen die Auflösung des Amtes für Nationale Sicherheit, des ehemaligen Ministeriums für Staatssicherheit („Stasi") und Wahlen zur Volkskammer.

unten rechts Eine große Menschenmenge bejubelte am Abend des 10. November 1989 vor und auf der Mauer am Branden- burger Tor in Berlin die Öffnung der deutsch-deutschen Grenze.

Die Arbeit der Treuhand

Optimisten in Westdeutschland und viele Ostdeutsche rechneten zunächst mit einem Wert der staatlichen DDR-Unternehmen von 600 Milliarden D-Mark. Tatsächlich war die DDR-Industrie allerdings weit weniger wert als anfangs angenommen. Viele Betriebe waren abgewirtschaftet, die Anlagen veraltet, heruntergekommen und unproduktiv. Hinzu kam, dass das Management nicht in den „kapitalistischen" Kategorien von Wettbewerb, Kosten und Gewinn, sondern im System von Planerfüllung dachte. Nur ein sehr kleiner Teil der DDR-Wirtschaft war am Weltmarkt tatsächlich konkurrenzfähig.

Nach der Wirtschafts-, Währungs- und Sozialunion der beiden deutschen Staaten am 1. Juli 1990 mussten alle Gesellschaften mit Hilfe von Fachleuten aus der Bundesrepublik DM-Eröffnungsbilanzen erstellen. Damit lagen erstmals einigermaßen verlässliche Zahlen zur Substanz auf dem Tisch. Als die Treuhand Mitte 1992 mit ihrer eigenen Eröffnungsbilanz erstmals realistische Zahlen für die

ganze ehemalige DDR vorlegte, präsentierte sie ein Defizit von rund 250 Milliarden D-Mark. Am Ende waren es rund 230 Milliarden D-Mark Schulden, die in den „Erblastentilgungsfond" des Bundes übergingen. Zusammen mit dem „Fond Deutsche Einheit" liefen 386 Milliarden Mark Schulden auf. Finanziert wurde das Defizit über Anleihen, die die Treuhand weltweit platzierte. Die Treuhand privatisierte bis Ende 1994 rund 15.000 Betriebe. Dabei übernahm sie die Kosten für die notwendigen Investitionen, den Sozialplan und einen Verlustausgleich, je nach wirtschaftlicher Lage des jeweiligen Unternehmens zu einem großen Teil oder sogar vollständig. In diesem Rahmen wurden etwa 80 Prozent der Schulden der DDR-Unternehmen von der Bundesrepublik übernommen.

Für die zu privatisierenden Unternehmen versuchte die Treuhand, Käufer zu finden, deren Konzept, Kompetenz und Vertrauenswürdigkeit am überzeugendsten waren. Dazu gehörten auch

Zusagen über rund 895.000 Arbeitsplätze, deren Zahl am Ende sogar überschritten wurde. Neben dem Zusammenschluss der Mitteldeutschen Kali AG (MdK) mit der Kali und Salz AG gehörten die Privatisierungen der Stromwirtschaft (Käufer: PreussenElektra, RWE und Bayernwerk), der Interhotel AG (sie ging an eine Investorengruppe), der Werften (Käufer: Bremer Vulkan), der Raffinerien von Leuna und Minol (Käufer: Elf Aquitaine), der Eko-Stahl in Eisenhüttenstadt (Käufer: Arcelor), der mitteldeutschen Großchemie (Käufer: DOW) des DDR-Waggonbaus (Käufer: Advent International) und des Chemiewerks Schwarzheide (Käufer: BASF) zu den großen Privatisierungen.

Zum 31. Dezember 1994 wurde die Treuhand aufgelöst. Ihre Nachfolge übernahm ab 1. Januar 1995 die „Bundesanstalt für vereinigungsbedingte Sonderaufgaben" (BvS). Sie führte die letzten Privatisierungen durch und wickelte den Rest der fast 40.000 Privatisierungsverträge ab.

von links nach rechts

Rund 2.000 Beschäftigte der Metall- und Elektroindustrie aus Berlin und Brandenburg demonstrieren am 28. November 1990 vor dem Sitz der Treuhandanstalt in Berlin für die Sanierung ihrer Betriebe und für den Erhalt ihrer Arbeitsplätze.

Arbeiter auf dem Gelände der Leuna-Werke AG in Merseburg. Am 23. Juli 1992 wurde das Unternehmen an ein deutsch-französisches Konsortium unter Führung von Elf Aquitaine verkauft.

Grenzstreifen an der Berliner Treuhandanstalt im Frühjahr 1990. Das Gebäude der Treuhand (im Hintergrund links) wurde 1935–1936 als Reichsluftfahrtministerium gebaut, später war es „Haus der Ministerien" der DDR und 1990 zog die Treuhand ein. Seit 1999 ist es Sitz des Bundesfinanzministeriums.

gesellschaften sollten die „Effizienz und Wettbewerbsfähigkeit" ihrer Unternehmen sicherstellen. Die Treuhand wurde allerdings erst nach der Wiedervereinigung Deutschlands am 3. Oktober 1990 zu einer handlungsfähigen Institution ausgebaut.

Mit Blick auf den Übergang zur Marktwirtschaft wurden das bisherige Kombinat Kali in eine Reihe von Kapitalgesellschaften im Besitz der Treuhand umgewandelt und Teile des Geschäfts in Tochtergesellschaften verlagert. Einzelne Standorte, die sich für konkurrenzfähig hielten, wie Zielitz oder die thüringischen Werra-Werke, versuchten, ihre Betriebe eigenständig fortzuführen. Die Zielitzer Bergleute hatten schnell auf die neuen Möglichkeiten reagiert, die durch die Entflechtung der zuvor zentral geleiteten Kombinate entstanden: Bereits am 5. März 1990 beschloss die Leitung des Kaliwerks Zielitz die Gründung einer Aktiengesellschaft. Am 1. Juni 1990 wurde die „Zielitzer Kali AG" realisiert. Am gleichen Tag gründete die Treuhand die Mitteldeutsche Kali AG (MdK) mit Sitz in Sondershausen. Die Werra-Werke Merkers und Unterbreizbach schlossen sich zur Kali Werra AG zusammen und im Südharz wurde die Kali Südharz AG gegründet. Diese Art der Umwandlung im ehemaligen Kalikombinat bot kaum Aussicht auf wirtschaftliches Überleben. Daher kam es vor allem zwischen der Zielitzer Kali AG und ihrer Muttergesellschaft MdK zu Spannungen.

Nach der Wiedervereinigung am 3. Oktober 1990 wurde die Treuhand handlungsfähiger. Dies hatte auch Auswirkungen auf die Kaliindustrie in Ostdeutschland: Am 14. Dezember 1990 ersetzte der Treuhand-Aufsichtsrat den bisherigen, vorläufigen Vorstand der MdK durch einen ordentlichen Vorstand. Wie bei der Treuhand selbst, sollten auch in der MdK Fachleute aus dem Westen den Einfluss der „alten Seilschaften" zurückdrängen und die Neuausrichtung des ehemaligen DDR-Kalibergbaus gestalten. Vorstandssprecher wurde der ehemalige Bundesbankdirektor Friedhelm Teusch, Vorsitzender des Aufsichtsrats der ehemalige hessische Wirtschaftsminister Professor Dr. Ulrich Steger (SPD). Arbeitsdirektor im Vorstand wurde Peter Backhaus von der Essener STEAG. Von der Kali und Salz AG kam der bereits pensionierte Alwin Potthoff, im Vorstand verantwortlich für Gruben und Lagerstätten. Mit Dr. Willi Heim und Helmut Klucke wurden zwei ehemalige Vorstandsmitglieder von Kali und Salz in den Aufsichtsrat gewählt, die Gewerkschaft IG BE stellte mit Manfred Kopke den stellvertretenden Aufsichtsratsvorsitzenden. Damit gewannen MdK-Vorstand und Aufsichtsrat wichtiges marktwirtschaftliches Know-how im Bereich Kali.

Friedhelm Teusch, Vorstandssprecher der Mitteldeutschen Kali AG, Ressort Finanzen (1990–1993)

Neuorganisation der MdK und Personalabbau

Die wirtschaftliche Lage des neuen Unternehmens erschien angesichts der Weltmarktsituation bedrückend. Die MdK war – wie alle ehemaligen DDR-Betriebe – hoch verschuldet und hatte ihre Märkte im Osten weitgehend verloren. Nun rächte es sich, dass die ostdeutsche Kaliindustrie nicht die durchgreifenden Rationalisierungen vorgenommen hatte wie die westdeutsche Kaliindustrie in den 1960er und 1970er Jahren unter dem Druck des Wettbewerbs. Während die Kali und Salz AG 1989 insgesamt 7.800 Mitarbeiter beschäftigte und 27 Millionen Tonnen Rohsalze förderte, förderte das Kalikombinat rund 36 Millionen Tonnen und beschäftigte 31.600 Mitarbeiter, davon allerdings viele nicht direkt im Bergbau oder in den Fabriken, sondern in sozialen Einrichtungen oder bergbaufremden Tochterunternehmen. Darum waren die Kosten des ostdeutschen Kalis doppelt so hoch wie die Erlöse auf dem Weltmarkt, berichtete der für die Privatisierung der ostdeutschen Kaliindustrie zuständige Treuhand-Vorstand Dr. Klaus Schucht. Die Treuhandanstalt musste die MdK zunächst jährlich mit mehreren hundert Millionen Mark subventionieren.

Der neue MdK-Vorstand hatte seit Ende 1990 zwei zentrale Aufgaben zu lösen: Die Neuausrichtung des Unternehmens und den notwendigen Personalabbau. Zunächst mussten das „widerspenstige" Werk in Zielitz und die Werra-Werke wieder unter dem Dach der MdK vereinigt werden. Dazu setzte der Aufsichtsrat im Februar 1991 überraschend den Vorstand der Zielitzer Kali AG ab, die MdK kaufte das Werk für eine symbolische Mark und wurde Alleinaktionär. Die von den Zielitzern erhoffte Einzelprivatisierung war damit vom Tisch. Eine wesentliche Rolle spielte dabei die energische Intervention des MdK-Aufsichtsratsvorsitzenden Professor Dr. Ulrich Steger beim Vorstand der Treuhand.

Die neu organisierte MdK AG umfasste nun die ehemaligen Kombinatsbetriebe Kali Südharz AG (Bischofferode, Roßleben, Sonders-

hausen, Volkenroda, Bleicherode und Sollstedt), Kali Werra AG (Merkers, Unterbreizbach und Dorndorf), Mitteldeutsche Salzwerke GmbH (Bernburg), die Kali-Bergbau Handelsgesellschaft mbH (Berlin), die Zielitzer Kali AG sowie einige kleinere Service-Gesellschaften. Zum 1. Oktober 1993 wurden die Zielitzer Kali AG und die Mitteldeutsche Salzwerke GmbH mit der MdK verschmolzen.

Die zweite Aufgabe des neuen Vorstands war es, den notwendigen Personalabbau voranzutreiben und unwirtschaftliche Standorte zu schließen. Angesichts der betriebswirtschaftlichen Daten und Prognosen war klar, dass nur ein Teil der ostdeutschen Kali-Standorte überleben konnte und tausende Kumpel ihre Arbeitsplätze verlieren würden. Die drastisch reduzierten Absatzmöglichkeiten und die Anforderungen der Marktwirtschaft zwangen die MdK, einen großen Teil ihrer Mitarbeiter zu entlassen. Mit der Schließung unrentabler Werke holte die MdK innerhalb kürzester Zeit eine Entwicklung nach, die sich in Westdeutschland in den vergangenen 35 Jahren vollzogen hatte: Hatte die deutsche Kaliindustrie 1955 in der Bundesrepublik noch 18 Kali- und Steinsalzwerke und beschäftigte rund 21.000 Mitarbeiter (damals waren es in der DDR 14 Werke und etwa 24.000 Mitarbeiter), produzierten zum Jahresende 1990 in den alten Bundesländern noch 8 Kali- und Steinsalzwerke der Kaliindustrie. Die Zahl der Beschäftigten lag bei 7.600. Bei der MdK arbeiteten zu diesem Zeitpunkt in 11 Kali- und Steinsalzwerken sowie den übrigen Betrieben noch rund 24.000 Beschäftigte. Dies waren rund 7.600 Mitarbeiter weniger als noch ein Jahr zuvor im Kombinat Kali.

Die Kapazität der ostdeutschen Kaliwerke lag Mitte 1990 bei etwa 3,3 Millionen Tonnen K_2O jährlich. Überkapazitäten und fallende Preise, mangelnde Wirtschaftlichkeit und die zum Teil erschöpften Lagerstätten machten es in den Jahren 1990/91 unausweichlich, 6 der 10 Kaliwerke mit einer theoretischen Kapazität von 1,2 Millionen Tonnen K_2O stillzulegen.

Dr. Klaus Schucht, der für die Privatisierung der ostdeutschen Kaliindustrie zuständige Treuhand-Vorstand, spielte in den Verhandlungen um die Kalifusion eine wichtige Rolle: „Er war mutig in der Konzeption, beharrlich in der Durchsetzung und behielt ein Herz für die Kumpel", so der damalige MdK-Vorstandssprecher Friedhelm Teusch.

Bergleute der Schachtanlage Springen II/III
des Kalikombinates nach ihrer Ausfahrt aus
der Grube (1986)

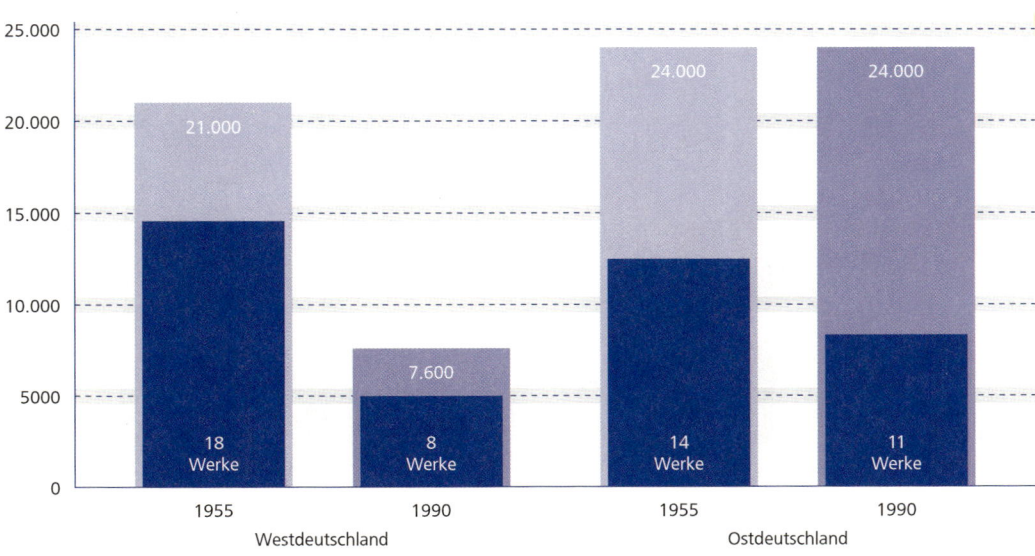

**Beschäftigte und Werke in der deutschen Kaliindustrie 1955 und 1990
(West / Ost)**

Nach Kosten- und Ergebnisschätzungen beschloss der MdK-Aufsichtsrat am 26. Februar 1991 die Schließung der Kaliwerke Bleicherode, Sollstedt und Volkenroda, die bereits im Jahresverlauf 1990 ihre Produktion eingestellt hatten, sowie die Stilllegung der Werke Sondershausen und Dorndorf. Kurze Zeit später wurde auch die Schließung von Roßleben beschlossen.

Die Kaliwerke Merkers, Unterbreizbach, Zielitz, Bischofferode und das Steinsalzwerk Bernburg produzierten zunächst weiter. Aber auch auf diesen Standorten wurde die Zahl der Mitarbeiter drastisch reduziert: Bei der Kali Werra AG wurden zwischen Ende 1990 und 1992 rund 4.200 von 5.900 Mitarbeitern entlassen, in Bischofferode waren es rund 800 von 1.500. In Zielitz ging die Belegschaft von 3.400 im Juni 1990 bis Ende 1992 auf 1.800 zurück. Zusammen mit den Werksstilllegungen verloren von den Ende 1990 rund 24.000 Mitarbeitern

der MdK bis Ende 1992 mehr als 18.500 ihre Arbeitsplätze. Hinter diesen Zahlen standen viele Einzelschicksale: „Werksleitung und Betriebsrat in Zielitz arbeiteten damals gemeinsam mehr als zwei Jahre intensiv daran, möglichst sozialverträgliche Lösungen zu finden und persönliche Härten zu vermeiden", erinnert sich der K+S-Konzernbetriebsratsvorsitzende Klaus Krüger: „Aber häufig genug konnte das trotzdem nicht gelingen." Die vergleichsweise gut dotierten Sozialpläne führten beinahe zum Konkurs der MdK, der nur durch Kredite abgewendet werden konnte. Diese Einschnitte waren für die Betroffenen sehr schmerzlich, und sie wurden von der Öffentlichkeit und der thüringischen Landesregierung auch zunehmend kritisiert, aber sie waren aus Sicht von Treuhand und MdK zwingend erforderlich, um einer erfolgreichen Privatisierung der mitteldeutschen Kaliindustrie überhaupt eine Chance zu geben.

Rohsalzmahlanlage des Kaliwerkes Volkenroda im Jahr 1991; die Rohsalzförderung wurde Mitte 1990 eingestellt.

Das Ergebnissteigerungsprogramm von Kali und Salz

Die Kali und Salz AG war ebenso wie die MdK und die sowjetischen Kaliproduzenten vom Rückgang des weltweiten Kaliabsatzes und vom Preisverfall betroffen. Gleichzeitig schrumpfte in der Europäischen Gemeinschaft die bewirtschaftete Agrarfläche. In den Jahren 1991 und 1992 machte die Kali und Salz AG bei stagnierenden Umsätzen jährlich rund 10 Millionen Mark Verlust.

Um dieser „unbefriedigenden Ergebnisentwicklung" zu begegnen, legte Kali und Salz 1990 ein tief greifendes Ergebnissteigerungsprogramm auf. Nach einer gründlichen Überprüfung des gesamten Unternehmens beschloss der Vorstand im Einvernehmen mit Aufsichtsrat und Arbeitnehmervertretung zahlreiche einschneidende Maßnahmen, die das Unternehmen aus den roten Zahlen führen sollten. Dazu gehörte beispielsweise die Schließung der defizitären Kaliproduktion im Werk Salzdetfurth im März 1992. Die Steinsalzerzeugung sollte stufenweise bis 1994 von Niedersachsen-Riedel nach Braunschweig-Lüneburg verlagert und die Werkstätten der Kaliwerke Hattorf und Wintershall sowie die Zentralwerkstatt Heringen sollten zur Verbundwerkstatt der Werra-Werke zusammengelegt werden (ein Schritt auf dem Weg zum späteren Verbundwerk Werra). Außerdem wurde die landwirtschaftliche Forschung und Beratung reduziert und 1991 auch die Forschungsanstalt Büntehof in Hannover geschlossen. Insgesamt baute Kali und Salz mehr als 1.000 Stellen ab.

Im Laufe des Jahres 1993 erreichte die Kali und Salz AG das im Ergebnissteigerungsprogramm vorgesehene Einsparungspotenzial zu mehr als 90 Prozent und konnte ihre Kosten insgesamt um rund 170 Millionen Mark reduzieren. Allerdings ließen sich die Verluste aus der Kalikrise dadurch nur zum Teil auffangen, zumal neben der schlechten Marktlage viel zu hohe Lohnabschlüsse die Einsparungen teilweise wieder aufzehrten. „Eine nachhaltige Verbesserung kann nur durch geänderte Bedingungen im Markt erreicht werden", stellte der Vorstand der Kali und Salz AG daher fest.

oben In der Forschungsanstalt Büntehof wurden Versuchsergebnisse auch ausländischen Besuchern vorgestellt. Im Zuge des Ergebnissteigerungsprogramms von Kali und Salz wurde die Forschungsanstalt 1991 geschlossen.

unten Die defizitäre Kaliproduktion des Kaliwerkes Salzdetfurth wurde im März 1992 stillgelegt.

Im ehemaligen Kaliwerk Salzdetfurth werden heute jährlich mehr als 100.000 Tonnen CATSAN®-Katzenstreu produziert.

Lohngranulierung im stillgelegten Kaliwerk Salzdetfurth

Die Lohngranulierung im ehemaligen Kaliwerk Salzdetfurth ist ein gutes Beispiel für die gelungene Nachnutzung eines stillgelegten Werks und die Schaffung neuer Arbeitsplätze. Unmittelbar nach der Entscheidung 1992, das Kaliwerk Salzdetfurth nach 90 Jahren Produktion stillzulegen, versuchte Kali und Salz den Standort wenigstens teilweise zu retten und Arbeitsplätze zu sichern. Durch die langjährigen Kunden- und Lieferbeziehungen zur Firma Effem fand sich eine Lösung: Für die Produktion des Katzenstreus „CATSAN®" in Minden bezog Effem vom Werk Salzdetfurth als Konditionierungsmittel Magnesiumchlorid-Lösung. Da die von Effem geplante Kapazitätserweiterung in Minden nicht realisiert werden konnte, wurde die CATSAN®-Produktion nach Salzdetfurth verlagert, wo Mühlen, Siebe und

Granulierungsanlagen ebenso vorhanden waren wie das Know-how eines der CATSAN®-Granulierung sehr ähnlichen Produktionsprozesses. Der Probebetrieb der Anlage begann am 9. September 1992. Diese Lohngranulierung sicherte nicht nur die Arbeitsplätze von rund 100 Mitarbeitern, sondern brachte bereits 1994 einen Umsatz von 14 Millionen Mark. 1995 siedelte sich auch die Firma Cirkel in unmittelbarer Nähe des Werksgeländes an, die hier eine Fabrik für die Herstellung von Leichtbetonsteinen als Rohstoff für die CATSAN®-Produktion errichtete. Jährlich werden hier mehr als 100.000 Tonnen CATSAN® für ganz Europa hergestellt. Im Jahr 2002 wurde in Salzdetfurth die millionste Tonne CATSAN® produziert.

Das Kaliforschungs-Institut

Von Umstrukturierungen war auch das traditionsreiche Kaliforschungs-Institut (KAFI) betroffen. Bereits 1989 hatte die Kali und Salz AG den Sitz des KAFI von Hannover nach Heringen verlegt und es dort mit dem Produktionstechnikum zu einer neuen Einheit zusammengefasst (KAFI-Technikum). Damit konzentrierte das Unternehmen Forschung und Entwicklung an einem Ort. Durch eine engere Anbindung an die Werra-Werke sollte Doppelforschung vermieden und gleichzeitig die Grundlagenforschung des Kaliforschungs-Instituts in eine größere „Betriebsnähe" gerückt werden. In modernisierten Gebäuden in Heringen (Bild unten) erweiterte das Institut sein Dienstleistungsangebot in der Analytik (Bild oben) auch für andere Unternehmen. Im Jahr 1999 konnte das Kaliforschungs-Institut auf 80 Jahre Kaliforschung zurückblicken.

Kali und Salz und MdK: Konkurrenz, Kooperation oder Fusion?

Angesichts dieser schwierigen Lage beobachtete Kali und Salz auch die Entwicklung im Osten Deutschlands sehr aufmerksam. Anfang 1990 trafen sich Vertreter von Kali und Salz und des VEB Kombinat Kali, um angesichts der Absatzkrise darüber zu beraten, wie die Probleme gemeinsam gelöst werden könnten. Man verabredete zunächst technische Kooperationen, ohne eine Fusion anzustreben. Nach monatelangen Gesprächen legten Kali und Salz und Treuhand am 25. April 1991 ein gemeinsames „Konzeptpapier" vor, das einen stufenweisen Ausbau der Zusammenarbeit vorsah: In einer ersten Phase sollten beide Unternehmen in Form eines „Rationalisierungsabkommens" vor allem im Vertrieb zusammenarbeiten. Gleichzeitig sollten sich beide Unternehmen unabhängig voneinander weiter sanieren. Das bedeutete für die MdK die Umstellung auf marktwirtschaftliche Verhältnisse mit umfassenden Maßnahmen zur Kostensenkung, und für Kali und Salz weitere Rationalisierungen, die Straffung der Produktion und organisatorische Umstrukturierungen. Erst in einer zweiten Phase sollte – wenn mit befriedigenden wirtschaftlichen Ergebnissen zu rechnen war – über eine Fusion nachgedacht werden.

Da Kali und Salz das einzige westdeutsche Kaliunternehmen war, wurde es von vielen als der natürliche Partner bei einer Privatisierung der ostdeutschen Kaliindustrie angesehen. Die Kali und Salz AG war in diesem Punkt zunächst zurückhaltend, denn das Unternehmen wollte sich nicht mit zusätzlichen Risiken belasten, deren Konsequenzen niemand absehen konnte. Andererseits sah man bei Kali und Salz im Februar 1992 ganz deutlich die Gefahr, dass die MdK mit ihren staatlich finanzierten Treuhand-Subventionen einen Preiskrieg und einen „ruinösen Verdrängungswettbewerb" gegen

Für die Einhaltung des Kali-Sozialplans bei der MdK demonstrierten am 10. September 1991 auf dem Erfurter Fischmarkt tausende Bergleute aus den alten und neuen Bundesländern.

Kali und Salz hätte anzetteln können – einen Preiskrieg, der in Ost und West zahlreiche Arbeitsplätze gekostet hätte. Auch die Gefahr, dass ein ausländischer Wettbewerber Teile der MdK übernehmen könnte, um sich ein Standbein auf dem deutschen Markt zu verschaffen, war nicht auszuschließen.

Eine weitergehende Zusammenarbeit mit der MdK kam für den Vorstand der Kali und Salz AG allerdings erst in Frage, wenn sich die Rahmenbedingungen in Ostdeutschland besserten. Der Vorstand von K+S rechnete zu diesem Zeitpunkt zwar noch mit einer langen Stagnationsphase der Kaliindustrie, schätzte aber bereits im Februar 1992 die internationale Wettbewerbsfähigkeit eines gemeinsamen Unternehmens höher ein als die zweier konkurrierender deutscher Unternehmen. Daher entwickelten Vorstand und Aufsichtsrat von Kali und Salz schließlich das Konzept für eine Fusion. Dieses Konzept sah die Zusammenführung der Kali- und Steinsalzaktivitäten in Ost- und Westdeutschland vor. Ziel sollte die Schaffung eines auch langfristig leistungs- und wettbewerbsfähigen Kaliunternehmens sein. Der damalige BASF-Vorstand konnte am 18. Februar 1992

schließlich von dem Konzept überzeugt werden. „Das war damals eine mutige und weitblickende Entscheidung. Und auch das Beste im Interesse der Aktionäre und Mitarbeiter", erinnerte sich der K+S-Aufsichtsratsvorsitzende und damalige BASF-Vorstand Gerhard R. Wolf, der als energischer Befürworter der Kalifusion den Zusammenschluss entscheidend gefördert und seinen ganzen Einfluss in den Gremien der BASF eingebracht hatte. Auch die Industriegewerkschaft Bergbau und Energie (IG BE) hatte schon früh vor einem ruinösen Wettbewerb des Westens gegen eine staatlich subventionierte Kaliindustrie im Osten gewarnt: „Die Standorte durften nicht gegeneinander ausgespielt werden", so Bernd Westphal, der für den Kali- und Steinsalzbergbau zuständige Gewerkschaftssekretär der heutigen Industriegewerkschaft Bergbau Chemie und Energie (IG BCE). Die Gewerkschaft verabschiedete gemeinsam mit den Betriebsräten im Februar 1992 das „Rahmenkonzept für den gesamten deutschen Kalibergbau", in dem sie für die Fusion der Werke in Ost und West eintraten. Allen Beteiligten war klar, dass Stilllegungen und Kündigungen unvermeidlich waren.

Gerhard R. Wolf: Ein Aufsichtsratsvorsitzender gestaltet die Fusion mit

Am 26. Juni 1989 wurde Gerhard R. Wolf zum Aufsichtsratsvorsitzenden der Kali und Salz AG gewählt. Der 1935 in Ludwigshafen geborene Wolf hatte nach einer kaufmännischen Lehre bei der BASF ein Studium der Wirtschaftswissenschaften absolviert und war 1962 zur BASF zurückgekehrt. Bereits 1963 wurde er nach Syrien und in den Libanon delegiert, wo er die Geschäftleitung der Vertriebsgesellschaften für Düngemittel und Pflanzenschutz übernahm. 1966 kehrte er nach Ludwigshafen zurück und übernahm Führungsaufgaben im Bereich Verkauf Düngemittel/Export. 1970 wurde er Leiter des technischen Einkaufs, 1980 Leiter der Abteilung Marketing Zwischenprodukte,

1983 Leiter der Abteilung Marketing Industriechemikalien und 1984 schließlich Leiter des BASF-Unternehmensbereichs Industriechemikalien. 1989 wurde er Vorstandsmitglied der BASF mit der Ressortverantwortung für Kali und Salz, Stickstoffdüngemittel, Pflanzenschutz, Pharma sowie Logistik und Vertrieb für Zentraleuropa und – als Nachfolger von Dr. Hans Moell (1970–1982) und Dr. Hans Detzer (1982–1989) – Aufsichtsvorsitzender der Kali und Salz AG. Auch in dieser Funktion trug Gerhard R. Wolf maßgeblich zum Gelingen der deutsch-deutschen Kalifusion zwischen der westdeutschen Kali und Salz AG und der ostdeutschen Mitteldeutschen Kali AG seit 1993 bei.

Dr. Ralf Bethke: Ein Vorstandsvorsitzender mit neuen Plänen

Am 1. Juli 1991 übernahm Dr. Ralf Bethke von Dr. Otto Walterspiel den Vorstandsvorsitz der Kali und Salz AG. Bethke wurde 1942 in Königsberg geboren. Er studierte von 1963 bis 1968 Volks- und Betriebswirtschaft an den Universitäten Bonn, Köln und Mannheim. An der Universität Mannheim arbeitete er als Assistent und promovierte dort im Sommer 1971. Anfang 1972 trat Bethke in die BASF AG in Ludwigshafen ein. Dort war er im Marketing/Vertrieb im Bereich Düngemittel sowie im Stab des Bereichsleiters tätig. 1978 wurde er Vorstandsmitglied der BASF-Tochtergesellschaft Chemag AG, Frankfurt. 1984 übernahm er die Leitung der Abteilung Marketing Zwischenprodukte bei der BASF in Ludwigshafen. Im Mai 1990 wurde er als Leiter des Verkaufsressorts in den Vorstand der Kali und Salz AG, Kassel, berufen und

übernahm im Juli 1991 den Vorstandsvorsitz. Zusammen mit den Vorstandskollegen Dr. Volker Schäfer (Finanzen/Personal), Dr. Hans Schneider (Bergbau) und Axel Hollstein (Produktion) gliederte Bethke die Produktbereiche teilweise neu und verstärkte die Ergebnisverantwortung der Bereiche und Gesellschaften. Gleichzeitig wurden die Bemühungen um eine Diversifikation der Kali und Salz AG verstärkt. Mit großem persönlichen Engagement und Kreativität hat Bethke – stets eng abgestimmt und stark unterstützt vom Aufsichtsratsvorsitzenden und den anderen Vorstandskollegen wie auch vom Betriebsrat und der Gewerkschaft IG BE – die Fusion mit der Mitteldeutschen Kali AG (MdK) in die Wege geleitet und unbeirrt gegen teilweise große Widerstände aus dem politischen Raum erfolgreich durchgesetzt.

Die Treuhand sucht einen Käufer für die MdK

Der Treuhand war klar, dass die MdK auf sich allein gestellt bereits mittelfristig keine Überlebenschance hatte. Um möglichst viele Arbeitsplätze in der ostdeutschen Kaliindustrie langfristig zu sichern und um den besten Partner für die MdK zu finden, beauftragte die Treuhand im April 1992 die Londoner Investmentbank Goldman Sachs, „ein umfassendes Privatisierungskonzept für die ostdeutsche Kaliindustrie auszuarbeiten". Dazu gehörte auch die internationale Ausschreibung der MdK. Goldman Sachs sollte die Treuhand beraten und die Privatisierung in enger Zusammenarbeit mit ihr umsetzen: „Wir hatten den Auftrag, möglichst viele Arbeitsplätze langfristig zu erhalten", erläutert der heutige Allianz-Vorstand Dr. Paul Achleitner, der damals bei Goldman Sachs im Auftrag der Treuhand für die Privatisierung der MdK zuständig war: „Die Treuhand hat in den Verhandlungen immer wieder ihre soziale Verantwortung für die Menschen betont." Für mögliche internationale Investoren bot die Einschaltung der global tätigen Gutachter und Berater von

Goldman Sachs zudem die Sicherheit, dass die Angaben und Zahlen zur MdK zuverlässig waren.

Zunächst schien die Ausschreibung der Treuhand auch erfolgreich zu sein, denn mehr als 40 potenzielle Partner, darunter die großen Kaliproduzenten aus den USA (IMC), Kanada (PCS), Israel (DSW) und Frankreich (SCPA) zeigten sich interessiert. Die Treuhand führte 1992 mit Unterstützung von Goldman Sachs zahlreiche Gespräche mit den Interessenten. Aber keines der ausländischen Unternehmen war bereit, die gesamte MdK oder auch nur größere Teile eigenverantwortlich zu übernehmen. Ihr Interesse galt immer nur den wenigen lukrativen Standorten Bernburg (Steinsalz) und Zielitz (Kali). Vertreter der kanadischen PCS erklärten auf einem Treffen mit dem MdK-Vorstand ganz offen, dass sie nur den Standort Zielitz für überlebensfähig hielten. Ziel der Treuhand war jedoch eine vollständige Privatisierung der MdK. Ein Verkauf einzelner Werke, der den Verlust von noch mehr Arbeitsplätzen bedeutet hätte, war nicht akzeptabel.

links Dr. Paul Achleitner, damals Executive Director bei Goldman Sachs, war im Auftrag der Treuhand für die Privatisierung der MdK zuständig.

---

rechts Luftaufnahme des Kaliwerkes Unterbreizbach

Schwierige Verhandlungen zwischen Treuhand und Kali und Salz

Angesichts der erfolglosen Gespräche mit ausländischen Interessenten nahm die Treuhand im Frühjahr 1992 mit BASF und Kali und Salz Gespräche über die Rahmenbedingungen einer möglichen Fusion auf. „Wir hatten keinen anderen, der die ostdeutsche Kaliindustrie im Ganzen wollte", erklärte der für die Privatisierung des ostdeutschen Bergbaus zuständige Treuhand-Vorstand Dr. Klaus Schucht 1993 dem „Spiegel". Kali und Salz sah die Chancen und war unter bestimmten Bedingungen bereit, sich auf die Risiken einer Übernahme der ostdeutschen Kaliindustrie einzulassen.

Zunächst mussten die wirtschaftlichen Daten genau geprüft werden. Eine gemeinsame Bilanzkommission von MdK, Kali und Salz und Treuhand untersuchte im Sommer 1992 die Geschäftszahlen der MdK. Gleichzeitig begutachtete eine von der Treuhand ins Leben gerufene „Technische Kommission" aus west- und ostdeutschen Kalifachleuten den Zustand der Produktionsanlagen, um festzustellen, welche Werke letztlich überlebensfähig waren. Sie sollte das technische Potenzial, die geologischen Risiken sowie den Investitionsbedarf der Kali- und Steinsalzwerke im Osten und Westen abschätzen. Außerdem spielten die Qualität und Quantität der Kalivorräte, das mögliche Produktspektrum sowie die Lage der Werke eine

Rolle. Bei diesen Fragestellungen engagierten sich auch die zuständigen Kali und Salz-Vorstände Dr. Hans Schneider (Bergbau) sowie Axel Hollstein (Produktion) besonders und leisteten einen großen Beitrag zum Zukunftskonzept der deutschen Kaliindustrie.

Zahlreiche unterschiedliche Szenarien wurden während der Verhandlungen durchgerechnet und wieder verworfen. Am Ende war klar, dass die ostdeutschen Werke in Merkers und Bischofferode nicht wirtschaftlich weiter betrieben werden konnten. Für die Modernisierung der Standorte Zielitz, Bernburg und Unterbreizbach waren beachtliche Investitionen notwendig. Im Westen waren die Werke Bergmannssegen-Hugo und Niedersachsen-Riedel langfristig nicht wirtschaftlich zu betreiben.

Angesichts dieser komplexen Materie zogen sich die Verhandlungen zwischen Treuhandanstalt und Kali und Salz AG fast über das ganze Jahr 1992 hin. Während die Treuhand und die ostdeutschen Ländervertreter möglichst viele Arbeitsplätze im Osten sichern wollten,

Das Kaliwerk Zielitz (oben) und das Salzwerk Bernburg (unten) zogen das Interesse ausländischer Unternehmen auf sich.

suchte Kali und Salz vor allem nach einer wirtschaftlich tragfähigen Lösung, um die internationale Wettbewerbsfähigkeit des fusionierten Unternehmens und damit die Arbeitsplätze langfristig zu sichern. „Auch die Vorschriften des Treuhand-Gesetzes forderten eine nachhaltige Wirtschaftlichkeit der Privatisierung. Und dies war auch aus der Sicht der Europäischen Kommission zwingend", erinnert sich der damalige Finanzvorstand Dr. Volker Schäfer. Die ohnehin schwierige wirtschaftliche Lage von Kali und Salz durfte durch die mit hohen Risiken verbundene Übernahme der ostdeutschen Kaliindustrie nicht weiter belastet werden, denn als Aktiengesellschaft musste das Unternehmen seiner Verantwortung gegenüber den Aktionären und eigenen Mitarbeitern gerecht werden. All dies bedeutete, dass die Treuhand neben den Werken auch Geld mit in die Fusion einbringen musste, um die notwendigen Investitionen in die teils mit Verlust arbeitenden ostdeutschen Gruben und Werke zumindest teilweise zu finanzieren. Darüber hinaus musste das deutlich niedrigere Ertragspotenzial der MdK ausgeglichen werden. „Der Treuhand ihrerseits war es wichtig, dass Kali und Salz die unternehmerische Verantwortung für das fusionierte Unternehmen übernahm, sie aber trotzdem ihren Einfluss nicht verlor", so der damalige Finanzvorstand der THA, Dr. Heinrich Hornef.

Strittige Punkte in den Verhandlungen waren beispielsweise der Standort der Hauptverwaltung (nur Kassel oder auch Sondershausen?) oder die Chancen des Werks Unterbreizbach, das zwar einerseits einen sehr hohen Investitionsbedarf hatte, andererseits aber klein und flexibel war und bei dem ein Verbund mit den hessischen Werra-Werken Hattorf und Wintershall möglich war. Umstritten war auch die Höhe des notwendigen Zuschusses für die Sanierung der ostdeutschen Werke. „Die Verhandlungen waren sachlich und hart, aber immer vom Willen zur Einigung geprägt", berichtete Dr. Heinrich Hornef. Trotzdem standen die Verhandlungen mehr als einmal vor dem Aus, sagte Gerhard R. Wolf. Andererseits bot sich damals die „historisch einmalige Chance", so Wolf, durch die Zusammenführung der Kali- und Steinsalzaktivitäten von MdK sowie Kali und Salz die internationale Wettbewerbsfähigkeit der deutschen Kaliindustrie nachhaltig zu verbessern. Dazu mussten aber die Produktionskapazitäten angepasst und Synergieeffekte zwischen den Werken – vor allem an der Werra – genutzt werden.

„Sehr belastend wirkten sich in dieser Phase die vielfältigen politischen und emotional unterlegten Einflussmaßnahmen interessierter Kreise vor allem aus Ostdeutschland aus", erinnert sich Dr. Bethke. „Falschmeldungen, Drohbriefe und vieles andere mehr kennzeich-

Der Finanzvorstand der Treuhand,
Dr. Heinrich Hornef, kontrollierte für
die Treuhand die Arbeit der 1993
gegründeten Kali und Salz GmbH.

neten diese Phase. All dies hat die Verhandlungen sehr erschwert." Kali und Salz habe sich hingegen um Zurückhaltung in der Öffentlichkeit bemüht, um die Beziehungen zu den neuen Mitarbeitern möglichst wenig zu belasten.

Die Treuhand war mit relativ weit gehenden Forderungen in die Verhandlungen gegangen, musste sich aber im Laufe der Zeit von zahlreichen Zielvorstellungen verabschieden. Kali und Salz konnte mit ihren Argumenten die Verhandlungspartner von Treuhand und Goldman Sachs überzeugen, die auch mit eigenen Untersuchungen die Zahlen von Kali und Salz überprüften, um die schwierigen

Verhältnisse im Kalimarkt selbst nachzuvollziehen. „Es war ein Lernprozess für alle Beteiligten", so der damalige Goldman Sachs-Verhandlungsführer Dr. Paul Achleitner. „Es brauchte einfach Zeit, um zu einer realistischen Einschätzung zu kommen." Angesichts des Zusammenbruchs der ostdeutschen Industrie wuchs der Druck auf die Treuhand, möglichst viele der ostdeutschen Kaliarbeitsplätze zu retten. „Letztlich ist für alle Beteiligten ein sehr gutes Verhandlungsergebnis herausgekommen", resümierte Gerhard R. Wolf, der die Verhandlungen eng begleitete.

Das Kaliwerk Merkers um 1990

DIE GESCHÄFTSPLANZEIT (1993–1997)

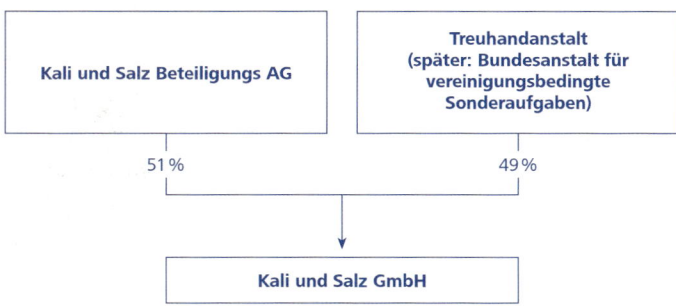

Kali und Salz Beteiligungs AG	Treuhandanstalt (später: Bundesanstalt für vereinigungsbedingte Sonderaufgaben)
51 %	49 %

Kali und Salz GmbH

Gesellschafter der Kali und Salz GmbH (1994)

Der Fusionsvertrag:
3.000 Kaliarbeitsplätze im Osten sind gesichert

Bis zum 10. Dezember 1992 entwickelten Treuhand und Kali und Salz ein tragfähiges Unternehmenskonzept für die gesamte deutsche Kaliindustrie – „ein Konzept der sozialen und betriebswirtschaftlichen Vernunft", wie Kali und Salz betonte. Kernstück war die Idee, die Kali- und Steinsalzaktivitäten der Kali und Salz AG und der Mitteldeutschen Kali AG (MdK) in einer gemeinsamen Tochtergesellschaft, der „Kali und Salz GmbH", zu bündeln. An dieser neuen Gesellschaft sollten die Treuhand mit 49 Prozent und Kali und Salz mit 51 Prozent beteiligt sein. Die Kali und Salz AG wurde dazu Anfang 1994 in „Kali und Salz Beteiligungs AG" umbenannt. Die Geschäftsführung des neuen Unternehmens übernahm Kali und Salz, die Gesellschafterversammlung wurde paritätisch besetzt.

Am 10. Dezember 1992 erläuterte der Kali und Salz-Vorstand auf einer Pressekonferenz bei der Treuhandanstalt in Berlin das Unternehmenskonzept für das neue Gemeinschaftsunternehmen; links im Bild Vorstandsvorsitzender Dr. Ralf Bethke sowie rechts (v.l.n.r.): Dr. Volker Schäfer (Finanzvorstand 1986–2000), Dr. Hans Schneider (Bergbauvorstand 1989–1996), Axel Hollstein (Produktionsvorstand 1989–2001)

linke Seite Grubenbelegschaft des Werkes Zielitz beim Schichtwechsel

Als Sacheinlage brachte Kali und Salz ihre sechs Kali- und zwei Steinsalzwerke in das Unternehmen ein, die MdK die drei Kaliwerke Unterbreizbach, Merkers und Zielitz sowie das Steinsalzwerk Bernburg. Die übrigen Werke der MdK sollten ausgegliedert und stillgelegt werden. Um die Wertdifferenz zwischen den beiden Unternehmensteilen nicht noch auszuweiten, blieben die Untertage-Deponie Herfa-Neurode, die Granulierung von CATSAN® in Salzdetfurth sowie weitere Beteiligungen, insbesondere an der KTG und der CFK, bei der Kali und Salz Beteiligungs AG. Von der Verpflichtung für Altlasten stellten sich die Partner gegenseitig frei. Die Treuhand brachte eine Bareinlage von 1,044 Milliarden Mark in das neue Unternehmen ein, die für die Modernisierung der ostdeutschen Werke eingesetzt werden und zugleich das geringere Ertragspotenzial der MdK ausgleichen sollte. Unabhängig davon stellte die Treuhand Mittel für den Sozialplan und für die Entschuldung der MdK zur Verfügung. Kali und Salz übernahm das „cash-management" dieser Treuhandbareinlage – ein „erheblicher Vertrauensvorschuss" seitens der Treuhand, erinnert sich der damalige Treuhand-Finanzvorstand Dr. Heinrich Hornef.

Kali und Salz sowie die Treuhandanstalt hatten für das neue, gemeinsame Unternehmen einen Geschäftsplan für die ersten fünf Jahre von 1993 bis 1997 erstellt. Demnach sollten innerhalb dieser Zeit 1,3 Milliarden Mark, die aus der Geldeinlage der Treuhandanstalt und aus dem laufenden Cashflow finanziert wurden, für den Ausbau und die Modernisierung der Gruben und Fabriken des neuen Unternehmens verwendet werden, davon fast 800 Millionen Mark auf den Standorten in den neuen Bundesländern.

Im Kaliwerk Zielitz sollte die Kaliproduktion auf mehr als eine Million Tonnen K_2O erhöht und eine neue Industriekaliproduktion aufgebaut werden. Das Werk Unterbreizbach sollte umfassend modernisiert und über die Landesgrenze hinweg dem bestehenden hessischen Werksverbund Wintershall-Hattorf angeschlossen werden. Das Steinsalzwerk Bernburg sollte ebenfalls modernisiert werden und wurde später mit einer neuen Siedesalzanlage ausgestattet.

Ein Hauptpunkt des Fusionskonzeptes war – neben einer nachhaltigen Mindestrentabiltät – der Erhalt von 7.500 langfristig international wettbewerbsfähigen Arbeitsplätzen in der deutschen Kali- und Steinsalzindustrie, davon 3.000 in Ostdeutschland und rund 4.500 in Westdeutschland. Mehr Arbeitsplätze waren angesichts des dramatischen Verbrauchsrückgangs im Weltkalimarkt nachhaltig nicht zu sichern. Da die Zahl der Beschäftigten Anfang 1993 aber noch bei 11.100 lag, sollten bis 1997 rund 1.700 Arbeitsplätze im Westen und etwa 1.900 Arbeitsplätze im Osten abgebaut werden. Die verbleibenden 7.500 Mitarbeiter aber konnten auf eine längerfristig gesicherte Zukunft hoffen. Dieses Ziel wurde bis zum Ende des Geschäftsplans erreicht. Zusammen mit dem nicht im Geschäftsplan berücksichtigten Personal für die Verwahrungsarbeiten in Merkers und den Auszubildenden beschäftigte die wieder mit Gewinn arbeitende Kali und Salz GmbH Ende 1997 insgesamt 8.066 Mitarbeiter. 385 jungen Menschen bot die Kali und Salz GmbH in den oft strukturschwachen Regionen der Kalistandorte einen Ausbildungsplatz. Trotzdem war der Personalabbau für alle Beteiligten sehr hart. „Keiner von uns möchte so etwas noch einmal machen", resümierte Vorstandschef Bethke rückblickend.

Modellprojekt Kalifusion

Die deutsch-deutsche Kalifusion war ein einmaliges Projekt innerhalb der Privatisierung der ehemaligen DDR-Industrie und gleichzeitig die innovative Lösung eines schwierigen Problems. Denn erstmals hatte die Treuhand durch den Zusammenschluss eines ost- und eines westdeutschen Partners ein großes, gesamtdeutsches Unternehmen geschaffen, bei dem sie selbst Gesellschafter blieb. Der damalige Treuhand-Vorstand Dr. Klaus Schucht lobte die Fusion als beispielhafte Verknüpfung von „Sanierung und Privatisierung". Die vereinbarten Ziele wurden erreicht und teilweise übertroffen. Als Gesellschafterin mit 49 Prozent begleitete die Treuhand durch ihre Vertreter in Aufsichtsrat und Gesellschafterversammlung (u.a. Dr. Schucht und Dr. Hornef) sowie durch die Kontrollaufgaben ihres Vertragsmanagements das operative Geschäft von Kali und Salz, um „in enger Tuchfühlung" (Hornef) mit Kali und Salz die Verwendung der Gelder, die Arbeitsbedingungen und das Cash-Management des neuen Unternehmens zu überwachen. „Alles tadellos", stellte der Finanzchef der Treuhand, Dr. Heinrich Hornef, später fest. Kali und Salz nutzte die Mittel ausschließlich für die vereinbarten Zwecke. Außerdem blieb die Treuhandanstalt auf diese Weise an der Wertschöpfung des Unternehmens beteiligt. Die gelungene Kalifusion war später Vorbild für die Privatisierung auch anderer ostdeutscher Industrien.

Werksschließungen in West- und Ostdeutschland

Der weitere Abbau von Überkapazitäten in West- und Ostdeutschland, der allerdings auch ohne die Fusion bei beiden Unternehmen unvermeidlich gewesen wäre, war die größte Herausforderung des Fusionsvertrags. Da die Kapazitäten der Werke weit über den Absatzmöglichkeiten lagen, musste die Kaliproduktion Schritt für Schritt um 1,2 Millionen Tonnen auf 3,1 Millionen Tonnen K_2O jährlich heruntergefahren werden, die Salzkapazität um 1 Million Tonnen auf 2,1 Millionen Tonnen

NaCl sinken. Dieser Abbau war nur durch die Stilllegung weiterer Werke möglich. Darüber hinaus musste die Produktion auf die kostengünstigsten Standorte konzentriert werden, was standortübergreifende Umstrukturierungs- und Rationalisierungsmaßnahmen erforderlich machte. Schließlich sollten auch die Verwaltungs- und Vertriebskosten gesenkt werden. „Alle diese Verlagerungen und Schließungen wurden wiederholt geprüft und abgestimmt, und sie erfolgten erst nach gründlichen Wirtschaftlichkeitsberechnungen sowie markt- und sozialpolitischen Abwägungen", berichtete Vorstandsvorsitzender Bethke.

In Ostdeutschland wurden im Sommer 1993 das Bergwerk und die Übertage-Verarbeitung in Merkers (400.000 Tonnen K_2O Jahreskapazität) geschlossen und zum Jahresende 1993 auch das Werk Bischofferode (380.000 Tonnen K_2O Jahreskapazität) stillgelegt. An beiden Standorten wurden allerdings noch viele Bergleute zur Demontage der übertägigen Anlagen und zur Verwahrung der Grubenhohlräume eingesetzt. In Westdeutschland stellten das Werk Bergmannssegen-Hugo 1994 den Grubenbetrieb (mit 150.000 Tonnen K_2O Jahreskapazität) und das Werk Niedersachsen-Riedel 1996 die Kali- und Steinsalzproduktion (mit einer Jahreskapazität von 200.000 Tonnen K_2O und 1,2 Millionen Tonnen Steinsalz) ein.

Die in den Vorjahren von der MdK stillgelegten Betriebe sowie das Kaliwerk Bischofferode wurden ausgegliedert und bei der Treuhand-Tochter „Gesellschaft zur Verwahrung und Verwertung von stillgelegten Bergwerksbetrieben mbH" (GVV) zusammengefasst. Die thüringische Landesregierung sowie regionale Einrichtungen zur Wirtschaftsförderung bemühten sich, auf den Flächen der ehemaligen Kaliwerke kleinere und mittlere Unternehmen anzusiedeln. So siedelte man bereits 1993 auf dem Gelände des Kaliwerks Merkers Gewerbebetriebe und einen „Recyclingpark" an. Mühsamer war es in Bischofferode: Auf dem Gelände des ehemaligen Kaliwerks begannen die Leipziger Stadtwerke im August 2004 mit

oben links Blick in eine große Abbaukammer des 1996 stillgelegten Kali- und
Steinsalzwerks Niedersachen-Riedel

oben rechts 1994 wurde die Rohsalzförderung im Kaliwerk Bergmannssegen-
Hugo eingestellt.

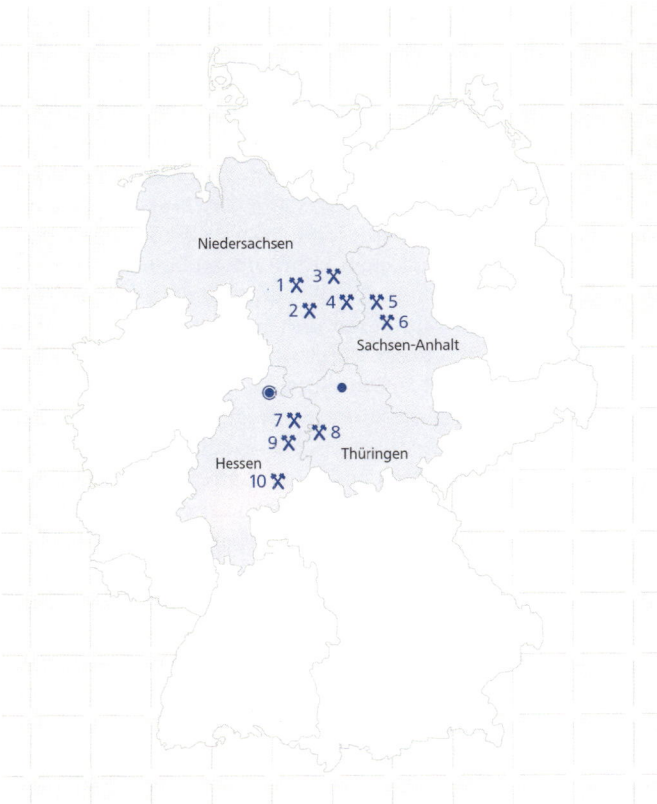

1 Sigmundshall, Wunstorf-Bokeloh
2 Bergmannssegen-Hugo, Sehnde-Ilten
3 Niedersachsen-Riedel, Hänigsen/Wathlingen
4 Braunschweig-Lüneburg, Grasleben
5 Zielitz, Zielitz
6 Bernburg, Bernburg
7 Wintershall, Heringen
8 Unterbreizbach, Unterbreizbach
9 Hattorf, Philippsthal
10 Neuhof-Ellers, Neuhof

◉ Unternehmensleitung Kassel
● Verwaltungsstelle Sondershausen

Aktive Kali- und Steinsalzwerke der Kali und Salz GmbH 1994

Auf dem Gelände des Kaliwerkes in Merkers wurden die Fabrikanlagen abgerissen. Im Hintergrund ist der verpackte Förderturm zu sehen, der für die Seilfahrt der Verwahrungsmannschaft und das Erlebnis Bergwerk Merkers saniert und erhalten wurde.

die Treuhand im Rahmen ihrer Bareinlage von rund einer Milliarde Mark Verluste der Kali und Salz GmbH begrenzt mittragen sollte. Kali und Salz beurteilte die Zukunft des Gemeinschaftsunternehmens optimistisch: Im Geschäftsplan erwartete Kali und Salz bei einem Umsatz von 1,7 Milliarden Mark einen Anteil von etwa 13 Prozent am weltweiten Kaliabsatz, einen positiven Netto-Cashflow und damit auch Gewinne. Ein weiterer Punkt des Vertrags war die so genannte „Konkurrenzausschlussklausel". Wie bei Fusionen üblich, verpflichteten sich Kali und Salz sowie Treuhand, für die Dauer von zehn Jahren nicht in Wettbewerb zu dem neuen Unternehmen zu treten.

Zustimmung und Schwierigkeiten

Allerdings mussten noch etliche Hürden überwunden werden, bevor der Fusionsvertrag rechtskräftig werden konnte. Angesichts der verbesserten Chancen eines gemeinsamen deutschen Kaliunternehmens stimmte am 26. November 1992 zuerst der BASF-Aufsichtsrat dem Vertrag zu, dann auch der Kali und Salz-Aufsichtsrat sowie der Treuhand-Vorstand (9. Dezember 1992). Gegen die Stimme des thüringischen Ministerpräsidenten beschloss am 23. April 1993 zunächst der Treuhand-Verwaltungsrat und anschließend am 27. April mit großer Mehrheit auch die Kali und Salz-Hauptversammlung die Fusion. Die Beurkundung des Fusionsvertrages erfolgte – nach einer 35-stündigen Abschlussverhandlung mit durchaus kritischen Phasen – am 13. Mai 1993. Am 1. Juli 1993 empfahl der Treuhandausschuss des Bundestages die Fusion und am 6. Juli genehmigte Bundesfinanzminister Theo Waigel (CSU) das Projekt, so dass die Treuhand sowie Kali und Salz bei der Europäischen Kommission die kartellrechtliche Genehmigung beantragen konnten. Nachdem Bundeswirtschaftsminister Günter Rexroth (FDP) am 6. August 1993 eine Rückholung des Verfahrens an das Bundeskartellamt, das der Fusion inzwischen kritischer gegenüberstand, abgelehnt hatte, leitete die Europäische Kommission am 16. August 1993 die zweite, langwierige

dem Bau des „modernsten Biomassekraftwerks der Welt", das ab dem Jahr 2006 rund 160 Millionen Kilowattstunden Strom pro Jahr erzeugen soll. Dies entspricht dem Verbrauch von rund 60.000 Einfamilienhaushalten.

Der Fusionsvertrag regelte auch den Ausgleich von Abweichungen im Netto-Cashflow gegenüber der im Geschäftsplan unterstellten Entwicklung („Abweichungsausgleich"). Da beide Muttergesellschaften im Gründungsjahr Verluste hinnehmen mussten (Kali und Salz rund zehn Millionen Mark, die MdK mehrere hundert Millionen Mark) und es absehbar war, dass auch die neue Gesellschaft zunächst Verluste erzielen würde (1993 wurden es 300 Millionen Mark), legte der Vertrag fest, dass

Andere Kalibergleute und Betriebsräte, etwa aus dem Werk Niedersachsen-Riedel, das ebenfalls geschlossen werden sollte, sprachen sich hingegen für die Kalifusion aus, und auch die Gewerkschaft forderte, unwirtschaftliche Werke nicht durch jahrzehntelange Subventionen künstlich am Leben zu erhalten. „Die Bergleute hatten verstanden, dass die Schließung ihres Werks einfach notwendig war", so der damalige Werksleiter von Niedersachsen-Riedel und heutige K+S-Vorstand Gerd Grimmig. „Das Konzept der Konzentration auf die besten Lagerstätten, die leistungsfähigsten Standorte mit den zukunftsfähigsten Produkten war schlüssig." „Wir hatten seit Beginn der Gespräche alle Betroffenen beteiligt, und allen war die Notwendigkeit der Schließungen klar", erläuterte Bernd Westphal von der IG BCE. Der Gesamtbetriebsrat der MdK stimmte der Fusion zu, weil nur so die übrigen ostdeutschen Kaliarbeitsplätze (vor allem in Unterbreizbach) gerettet werden konnten.

Öffentliche Aufmerksamkeit genossen aber vor allem die Kritiker der Fusion und die Bischofferoder Bergleute, die einen medienwirksamen Hungerstreik organisierten. „Gegen die Macht der Bilder und der Emotionen hatten wir mit unseren Sachargumenten und Zahlen keine Chance", erinnert sich Aufsichtsratsvorsitzender Gerhard R. Wolf. „Das war erst später möglich." Weder die Treuhand noch Kali und Salz oder die BASF hatten mit so heftigem Widerstand gerechnet, zumal die Fusion 3.000 der noch existierenden 4.900 Arbeitsplätze in Ostdeutschland erhalten sollte und damit auch einen „überlebensfähigen Kern der ostdeutschen Kaliindustrie". Besonders starken Angriffen sah sich die BASF ausgesetzt, die zuvor für ihr Engagement in Ostdeutschland (Schwarzheide) große Anerkennung gefunden hatte. Treuhand, MdK, BASF und Kali und Salz hatten vor allem die Symbolwirkung von „Bischofferode" für ein wirtschaftlich schwer getroffenes Ostdeutschland unterschätzt. Gemeinsam kritisierten Fusionsgegner und -befürworter allerdings auch das mangelnde Engagement der thüringischen Landesregierung für neue Arbeitsplätze.

oben Das Gebäude der EG-Kommission in Brüssel (Berlaymont-Haus), Sitz der EG-Kommission und des EG-Ministerrats

unten Kali-Bergleute demonstrieren im August 1993 in Kassel für die Kalifusion zwischen Kali und Salz und MdK.

Prüfungsphase ein. Bis zu deren Ende lag die Fusion „auf Eis". So kam es, dass sich die Zustimmung der Kommission zur Fusion bis zum 14. Dezember 1993 verzögerte. Der Start des neuen Unternehmens verschob sich damit um fast ein Jahr.

Die kartellrechtliche Prüfung durch die Europäische Kommission wurde von einer heftigen öffentlichen Auseinandersetzung um die Schließung des Bergwerks in Bischofferode (siehe Seite 254ff) begleitet, die die Republik monatelang beschäftigte. Unterstützt von einzelnen, teils prominenten Politikern und den meisten Medien, führten die Kalikumpel von Bischofferode einen verbissenen Kampf gegen die Fusion und die Schließung ihres Werks.

DER MEDIEN-KAMPF UM BISCHOFFERODE

Zu DDR-Zeiten gehörten die 2.000 Arbeiter des Kaliwerks „Thomas Müntzer" in Bischofferode zur hofierten Arbeiterelite: „Seit Jahren erfüllen und überbieten wir unsere Pläne bei bester Qualität." Das war mit dem Ende der DDR vorbei. Die Treuhand empfahl bereits 1991 die Schließung, die MdK betrachtete das Werk aber zu diesem Zeitpunkt noch als sanierungsfähig und der thüringische Ministerpräsident Dr. Bernhard Vogel schloss noch im Frühjahr 1992 eine Schließung aus. Hingegen kam ein Gutachten von Goldman Sachs im Auftrag von Treuhand sowie Kali und Salz 1992 eindeutig zu negativen Ergebnissen. Das Werk machte jährlich 20 Millionen Mark Verlust, und jede Tonne Kali aus Bischofferode wurde mit 70 Mark subventioniert. Bischofferode erwies sich als das unwirtschaftlichste Werk der MdK und verfügte zudem nur über ein Standardprodukt.

Dennoch wurden die Bischofferoder Kaliarbeiter im Dezember 1992 von den Schließungsplänen überrascht und starteten – unterstützt von Politikern aller Parteien – eine Medienkampagne, um die Schließung des Werks zu verhindern und eine Einzelprivatisierung durchzusetzen. Mit vielen Behauptungen und Halbwahrheiten, die aber in Ostdeutschland auf fruchtbaren Boden fielen – etwa der Legende von der „Einzigartigkeit" des Bischofferoder Kalis oder von der „Sanierung" des Westens auf Kosten des Ostens –, gewannen die Bergleute die Unterstützung der thüringischen Parteien und der Landesregierung. Zahlreiche Politiker und Gruppierungen nutzten den Konflikt für eigene Zwecke und machten den Bergleuten immer wieder unerfüllbare Hoffnungen. Ministerpräsident Vogel bezeichnete den Fusionsvertrag, dem seine Landesregierung im Verwaltungsrat der Treuhand zugestimmt hatte, sogar als „Skandal" und erblickte in ihm „die hässliche Fratze des Kapitalismus". Am heftigsten bekämpfte die ostdeutsche Presse die Kalifusion, aber auch viele westdeutsche Zeitungen sprachen vom vermeintlichen „Kali-Klau" im Osten und vom westdeutschen Monopolstreben.

Damit geriet Kali und Salz plötzlich in das Kreuzfeuer öffentlicher Kritik. Mit ihren betriebswirtschaftlichen und strategischen Fakten und Argumenten für die Fusion und die Notwendigkeit der Stilllegungen drangen das Unternehmen und die Treuhand nicht mehr durch. Während viele verantwortliche Politiker das Fusionskonzept unterstützten, hielten sich andere im Hintergrund oder stellten sich auf die Seite der protestierenden Bergleute, so dass sich der geballte Zorn der enttäuschten Kaliarbeiter auf das Unternehmen aus dem Westen entlud: „Statt die politische Verantwortung für die wirtschaftlich notwendigen Entscheidungen von MdK und Treuhand zu übernehmen, haben uns viele Politiker damals im Stich gelassen", stellt Vorstandsvorsitzender Dr. Ralf Bethke rückblickend fest.

Nach Demonstrationen in Bischofferode, Bad Salzungen und Bonn besetzten die Bergleute am 7. April 1993 bei laufender Produktion ihr Werk. Hoffnungen machte den 750 Bergleuten der westfälische Transportunternehmer Johannes Peine, der das Werk übernehmen und sanieren wollte. Sein Unternehmenskonzept hielt allerdings einer ernsthaften Prüfung durch die Treuhand und Gutachen einer Wirtschaftsprüfungsgesellschaft (Treuarbeit) nicht stand. In kürzester Zeit wäre das Werk wieder ein Sanierungsfall geworden. Zudem hätte eine Einzelprivatisierung des Werks Bischofferode die gesamte Kalifusion und damit auch die anderen 3.000 ostdeutschen Kaliarbeitsplätze gefährdet. Denn mit einem innerdeutschen Preiskampf um Anteile an einem stagnierenden Markt, ausgelöst durch ein einzeln privatisiertes und subventioniertes Werk Bischofferode, wäre die ganze Fusion nicht mehr wirtschaftlich gewesen.

Im Frühjahr 1993 wurden die Proteste massiver: Am 27. April störten demonstrierende Bergleute die Hauptversammlung von Kali und Salz in Kassel mit einem Pfeif- und Hupkonzert, Knallkörpern und Eierwürfen. Mitte Mai bewarfen Bischofferoder Kaliarbeiter die Berliner Treuhandzentrale mit Steinen, Eiern und Flaschen. Es kam zu schweren Auseinandersetzungen zwischen Bergarbeitern und der Polizei. Nachdem der Treuhandausschuss des Bundestags ebenfalls die Fusion empfohlen hatte, traten 41 Bischofferoder Kalikumpel Anfang Juli 1993 in einen medienwirksamen Hungerstreik. Jeden Abend berichtete jetzt das Fernsehen über Bischofferode und zeigte Bilder der hungernden und blassen Bergleute. „Bischofferode

ist überall" lautete der griffige Slogan des „Aktionsbündnis Thüringer Betriebsräte".

Der Hungerstreik blieb nicht ohne Wirkung: Am 14. Juli 1993 bot die Bundesregierung 700 Ersatzarbeitsplätze für Bischofferode. Trotz dieses Zugeständnisses lehnten die Bergleute aber das „Plattmachen" und die Ersatzarbeitsplätze ab. Fallende Kalipreise und die Überkapazitäten im Markt wollten sie nicht wahrhaben. Während die meisten Zeitungen die hungerstreikenden Bischofferoder Bergarbeiter moralisch unterstützten, warf die „FAZ" den Politikern vor, sie ermunterten die Streikenden „grob fahrlässig" und gegen jede „ökonomische Vernunft", obwohl sie wüssten, dass ihr Kali nicht gebraucht würde. Sogar die linke „taz" forderte, die streikenden Kalikumpel müssten sich jetzt von der „Lebenslüge" trennen, dass der Westen Bischofferode „platt gemacht" habe, und ihren „aussichtslosen Kampf um die Vergangenheit" beenden. Kein Staat könne es sich leisten, rentable Produktionsstätten zugunsten von unrentablen zu schließen. Im Spätsommer demonstrierten die Kalikumpel der ebenfalls von

von links nach rechts

„Bischofferode ist überall". Postkarte aus Bischofferode mit dem Slogan des „Aktionsbündnis Thüringer Betriebsräte"

Kalikumpel blockieren Anfang April 1993 mit einem großen Fahrlader das Werkstor zum Kaliwerk Bischofferode.

Anfang Juli 1993 treten zahlreiche Kalibergarbeiter aus Bischofferode in den Hungerstreik.

Stilllegung betroffenen Werke Niedersachsen-Riedel und Bergmannssegen-Hugo in Kassel, Bonn und Bad Hersfeld sogar für die Kalifusion.

Auch Betriebsräte und Gewerkschaften verteidigten die Kalifusion. Der IG BE-Vorsitzende Hans Berger sah in der Fusion die „einzige Chance, das Überleben der Branche zu sichern". Statt am Fusionsvertrag „'rumzumäkeln" und „politische Schaukämpfe" zu führen, sollten Bund und Land lieber für Ersatzarbeitsplätze sorgen, forderten die Gesamtbetriebsratsvorsitzenden von MdK (Roland Gimpel) und Kali und Salz (Gerhard Söllner) gemeinsam.

Am 1. September 1993 begannen 18 Kali-kumpel und Sympathisanten einen Protestmarsch zur Treuhand nach Berlin, der Hungerstreik wurde am 20. September ausgesetzt, um die EG-Kommission nicht unter Druck zu setzen. Als am 27. September drei Mitglieder des Treuhandausschusses des Bundestags Gelegenheit bekamen, den bis dahin vertraulichen Fusionsvertrag einzusehen, bestätigen sie in allen wichtigen Punkten die Posi-

tion von Treuhand/Kali und Salz: Der Personalabbau in der Kaliindustrie sei „unvermeidlich", Ostdeutschland werde bei der Fusion nicht benachteiligt, das Salz von Bischofferode sei nicht einmalig, sondern ein Standard-Produkt, und die Mittel der Treuhand würden vollständig für die ostdeutschen Standorte eingesetzt.

Nachdem Vorstand und Aufsichtsrat der MdK im November 1993 die Stilllegung des Werks Bischofferode zum 31. Dezember 1993 beschlossen hatten, wurde die verlorene Sache der Bergleute auf Bundesebene nur noch von der PDS und den Grünen unterstützt. Aber selbst nach Zustimmung der Europäischen Kommission gaben die Bergleute noch Durchhalteparolen aus und kündigten eine Klage vor dem Europäischen Gerichtshof in Luxemburg an. Trotz aller Proteste wurde das Werk zum Jahresende 1993 stillgelegt. Die große Mehrheit der Bergleute wechselte zur Treuhand-Tochter GVV. 225 ehemalige Bergleute demontierten seit 1994 den Betrieb und führten die Verwahrungsarbeiten durch.

1.500 Kali-Bergleute aus Ost und West demonstrierten im September 1993 in Bonn für die Kalifusion.

Die Europäische Kommission genehmigt die Kalifusion

Beeindruckt von den Protesten ließ sich die Europäische Kommission mit der kartell- und beihilferechtlichen Prüfung der Fusionspläne sehr viel mehr Zeit, als Kali und Salz sowie Treuhand erwartet hatten. Angesichts der schwankenden Haltung der Kommission intervenierte die Bundesregierung nachdrücklich zugunsten der Fusion. Auch die Gesamtbetriebsratvorsitzenden von Kali und Salz, Gerhard Söllner, und der MdK, Roland Gimpel, bemühten sich, den Wettbewerbskommissar Karel van Miert von der Notwendigkeit der Fusion zu überzeugen. Nach einer viermonatigen Prüfung stimmte die Kommission schließlich am 14. Dezember 1993 unter Auflagen der Fusion zu und billigte gleichzeitig die Beihilfen der Treuhand für das gemeinsame Tochterunternehmen.

Ihre Zustimmung verband die Europäische Kommission mit drei Auflagen, die den Wettbewerb in Europa sicherstellen sollten: Kali und Salz musste ihre Geschäftsbeziehungen zu dem französischen Kali-Vertriebsunternehmen „Société Commerciale des Potasses et de l'Azote" (SCPA) lockern und einen eigenen Vertrieb in Frankreich aufbauen. So sollte verhindert werden, dass die Unternehmen in Europa ein marktbeherrschendes „Duopol" bildeten. 1994 baute Kali und Salz mit der Gründung der „Kali und Salz France" eine eigene Vertriebsorganisation in Frankreich auf. Außerdem mussten sich Kali und Salz und MdK aus der Wiener „Kali-Export GmbH" zurückziehen, die das Kali der deutschen, französischen und spanischen Produzenten außerhalb der EU und Nordamerikas vertrieb. Schließlich mussten Kali und Salz sowie SCPA künftig die Produkte des deutsch-französischen Tochterunternehmens Potacan in Kanada (PMC) getrennt vermarkten.

Der von der Kommission vertretene Vorrang industriepolitischer Erwägungen vor kartellrechtlichen Bedenken wurde als Erfolg für Ostdeutschland gewertet. Die Europäische Kommission behandelte den Zusammenschluss als so genannte „Sanierungsfusion", die sie

Die Gesamtbetriebsratvorsitzenden von Kali und Salz (Gerhard Söllner, Mitte) und MdK (Roland Gimpel, rechts) werben im September 1993 bei EG-Wettbewerbskommissar Karel van Miert für die Kalifusion.

genehmigte, um die strukturellen Probleme in der betroffenen Region nicht noch zu verstärken. Kali und Salz begrüßte und akzeptierte die Entscheidung aus Brüssel. Die „Kali und Salz GmbH" sollte „sofort handlungsfähig" sein. Am 21. Dezember 1993 wurde das neue Gemeinschaftsunternehmen in das Handelsregister eingetragen.

Nach einer Klage Frankreichs und der beiden französischen Unternehmen SCPA und EMC gegen die Vorgabe, die Verbindungen zwischen Kali und Salz und SCPA/EMC zu trennen, hob der Europäische Gerichtshof im Jahr 1998 die Fusionsgenehmigung wegen nicht sachgerechter Auflagen – die Kali und Salz bereits umgesetzt hatte – wieder auf. Die EU-Kommission entschied anschließend erneut, dass die Fusion mit dem gemeinsamen Markt vereinbar sei. Mit dieser Entscheidung waren im Gegensatz zu 1993 keine Auflagen mehr verbunden.

Aufsichtsratsvorsitzender Gerhard R. Wolf (rechts) besucht im Februar 1994 das Kaliwerk Unterbreizbach.

links Manfred Kopke (Mitte), stellvertretender Aufsichtsratsvorsitzender der K+S AG (1990-2003) und Mitglied im Hauptvorstand der IG BCE setzte sich mit besonderer Intensität für die Zusammenführung der Mitarbeiter aus Ost und West ein; mit im Bild: Klaus Krüger (rechts), Vorsitzender des Gesamt- und Konzernbetriebsrates von K+S (seit 1999) und Karl-Heinz Georgi (links), Aufsichtsratsmitglied der K+S AG seit 1993 und Leiter des Bildungszentrums Haltern am See der IG BCE

---

rechts Arbeitsdirektor Peter Backhaus auf dem Bergmanns- und Familienfest der IG BE im Juli 1995 in Unterbreizbach. Peter Backhaus war von Ende 1993 bis 2003 Geschäftsführer und Arbeitsdirektor der Kali und Salz GmbH / K+S KALI GmbH und von 2000 bis 2003 Personalvorstand der K+S AG. Mit auf dem Bild: der damalige Leiter des IG BE-Bezirks in Kassel, Hans-Jürgen Schmidt (Mitte), und Bernd Stahl, Leiter der IG BE-Geschäftsstelle in Bad Hersfeld (links)

Gewerkschaft und Betriebsrat – Partner des Unternehmens

Die Zusammenarbeit von Gewerkschaft und Arbeitgebern wird in der Kaliindustrie traditionell als gut und vertrauensvoll beschrieben. Der Personalabbau in der westdeutschen Kaliindustrie in den 1950er und 1960er Jahren verlief weitgehend konfliktfrei, und auch an der Kalifusion mit den Werksschließungen und dem Personalabbau in West- und Ostdeutschland war die Industriegewerkschaft Bergbau und Energie (IG BE), die mit ihrem Vorstandsmitglied Manfred Kopke von 1990 bis 2003 den stellvertretenden Aufsichtsratsvorsitzenden der K+S stellte, intensiv beteiligt. Bereits kurz nach der deutschen Wiedervereinigung kümmerten sich IG BE und Betriebsräte um die Kalikumpel aus dem Osten, die über die Grenze kamen, um sich die Werke im Westen anzusehen. „Wir versuchten, den Leuten im Osten die Angst zu nehmen", so der damalige Gesamtbetriebsratsvorsitzende Gerhard Söllner. Vorstandsvorsitzender Dr. Bethke war von der besonderen Bedeutung der Sozialpartnerschaft in einer solch schwierigen Phase überzeugt und befürwortete ein „Konzept der unternehmerischen und sozialen Verantwortung", das Mitarbeiter und Betriebsräte in die Verantwortung für das Unternehmen mit einbezog. „Wir wurden immer zeitnah informiert und in die wichtigen Entscheidungen eingebunden", berichtete Söllner. Überzeugt von der Alternativlosigkeit des Konzepts, verteidigte die Gewerkschaft den Fusionsvertrag auch gegenüber den Kalikumpeln, die ihren Arbeitsplatz verloren, und rief zu Demonstrationen für die Kalifusion auf. „Dafür haben wir manchmal ganz schön Prügel einstecken müssen", erinnern sich Manfred Kopke und Bernd Westphal von der IG BCE. „Aber es war der einzig mögliche Weg." Insbesondere in den schwierigen ersten Jahren des Umbruchs war diese enge, vertrauensvolle Zusammenarbeit hilfreich. Mit besonderer Intensität wurde die Zusammenführung der Mitarbeiter aus Ost und West betrieben. Von Beginn an wurde bei Kali und Salz nicht von Osten oder Westen, sondern von Werken und Standorten gesprochen. Die Biografien der heutigen K+S-Mitarbeiter entwickelten sich auf diese Weise über die alten Grenzen hinweg: So kommt beispielsweise der 1999 gewählte Vorsitzende des Gesamt- und Konzernbetriebsrats Klaus Krüger vom Kaliwerk Zielitz aus Sachsen-Anhalt.

Die wirtschaftliche Entwicklung der Kali und Salz GmbH bis 1997

Die Kali und Salz GmbH hatte sich für die Zeit des Geschäftsplans bis 1997 ein ehrgeiziges Programm vorgenommen: Um das Unternehmen in die Gewinnzone zu bringen, sollten 1,3 Milliarden Mark in die Modernisierung vor allem der ostdeutschen Werke investiert, neue Produktlinien aufgebaut und die Entsorgungsaktivitäten ausgebaut werden. Damit sollten rund 3.000 Arbeitsplätze im Osten und 4.500 im Westen erhalten und nachhaltig gesichert werden. Als Minderheitsgesellschafterin der Kali und Salz GmbH gestaltete die Treuhandanstalt das neue Unternehmen aktiv mit und überwachte die Einhaltung der Vereinbarungen über Investitionen, Arbeits- und Ausbildungsplätze.

Der Start des neuen Unternehmens, der durch die langwierige Genehmigung der Fusion bis zum Jahreswechsel 1993/94 verzögert worden war, wurde zusätzlich durch die unverändert schwierige Lage auf dem Weltkalimarkt erschwert, der 1993 seinen Tiefpunkt erreicht hatte. Die Nachfrage war seit 1988 um fast 10 Millionen Tonnen K_2O geschrumpft und die internationale Kaliindustrie 1993 nur noch zu 57 Prozent ausgelastet. Die Überkapazitäten drückten auf die Preise, und nach wie vor umgingen die Kalianbieter aus den GUS-Staaten die Anti-Dumpingregelungen der EG/EU und exportierten Kali zu Dumpingpreisen in die stark rückläufigen westeuropäischen Märkte. Die Abschwächung der Konjunktur ließ auch die Nachfrage nach Industriekali sinken. Kurzarbeit und Betriebspausen in den Kaliwerken waren die Folge.

Erst mit dem Jahr 1994 besserten sich die Bedingungen auf dem Weltkalimarkt langsam und die Weltkalinachfrage stieg bis 1997 schrittweise auf 26,2 Millionen Tonnen K_2O. Vor allem China und Indien benötigten Kali, aber auch in Nord- und Südamerika (Brasilien) belebte sich das Geschäft, während in Europa der Absatz weiterhin stagnierte. Immerhin gelang es 1994 in der EU, das Preisdumping der GUS-Staaten zu unterbinden.

oben Ein Strossenbohrwagen im Kaliwerk Sigmundshall (1996)

links Während der Kaliabsatz in Europa stagnierte, belebte sich das Geschäft ab Mitte der 1990er Jahre in China und Indien.

Die Kali und Salz GmbH konnte 1994 ihren Umsatz zwar erwartungsgemäß auf fast 1,7 Milliarden Mark steigern, das Ergebnis war aber „trotz konsequenter Umsetzung von Rationalisierungs- und Kosteneinsparungsmaßnahmen" mit 41 Millionen Mark Verlust immer noch negativ, wenn auch deutlich besser als jene fast 300 Millionen Mark Verlust, die das Unternehmen noch 1993 hinnehmen musste. Ursachen waren – neben den hohen Kosten und dem niedrigen Dollarkurs – die „politisch verzögerten Entscheidungen" über die Kalifusion, urteilte Kali und Salz 1994.

1995 verbesserte sich der Umsatz zwar nur geringfügig, doch es griffen die Maßnahmen zur Kostensenkung, so dass Kali und Salz den Verlust auf 29 Millionen Mark senkte. Auch die ausstehende Genehmigung für den grenzüberschreitenden Kaliabbau von Hessen nach Thüringen verhinderte ein besseres Ergebnis. Aber es gab auch positive Zeichen: In Übersee (Südostasien und Lateinamerika) wuchs der Kalimarkt, und der Rückgang von Schwefelemissionen aus Industrieanlagen belebte in Westeuropa das Geschäft mit Spezialdüngern, da viele Äcker nunmehr eine verstärkte Schwefeldüngung benötigten.

1996 steigerte die Kali und Salz GmbH ihren Umsatz deutlich auf mehr als 1,9 Milliarden Mark und senkte den Verlust auf rund sieben Millionen Mark. Dank der deutlich belebten Kalinachfrage und der umfangreichen Investitionen in Rationalisierungen und Modernisierungen war 1997 – dem letzten Jahr des Geschäftsplans – endlich der Wendepunkt erreicht: Der Umsatz der Kali und Salz GmbH stieg auf mehr als zwei Milliarden Mark, und das Unternehmen wies erstmals einen Gewinn von 60 Millionen Mark aus. Der Hauptanteil des Umsatzes entfiel auf Kali- und Magnesiumprodukte (84 Prozent).

Hintergrund der positiven Entwicklung war ein Weltkaliabsatz, der durch die steigende Nachfrage in China, Indien und Brasilien im Jahr 1997 um 16 Prozent auf mehr als 26 Millionen Tonnen K_2O wuchs. Da gleichzeitig die französische Kaliproduktion aufgrund der Erschöpfung ihrer Lagerstätten im Elsass sukzessive zurückging und die Produktion der kanadischen Kali und Salz-Beteiligung Potacan durch das Absaufen ihres Bergwerks eingestellt wurde (siehe Kapitel 5, Seite 213), kam es 1997 „sogar zu einzelnen Versorgungsengpässen auf dem Weltkalimarkt", die sich positiv auf die Preise auswirkten. Der Kurs des US-Dollar (der Leitwährung auf dem internationalen Kalimarkt), der sich nach einem Rekordtief im Mai 1995 (1,37 Mark) in den folgenden Jahren erholte und 1997 bei 1,73 Mark stand, unterstützte diese Entwicklung. Während die Kali und Salz GmbH ihren Anteil von 14 Prozent an der weltweiten Produktion von Kali halten konnte, baute das Unternehmen seine Stellung als weltgrößter Anbieter von Kalium- und Magnesiumsulfaten aus.

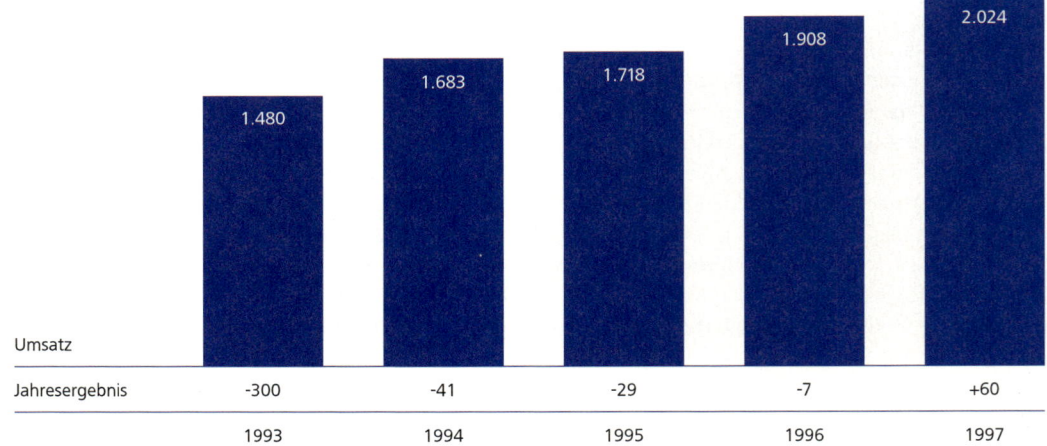

Umsatz	1.480	1.683	1.718	1.908	2.024
Jahresergebnis	-300	-41	-29	-7	+60
	1993	1994	1995	1996	1997

Umsatz- und Ergebnisentwicklung der Kali und Salz GmbH 1993–1997
(Angaben in Millionen DM)

rechts Dampfturbine im Industriekraftwerk des Kaliwerkes Zielitz

oben Rund 380 Millionen Mark investierte
die Kali und Salz GmbH bis 1997 allein
am Standort Zielitz. Wichtigste Projekte
waren der Bau einer neuen Heißlöse-
anlage (links) für die Herstellung von
99-prozentigem Kaliumchlorid für die
chemische Industrie sowie das neue
Industriekraftwerk (rechts).

----

unten Neuer Produktspeicher in Zielitz
(Innen- und Außenansicht)

Investitionen und Werksausbau
im Osten

Während der Geschäftsplanzeit (1993 bis 1997)
investierte die Kali und Salz GmbH 778 Millionen Mark auf ihren Standorten in den neuen
Bundesländern in die Modernisierung und
Rationalisierung der Werke, neue Produktionsanlagen, moderne Maschinen unter Tage, neue
Kraftwerke, eine bessere Energieausnutzung
und in den Umweltschutz. Dabei kaufte Kali
und Salz möglichst viele Leistungen von Zulie-
ferern und Handwerksbetrieben aus den neuen
Bundesländern.

Rund 380 Millionen Mark investierte
die Kali und Salz GmbH bis 1997 allein am
Standort Zielitz (Sachsen-Anhalt). Eine der
größten Einzelinvestitionen war der Bau einer
neuen Heißlösefabrik für die Herstellung von
Industriekali samt Industriekraftwerk und
den zugehörigen Hilfsbetrieben für rund 114
Millionen Mark. Damit konnte das Werk die
Industriekali-Produktion (Industriekali ist
99-prozentiges Kaliumchlorid, das aufgrund
seines hohen Reinheitsgrades vor allem in der
Chloralkali-Elektrolyse der chemischen Industrie eingesetzt wird) des Mitte 1996 stillgelegten Werks Niedersachsen-Riedel übernehmen.
Nach der Inbetriebnahme der neuen Industrie-
kalianlage im Mai 1996 wurde Zielitz neben

Sigmundshall der wichtigste Produktionsstandort für Industriekali. Auf Basis der kostengünstigen Großproduktion in Zielitz konnte der
Absatz dieser Produkte bis heute nahezu verdreifacht werden. Bereits 1994 wurde in Zielitz
ein neuer Produktspeicher für 60.000 Tonnen
Kaliprodukte erbaut und 1995 für 12 Millionen
Mark eine Untertage-Deponie eingerichtet. Mit
diesen Investitionen konnte die Effizienz des
Werks signifikant gesteigert werden, ein Beweis
für die Richtigkeit des technischen Konzepts,
das Vorstand Axel Hollstein und seine Mitarbeiter unter schwierigen Bedingungen erarbeitet und dann erfolgreich umgesetzt hatten.

Weitere 181 Millionen Mark flossen in
die Modernisierung des Werks Unterbreizbach
in Thüringen. Hier wurden eine neue Korn-
kali-Granulierung, ein neuer Schuppen für
55.000 Tonnen Kaliprodukte sowie eine neue
Grubenanschlussbahn gebaut. Außerdem wurde
das Kraftwerk von Braunkohle auf Erdgas mit
Kraft-Wärme-Kopplung umgestellt und das
Werk in den Energieverbund der Werra-Werke
Hattorf und Wintershall einbezogen. In Merkers
(Thüringen) wurden fast 32 Millionen Mark für
untertägige Verwahrungsarbeiten ausgegeben.

Der dritte Investitionsschwerpunkt war das Salzwerk Bernburg in Sachsen-Anhalt, in das insgesamt 183 Millionen Mark investiert wurden. 106 Millionen Mark flossen allein in den Bau der neuen Siedesalzanlage, die Anfang August 1996 in Betrieb ging. Damit können mittlerweile jährlich rund 280.000 Tonnen Siedesalzprodukte in hoher Reinheit hergestellt werden, die beispielsweise in der chemischen Industrie, der Lebensmittelproduktion oder zur Wasserenthärtung eingesetzt werden. Weitere Investitionen flossen in die Modernisierung und Rationalisierung der Infrastruktur.

Darüber hinaus wurden knapp 600 Millionen Mark für Instandhaltungsmaßnahmen in den neuen Bundesländern aufgewendet.

links Lieferung einer neuen Gasturbine für das Kaliwerk Unterbreizbach (1995)

unten links Das Salzwerk Bernburg in Sachsen-Anhalt wurde mit einer neuen Siedesalzanlage ausgerüstet (1996), um unterschiedliche Siedesalzprodukte in hoher Reinheit herstellen zu können.

unten rechts Abbaukammer im Salzwerk Bernburg (1996)

Erlebnis Bergwerk Merkers und Werra-Kalibergbau-Museum in Heringen

Als immer mehr Bergwerke schließen mussten und sich eine ganze Region grundlegend veränderte, wurde die Erinnerung an die Vergangenheit und ihre prägenden Faktoren immer wichtiger. 1991, noch vor der Schließung des Kaliwerks Merkers, eröffnete das „Erlebnis Bergwerk Merkers", das seitdem jedes Jahr rund 70.000 Menschen besuchen. Ziel des Projektes war es zunächst, um Vertrauen für den Bergbau zu werben, der von der DDR stets als Staatsgeheimnis behandelt worden war und die Region durch Gebirgsschläge und Umweltschäden stark belastet hatte. Das Erlebnis Bergwerk Merkers verschafft seinen Besuchern die außergewöhnliche Möglichkeit, 800 Meter unter der Tagesoberfläche einen Eindruck vom Kalibergbau zu gewinnen. Geführt von erfahrenen Bergleuten, erleben die Besucher in der „Welt des weißen Goldes" den riesigen Großbunker mit dem größten untertägigen Schaufelradbagger der Welt oder den „Goldraum", in dem die US-Armee 1945 einen Teil der Gold- und Devisenbestände der Reichsbank und Kunstwerke von unschätzbarem Wert gefunden hatte. Der Höhepunkt des Erlebnis Bergwerks ist die bereits 1981 entdeckte „Kristallgrotte" mit Salzkristallen von bis zu einem Meter Kantenlänge. Im größten „untertägigen Konzertsaal" der Welt, dem ehemaligen Großbunker in 420 Meter Tiefe, geben Musiker regelmäßig Konzerte. 2003 öffnete ein attraktives neues Besucherzentrum, das einen umfassenden Einblick in die vielfältigen Aktivitäten der K+S Gruppe sowie Wissenswertes über die Geschichte, die Entwicklung und die Tradition des Kalibergbaus bietet.

Touristisch ergänzt wird das Erlebnis Bergwerk durch das Werra-Kalibergbau-Museum der Stadt Heringen, das seit 1991 besteht und inzwischen auf fast 2.000 Quadratmetern die Entwicklung des gesamten hessisch-thüringischen Werra-Reviers darstellt. Mit Hilfe von Maschinen, Geräten, Modellen, Fotos, Filmen und Computeranimationen stellt das Museum anschaulich die Technik-, Sozial- und Wirtschaftsgeschichte des Kalibergbaus dar. Es zeigt Wissenswertes über den Rohstoff Kali, den geologischen Aufbau der Lagerstätte, historische Abbautechniken, die Kaliverarbeitung über Tage von den Anfängen bis heute und die Veränderung der Region durch die Kaliindustrie. Ganz in der Nähe des Museums liegt die 200 Meter hohe Rückstandshalde „Monte Kali" des Standortes Wintershall, die aus mehr als 110 Millionen Tonnen Produktionsrückstand besteht und jeden Tag um weitere 20.000 Tonnen wächst. Ihre Besteigung ist eine Bergtour der besonderen Art und der Gipfel bietet einen einzigartigen Ausblick auf das Land der „weißen Berge".

links Vom 200 Meter hohen „Monte Kali", der Rückstandshalde des Kaliwerkes Wintershall, hat man eine atemberaubende Aussicht.

1994 bezog das Werra-Kalibergbau-Museum neue Räume in der ehemaligen Schule am Heringer Anger.

Die „Kristallgrotte" ist ein Besuchermagnet im Erlebnis Bergwerk Merkers.

rechts Die Geschäftsführung der Kali und Salz GmbH besuchte 1994 die Werke in Ost und West. In Zielitz sprachen Peter Backhaus (links) und Dr. Ralf Bethke (2.v.l.) nach der Betriebsversammlung u.a. mit Grubenleiter Dr. Arno Michalzik (4.v.l.) und Sprenglochbohrwagen-Fahrer Ernst Kappler (rechts).

Die Zusammenführung der Mitarbeiter aus Ost und West im gemeinsamen Unternehmen

Zu den wichtigsten Aufgaben nach der Gründung der Kali und Salz GmbH im Jahr 1993 gehörte die Zusammenführung der Mitarbeiter aus Ost- und Westdeutschland in einem gemeinsamen Unternehmen. „Die ersten Jahre waren ungeheuer dicht und dramatisch", erinnert sich Aufsichtsratschef Gerhard R. Wolf an die Umwälzungen in West und Ost: „Es hatte bisher keinen vergleichbaren Vorgang gegeben, und die psychische Belastung war enorm." Zur Integration der Mitarbeiter nutzte Kali und Salz – neben der Tarif- und Personalpolitik – gemeinsame Veranstaltungen, Vorstandsbesuche auf den Werken, konzernweite Sportveranstaltungen und natürlich eine regelmäßige und ausführliche Berichterstattung über die Werke in der Mitarbeiterzeitung „K+S information". Peter Backhaus, ehemals Arbeitsdirektor und Personalvorstand bei der MdK und seit 1993 Arbeitsdirektor der Kali und Salz GmbH, setzte sich besonders engagiert dafür ein, dass die Integration der ostdeutschen Mitarbeiter schnell vorankam.

Ein entscheidender Schritt in der Tarifpolitik war die möglichst schnelle Lohnangleichung in Ost und West. Schon früh verfolgte die Unternehmensleitung das Prinzip „Gleicher Lohn für gleiche Produktivität". Mit einem „klugen Stufenplan", den die Tarifpartner bereits 1995 festlegten, wurden die Löhne in

Ost und West bis zum 1. Januar 1998 einander angeglichen, damals einmalig in der deutschen Industrie. Während die Mitarbeiter im Osten – in Anlehnung an die Produktivitätsentwicklung ihrer Werke – stärkere Lohnerhöhungen erhielten, stiegen die Löhne im Westen nur moderat um wenige Prozentpunkte. „Die Westkollegen übten sich in Bescheidenheit und die Ostkollegen mussten effektiver arbeiten mit dem Ziel, für gleiche Produktivität auch ein gleiches Entgelt zu bekommen", so der damalige Werksleiter in Zielitz Gerd Grimmig. Im September 1995 zahlte Kali und Salz in Ostdeutschland bereits 89 Prozent des Westlohnes und Anfang 1998 – nach dem Ende des Geschäftsplanes – waren 100 Prozent erreicht.

Gerhard Söllner unterstützte als Gesamtbetriebsratsvorsitzender der Kali und Salz
(1990–1998) und Mitglied im Hauptvorstand der IG BCE die Tarifangleichung in
Ost- und Westdeutschland.

Damit war die Kali und Salz GmbH das erste
Unternehmen in Deutschland, das einheitliche
Tarife für die Mitarbeiter in den alten und den
neuen Bundesländern zahlte. „Das ist bis heute
eine Ausnahme geblieben", betont Gerhard
Söllner, der damals als Gesamtbetriebsratsvorsitzender die Tarifangleichung unterstützt
hatte. Möglich war das nur, weil die Mitarbeiter
im Westen „Verständnis für die notwendige
Harmonisierung der Arbeits- und Sozialbedin-
gungen" zeigten und Arbeitnehmervertreter
und Unternehmensleitung bei der Lösung
dieser Probleme „vertrauensvoll zusammen-
arbeiteten", so Kali und Salz 1994.

Die Integration wurde aber auch
durch eine gezielte Personalpolitik unterstützt.
Mitarbeiter aus Thüringen oder Sachsen-Anhalt
arbeiteten jetzt in Westdeutschland, Mitarbeiter
aus Hessen oder Niedersachsen wurden nach
Ostdeutschland versetzt. „So fanden die Menschen aus den alten und neuen Bundesländern

unter dem neuen gemeinsamen Dach der
Kali und Salz GmbH zusammen und lernten
sich gegenseitig schätzen", hieß es damals im
Geschäftsbericht. Außerdem wurden zahlreiche
Führungskräfte des ehemaligen Kalikombinats
und der MdK in die Unternehmensleitung
nach Kassel geholt, vor allem aus den Bereichen
Bergbautechnik, Vertrieb und Personal. Nach
vielen Querversetzungen und dem Know-how-
Transfer von West nach Ost und von Ost nach
West ist das Unternehmen erfolgreich zusam-
mengewachsen.

Im Zuge eines „Organisationsstruktur-
Programms" wurde im Jahr 1995 auf den
Werken außerdem auf die – schon in der DDR
übliche – „Ein-Mann-Führung" umgestellt:
Um die Führungsverantwortung der Werke
zu stärken, gab es nun, statt der bisherigen
dreiköpfigen Werksleitungen, nur noch einen
Werksleiter, der die Gesamtverantwortung
trug.

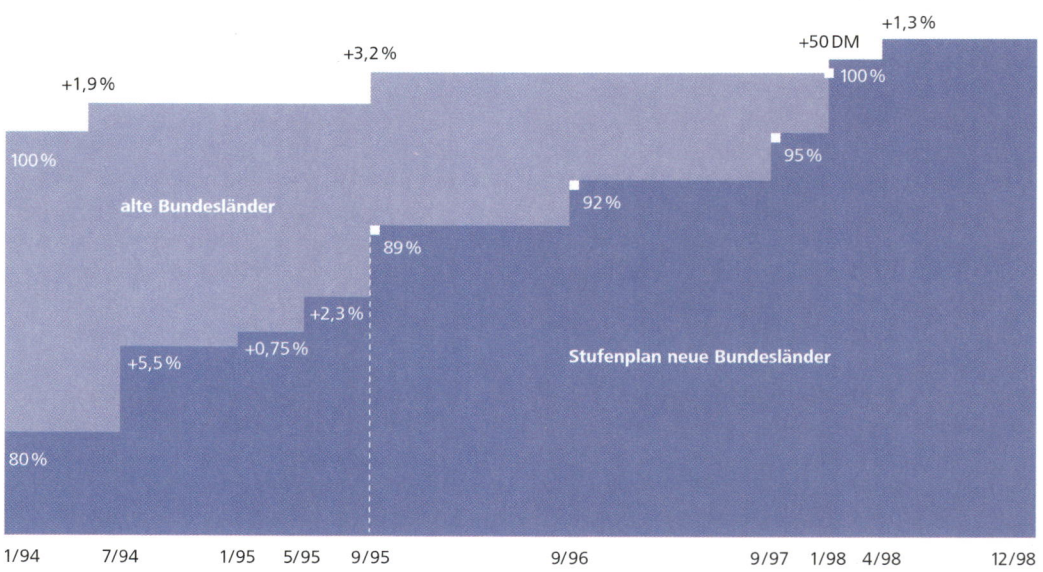

Angleichung des Tarifniveaus in den alten und neuen Bundesländern 1994 bis 1998

Grenzüberschreitender Abbau im neuen „Verbundwerk Werra"

Um Rationalisierungsmöglichkeiten auszuschöpfen und Synergien zu nutzen, stand der Ausbau des Grubenverbunds an der Werra an oberster Stelle. In dieser Region waren die vier benachbarten Werke Hattorf und Wintershall in Hessen sowie Unterbreizbach und Merkers in Thüringen seit 1945 durch den „Eisernen Vorhang" voneinander getrennt. Das thüringische Werk Unterbreizbach sollte nun modernisiert, auf seine Stärken ausgerichtet und in die Verbundstrukturen zwischen den beiden hessischen Werken Wintershall und Hattorf einbezogen werden. Die Zusammensetzung des Rohsalzes von Unterbreizbach eignet sich für Spezialdünger wie Kornkali oder Kieserit und das Werk produzierte 1994 mit seinen 760 Mitarbeitern bereits mehr als 300.000 Tonnen K_2O, immerhin zehn Prozent der gesamten Kaliproduktion und 22 Prozent der Kieseritproduktion der Kali und Salz GmbH.

Um die Synergien zwischen den Werken an der Werra optimal zu nutzen, sollten im südlichen Teil der thüringischen Grube Unterbreizbach Felder mit hochwertigeren, sylvinitischen Kalivorräten von Hessen aus abgebaut werden, denn ein Abbau vom Werk Unterbreizbach aus wäre technisch sehr viel schwieriger gewesen. Dabei ging es um 50 Millionen Tonnen Kalisalze. Ganz neu war die Idee nicht: Bereits 1911 war ein „Durchschlägigkeitsvertrag" zwischen Unterbreizbach („Großherzogtum Sachsen-Weimar") und der Kaliwerke Hattorf AG geschlossen worden. Die juristischen und politischen Hürden für den Kaliabbau waren 80 Jahre später allerdings höher als im Kaiserreich. Vor allem das Gesetz über den innerdeutschen grenzüberschreitenden Abbau behinderte, was ökonomisch notwendig war. Auf Thüringer Seite gab es erhebliche politische Bedenken und Widerstände gegen den Abbau der Lagerstätte vom Westen aus. Im September 1995 konnte nach langen Verhandlungen endlich eine Vereinbarung zum grenzüberschreitenden Kaliabbau zwischen den Werken Hattorf und

Eine Teilschnittmaschine zum Auffahren längerer Strecken in der Grube Hattorf-Wintershall

Unterbreizbach sowie – in kleinerem Umfang – zwischen Wintershall und Merkers erzielt werden. Damit waren die Voraussetzungen für einen „Staatsvertrag" zwischen Hessen und Thüringen erfüllt. Trotzdem zog sich das Genehmigungsverfahren hin und verzögerte die Investitionen. Erst am 9. Mai 1996 stimmten beide Länderparlamente dem Staatsvertrag zu, der am 12. Juni 1996 ratifiziert wurde. Damit konnte endlich die Erschließung der neuen Grubenfelder beginnen (siehe Grafik Kapitel 5, Seite 223)

Nachdem am 5. Juli 1996 die Landesgrenze unterfahren worden war, konnte der grenzüberschreitende Abbau im Feldesteil „Dankmarshäuser Aue" begonnen werden. Aus Sicherheitsgründen blieb jedoch ein 200 Meter breiter Sicherheitspfeiler zum Grubenverbund Unterbreizbach/Merkers stehen. Zur Sicherheit der Werke Hattorf und Wintershall sowie Unterbreizbach als auch der Untertage-Deponie Herfa-Neurode wurde eine direkte Verbindung zwischen den Werken in Hessen und Thüringen damals aus technischen Gründen ausdrücklich ausgeschlossen.

Aber die Kali und Salz GmbH wollte die Werke an der Werra noch enger zusammenschließen. Daher wurden zum 1. April 1997 die hessischen Kaliwerke Hattorf und Wintershall sowie das thüringische Kaliwerk Unterbreizbach zum „Verbundwerk Werra" mit 4.200 Mitarbeitern zusammengefasst. Teile des Verbunds waren außerdem der Grubenbetrieb am Standort Merkers, die Verwertungsanlagen von Unterbreizbach, Hattorf und Wintershall sowie die Untertage-Deponie Herfa-Neurode und die Verbundwerkstatt in Heringen. Mit den neuen vernetzten Strukturen konnte das Unternehmen Synergien u.a. in den Bereichen Logistik, Energieversorgung, Abwasserentsorgung sowie der Verwaltung und Datenverarbeitung erreichen. Die Zusammenschaltung der Werra-Kraftwerke und Verbesserungen der Kraft-Wärme-Kopplung senkten den Energieverbrauch pro Tonne Rohsalzverarbeitung. Betriebliche Informations- und Entscheidungsprozesse wurden vereinfacht und verkürzt sowie unter Tage Rohsalzgewinnung, Förderwege und Wetterführung verbessert.

oben Zum 1997 gegründeten „Verbundwerk Werra" gehört auch der thüringische Standort Unterbreizbach (Foto).

rechts Die Werra bei Dankmarshausen in Thüringen. Kali und Salz arbeitete intensiv an der drastischen Reduzierung der Salzbelastung des Flusses.

Werra-Entsalzung

Die DDR-Kaliwerke Merkers, Dorndorf und Unterbreizbach, die Kieserit noch nach dem abwasserintensiven Waschprozess herstellten und die nach Einstellung der Versenkung seit 1968 ihre Salzabwässer– im Gegensatz zu den hessischen Werken – komplett in die Werra und Ulster einleiteten, verursachten mit mehr als 90 Prozent den mit Abstand größten Anteil an der Salzbelastung. Die Chloridfrachten in der Werra summierten sich in den 1970er und 1980er Jahren auf eine Größenordnung von 6,5 Millionen Tonnen pro Jahr. In diesen Jahren gab es mehrere Ansätze zwischen beiden deutschen Staaten, das Problem der Werraversalzung zu lösen. Im Gespräch waren die Finanzierung von Flotationsanlagen und die Übernahme der ESTA-Technologie durch die DDR-Betriebe. Die Idee der Errichtung einer Abwasser-Pipeline zur Nordsee war vor allem wegen der immensen Kosten nicht weiterverfolgt worden.

Unmittelbar nach der Wende wurden die Verhandlungen über eine Reduzierung der Salzbelastung von Werra und Weser wieder aufgenommen. Mit Hilfe einer Expertenkommission – bestehend aus Vertretern der Kali und Salz AG und der Mitteldeutschen Kali AG – wurde zügig ein tragfähiges Konzept mit konkreten Maßnahmen zur Werra-Entsalzung erstellt und durch das Verwaltungsabkommen vom 30. März 1992 zwischen Bund und Werra/Weser-Anliegerländern geregelt. Kernpunkt des Maßnahmenpakets war der Ersatz des abwasserintensiven „Waschprozesses" am Standort Unterbreizbach durch eine nassmechanische Aufbereitung des Löserückstandes (Siebung, Flotation etc.) mit anschließendem Spülversatz. Der Spülversatz, also der Transport des mit einer salzgesättigten Traglösung vermischten Rückstandssalzes über ein Rohrleitungssystem in große, nur in der Grube Unterbreizbach vorhandene Kuppenhohlräume war eine besondere technische Herausforderung. Ein weiterer Punkt des Maßnahmenpakets zur Werraentsalzung war die Wiederaufnahme der Versenkung von Salzabwasser auch in Thüringen. Bei diesem Verfahren wird das Salzabwasser in eine poröse, wasserführende Gesteinsformation, den so genannten „Plattendolomit" eingeleitet, der nach oben und unten durch tonige Schichten abgedichtet ist.

Die Herstellung der Betriebsbereitschaft des für den Versenkbetrieb geeigneten und geologisch gut erkundeten Pufferspeichers Gerstunger Mulde erforderte den Neubau und die Sanierung von Rohrleitungen und Stapelbecken. Die Bezeichnung „Pufferspeicher" weist auf die alternative Rückförderung von Salzwasser aus der Versenkformation und die Einleitung in die Werra hin, wenn die Wasserstände das zulassen.

Mit Aufnahme des Versenkbetriebs in der Gerstunger Mulde Anfang Juni 1999 war die Umsetzung der Maßnahmen zur Werraentsalzung abgeschlossen. Mit Hilfe eines computergestützten Verfahrens zur „Salzlaststeuerung", das den Abfluss der Werra im Zwei-Stunden-Takt bilanziert und die Abstoßmengen für alle Einleitungsstellen errechnet, konnte erstmals wieder der bereits seit 1942 geltende Chloridgrenzwert von 2.500 Milligramm pro Liter eingehalten werden.

Im Zusammenhang mit der Reduzierung und Vergleichmäßigung der Salzbelastung verbesserten sich auch die biologischen Verhältnisse im Flussgebiet. Das gilt in besonderem Maße für die Weser, wo wieder Werte erreicht werden, die bereits 1917 vom Reichsgesundheitsamt als Grenzwert für Trinkwasser festgelegt worden waren.

Die Bündelung des Vertriebs auf dem internationalen Kalimarkt

Nach dem von der EU-Kommission erzwungenen Ausstieg aus der Kali-Export GmbH in Wien (diese Bestimmung wurde wie erwähnt 1998 wieder zurückgenommen) musste die Kali und Salz GmbH ihre Vertriebsaktivitäten in Übersee neu ordnen. Zugleich mussten die internationalen Aktivitäten von Kali und Salz AG und MdK zusammengeführt werden. Auf den traditionellen Übersee-Märkten des DDR-Kalikombinats konnte die Kali und Salz GmbH an frühere Geschäftsverbindungen anknüpfen und die Märkte für die deutsche Kaliindustrie sichern. Das galt beispielsweise für Kolumbien, wo das Kalikombinat seit den 1980er Jahren aktiv war. Hier konnte Kali und Salz später die alten Verträge übernehmen. Ein anderes Beispiel war Brasilien, mit dem das Kalikombinat der DDR Dünger gegen Erze und Kaffee getauscht hatte: 1993 wurde der MdK-Vertrieb in Brasilien mit der bereits seit 1954 existierenden westdeutschen Kali-Vertriebstochter „Potabrasil" zusammengelegt und das Verkaufsvolumen bis 1997 auf fast 700.000 Tonnen Kaliprodukte gesteigert. Bereits 1991 übernahm die Kali und Salz-Tochter SEAFCO den MdK-Vertrieb in Südostasien. Aufgrund der Fusionsauflagen der Europäischen Kommission wurde 1994 mit der „Kali und Salz France S.A.R.L." in Frankreich ein eigener Vertrieb aufgebaut. In England erwarb Kali und Salz 1995 nach langwierigen und schwierigen Verhandlungen die ehemalige MdK-Vertriebsgesellschaft für die britischen Inseln und Irland, die „Kali UK". 1997 erzielte die Kali und Salz GmbH 73 Prozent ihres Umsatzes in den logistisch günstig gelegenen europäischen Märkten und 27 Prozent in Übersee.

links Zwei Erntehelfer pflücken die roten Kaffeekirschen auf einer Plantage in Pereira/Chinchina (Kolumbien).

rechts Der „Kalikai" der KTG in Hamburg zum Verschiffen von Düngemitteln ist das „Tor zur Welt" der Kali und Salz GmbH. 1997 erzielte sie 27 Prozent des Umsatzes in Übersee.

links Umweltministerin Heidrun Heidecke (Sachsen-Anhalt) eröffnete im Oktober 1995 die Untertage-Deponie Zielitz gemeinsam mit Dr. Hans Schneider (rechts), Mitglied des Kali und Salz-Vorstandes, Gangolf Weber, Leiter UTD Zielitz (links), Peter Letzgus, Mitglied des Bundestages (Mitte) und Gerd Grimmig (2.v.l.), damals Werksleiter in Zielitz. Gerd Grimmig war von 1997 bis 2001 Mitglied der Geschäftsführung der Kali und Salz GmbH und ist seit 2000 Mitglied des Vorstandes der K+S AG.

----

rechts Eine Einlagerungskammer der UTD Zielitz in 450 Metern Tiefe mit eingestapelten Abfallbehältern

Das Entsorgungsgeschäft wird ausgebaut

Bei der Muttergesellschaft Kali und Salz Beteiligungs AG waren nach der Kalifusion noch etwa 350 Mitarbeiter verblieben, die in der Holding, in der Untertage-Deponie Herfa-Neurode und der Lohngranulierung für CATSAN® im ehemaligen Kaliwerk Salzdetfurth arbeiteten. 1994 erzielte die Kali und Salz Beteiligungs AG einen Umsatz von 95 Millionen Mark und verbuchte zum ersten Mal seit 1990 mit 39 Millionen Mark wieder einen Gewinn, so dass sich der Verlustvortrag von rund 141 auf 102 Millionen Mark verringerte. Für die Entsorgungsaktivitäten hatte Kali und Salz bereits 1991 die „Kali und Salz Entsorgung GmbH" gegründet, die mit ihrem Vertriebs- und Marketingpersonal nach der Fusion bei der Holding verblieben war. In den 1990er Jahren entwickelte das Unternehmen dieses Geschäftsfeld offensiv weiter.

Mitte der 1990er Jahre kam es allerdings durch Überkapazitäten zu einem scharfen Wettbewerb auf dem Entsorgungsmarkt, der bis heute anhält. Außerdem verschlechterte 1996 das neue Kreislaufwirtschafts- und Abfallgesetz die unternehmerischen Rahmenbedingungen. Zusätzlich sorgte die von 1992 bis 1996 erhobene hessische Sonderabfallabgabe für deutlich rückläufige Einlagerungen in der Untertage-Deponie Herfa-Neurode. Durch den Auf- und Ausbau der Entsorgungsaktivitäten konnte der Umsatz des Entsorgungsgeschäfts in der Geschäftsplanzeit dennoch annähernd gehalten werden. Die vier wichtigsten, in den 1990er Jahren entwickelten Arbeitsfelder im Bereich der Entsorgung waren:

1. Untertage-Deponien (UTD)

Angesichts des zu erwartenden hohen Abfallaufkommens durch die Sanierung besonders der alten DDR-Chemieindustrie und der großen technischen Erfahrung von Kali und Salz lag es nahe, auch im Kaliwerk Zielitz in nicht mehr genutzten Hohlräumen eine Untertage-Deponie einzurichten. Ein entsprechendes Genehmigungsverfahren war noch zu DDR-Zeiten eingeleitet worden, im Oktober 1995 konnte die Deponie eröffnet werden. Die Gesamtkapazität der Anlage in 450 Metern Tiefe beträgt rund zwei Millionen Tonnen. Stoffkatalog und Betriebsabläufe ähneln der UTD Herfa-Neurode. 1997 wurde allerdings klar, dass die Einlagerungsmengen nicht den Erwartungen entsprachen, weil alle Fachinstitute die Abfallmengen aus den neuen Bundesländern überschätzt hatten. Zahlreiche Sanierungsprojekte in Ostdeutschland wurden wegen fehlender Mittel nicht verwirklicht, und neue Industrien siedelten sich nicht im erhofften Umfang an oder sie vermieden den Abfall schon bei der Produktion. Eine dritte UTD plante Kali und Salz zusammen mit der Niedersächsischen Gesellschaft zur Endablagerung von Sonderabfall mbH (NGS) im 1996 stillgelegten Kali- und Steinsalzwerk Niedersachsen-Riedel. Sie wurde zwar im März 2001 genehmigt, ging aber angesichts der Überkapazitäten auf dem Entsorgungsmarkt nie in Betrieb. 2003 stellten die Partner das Projekt ein.

von oben nach unten

Einlagerung von Abfällen in Big Bags in der Untertage-Verwertung Bernburg

Die 1994 gegründete Kali und Salz Bauschutt-Recycling GmbH in Sehnde beschäftigt sich u.a. mit der Abdeckung und Rekultivierung der Halde des ehemaligen Kaliwerks Friedrichshall.

1994 ging im Kaliwerk Sigmundshall die REKAL-Anlage zur Aufbereitung von Salzschlacken aus der Sekundär-Aluminiumindustrie in Betrieb.

2. Untertage-Verwertungen (UTV)

Im Gegensatz zur Abfallbeseitigung in Untertage-Deponien ist bei der Abfallverwertung die Nutzung des Abfalls das Ziel. In der Abfallgesetzgebung wird der Verwertung Vorrang vor der Deponierung gegeben. Da die Verfüllung stabilisierungsbedürftiger untertägiger Hohlräume mit Abfällen als Abfallverwertung gilt, nahmen MdK und später Kali und Salz 1992 die Untertage-Verwertungen Unterbreizbach und Bernburg in Betrieb, 1993 folgte Wintershall und 1994 Hattorf.

3. Baustoffrecycling

Zu den Entsorgungsaktivitäten der Kali und Salz Entsorgung GmbH gehört auch die 1994 gegründete Kali und Salz Bauschutt-Recycling GmbH in Sehnde östlich von Hannover. Das Unternehmen ist auf dem Gelände des ehemaligen Kaliwerks Friedrichshall angesiedelt, einem Betriebsteil des Werks Bergmannssegen-Hugo. Hier werden unbelastete oder gering belastete Baustoffe und Böden aufbereitet, die bei der Abdeckung und Rekultivierung der Halde Friedrichshall sowie als Recycling-Baustoffe für den Straßen- und Tiefbau eingesetzt werden.

4. Aufbereitung von Salzschlacken aus der Aluminiumindustrie

Seit vielen Jahren liefert das Kaliwerk Sigmundshall – neben Kalidüngemitteln und 99-prozentigem Industriekali – das Schmelzsalz „Montanal" für eine optimale Ausbeute der Sekundär-Aluminiumhütten, die unter Zugabe von Salz Aluschrott zu neuwertigem Aluminium umschmelzen. Die dabei entstehenden Salzschlacken aus Kaliumchlorid und Aluminium konnten bis dahin nicht weiter verwendet werden und wurden deponiert. Nachdem die Übertage-Deponierung von Salzschlacken verboten wurde, entwickelte Kali und Salz 1992 ein Verfahren, um Salz und Aluminium wieder voneinander zu trennen und in den Kreislauf zurückzuführen. Die neue Technik war umweltschonend, energiesparend und wirtschaftlich. Ende 1994 ging die REKAL-Anlage (REKAL = Recycling + Kali) im Werk Sigmundshall in Betrieb. Das bei der Aufbereitung gewonnene metallische Aluminium-Granulat fand guten Absatz. Da Aluminium mehrfach recycelt werden kann, sind die Prognosen für die Alu-Recyclingindustrie gut.

Das Ende der Geschäftsplanzeit (1997)

Kurz vor Ende der „Geschäftsplanzeit" zog Kali und Salz in der Mitarbeiterzeitung ein positives Fazit: „Wir haben unsere Hausaufgaben erfolgreich gemacht!" Trotz der Belastungen durch die kontroverse Diskussion um die Kalifusion und den daraus resultierenden Verzögerungen wurden alle Investitionen erfolgreich und vollständig umgesetzt: „Nach vier Jahren aktiver Investitionstätigkeit verfügen alle Standorte über eine auf ihre Bedingungen und Erfordernisse zugeschnittene Produktpalette." Kali und Salz hatte insgesamt mehr Geld investiert als vereinbart. Gleichzeitig konnten die vorgesehenen 3.000 wettbewerbsfähigen Arbeitsplätze in den neuen Bundesländern gesichert und der geplante Personalpfad eingehalten werden. „Das 1992 mit der Treuhandanstalt erarbeitete Konzept zur Modernisierung der deutschen Kaliindustrie ist mehr als aufgegangen", sagt K+S-Vorstandsvorsitzender Dr. Ralf Bethke heute zufrieden. „Die Kalifusion ist für alle Beteiligten eine Erfolgsgeschichte geworden – besonders für die Mitarbeiter und externen Partner des Unternehmens." Grundlage für den Erfolg seien der Realitätssinn und die soziale Verantwortung aller Beteiligten gewesen, betonte der Aufsichtsratsvorsitzende Gerhard R. Wolf: „Die schwierige, aber gelungene Anpassung und Weiterentwicklung der Kali- und Steinsalzaktivitäten war nur möglich, weil alle Verantwortlichen inner- und außerhalb der K+S sich stets an realistischen Marktchancen sowie den technischen und betriebswirtschaftlichen Notwendigkeiten und Möglichkeiten orientiert haben." Auch Klaus Krüger, Konzernbetriebsratsvorsitzender der K+S, stellte rückblickend fest: „Wir haben alle gemeinsam das Ziel verfolgt, unsere Arbeitsplätze zukunftsfähig zu gestalten und damit nachhaltig zu sichern – das ist gelungen." Dr. Heinrich Hornef, Finanzchef der Treuhand und später Präsident der Treuhand-Nachfolgerin BvS, zog ebenfalls ein positives Fazit: „Die Privatisierung der ostdeutschen Kaliindustrie war eine der besten und erfolgreichsten Privatisierungen im Osten."

Das Salzwerk Bernburg in Sachsen-Anhalt
Ende der 1990er Jahre

- **Eigenständigkeit:** Die BASF trennt sich von der Mehrheit der Anteile an Kali und Salz

- **Neuer Name:** Aus Kali und Salz wird K+S

- **Quantensprung:** K+S stärkt ihr Portfolio und übernimmt die COMPO und das Felddüngergeschäft (fertiva) von der BASF

- **Salz:** K+S steigt zum führenden Anbieter in Europa auf

- **Wachstum:** Produktinnovationen, Struktur- und Prozessoptimierungen, Effizienzsteigerungen sowie weitere Akquisitionen stärken die führende Position der K+S Gruppe in wachsenden Märkten

- **Gemeinsames Ziel:** Gesundes und nachhaltiges Wachstum

Kapitel 7

WACHSTUM ERLEBEN.
DAS NEUE GESICHT DER K+S GRUPPE

(1997–2006)

Gesundes und nachhaltiges Wachstum zum Nutzen von Anteilseignern, Kunden und Mitarbeitern ist das Ziel der K+S Gruppe. Dank eng vernetzter Geschäftsbereiche, innovativer Produkte und moderner Dienstleistungen hat sich K+S zu einem wachstumsorientierten Anbieter von Spezial- und Standarddüngemitteln, Pflanzenpflege- und Salzprodukten entwickelt. Mit der Übernahme der COMPO und den Gründungen der fertiva sowie der esco hat K+S ihr Portfolio spürbar gestärkt und erweitert. Heute ist K+S mit 11.000 Mitarbeitern ein international ausgerichtetes Unternehmen, das in allen Arbeitsgebieten führende Positionen in wachsenden Märkten einnimmt. Gesundes und nachhaltiges Wachstum ist Unternehmensziel und Anspruch zugleich.

WACHSTUM AUF DEM FREIEN KAPITALMARKT

BASF konzentriert sich auf ihr Kerngeschäft

Der BASF-Vorstandsvorsitzende Professor Dr. Jürgen Strube sah in der kanadischen PCS einen passenden Partner für Kali und Salz.

27 Jahre lang war die „Kali und Salz" eine Beteiligungsgesellschaft der BASF. Seit Ende der 1980er Jahre verfolgte die BASF allerdings eine neue Strategie, die neben dem Aufbau einer starken Marktposition und globaler Präsenz in den einzelnen Geschäftsfeldern die Neuausrichtung ihres Portfolios und den Ausbau des „Kerngeschäfts" vorsah. Am Ende dieses Konzentrationsprozesses fokussierte sich die BASF auf die Kernbereiche Chemie, Pharma sowie Öl und Gas und trennte sich von zahlreichen Geschäftsfeldern, die sich unter dem Dach der BASF nicht „nachhaltig gewinnbringend weiterentwickeln" ließen. Dazu gehörten auch die Produktion von Kalidünger und Salzen. Der Verkauf des Kalibereichs wurde seit den 1980er Jahren diskutiert, war aber durch die Kalikrise von 1989 und die Kalifusion 1993 verzögert worden. 1996 suchte die BASF nach einer Möglichkeit, sich von einem Teil ihrer Kali und Salz-Anteile, damals rund 76 Prozent, zu trennen.

Die Führungsebenen der Kali und Salz Beteiligungs AG waren davon überzeugt, dass Kali und Salz angesichts der immer noch schwierigen Situation auf dem Welt-Kalimarkt Anschluss an einen starken Partner benötigte. Einen möglichen Partner glaubte BASF in der kanadischen „Potash Corporation of Saskatchewan Inc." (PCS) gefunden zu haben, heute einer der größten Kali-, Stickstoff- und Phosphatdüngerproduzenten der Welt (siehe Kasten Seite 306). „Mit der kanadischen PCS als Partner hat die Kali und Salz-Gruppe die besondere Chance, sich langfristig im Düngemittelgeschäft weiter zu entwickeln", so BASF-Vorstandsvor-

sitzender Professor Dr. Jürgen Strube damals. PCS war sehr an einer Übernahme der Kali und Salz interessiert, denn damit hätte das kanadische Unternehmen ein zusätzliches Standbein im europäischen Markt gewonnen. Außerdem produzierte die PCS in Kanada vor allem das Standardprodukt 60er Kaliumchlorid und hätte mit dem Kauf der Kali und Salz auch Kali- und Magnesium-Spezialitäten anbieten können. Gleichzeitig ergänzten sich die Hauptabsatzgebiete: Während der Schwerpunkt für Kali und Salz in Europa lag, setzte PCS ihre Produkte vorwiegend in Amerika und Asien ab. Zudem verfügte Kali und Salz über erhebliche eigene Finanzmittel, während PCS stark fremdfinanziert war.

Kali und Salz versprach sich von der Anbindung an ein starkes, internationales Kaliunternehmen zum einen die Erschließung neuer Vertriebswege und Absatzchancen für ihre Düngemittel-Spezialitäten in Südostasien und Amerika. Zum anderen hoffte das Unternehmen, seine regionale Absatzstruktur verbessern zu können und die zur Auslastung der Produktionsanlagen notwendigen Überseemengen Kaliumchlorid nicht mehr mit hohem Frachtaufwand in Asien, sondern im logistisch günstiger gelegenen Lateinamerika vertreiben zu können. Weitere Einsparungen an Logistikkosten sollten durch die Umleitung von Kaliumchloridmengen aus überseeischen Grenzmärkten nach Europa realisiert werden. Schließlich sollten durch die wechselseitige Nutzung von Know-how die Kosten reduziert werden.

BASF-Vorstandsmitglied und Aufsichtsratsvorsitzender von Kali und Salz,
Gerhard R. Wolf (rechts), und der Vorstandsvorsitzende von Kali und Salz,
Dr. Ralf Bethke (links), beantworten auf
einer Pressekonferenz am 15. August
1996 in Kassel Fragen von Journalisten
zum geplanten Verkauf von Anteilen an
die kanadische PCS. Die BASF beabsich-
tigte, 51 Prozent der Anteile an der Kali
und Salz Beteiligungs AG an den kanadischen Kaliproduzenten „Potash Corporation of Saskatchewan Inc." (PCS) zu
verkaufen.

Mitte August 1996 informierte BASF die Öffentlichkeit über die Verhandlungen und den
geplanten Verkauf von 51 Prozent der Anteile
an der Kali und Salz Beteiligungs AG an die
PCS. 25,4 Prozent wollte die BASF zunächst
noch behalten. Der Verkaufspreis sollte unter
dem damaligen Börsenkurs liegen. Als Grund
für diesen niedrigen Preis nannte die BASF
die großen Schwierigkeiten, ein kompetentes
Unternehmen aus dem Kalibereich als Käufer
zu finden. Zudem verwies sie auf die Vorteile
der kanadisch-deutschen Partnerschaft im
internationalen Geschäft sowie im Sortiment.
„Durch die Fusion wäre ein Unternehmen entstanden, das für die Globalisierung der Märkte
bestens gerüstet gewesen wäre", erinnert sich
der Kali und Salz-Aufsichtsratsvorsitzende
Gerhard R. Wolf. Alle Verpflichtungen der
Kali und Salz Beteiligungs AG gegenüber der
„Bundesanstalt für vereinigungsbedingte Sonderaufgaben" (BvS) wollte PCS übernehmen
und das Unternehmen selbst weiterführen:
Die Kanadier versicherten, die deutschen Werke
nicht zu schließen, solange sie wirtschaftlich
arbeiteten, und keine Maßnahmen zur Besser-
stellung von PCS auf Kosten von Kali und Salz
zu treffen. Kali und Salz sollte ein deutsches
Unternehmen mit deutschen Führungskräften
und Sitz in Deutschland bleiben.

Angesichts dieser Zusagen setzten die Vorstände
von BASF sowie Kali und Salz große Hoffnungen
in die Übernahme. Bei der BvS, die durch ihre
49-Prozent-Beteiligung an der Kali und Salz
GmbH von den Verkaufsplänen ebenfalls betroffen war, gab es unterschiedliche Ansichten:
Während die einen die Schließung deutscher
Werke zugunsten kanadischer Standorte und
den Verlust von Arbeitsplätzen befürchteten,
sahen andere in der geplanten Übernahme ein
großes Potenzial.

Anfang Dezember 1996 wurden nach
langwierigen Verhandlungen über den Preis
und über die Führung des Unternehmens die
Verträge unterzeichnet: Vorbehaltlich der
Genehmigung durch das Bundeskartellamt
wollte PCS für 250 Millionen Mark 51 Prozent
am Grundkapital der Kali und Salz Beteiligungs
AG erwerben. Laut Vertrag sollte PCS die operative Führung der Beteiligungs AG mitsamt
ihren Beteiligungen übernehmen – also auch
jene Mehrheitsbeteiligung an der Kali und Salz
GmbH. Wirksam werden sollte der Vertrag im
ersten Quartal 1997. Bis Anfang 2000 hatte PCS
außerdem eine Kaufoption auf die restlichen,
noch im Besitz der BASF befindlichen Aktien
der Kali und Salz Beteiligungs AG.

Das Bundeskartellamt untersagt die Übernahme durch PCS

Nun fehlte nur noch die Genehmigung durch das Bundeskartellamt. Die Behörde hatte jedoch Bedenken: Sie befürchtete durch PCS eine Verstärkung der ihrer Ansicht nach ohnehin schon marktbeherrschenden Stellung von Kali und Salz in Deutschland und lehnte den Zusammenschluss ab. BASF sowie Kali und Salz reagierten mit „Betroffenheit und Unverständnis" auf die „sachferne" und „unplausible" Entscheidung. Sie verwiesen darauf, dass PCS auf dem deutschen Markt nicht aktiv sei. Daher könne von einer Verstärkung der Marktposition auf dem deutschen Markt gar keine Rede sein.

Das Kartellamt habe bei seiner Entscheidung die dynamischen Veränderungen auf den weltweiten Kalimärkten, durch die sich die Lage von Kali und Salz verschlechtert habe, und die „wirtschaftlichen, beschäftigungspolitischen und regionalpolitischen Vorteile" eines Zusammengehens mit der PCS nicht ausreichend berücksichtigt. Stattdessen habe das Kartellamt sich von „Erwartungen und Erwägungen über mutmaßliche Marktzugangschancen und potenzielle Wettbewerber" leiten lassen.

Um die Fusion trotz der Ablehnung durch das Bundeskartellamt zu ermöglichen, beantragte die BASF gemeinsam mit Kali und Salz am 27. März 1997 eine „Ministererlaubnis" beim damaligen Bundeswirtschaftsminister Günter Rexroth (FDP), der auf diesem Weg die Entscheidung des Bundeskartellamts revidieren konnte. Nach einer Anhörung der „Monopolkommission", die regelmäßig die Unternehmenskonzentrationen in Deutschland zu begutachten hatte, einer öffentlichen Anhörung und einer Abstimmung mit den anderen Bundesministerien verweigerte Rexroth allerdings zur Überraschung von BASF/Kali und Salz seine Erlaubnis. Einer erheblichen Einschränkung des Wettbewerbs standen nach Ansicht des Ministers keine Vorteile für das Gemeinwohl gegenüber. Damit war die Übernahme durch PCS gescheitert. Die BASF sprach von einem schweren Schlag für die Kaliindustrie und einer Entscheidung gegen die Sicherung von Arbeitsplätzen, hielt aber an ihrer Absicht fest, ihre Anteile an Kali und Salz zu verkaufen.

Die kanadische PCS interessierte sich für eine Übernahme der Kali- und Steinsalzwerke von Kali und Salz; im Bild: ein Ankerbohrwagen im Grubenbetrieb Hattorf-Wintershall

Institutionelle Investoren zeigen Interesse an Kali und Salz

Nachdem der Verkauf der Kali und Salz an PCS gescheitert war, suchte die BASF nach anderen Wegen, ihre Kalisparte zu veräußern. Angesichts des Höhenflugs des DAX, der im Verlauf des Jahres 1997 von 2.800 Punkten auf 4.200 Punkte gestiegen war, schien ein Verkauf der Kali und Salz-Aktien an Investoren Erfolg versprechend. Dafür musste Kali und Salz sich allerdings bei den großen internationalen Finanzanlegern bekannt machen und die eigenen Stärken präsentieren. Der Vorstandsvorsitzende Dr. Ralf Bethke und der damalige Finanzvorstand Dr. Volker Schäfer gingen Ende 1997 erstmals auf „Roadshow", um ihr Unternehmen finanzkräftigen Investoren vorzustellen.

Die Erwartungen für das Jahr 1997, in dem sich ein Turnaround im Kaligeschäft abzeichnete, sowie die weiteren Perspektiven waren aussichtsreich. Vorstandschef Bethke kündigte an, die Möglichkeiten in den Kerngeschäften künftig noch besser zu nutzen und gleichzeitig neue Geschäftsfelder für das Unternehmen zu suchen. Zahlreiche institutionelle Anleger zeigten sich von den Zukunftschancen des Unternehmens überzeugt und erwarben Schritt für Schritt Kali und Salz-Aktien.

Die BASF reduzierte bis Mitte Dezember 1997 ihren Aktienbesitz an Kali und Salz von 75 auf 49,5 Prozent. „Wir haben uns darauf konzentriert, die Anteile von Kali und Salz an langfristig orientierte Investoren abzugeben", erläuterte der Vorstandsvorsitzende der BASF Professor Dr. Jürgen Strube. „Kali und Salz kann jetzt neue unternehmerische Gestaltungsspielräume nutzen, um noch gezielter die Möglichkeiten im Düngemittelgeschäft auszuschöpfen und gleichzeitig auch nach neuen Aktivitäten zu suchen." Im November 1998 reduzierte BASF ihren Anteil weiter auf knapp 25 Prozent, im Verlauf des Jahres 1999 auf 15 und 2003 auf 10 Prozent. Damit befinden sich rund 90 Prozent des Aktienkapitals von K+S in Streubesitz.

Nachdem die BASF ihren Anteil an Kali und Salz Ende 1997 auf unter 50 Prozent reduziert hatte, begann eine neue Phase in der

Der Kali und Salz-Finanzvorstand Dr. Volker Schäfer (links) und der Vorstandsvorsitzende Dr. Ralf Bethke konnten den Analysten im Frühjahr 1998 erfreuliche Geschäftszahlen präsentieren.

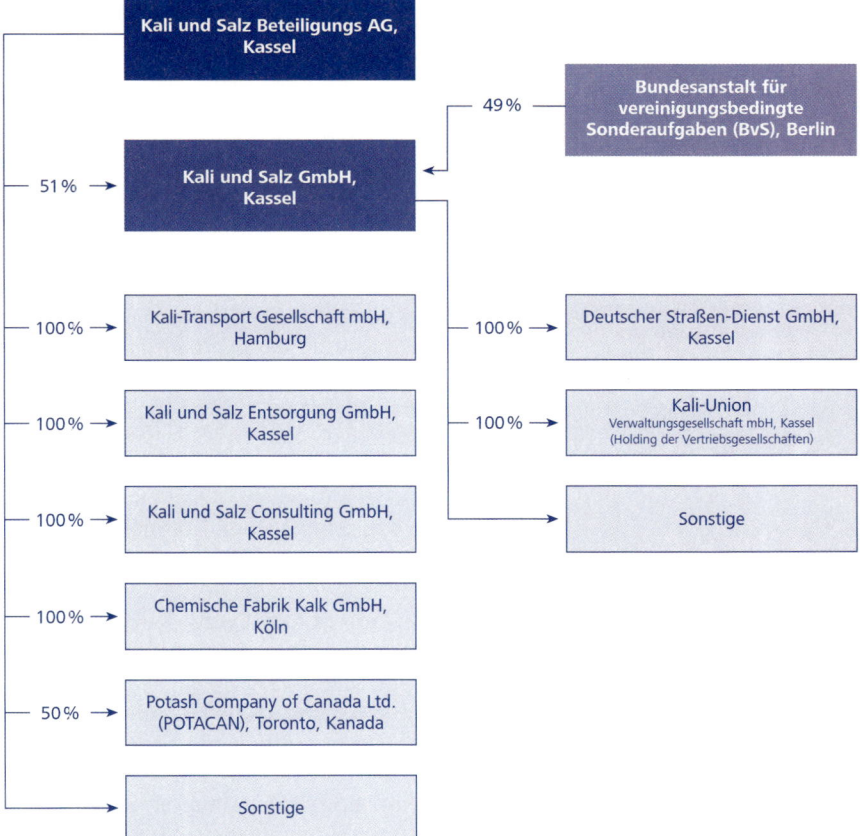

Gesellschaftsrechtliche Struktur der Kali und Salz-Gruppe (31.12.1997)

*** Maschinen / Montane *** Deutscher Aktienindex 10.10.88 Letzter Wert 128
DAX 1269.36 1281.97 1283.80 1281.97 1282.97 |+ 13.61| 26 (1269.36) +13.87
LIN 695.00 695.00 694.00 694.00 |- 1.00| 2 Frankfurter Wertpapierbörse
KHD 140.00 140.00 140.00 140.00 |+ 2.50| 1 1285
MMW 178.00 178.00 177.50 177.50 |+ 2.30| 2
THY 161.00 161.00 160.80 160.80 |+ 1.20| 2 1281
AFI 414.50 414.50 414.50 414.50 |+ 0.50| 1
DBC 168.00 168.50 168.00 168.50 |+ 1.50| 4
DBC3 160.00 160.00 160.00 160.00 |+ 2.00| 1
GHH 219.00 220.00 219.00 220.00 |+ 3.00| 2 1277 Börsenaufsicht :
GHH3 183.00 183.00 182.00 183.00 |+ 2.00| 4   Herr Zirener
IWK 235.00 236.00 235.00 236.00 |+ 2.00| 2   Herr Estelmann
KSB 190.00 190.00 190.00 190.00 |+ 1.50| 1 1273
LTY 577.00 577.00 575.00 575.00 |+ 1.50| 3   Gold (kg) : 24.2
RHM 305.00 305.00 305.00 305.00 |+ 3.00| 1   Dollar   : 1.86
RHM3 255.00 255.00 255.00 255.00 |+ 2.00| 1
CEA 184.00 184.00 184.00 184.00 |+ 5.00| 1 1269
HWK 161.00 161.00 160.50 160.50 |+ 1.30| 2 (VT)   12:00   12:30   13:00   13:
PRS 183.50 183.50 183.50 183.50 |+ 1.50| 1
REA 1260.00 1265.00 1260.00 1265.00 |+ 20.00| 1 Höchstwert 11:47 1283.80   Tiefstwert 11:41 1281.9

Blick in den Börsensaal und auf das computergesteuerte Kursanzeigesystem der Frankfurter Wertpapierbörse. Seit 1988 stellt eine Vollgrafik-Tafel den Verlauf der Börsensitzungen anhand einer Indexkurve minütlich neu dar.

Geschichte des Unternehmens: Da Kali und Salz nicht mehr mehrheitlich der BASF gehörte, legte die Gruppe für das Geschäftsjahr 1997 erstmals einen konsolidierten Konzernabschluss vor.

Nach vielen verlustreichen Jahren erwirtschaftete die Kali und Salz GmbH 1997 mit 60 Millionen Mark endlich wieder einen nennenswerten Gewinn. Die Kali und Salz-Gruppe erzielte sogar einen Überschuss von fast 134 Millionen Mark. Bereinigt um den Ergebnisanteil Dritter, der im Wesentlichen auf die 49-Prozent-Beteiligung der BvS an der Kali und Salz GmbH entfiel, betrug das Ergebnis 104 Millionen Mark.

Entscheidend aber waren die neuen Herausforderungen durch den Kapitalmarkt: Während die Konzernmutter BASF jahrelang auf Gewinne und Dividenden verzichtet hatte, war das Unternehmen neben einer Vielzahl privater Aktionäre nun stärker im Besitz institutioneller Anleger, um deren Kapital Kali und Salz mit anderen Aktiengesellschaften

konkurrierte. Vorstand und Aufsichtsrat von Kali und Salz war bewusst, dass die Investoren eine angemessene Verzinsung ihres Kapitals erwarteten und dass auch die Kali und Salz-Aktie entsprechend gepflegt werden musste. Der Vorstand des Unternehmens wertete das als „positive Herausforderung". Über Presse- und Analystenkonferenzen, Hintergrundgespräche und Roadshows pflegt das Unternehmen seither systematisch seine Kontakte zu Finanzinvestoren, institutionellen Anlegern, Privatanlegern und Wirtschaftsjournalisten. In den ersten Jahren litt das Unternehmen allerdings noch darunter, als Teil der „Old Economy" gegen das Image der Senkrechtstarter vom „Neuen Markt" um die Aufmerksamkeit des Kapitalmarktes kämpfen zu müssen. Erst als die Spekulationsblase um die überbewerteten Unternehmen der „New Economy" platzte, wandten sich die Investoren wieder „solide arbeitenden Unternehmen mit Substanz" zu, so Kali und Salz.

Der Abschluss der Privatisierung: Die Übernahme der BvS-Anteile

Ein weiterer Meilenstein auf dem Weg in die Selbstständigkeit war der Erwerb des 49-prozentigen Anteils der „Bundesanstalt für vereinigungsbedingte Sonderaufgaben" (BvS) an der gemeinsamen Tochter Kali und Salz GmbH am 22. Juli 1998. Damit war eine der wichtigsten Privatisierungen der früheren DDR-Industrie erfolgreich abgeschlossen. Für Kali und Salz war es die erste große Akquisition in einer langen Reihe noch folgender Projekte. Außerdem bedeutete der Kauf ein Bekenntnis des Unternehmens zum Kaligeschäft; für die Mitarbeiter von Kali und Salz war das eine wichtige Botschaft. Den Anteil der BvS an der Kali und Salz GmbH übernahm die Kali und Salz Beteiligungs AG nach langen und intensiven Verhandlungen rückwirkend zum 1. Januar 1998 gegen eine Barzahlung von 250 Millionen Mark. Darüber hinaus verzichtete die Kali und Salz Beteiligungs AG auf 65 Millionen Mark Verlustausgleich seitens der BvS, den die EU-Kommission 1993 genehmigt hatte. Schließlich wurde ein bei der EU-Kommission anhängiges Beihilfeverfahren zum Ausgleich aufgelaufener Verluste beendet, mit dem weitere Zahlungen der BvS von rund 70 Millionen Mark verbunden gewesen wären. Insgesamt ergab sich dadurch ein rechnerischer Kaufpreis von mehr als 380 Millionen Mark. „Damit war die Kalifusion letztlich vergleichsweise preiswert für den deutschen Steuerzahler", erläutert Vorstandschef Dr. Ralf Bethke. „Für rund 670 Millionen Mark – 1,05 Milliarden Mark Zuschuss minus 380 Millionen Mark Kaufpreis – wurden mehr als 3.000 Arbeitsplätze in den neuen Bundesländern nachhaltig gesichert."

oben links Dr. Klaus Schucht (links), der für die Treuhand die Privatisierung der ostdeutschen Kaliindustrie verantwortete, im Gespräch mit dem Kali und Salz-Vorstandsvorsitzenden Dr. Ralf Bethke (rechts) anlässlich eines Besuches im Kaliwerk Zielitz (1998).

oben rechts Rudolf Bohn, Mitglied des Vorstandes der Bundesanstalt für vereinigungsbedingte Sonderaufgaben (BvS), war wichtigster Verhandlungspartner für Kali und Salz beim Erwerb des 49-Prozent-Anteils.

unten Ein moderner Fahrlader im Einsatz: Mit ihm wird das losgesprengte Rohsalz im Grubenbetrieb zu Brecherstation und Bandanlagen transportiert.

WACHSTUM DURCH DEN KAUF VON COMPO UND FERTIVA

Die Suche nach Erweiterung

Der Kauf des BvS-Anteils an der Kali und Salz GmbH war nur der Anfang der Neuausrichtung des Unternehmens. Vorstand und Aufsichtsrat wussten, dass das angestrebte Wachstum nicht allein auf den klassischen Geschäftsfeldern zu erreichen war. Ihre anspruchsvollen Wachstumsziele konnte Kali und Salz nur durch Unternehmenskäufe realisieren, mit denen sie zudem ihr „Portfolio robuster gestalten" wollte.

In einer „Findungsphase", die etwa ein Jahr dauerte, analysierten Vorstand und Aufsichtsrat 1998 und 1999 zahlreiche Unternehmen und Geschäftsfelder, die zum Verkauf angeboten wurden. Sie prüften sowohl Wege, die bestehenden klassischen Geschäftsfelder zu erweitern und neue Synergien zu erschließen,

als auch den Einstieg in völlig neue Geschäftsfelder. Kali und Salz beschäftigte sich damals mit sehr vielen unterschiedlichen Branchen.

Der Vorstand suchte nach Unternehmen, die das eigene Portfolio sinnvoll ergänzen, vertiefen und verbreitern konnten. Da Kali und Salz über zahlreiche verschiedene Kompetenzen verfügte, gab es die unterschiedlichsten Anknüpfungspunkte: Denkbar war beispielsweise ein Ausbau des Bereichs „Salz", um Marktführer in Europa zu werden. Vorstellbar war aber auch eine Ergänzung des Entsorgungsgeschäfts oder eine Verlängerung der Wertschöpfungskette. Eine weitere Möglichkeit war die Suche nach neuen Kali- oder Salzlagerstätten. Denkbar war auch die Verstärkung des Bereichs

Mitglieder des Vorstands und des Aufsichtsrats auf der Hauptversammlung der Kali und Salz Beteiligungs AG im Jahr 1999 (vorne v.l.n.r.): Axel Hollstein (Produktion), Norbert Steiner (damals Chefjurist), Gerhard R. Wolf (Aufsichtsratsvorsitzender) und Dr. Ralf Bethke (Vorstandsvorsitzender)

Aus „Kali und Salz" wird „K+S"

der Spezialprodukte durch gezielte Zukäufe. Ein Ziel war es, Kali und Salz noch stärker als bisher zu einem international agierenden Unternehmen zu entwickeln. Es gab aber noch weitere Kompetenzen, an die das Unternehmen bei Akquisitionen anknüpfen konnte: Weitere Bergbauaktivitäten oder Logistikprojekte waren ebenso im Gespräch wie eine Übertragung des vorhandenen technischen Know-hows (etwa beim ESTA-Verfahren) auf weitere Produktionen. Allerdings hielt keines dieser Projekte in anderen Branchen den Maßstäben von Kali und Salz stand. Immerhin bereicherte der Blick „über den Tellerrand" das Know-how von Kali und Salz bei Akquisitionen.

Durch die angestrebte Erweiterung des Geschäfts über die „klassischen" Bereiche Kali und Salz hinaus war der alte Name „Kali und Salz" zu eng geworden. Daher beschloss die Hauptversammlung im Mai 1999 als Konsequenz aus der Neuausrichtung des Unternehmens die Namensänderung von Kali und Salz Beteiligungs AG in „K+S Aktiengesellschaft". Aus der Abkürzung, die das Unternehmen bereits seit 1971 genutzt hatte, wurde nun ein Firmenname, der die angestrebte Verbreiterung des Portfolios über die bisherigen Kali- und Salzaktivitäten hinaus dokumentieren sollte. Ziel war es, „die Gesellschaft prägnanter nach außen und innen darzustellen, ohne das positive Image des bisherigen Firmennamens aufzugeben."

Der Kauf von COMPO

Schließlich wurde die neue „K+S" im Jahr 1999 dort fündig, wo es am naheliegendsten war: bei der BASF und ihrem Düngemittelgeschäft. Während sich die BASF noch stärker auf ihr Kerngeschäft konzentrieren und sich nach dem Kali- und Steinsalzbergbau auch von der Düngersparte trennen wollte, war es ein Ziel von K+S, ihre Düngerkompetenz auszubauen. Dieses Geschäft hatte für beide Seiten Vorteile: Die Düngersorten der BASF passten hervorragend zur Kali und Magnesium-Produktpalette der K+S und die BASF fand in K+S einen Käufer, den sie kannte und dessen Kompetenzen sie gut einschätzen konnte.

Das Interesse von K+S galt besonders der COMPO, einem Tochterunternehmen der BASF. COMPO war und ist ein wichtiger Anbieter von Blumenerden, Düngern, Pflanzenpflege- und Pflanzenschutzprodukten für Haus, Garten und den professionellen Anwender. K+S sah die Chance, stärker als mit den Kali- oder Magnesiumdüngern in das Endverbrauchergeschäft einzusteigen, denn das COMPO-Portfolio richtete sich – neben

Die COMPO unter dem Dach der BASF (1976–1999)

Zur BASF kam die COMPO durch Salzdetfurth und Wintershall, die in den Jahren 1967 und 1971 jeweils 50 Prozent an COMPO erworben hatten. Die Anteile der Salzdetfurth wurden seit 1972 von der Kali und Salz AG gehalten. Nachdem die BASF 1976 die COMPO-Anteile der Wintershall übernommen hatte, gingen die COMPO sowie die Guano-Werke AG (Standorte Krefeld und Nordenham) im Zuge einer Restrukturierung 1986 komplett auf BASF über (siehe Kapitel 5, Seite 218). Der BASF-Konzern kaufte damals 50 Prozent der COMPO von Kali und Salz und nahm COMPO damit vollständig in seinen Besitz. Damals hatte COMPO 236 Mitarbeiter und erzielte einen Umsatz von 145 Millionen Mark. COMPO war von den Erschütterungen am Düngermarkt weniger als andere Unternehmen betroffen und behauptete

sich während der gesamten BASF-Zeit trotz harter Konkurrenz in ihren Märkten. Vor allem der „Consumerbereich" erwies sich als relativ krisenfest. Die BASF investierte große Summen in die Entwicklung innovativer Düngemittel und Pflanzenschutzprodukte.

Bereits 1984 hatte COMPO den Vertrieb ihres Consumersortiments in Spanien aufgenommen; 1987 trat das Unternehmen erstmals am französischen Markt auf. Aus einer Akquisition entstand 1988 die „BASF Horticulture et Jardin" (BHJ) in Paris, seit 2004 „COMPO France". 1990 entwickelte COMPO ein europäisches Werbekonzept und lieferte erstmals an Handelsgenossenschaften in Osteuropa. Mit Beginn des europäischen Binnenmarktes fasste die BASF 1993 ihr internationales Geschäft mit Spezialprodukten für Haus und Garten unter

dem Dach von COMPO in Münster-Handorf zusammen. Als „Schwerpunktländer" betrachtete die BASF damals Deutschland, Frankreich, Spanien und Italien. Bereits 1994 arbeiteten von den 500 Mitarbeitern der COMPO nur noch 240 in Deutschland; 60 Prozent des Umsatzes von rund 400 Millionen Mark wurden im Ausland erwirtschaftet. Um ihre Aktivitäten in Belgien zu bündeln, gründete COMPO 1996 die „COMPO Benelux" in Deinze. Die Strategie der BASF zielte darauf ab, „den Sortimentsanteil der Spezialdünger mit höherer Wertschöpfung zu vergrößern" (1998). Im Zuge der Konzentration auf ihr Kerngeschäft entschloss sich die BASF im Jahr 1999 zum Verkauf der COMPO.

Landwirten und landwirtschaftlichen Handelsketten – auch an Konsumenten, die einen Garten oder Balkon besaßen. COMPO verfügte über eine robuste, von Marktschwankungen im traditionellen Agrarbereich weitgehend ungefährdete Produktpalette, die das zyklische Auf und Ab im Kali- und witterungsbedingte Schwankungen im Auftausalzgeschäft ausgleichen konnte. Denn milde Winter, in denen wenig Auftausalz benötigt wurde, bedeuteten einen früheren Start der Garten-Saison und damit des COMPO-Geschäfts. Dagegen senkten kalte Winter zwar den Umsatz mit COMPO-Produkten, sorgten aber für ein gutes Geschäft mit Auftausalzen. K+S konnte also nur gewinnen.

COMPO gehörte seit 1986 vollständig zur BASF (siehe Kasten). Neben dem Firmensitz in Handorf bei Münster verfügte die COMPO über diverse in- und ausländische Tochtergesellschaften und Produktionsstätten. 1998 erwirtschaftete die COMPO einen Umsatz von rund 600 Millionen Mark (etwa 300 Millionen Euro). Die Angebotspalette reichte von Blumenerden und Pflegeprodukten für den Garten über Rasen- und Gartendünger bis hin zu Pflanzenschutzmitteln und Produkten für den Landschafts- und Erwerbsgartenbau sowie für Spezialkulturen, wie Obstplantagen oder Baumschulen. In zahlreichen Marktsegmenten hatte COMPO eine führende Position in Westeuropa. Sehr erfolgreich etablierte sich der exklusiv von COMPO verkaufte neue Dünger „ENTEC" im Markt.

ENTEC – Wachstum durch Innovation

„ENTEC" kam 1999 auf den Markt und entwickelte sich im Profibereich der COMPO-Produkte schnell zu einem Verkaufsschlager. Das Besondere an den ENTEC-Düngern ist die höhere Stickstoffeffizienz, die durch den Ammonium-stabilisator DMPP erzielt wird. Dieser verzögert die Umwandlung von Ammonium zu auswaschungsgefährdetem Nitrat, abhängig von der Bodentemperatur und -feuchte. Indem die Auswaschung aus dem Boden verlangsamt wird, steht der Pflanze von dem gedüngten Stickstoff effektiv mehr zur Verfügung, und die Düngerwirkung hält länger an. Damit wird der Stickstoff optimal genutzt.

links Die Produktinnovation ENTEC wird auch auf Feldtagen und Messen vorgestellt.

rechts COMPO SANA Blumenerde ist für jeden Blumen- und Pflanzenfreund eine bekannte Marke.

Der Kauf des Felddüngergeschäfts der BASF

oben Im Dezember 1999 besiegelten der Vorstandsvorsitzende der K+S AG, Dr. Ralf Bethke (Mitte), und das für Pflanzenschutz zuständige BASF-Vorstandsmitglied Eggert Voscherau (2.v.l.) den Verkauf der COMPO und des BASF-Felddüngergeschäftes an K+S. Mit im Bild: Dr. Volker Schäfer (links) und Axel Hollstein (rechts) vom K+S-Vorstand sowie der Leiter des Bereichs Düngemittel der BASF, Dr. Andreas Kreimeyer (2.v.r.)

Die BASF wollte ihr Tochterunternehmen COMPO allerdings nicht allein verkaufen, sondern zusammen mit ihrem gesamten Stickstoff-Felddüngergeschäft, das 1998 ein Umsatzvolumen von mehr als einer Milliarde Mark (600 Millionen Euro) umfasste. Nach einem starken Rückgang des Düngergeschäfts im Jahr 1995 war das Ergebnis im Bereich Felddünger jahrelang unbefriedigend. Zu diesem Geschäftsbereich gehörten stickstoffhaltige Mehrnährstoffdünger, Stickstoffeinzeldünger und Am-

monsulfat. Die in der Branche führende BASF-Marke mit einem auch weltweit sehr hohen Bekanntheitsgrad war und ist „Nitrophoska". Die Düngemittel-Produktionsstandorte der BASF liegen sowohl für das Europa- als auch für das Überseegeschäft der K+S logistisch günstig. Seit Erfindung des Haber-Bosch-Verfahrens (siehe Kapitel 3, Seite 77) produzierte die BASF Düngemittel. Aufgrund ihrer Verbundstrukturen an den Standorten Ludwigshafen und Antwerpen – bei Stickstoff und anderen chemischen „Stammbäumen" – war und ist die BASF an der Düngemittelproduktion interessiert.

Für K+S eröffneten sich aus den Verkaufsplänen der BASF neue Chancen zur Abrundung ihres Düngemittelportfolios. Die Produktionsanlagen für Stickstoff sollten bei BASF verbleiben, während K+S exklusiv das Marketing und den Vertrieb der Felddünger sowie die Produktentwicklung und die Verantwortung für die Produktionssteuerung übernehmen sollte.

Ende Dezember 1999 wurden die Verhandlungen abgeschlossen. K+S übernahm die COMPO sowie Marketing und Vertrieb der Felddünger zu einem Kaufpreis von 420 Millionen Mark (215 Millionen Euro). Das Umsatzvolumen der erworbenen Aktivitäten belief sich auf 1,7 Milliarden Mark (0,9 Milliarden Euro). K+S stieg damit zum zweitgrößten Anbieter von Düngemitteln in Europa auf. Durch die Übernahme von Marketing und weltweitem Vertrieb der BASF-Felddünger eröffnete sich K+S außerdem in Verbindung mit dem bisherigen Kaligeschäft vielfältige regionale und logistische Synergien, die sich vorteilhaft auf das gesamte Düngemittelgeschäft in der K+S Gruppe auswirken sollten.

Bestandteile des Verkaufspakets waren neben dem Felddüngergeschäft und der COMPO in Münster zwei Produktionsstandorte: die „Torf- und Humuswerk Uchte GmbH" sowie das ehemalige Düngerwerk der Guano-Werke AG in Krefeld, das sich anders als die BASF-Werke in Antwerpen und Ludwigshafen auch für die Herstellung kleinerer Produktionsmengen eignet. Mit Ammoniak von BASF, Kali von K+S und zugekauftem Phosphat stellt das Krefelder Werk zahlreiche NPK- und Spezialdünger für COMPO und auch das Felddüngergeschäft der fertiva her.

Die erworbenen Firmen und Standorte entwickelte K+S in den folgenden Jahren in enger Kooperation mit BASF zu einem wichtigen Standbein der K+S Gruppe weiter. Marketing und Vertrieb des ehemaligen BASF-Felddüngergeschäfts wurden in einem eigenständigen Tochterunternehmen unter dem Dach der K+S zusammengefasst. Was noch fehlte, war ein sprechender Name, der Aufbruchstimmung und Optimismus vermittelte. Am Unternehmensstandort Limburgerhof fand man eine elegante Lösung: Aus den beiden Worten „fertilizer" (Dünger) und „viva" (Leben) entwickelte K+S für das neue Tochterunternehmen den Namen „fertiva GmbH". Die fertiva nahm zum Jahresanfang 2000 ihre Arbeit auf. Mit den beiden neuen Geschäftsbereichen COMPO und fertiva kamen insgesamt rund 850 Mitarbeiter zur K+S Gruppe.

Nach der Übernahme von COMPO und fertiva nutzte K+S verstärkt die engen und vielfältigen Verbindungen der beiden Unternehmen zur BASF. Bis heute ist das Kali- und Düngemittelgeschäft von K+S/COMPO/fertiva partnerschaftlich mit der BASF vertraglich verbunden: K+S liefert Kali- und Magnesiumprodukte an die BASF, die in ihren Werken Ludwigshafen, Antwerpen und Pec-Rhin in Ottmarsheim (Frankreich) Vorprodukte und Spezialitäten für COMPO sowie Felddünger für fertiva produziert. Das Phosphat kauft BASF insbesondere in Russland (Kola-Phosphat) und Marokko, darüber hinaus in weiteren Ländern Nordafrikas und des Nahen Ostens. Der größte Teil der Düngemittel von fertiva und COMPO werden in den komplexen und kostengünstigen Verbundstrukturen der BASF-Standorte produziert. Die Produktion der Dünger wird von den K+S-Töchtern gemeinsam mit der BASF geplant, gesteuert und finanziert. Größere Investitionen

waren in den vergangenen Jahren die Erweiterung der NPK-Anlage in Antwerpen sowie der Bau von Lagertanks und Inhibierungsanlagen in Antwerpen und Ludwigshafen. Dafür nutzten die K+S-Töchter fertiva und COMPO das Know-how der BASF. Im Juni 2004 vereinbarten K+S und BASF in einer Partnerschaftserklärung, ihre langfristige Zusammenarbeit im Düngemittelgeschäft auch über das Jahr 2014 hinweg fortzusetzen.

Nicht nur in der Produktion, auch in der Forschung arbeitet K+S eng mit der BASF zusammen. „Kein anderes Düngemittelunternehmen auf der Welt hat einen ähnlichen Forschungsvertrag mit einem solch innovativen Chemiekonzern", erläutert Vorstandsvorsitzender Dr. Bethke. Im Auftrag von COMPO und fertiva erforscht die BASF in ihrem „Agrarzentrum Limburgerhof" bei Ludwigshafen die optimale Pflanzendüngung. Eines der Ergebnisse dieser Forschung ist der COMPO-Spezialdünger „ENTEC" (siehe Kasten, Seite 285).

oben fertiva-Geschäftsführer Joachim Felker (rechts) und fertiva-Vertriebsleiter Wolfgang Jung (links) präsentieren im Jahr 2000 am BASF-Agrarzentrum Limburgerhof bei Ludwigshafen das neue Firmenschild der fertiva GmbH. Joachim Felker wurde 2003 zum Mitglied der Geschäftsführung der K+S KALI GmbH und im Oktober 2005 zum Mitglied des Vorstands der K+S AG berufen.

linke Seite unten Mit der COMPO übernahm K+S von der BASF auch das Torf- und Humuswerk in Uchte; im Bild Einsatz eines Laders beim Umschlag von Rohtorf

Vernetzte Strukturen – neue Chancen

Nach dem Kauf von COMPO und der Gründung der fertiva musste die Organisation der K+S Gruppe an die neuen Gegebenheiten angepasst werden. 2001 wurde die bisherige funktionale Organisationsstruktur des Unternehmens durch eine an den sechs Geschäftsbereichen (Kali- und Magnesiumprodukte, COMPO, fertiva, Salz, Entsorgung und Recycling, Dienstleistungen und Handel) orientierte Organisation abgelöst. Die Geschäftsbereiche agieren seitdem als weitgehend eigenständige Unternehmen unter dem Dach einer Holding, in der die zentralen und unterstützenden Funktionen angesiedelt sind.

Durch die enge Vernetzung der Geschäftsbereiche will K+S das Know-how und die Ressourcen noch stärker nutzen. Dieses Modell vielfältig miteinander vernetzter Geschäftsbereiche, die durch die Service- und Supportfunktionen der zentralen Holding unterstützt werden, ermöglicht eine effektive

und kostengünstige Nutzung von Synergien in den Geschäftsprozessen. Die Kunden profitieren davon durch ein attraktives Produktangebot sowie zusätzliche Beratungs- und Serviceleistungen. Synergien entstehen auch in der Produktion: durch den gemeinsamen Einkauf von Logistik-Leistungen und eine kombinierte Verladung, die gemeinsame, zentral gesteuerte Forschung und Entwicklung, die gemeinsame Nutzung von Produktionsanlagen zur optimalen Auslastung der Kapazitäten (COMPO, fertiva), identisches Bergbau- und Produktions-Know-how (Kali, Salz), die Weiternutzung untertägiger Hohlräume aus dem Kali- und Steinsalzbergbau für Entsorgungsaktivitäten. Auch das Know-how für den Verkauf von Spezialitäten und Standard-Düngemitteln der drei Geschäftsbereiche Kali- und Magnesiumprodukte, fertiva und COMPO weist viele Gemeinsamkeiten auf. Die Vermarktung der Dünger erfolgt über vergleichbare Handels-

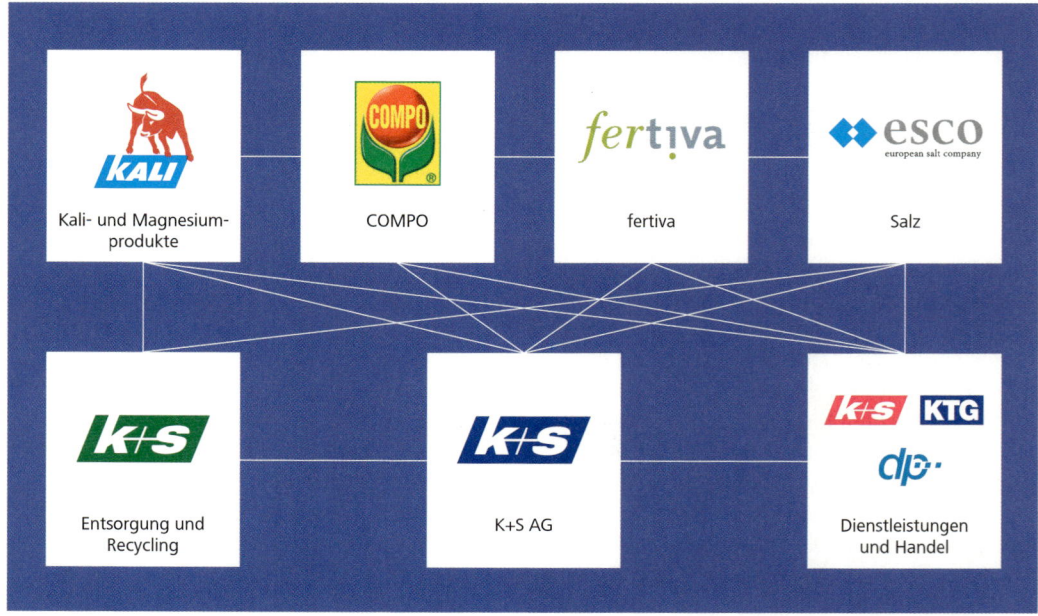

Die K+S-Geschäftsbereiche sind eng miteinander vernetzt.

stufen und verlangt eine ähnliche Kenntnis der Märkte, Produkte und Kunden. Deshalb erfolgt der Vertrieb zum Teil über gemeinsame Gesellschaften oder Vertriebsplattformen. Gute Beispiele dafür sind die „K+S Asia Pacific" in Singapur, die „COMPO Agricultura" in Spanien und die „K+S Polska" in Polen, in denen die Vertriebsaktivitäten der Geschäftsbereiche Kali- und Magnesiumprodukte, COMPO sowie fertiva gebündelt sind, um Synergien in Vertrieb und Logistik zu nutzen. Schließlich treten die drei Geschäftsbereiche gemeinsam auf Messen auf, um den Kunden die Produktvielfalt im Dünge-

mittelgeschäft aufzuzeigen. Auch die Anwendungsberatung für die Landwirtschaft und den Handel wird in diese koordinierte Vorgehensweise eingebunden. Unterstützt wird das operative und strategische Zusammenwirken durch ein konzernweites Wissensmanagement. K+S kombiniert die „bewährten Tugenden" des Bergbauunternehmens – etwa gegenseitige Rücksichtnahme und Verlässlichkeit – mit neuen Ressourcen, neuen Mitarbeitern und neuem Know-how und wird dies künftig weiter intensivieren.

Auf den DLG-Felddüngertagen im Jahr 2000 traten die drei Geschäftsbereiche Kali- und Magnesiumprodukte, COMPO und fertiva erstmals gemeinsam auf.

Neue strategische Handlungsmöglichkeiten

Die Übernahme von COMPO und die Gründung der fertiva markieren einen „Quantensprung" in der Weiterentwicklung des Unternehmens. Als erster Höhepunkt der Geschichte der „neuen" K+S steht sie am Beginn eines fundamentalen Veränderungsprozesses mit neuen strategischen Handlungsmöglichkeiten: „Mit diesen Akquisitionen erweiterte K+S ihre Aktivitäten in idealer Weise. Die Transaktion stärkte die Zukunftsfähigkeit der K+S Gruppe und war ein Meilenstein für die künftige Entwicklungsperspektive und Ertragskraft des Unternehmens."

Der Umsatz von K+S verdoppelte sich mit der Übernahme nahezu von 2,3 Milliarden Mark (1,2 Mrd. Euro) im Jahr 1999 auf 4,1 Milliarden Mark (2,1 Mrd. Euro) im Jahr 2000. Durch den Kauf stieg K+S zum zweitgrößten Anbieter von Düngemitteln in Europa auf und wurde zum kompletten „Systemanbieter im

Düngemittelmarkt" mit Kali-, Magnesium-, Stickstoff- und NPK-Düngern. Die Unternehmen COMPO und fertiva passten gut zur neuen Wachstums- und Spezialitätenstrategie von K+S, die durch den Kauf gleich mehrere Märkte und Geschäftsgebiete hinzugewann. Diese ergänzten regional und durch ihr Produktspektrum das klassische Kaligeschäft und verlängerten die Wertschöpfungskette des Unternehmens bis zum Endverbraucher. Damit sollte K+S widerstandsfähiger gegenüber wechselnden externen Einflüssen werden. K+S erschloss sich „wachstumsstarke Spezialdüngersegmente mit einem hohen, nachhaltigen Ertragspotenzial". Außerdem entstanden durch die Übernahme von COMPO und fertiva zahlreiche Synergieeffekte. Eine Aufbruchstimmung erfasste das ganze Unternehmen.

Umsatzstruktur der K+S Gruppe 1999 (Angaben in Prozent)

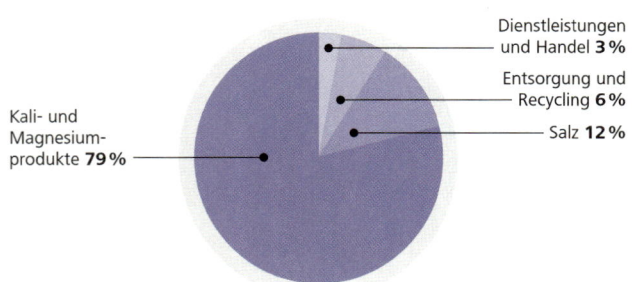

Kali- und Magnesiumprodukte **79%**

Dienstleistungen und Handel **3%**

Entsorgung und Recycling **6%**

Salz **12%**

Umsatz gesamt: 2,3 Mrd. DM (1,2 Mrd. Euro)

Umsatzstruktur der K+S Gruppe 2000 (Angaben in Prozent)

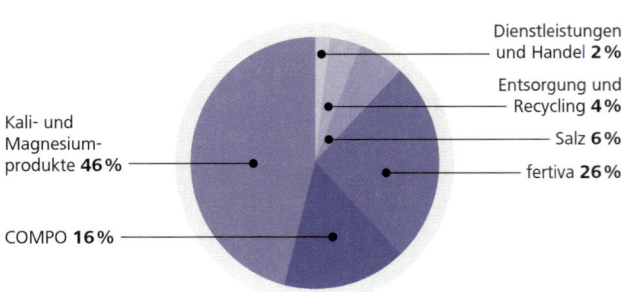

Kali- und Magnesiumprodukte **46%**

COMPO **16%**

Dienstleistungen und Handel **2%**

Entsorgung und Recycling **4%**

Salz **6%**

fertiva **26%**

Umsatz gesamt: 4,1 Mrd. DM (2,1 Mrd. Euro)

WACHSTUM IM GESCHÄFTSFELD „DÜNGEMITTEL UND PFLANZENPFLEGE"

Der Ausbau des Geschäftsbereichs Kali- und Magnesiumprodukte

Der Geschäftsbereich Kali- und Magnesiumprodukte ist seit Oktober 2001 in der „K+S KALI GmbH" organisiert. Dazu waren die operativen Arbeitsgebiete Kali- und Magnesiumprodukte sowie Salz aus der Kali und Salz GmbH ausgegliedert und in zwei eigenständige Gesellschaften eingebracht worden. Anschließend wurde die Kali und Salz GmbH auf die K+S Aktiengesellschaft verschmolzen.

Die K+S KALI GmbH gewinnt in den sechs deutschen Bergwerken Hattorf, Wintershall, Unterbreizbach, Neuhof-Ellers, Sigmundshall sowie Zielitz Kali- und Magnesiumrohsalze. Die darin enthaltenen Elemente Kalium, Magnesium und Schwefel (als Sulfat) werden anschließend zu hochwertigen Mineraldüngern verarbeitet. Weltweit setzen Landwirte die Mineraldünger von K+S zur Steigerung der landwirtschaftlichen Produktion ein. Außerdem werden die Rohsalze zu Vorprodukten für technische, gewerbliche und pharmazeutische Anwendungen weiterverarbeitet. Rund die Hälfte des Umsatzes von insgesamt 1,2 Milliarden Euro (2005) erzielt der Geschäftsbereich mit dem „Klassiker" Kaliumchlorid. Die Düngemittelspezialitäten machen heute gut ein Drittel des Umsatzes aus, Industrieprodukte etwa 15 Prozent.

oben Blick auf das Kaliwerk Zielitz in Sachsen-Anhalt

unten Düngemittelspezialitäten von K+S: EPSO Microtop wird zur Blattdüngung mit den Nährstoffen Magnesium und Schwefel sowie zusätzlich Bor und Mangan eingesetzt.

Orangen und Wein gehören zu den chloridempfindlichen Pflanzenkulturen, die K+S-Spezialitäten wie Kieserit oder Kaliumsulfat benötigen.

Mit einem Anteil von 12 Prozent am Weltmarkt ist die K+S Gruppe heute weltweit viertgrößter Hersteller von Kaliprodukten. In Europa ist K+S mit großem Abstand führend. Bei den sulfathaltigen (Schwefel in für Pflanzen verfügbarer Form) Düngemittelspezialitäten Kalium- und Magnesiumsulfat nimmt K+S weltweit die Spitzenposition ein. K+S bietet ihren Kunden aufgrund der vielfältigen Zusammensetzung ihrer Rohsalze eine breitere Palette an Mineraldüngemitteln als jeder andere Kaliproduzent der Welt. Während die übrigen Kaliproduzenten fast ausschließlich das Standardprodukt „60er Kali" anbieten, stellt K+S gefragte Spezialitäten wie Korn-Kali, Kieserit, Kaliumsulfat oder Patentkali her, die für Spezialkulturen mit einem erhöhten Magnesium- und Schwefelbedarf (Raps, Kartoffeln oder Zuckerrüben) oder für chloridempfindliche Kulturen (Zitrusfrüchte, Wein, Gemüse, Tabak) benötigt werden.

Um diese Stärke im Angebot von Spezialitäten konsequent auszubauen, wurde im Jahr 2001 im Kaliwerk Sigmundshall die Produktionskapazität für Kieserit erweitert. Auf der Suche nach weiteren wirtschaftlich abbaubaren Rohsalzvorkommen hatte K+S seit 1997 das bekannte, bisher nicht genutzte, aber sehr wertstoffreiche Hartsalzlager des Salzstocks Bokeloh geprüft, dessen Vorräte für etwa 20 Jahre reichen werden. Allerdings fehlte eine Fabrik zur Herstellung des Kieserits aus dem Hartsalz. 1999 begann K+S daher mit dem Bau einer neuen Produktionsanlage, die im September 2001 in Betrieb genommen werden konnte. Das Investitionsvolumen belief sich auf 42 Millionen Euro. Die neue Fabrik, die das Rohsalz nach dem elektrostatischen Trennverfahren (ESTA) verarbeitet, verfügt über eine Jahreskapazität von rund 300.000 Tonnen Kieserit und erhöht damit die Gesamtkapazität des Werks Sigmundshall auf mehr als eine Million Tonnen im Jahr – 80 Prozent mehr als 1993. Damit stärkt das Werk die Stellung von K+S als führender Anbieter von magnesium- und sulfathaltigen Spezialdüngern in Europa und Übersee.

Geschäftsbereich Kali- und Magnesiumprodukte

Hauptprodukte und Anwendungsbereiche
Kaliumchlorid
60er Kali	Universell einsetzbar in allen chloridunempfindlichen Kulturen

Düngemittel-Spezialitäten
(Kali, Magnesium, Natrium, Schwefel)
Korn-Kali	Spezielle Nährstoffkombination für nahezu alle Pflanzenkulturen
Magnesia-Kainit	Grünland und Feldfutterbau
Patentkali	Chloridempfindliche Kulturen (z.B. Kartoffeln, Obst, Gemüse)
Kaliumsulfat	Chloridempfindliche Kulturen (z.B. Obst, Gemüse, Tabak)
ESTA Kieserit	Magnesium- und Schwefeldüngemittel für alle Kulturen
Epso Top (Bittersalz)	Blattdüngung, Flüssigdüngung, Fertigation
Thomaskali	Düngemittel für phosphat- und kalibedürftige Kulturen mit Bodenstruktur wirksamen Kalk

Industrieprodukte
Kaliumchlorid ca. 99 % KCl	Chemische Industrie (z.B. Elektrolyse)
Hochreine Salze	Pharma- und Lebensmittelindustrie
Kaliumsulfat ab 95 % K_2SO_4	Baustoffindustrie, sonstige industrielle Anwendungen
Magnesiumchlorid/-sulfat	Zellstoff-, Waschmittel-, und Kunststoffindustrie, Pharmaindustrie, Düngemittelindustrie, Auftaumittel

oben Die Farbgebung des neu errichteten Hartsalzspeichers (Eurosilo, im Bild links) im Kaliwerk Sigmundshall symbolisiert die typischen Schichtungen im Kali- und Steinsalzbergbau.

unten Zur Nutzung des wertstoffreichen Hartsalzlagers des Salzstocks Bokeloh errichtete K+S auf dem Werk Sigmundshall eine neue Kieserit-Fabrik, die am 21. September 2001 in Betrieb ging. Den Grundstein legten der niedersächsische Finanzminister Heinrich Aller (links), der K+S-Vorstandsvorsitzende Dr. Ralf Bethke (rechts) und Werkleiter Dr. Ralf Diekmann.

Der thüringische Ministerpräsident Dieter Althaus (3.v.l.) besichtigte im November 2004 den Standort Unterbreizbach des Werkes Werra. Auf seinem Rundgang wurde er u.a. begleitet von den K+S-Vorstandsmitgliedern Norbert Steiner (rechts) und Gerd Grimmig (2.v.l.) sowie dem Produktionsleiter des Standortes Unterbreizbach, Jürgen Fuß (links).

Das „Sylvinitprojekt" an der Werra

Ein zweites Großprojekt der vergangenen Jahre zur Stärkung der internationalen Wettbewerbsfähigkeit des Verbundwerks Werra und damit des ganzen Unternehmens war das 2002 begonnene „Sylvinitprojekt". Im südöstlichen Teil der thüringischen Grube Unterbreizbach wurde ein neuer Lagerstättenteil erschlossen. Das hier gewonnene hochwertige sylvinitische Rohsalz wird in Unterbreizbach und der Fabrik Wintershall (Hessen) des Werks Werra verarbeitet. Die Vorräte des neuen Lagerstättenteils umfassen etwa 53 Millionen Tonnen Sylvinit mit dem hohen K_2O-Gehalt von rund 27 Prozent. Sie sollen die Produktion der beiden Standorte langfristig sichern.

Ausgangspunkt des Sylvinitprojekts war die Abbauplanung der Grube Hattorf-Wintershall. Untersuchungen zu Beginn des Jahres 2000 hatten gezeigt, dass der abnehmende Wertstoffgehalt im Rohsalz besonders der Wintershaller Lagerstätten zum Rückgang der Produktion und zu steigenden Kosten am Standort Wintershall führen würde. Gleichzeitig gab es am Standort Unterbreizbach eine hochprozentige Sylvinitlagerstätte, deren Potenzial in der dortigen Fabrik nicht vollständig genutzt werden konnte. K+S prüfte deshalb Varianten zur standortübergreifenden Optimierung der Rohsalzgewinnung und -verarbeitung unter Kosten- und Umwelt-Gesichtspunkten. Ziel des Sylvinitprojekts war es, alle Fabriken des Verbundwerks Werra mit möglichst hochwertigen Rohsalzen zu versorgen, um dadurch eine optimale Auslastung zu gewährleisten und die Produktionskapazität nachhaltig zu steigern. Gleichzeitig wollte K+S auf diese Weise ihr Angebot an erlösstarken Spezialprodukten sichern und die Lebensdauer aller Standorte im Werra-Revier aufeinander abstimmen.

Die Lösung, die schließlich gefunden wurde, bestand im Kern darin, ab Januar 2005 jährlich 1,5 Millionen Tonnen hochwertiges Sylvinit aus Unterbreizbach unter Tage nach Wintershall zu transportieren und in der dorti-

Im Rahmen des Sylvinitprojekts wurden in Unterbreizbach drei Großbunker für insgesamt 25.000 Tonnen Rohsalz errichtet; im Bild: Blick von unten in einen noch nicht fertig gestellten Bunkerbereich

gen Fabrik zu verarbeiten. Auf diese Weise wird der K_2O-Gehalt der in Wintershall verarbeiteten Rohsalze verbessert und – bei geringerer Rohsalzmenge – die Kapazität des Werkes Werra um etwa 250.000 Jahrestonnen Kaliprodukte gesteigert. Gleichzeitig muss weniger Rückstand aufgehaldet werden und die Abwassermenge wird reduziert. Der Standort Unterbreizbach wird unabhängig davon optimal mit Rohsalz versorgt und voll ausgelastet. Die Belegschaft der Grube wurde für den Abbau der Lagerstätte um Mitarbeiter aus dem Grubenbetrieb Hattorf-Wintershall aufgestockt.

Um diesen untertägigen Rohsalztransport über 27 Kilometer vom Grubenfeld Unter-

breizbach zum Schacht Grimberg in Heringen zu ermöglichen, musste K+S in kurzer Zeit die Infrastruktur deutlich ausbauen: 18 Kilometer Strecken wurden neu aufgefahren oder hergerichtet. Um den erhöhten Frischluftbedarf zu decken, richtete K+S einen Wetter-Verbund mit dem Grubenfeld Merkers ein und installierte dort einen zusätzlichen Grubenlüfter. Vier Bunkeranlagen gewährleisten die zeitgerechte Versorgung der Fabriken mit den verschiedenen Rohsalzen. Die Projektkosten, vor allem für die stationären und maschinellen Einrichtungen der Gruben, beliefen sich insgesamt auf fast 40 Millionen Euro.

Journalisten besichtigten im November 2003 im thüringischen Unterbreizbach 800 Meter unter Tage die Förderanlagen für den bevorstehenden Abbau der neuen Kalilagerstätte im hessisch-thüringischen Kalirevier.

Die Fläche der Grubenfelder des Verbundwerks Werra entspricht nahezu der
Größe des Stadtgebietes von München
einschließlich aller Vororte.

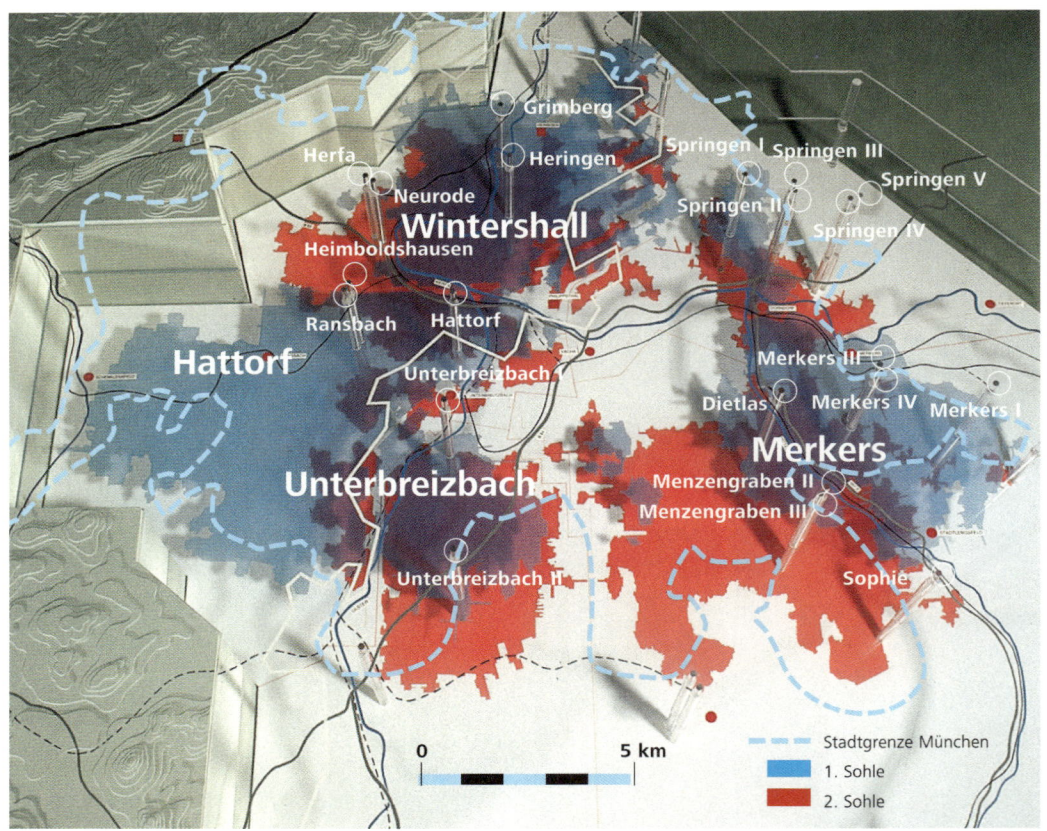

Neue Bandanlagen im Grubenbetrieb
Hattorf-Wintershall; im Vordergrund
das Band für den Sylvinit-Transport

Das „Herz" des Projekts ist das Förder-Rollloch zwischen den Grubenfeldern Unterbreizbach in Thüringen und Hattorf-Wintershall in Hessen. Beim Genehmigungsverfahren traten allerdings erhebliche Schwierigkeiten auf: Der Staatsvertrag zwischen Hessen und Thüringen von 1996 erlaubte zwar, die Grenze zu unterfahren, es durfte aber keine direkte unterirdische Verbindung zwischen den Gruben Unterbreizbach und Hattorf-Wintershall geschaffen werden. Im Gegenteil: Aus Sicherheitsgründen musste ein 200 Meter breiter Sicherheitspfeiler zwischen beiden Gruben stehen bleiben. Eine „Durchörterung" des Sicherheitspfeilers war ausdrücklich untersagt, damit ein etwaiger Wassereinbruch nicht beide Gruben gefährden konnte. K+S musste deswegen beweisen, dass die vor ein paar Jahren noch ausgeschlossene Durchörterung nun kein Sicherheitsproblem mehr darstellte.

Dieser Beweis wurde erbracht: Ein langjähriges Forschungsprojekt, das K+S gemeinsam mit dem Bundesministerium für Bildung und Forschung (BMBF) im Bergwerk Salzdetfurth durchgeführt hatte, zeigte, dass es sehr wohl möglich ist, Schächte langzeitsicher zu verschließen. Damit konnte auch belegt werden,

dass die miteinander verbundenen Gruben im Notfall wieder sicher voneinander zu trennen waren, zumal es lediglich um eine enge Verbindungsröhre von einem Meter Durchmesser ging, das „Rollloch" zwischen Unterbreizbach und Hattorf.

Allerdings musste der 1996 geschlossene „Staatsvertrag" zwischen Thüringen und Hessen über den grenzüberschreitenden Abbau im Werra-Ulster-Revier geändert werden. Das war keineswegs unumstritten, aber nachdem unabhängige Gutachter das Projekt eingehend geprüft und Bergbau-Experten beider Bundesländer die technische Sicherheit bestätigt hatten, ratifizierten die Länderparlamente im Dezember 2002 die Änderungen des Staatsvertrags.

Damit war endlich der Weg frei, um die bergrechtlichen Genehmigungsverfahren für die „länderübergreifende Förderverbindung" einzuleiten und mit den Vorarbeiten am Sylvinitprojekt zu beginnen. Der Sicherheitspfeiler zwischen Unterbreizbach und Hattorf blieb unangetastet und damit in seiner Funktion erhalten. Nur für den Zeitraum der Betriebsphase ist er an einer Stelle durch eine Rolllochverbindung durchörtert.

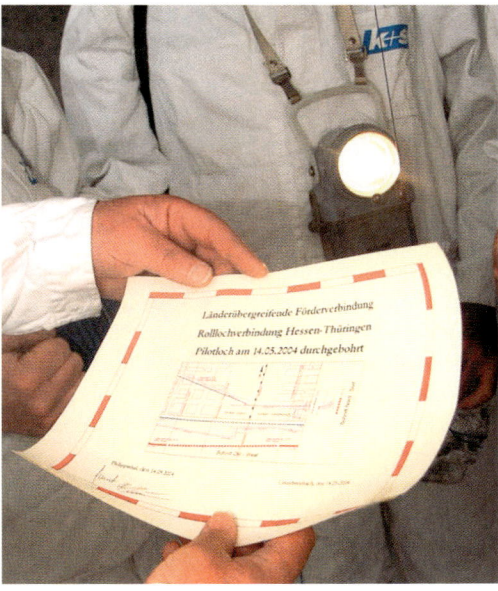

links Eine Grafik zeigt die geplante Rolllochverbindung.

rechts Die Ministerpräsidenten von Hessen, Hans Eichel (links), und Thüringen, Dr. Bernhard Vogel, bekräftigten mit einem Händedruck den Staatsvertrag über einen länderübergreifenden Kaliabbau im Jahr 1996.

Das Rollloch zwischen Hattorf und Unterbreizbach

Das Förder-Rollloch, durch das jährlich 1,5 Millionen Tonnen Rohsalz von Unterbreizbach nach Wintershall transportiert werden, war eine technische Meisterleistung von Markscheidern und Bergleuten: Die Sohlen beider Bergwerke, die miteinander verbunden wurden, lagen unter Tage zwar nur 25 Meter voneinander entfernt, aber dafür kilometerweit weg von ihren Schächten und damit von einem peilbaren Punkt an der Oberfläche. Zudem waren sie nur über weite untertägige Strecken zu erreichen: Die Messungen, Peilungen und die Bohrung waren also schwierig, mussten aber zugleich äußerst präzise sein, um den anvisierten Punkt zu tref-

fen. Die Begeisterung der Bohr- und Messteams war groß, als am 14. Mai 2004 der Bohrkopf mit nur acht Zentimetern Abweichung auf der Unterbreizbacher Sohle ankam.

Im Bild links: Gerald Storch, Leiter Grube des Standortes Unterbreizbach, Franz Ochs, Obermarkscheider des Werkes Werra, und Herbert Liebscher, Leiter Maschinen- und Elektrotechnik des Grubenbetriebes Unterbreizbach.

Im Bild rechts: Zwei Mitarbeiter des Grubenbetriebes Hattorf-Wintershall nach der Montage des im Rollloch eingehängten Schmelzbasaltrohres

Mit Aufnahme der Sylvinitförderung in der Grube Unterbreizbach am 15. Oktober 2004 wurde die Wettbewerbsfähigkeit des Verbundwerkes Werra deutlich gestärkt, das mehr als 40 Prozent zur Gesamtproduktion der K+S KALI GmbH beiträgt. Nach der Produktionsaufnahme am 1. Januar 2005 erwartet K+S aus der Nutzung der Lagerstätte eine jährliche Ergebnisverbesserung von etwa 20 Millionen Euro, die durch Kosteneinsparungen und das größere Kaliangebot entsteht. In Anwesenheit

zahlreicher Gäste aus Landespolitik, Behörden und öffentlichem Leben hob K+S-Vorstandsvorsitzender Dr. Ralf Bethke die Bedeutung des Projekts für das gesamte Unternehmen hervor: „Vor dem Hintergrund der verschiedenen Wettbewerbsnachteile, die wir gegenüber unseren Konkurrenten auf dem Weltmarkt haben, ist das Sylvinitprojekt an der Werra ein Meilenstein für die Stärkung unseres internationalen Kaligeschäfts. Das macht auch die Arbeitsplätze in der Region sicherer."

K+S engagiert sich in Frankreich

Auch regional wurde das Kaligeschäft gestärkt: Nach der Erschöpfung der französischen Kalivorkommen im Jahr 2002 wollte der französische Staatskonzern EMC (Entreprise Minière et Chimique) die verbliebenen Tochterunternehmen verkaufen. K+S übernahm im Dezember 2004 vier regionale Vertriebs- und Produktionseinrichtungen für Spezialdüngemittel und Mehrnährstoffdünger der EMC-Tochter „Société Commerciale des Potasses et de l'Azote" (SCPA) mit etwa 100 Mitarbeitern. K+S bündelte beiderseitiges Know-how in Vertrieb und Beratung im französischen Markt, dem größten Agrarmarkt in Europa. Außerdem übernahm K+S die Kaligranulierung der „Compagnie de Compactage de Wittenheim" (CCW) im Elsass. Anfang 2005 nahm das neue Unternehmen „K+S KALI & SCPA France", das aus der seit zehn Jahren in Frankreich arbeitenden „Kali und Salz France" hervorging, seine Arbeit auf. Ziel der Übernahme war die Verbreiterung des Geschäfts im größten Exportmarkt für K+S-Produkte. Mit ihren französischen Tochtergesellschaften erzielt die K+S Gruppe in Frankreich mit einem Umsatz von mehr als 450 Millionen Euro etwa 17 Prozent des Umsatzes.

links K+S erwarb auch die Rechte am Markenzeichen der elsässischen Kaliindustrie.

unten links Auf der Fachmesse „Les Culturales" im Juni 2005 im französischen Boigneville trat das neue Tochterunternehmen „K+S KALI & SCPA France" erstmals öffentlich auf.

unten rechts Blick auf den Eingangsbereich der CCW in Wittenheim (Elsass)

Das „Zukunftskonzept Kali"

Um im wichtigen Kaligeschäft auch in Zukunft international wettbewerbsfähig zu bleiben, vereinbarten K+S, Kaliverein, die Industriegewerkschaft Bergbau, Chemie, Energie (IG BCE) und der Gesamtbetriebsrat im Mai 2004 ein umfangreiches Paket zur Zukunftssicherung des Geschäftsbereichs Kali- und Magnesiumprodukte und damit zur nachhaltigen Sicherung der heute rund 7.500 Arbeitsplätze. „Da wir keine roten Zahlen schrieben, waren die Verhandlungen nicht einfach", erinnert sich K+S-Vorstandsmitglied und Arbeitsdirektor Dr. Thomas Nöcker: „Aber es gelang, die Mitarbeiter in vielen Informationsveranstaltungen und Diskussionen von der Notwendigkeit des Maßnahmenpakets zu überzeugen." Dieses Paket sollte die Voraussetzungen dafür schaffen, dass die deutsche Kaliindustrie auch in schwierigen Zeiten hoher Arbeitskosten, steigender Energie- und Frachtkosten und den veränderten Rahmenbedingungen durch die EU-Osterweiterung und die US-Dollar-Schwäche international wettbewerbsfähig bleibt.

Ein zentraler Baustein dieses Pakets war eine Arbeitszeitverlängerung bei der K+S KALI GmbH um durchschnittlich zwei Stunden pro Woche, verbunden mit der Chance einer stärkeren Ergebnisbeteiligung durch eine höhere erfolgsabhängige Jahresleistung. Gewerkschaft und Betriebsrat zogen mit: „Die Gewerkschaft hatte erkannt, dass eine Arbeitszeitverlängerung notwendig ist, dass man sich bewegen

muss", erläuterte IG BCE-Vorstandsmitglied Michael Vassiliadis, gleichzeitig stellvertretender Aufsichtsratsvorsitzender der K+S AG. Beginn der Umsetzung war der 1. September 2004. 350 Stellen werden durch Nutzung der Fluktuation nicht wieder besetzt, Entlassungen also vermieden. Im Gegenzug ermöglichte die K+S KALI GmbH bei der zu erwartenden Ertragsverbesserung eine stärkere Beteiligung der Mitarbeiter am Unternehmenserfolg und hielt an der bisherigen Strategie und damit an allen Standorten fest. Außerdem werden jährlich mindestens 145 Auszubildende eingestellt. „Es war eine aufregende und harte Zeit", erinnert sich der Konzernbetriebsratsvorsitzende Klaus Krüger vom Kaliwerk Zielitz: „Auch wenn wir Betriebsräte die Notwendigkeit erkannten, etwas im Kali-Bereich zu tun, mussten wir das auch unseren Kolleginnen und Kollegen vermitteln. Gleichzeitig verhandelten wir mit der Arbeitgeberseite über Standortsicherung und soziale Rahmenbedingungen." Die getroffene Vereinbarung läuft zunächst bis 2010. „Dieses Abkommen beweist einmal mehr die gute Zusammenarbeit von Gewerkschaft, Betriebsrat und K+S-Vorstand", betonte Vorstandsvorsitzender Bethke: „Wir bei K+S haben heute verantwortungsbewusste Arbeitnehmervertreter und IG BCE-Gewerkschafter, die bisher alle wichtigen unternehmerischen Entscheidungen mitgetragen haben."

Gute Zusammenarbeit:
links K+S-Vorstandsmitglied und Arbeitsdirektor Dr. Thomas Nöcker (rechts) im Gespräch mit Michael Vassiliadis, stellvertretender Vorsitzender des Aufsichtsrates der K+S AG und IG BCE-Hauptvorstandsmitglied. Dr. Nöcker ist seit 2003 Mitglied des Vorstands der K+S AG.

rechts K+S-Vorstandsvorsitzender Dr. Ralf Bethke (links) im Gespräch mit dem Vorsitzenden des Gesamt- und Konzernbetriebsrats Klaus Krüger

Die Einheit „Inaktive Werke"

K+S ist Rechtsnachfolgerin vieler Vorgängergesellschaften und hat deshalb eine besondere Verantwortung für frühere Bergwerke und Produktionsstandorte.
Mit großem finanziellen und personellen Einsatz stellt
sich K+S dieser Herausforderung. Die Einheit Inaktive
Werke (IW) betreut vom niedersächsischen Standort
Salzdetfurth aus Kali- und Steinsalzbergwerke, die
teilweise seit Jahrzehnten stillgelegt sind. Diese Bergwerke liegen vor allem in Niedersachsen, aber auch
in Nordrhein-Westfalen (ehemalige Zeche Mansfeld
in Bochum; ein Standort der früheren Salzdetfurth
AG) und Baden-Württemberg (ehemaliges Kaliwerk
Buggingen). Allein im Land Niedersachsen werden
von IW 28 Bergwerke mit insgesamt 64 Schächten
betreut.

   1995 wurde auf dem Standort Salzdetfurth
eine Verwahrungsgruppe gegründet, die 1998 in
Einheit „Betreuung stillgelegter Anlagen" umbenannt
worden ist. Ihr wurde die Unterhaltung, Vorhaltung
und Verwahrung sämtlicher niedersächsischer Alt-
Standorte übertragen. Seit dem Jahr 2000 lautet ihre
Bezeichnung „Inaktive Werke"; 2002 wurde sie auch
mit der Betreuung der Althalden beauftragt. Zu dem
breiten Aufgabenspektrum der IW mit rund 50 Mitarbeitern gehört auch die Prüfung, ob sich stillgelegte
Bergwerke als Untertage-Deponien oder Reserveberg-
werke eignen. Bei solchen Bergwerken müssen die
Grubengebäude offen gehalten und die Bergwerke
gegen Zuflüsse gesichert werden. Ist eine Nachnutzung
der Bergwerke ausgeschlossen, müssen Verwahrungsarbeiten zur Sicherung der Tagesoberfläche durchgeführt werden. Dazu gehören etwa das Fluten der
Bergwerke und die vollständige Verfüllung der Tages-
schächte. Bis zur endgültigen Betriebseinstellung
mit Stilllegung und Beendigung der Bergaufsicht
müssen die Bergwerke einschließlich der erforderlichen
Anlagen betrieblich aufrechterhalten werden.

Mit einer speziell konstruierten Schacht-
fräse werden die Schachtwände des stillgelegten Werkes Salzdetfurth bearbeitet
– eine wichtige Voraussetzung, um die
drei Schächte langzeitsicher verschließen
zu können.

Der Weltkalimarkt –
Produzenten und Anbieter

Auf dem Kali-Weltmarkt gibt es derzeit nur wenige große Produzenten: K+S hat als viertgrößter Kaliproduzent mit rund 3,6 Millionen Tonnen K_2O im Jahr 2004 einen Anteil von etwa 12 Prozent an der Weltkaliproduktion. Größte Einzelproduzenten sind auf Basis der vorliegenden Daten des Jahres 2004 die US-amerikanische „Mosaic" (15 Prozent), in der 2004 „IMC Global" und „Cargill Crop Nutrition" ihre Düngemittelaktivitäten zusammengeführt haben, und die kanadische PCS (15 Prozent). Auf Platz drei folgt die weißrussische „Belaruskali" (knapp 15 Prozent). In Russland wird Kali durch die beiden Aktiengesellschaften „Uralkali" (10 Prozent) und „Silvinit" (8 Prozent) abgebaut. Eine Sonderrolle nehmen die israelische „Dead Sea Works" DSW (7 Prozent) und die jordanische „Arab Potash Company" APC (4 Prozent) ein, die aus dem Toten Meer Kali durch Verdunstung gewinnen. Nach der Einstellung der französischen Produktion im Elsass im Jahr 2002 wird Kali in Westeuropa außer in Deutschland nur noch in Spanien und England bergmännisch gewonnen.

Die Anbieterstruktur am Weltkalimarkt war in den vergangenen Jahren durch Zusammenschlüsse in Vertriebsorganisationen, Firmenübernahmen und Beteiligungen geprägt: Die nordamerikanischen Kalihersteller Mosaic und PCS sowie die Agrium sind in der Export-Organisation „Canpotex International." zusammengeschlossen. Der weißrussische Kalihersteller „Belaruskali" und die russische „Uralkali" vertreiben ihre Produkte über die gemeinsame Exportgesellschaft „Belarussian Potash Company" (BPC). Der zweite russische Kaliproduzent „Silvinit" steuert seine Kaliexporte über die bereits 1992 gegründete „International Potash Company" (IPC), die zunächst von allen drei GUS-Produzenten als Vertriebsorganisation genutzt wurde.

Die israelische DSW, die zur „Israel Chemicals" (ICL) gehört, übernahm 1998 die spanischen Kaliproduktionsstätten der „Potasas"-Gruppe (heute „Iberpotash"). Im Jahr 2002 kaufte die ICL-Gruppe von der „Anglo-American PLC" auch noch den britischen Kaliproduzenten „Cleveland Potash Limited" (CPL). Damit kontrollierte die ICL die Kaliproduktion in Israel, Großbritannien und Spanien und vergrößerte ihren weltweiten Lieferanteil auf rund 10 Prozent. An der ICL wiederum ist seit 1998

rechts Salzgewinnung am Toten Meer

rechte Seite Blick auf das Kaliwerk Solikamsk III des russischen Produzenten Silvinit am westlichen Ural

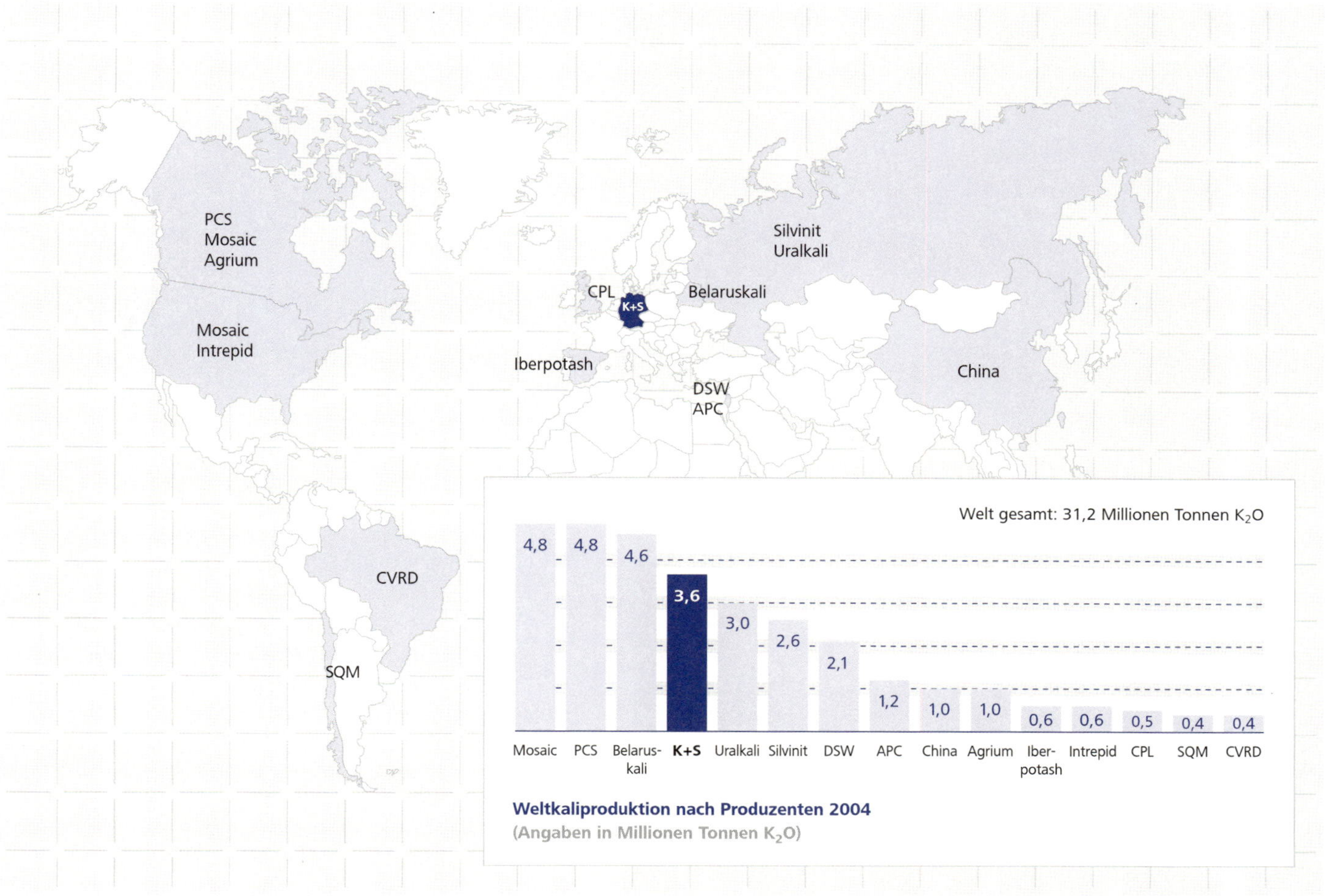

PCS
Mosaic
Agrium

Mosaic
Intrepid

CVRD

SQM

CPL

K+S

Belaruskali

Silvinit
Uralkali

China

Iberpotash

DSW
APC

Welt gesamt: 31,2 Millionen Tonnen K$_2$O

Mosaic	PCS	Belarus-kali	K+S	Uralkali	Silvinit	DSW	APC	China	Agrium	Iber-potash	Intrepid	CPL	SQM	CVRD
4,8	4,8	4,6	3,6	3,0	2,6	2,1	1,2	1,0	1,0	0,6	0,6	0,5	0,4	0,4

Weltkaliproduktion nach Produzenten 2004
(Angaben in Millionen Tonnen K$_2$O)

die kanadische „Potash Corporation of Saskatchewan" (PCS) mit rund 10 Prozent beteiligt,
die außerdem 2003 zunächst rund 26 Prozent
der jordanischen „Arab Potash Company"
am Toten Meer erwarb. Am Ausschreibungs-
verfahren der APC hatte sich zunächst auch
K+S beteiligt und nach gründlicher Prüfung
ein Angebot abgegeben. Im weiteren Verlauf
des Verfahrens war K+S jedoch ausgeschieden.
Ende 2004 übernahm PCS außerdem die Anteile
der ICL an der chilenischen „Sociedad Quimica
y Minera de Chile" (SQM). Die PCS-Beteiligung
an der SQM erhöhte sich damit auf knapp 25
Prozent.

Die Anti-Dumping-Regelungen der EU

Nach den grundlegenden Veränderungen Ende der 1980er Jahre in Osteuropa kam es zu einem dramatischen Anstieg von Kalilieferungen aus Russland und Weißrussland in die EU. Diese erfolgten zu Preisen, die marktwirtschaftlich nicht nachvollziehbar waren und zu einem rasanten Preisverfall in ganz Westeuropa führten, der die Existenz der westeuropäischen Produzenten akut gefährdete. Auf Antrag der westeuropäischen Kaliproduzenten erließ die EU im Jahr 1992 erstmals Schutzmaßnahmen bzw. Anti-Dumping-Regelungen, die Mindestpreise für Kalilieferungen aus Russland/Weißrussland in die EU festlegten. Nachdem diese Regelungen dennoch mehrfach umgangen worden waren, verschärfte die EU 1994 den Schutz vor unfairem Wettbewerb (Mindestpreise mit festen Zollsätzen). Nach dem Beitritt Österreichs, Finnlands und Schwedens zum EU-Markt im Jahr 1995 beantragten die GUS-Exporteure (Russland, Weißrussland und Ukraine) eine Überprüfung des Anti-Dumping-Schutzes. Angesichts der nach ihrer Ansicht immer noch unfairen Handelspraktiken der GUS-Exporteure forderten die in der „Association des Producteurs Europeens de Potasse" (APEP) organisierten europäischen Kaliproduzenten die EU zu einer Verlängerung der Anti-Dumping-Regelungen auf, auch um die rund 13.000 Arbeitsplätze der westeuropäischen Kaliindustrie sowie die Modernisierung der ostdeutschen Kalistandorte zu sichern.

Unterstützt wurde diese Forderung von einer Vielzahl von Bundes- und Europapolitikern. Man erzielte einen Teilerfolg: Der Anti-Dumping-Schutz blieb erhalten, doch wurden 1998 die Mindestpreise gesenkt und die Zollsätze reduziert. Im Jahr 2000 bestätigte die EU erneut Anti-Dumping-Regelungen, die bis Mai 2005 galten. Durch diese Maßnahmen wurde erreicht, dass K+S und die anderen europäischen Kaliproduzenten vor den „extrem unfairen" Handelspraktiken der Anbieter aus der GUS geschützt wurden. Ähnliche Regelungen existieren auch für Stickstoff-Düngemittel. Mit der EU-Osterweiterung im Jahr 2004 wurden Übergangsregelungen für Kalilieferungen in die neuen Mitgliedsstaaten vereinbart. Diese Regelungen haben eine Laufzeit bis April 2006. Zusätzlich beantragten die russischen Kalianbieter Silvinit und Uralkali vor dem Hintergrund der Anerkennung Russlands als Marktwirtschaft im Jahr 2004 eine Überprüfung der bis Mai 2005 gültigen Anti-Dumping-Regelung für Kali. Von der APEP wurde ein Antrag auf Verlängerung der geltenden Maßnahmen bei der EU gestellt. Ferner stellte der weißrussische Produzent Belaruskali einen Überprüfungsantrag. Die Untersuchung auf Antrag der russischen Produzenten wurde inzwischen mit der Annahme so genannter „Undertakings" abgeschlossen. Hierbei handelt es sich um vertragliche Verpflichtungszusagen der russischen Produzenten, Kalilieferungen in die EU nur unter Beachtung bestimmter

Bedingungen durchzuführen. Die EU hat die Undertakings zunächst für den Bereich der EU 15 akzeptiert und wird sie nach Ansicht von K+S nach Auslaufen der für die EU 10 geltenden Übergangsregelung auch auf diesen Bereich ausdehnen. Die Untersuchungen auf Basis der beiden anderen Anträge laufen derzeit. K+S geht davon aus, dass die EU auch in Zukunft den Rahmen schaffen wird, der einen fairen Wettbewerb in der erweiterten EU 25 sicherstellen wird.

Die Übertageanlagen des Kaliwerkes Soligorsk IV der weißrussischen Belaruskali

Der Wettbewerb im weltweiten Kalimarkt war nach dem Zusammenbruch der Nachfrage (siehe Kapitel 6, Seite 228) und der damit einhergehenden hohen Überkapazitäten seit Ende der 1980er Jahre sehr intensiv. Besonders die ehemaligen sowjetischen Staatsunternehmen, deren traditionelle Märkte im COMECON nahezu vollständig weggebrochen waren, drängten seit Beginn der 1990er Jahre mit Dumpingpreisen (siehe Kasten) auf den Weltmarkt. Dabei profitierten sie von staatlich subventionierten Gas- und Energiepreisen, niedrigen Umwelt- und Arbeitsstandards sowie ebenfalls subventionierten Logistikkosten. Zum Schutz der westeuropäischen Kaliindustrie vor unfairen Handelspraktiken erließ die EU seither eine Reihe von Maßnahmen. Der Anti-Dumping-Schutz besteht, wenn auch in modifizierter Form, bis heute.

Im deutsch-russischen Verhältnis auf dem Kalisektor wurden aber auch Fortschritte erzielt: Im September 2002 unterzeichneten K+S und die Industriegewerkschaft Bergbau, Chemie, Energie auf der einen Seite sowie der russische Kaliproduzent „Silvinit" und die russische Chemiearbeitergewerkschaft RWCU auf der anderen Seite in St. Petersburg ein Kooperationsabkommen mit dem Ziel, grundsätzlich freundschaftliche Beziehungen miteinander zu pflegen sowie Informationen und Erfahrungen auf sozialen und technischen Gebieten auszutauschen. Vor weiteren Schritten der Zusammenarbeit müssen aber noch viele, auch politische Voraussetzungen geschaffen werden.

Vertreter der K+S und der IG BCE besuchten im Jahr 2004 auch Verladebereiche des russischen Produzenten Silvinit (links). Im Gespräch mit Vertretern des russischen Kaliproduzenten wurden Erfahrungen ausgetauscht (oben).

DIE GROSSEN WETTBEWERBER IM WELTKALIMARKT (2004)

Mit einer Kaliproduktion von jeweils rund 4,8 Millionen Tonnen K_2O sind die kanadische „Potash Corporation of Saskatchewan" (PCS) und die amerikanische „Mosaic Company" die beiden größten Produzenten im Weltkalimarkt. Die kanadische „PCS" (später bekannt als PotashCorp) in Saskatoon wurde 1975 von der kanadischen Provinz Saskatchewan als staatliches Unternehmen gegründet, um staatliche Investitionen in die Kaliindustrie zu steuern. Anschließend erwarb PCS das deutsch-französische Kaliwerk „Alwinsal" sowie diverse andere Kaliwerke. 1989 wurde PCS privatisiert. Bei Kaliumchlorid nimmt PCS sowohl bei der Produktion als auch der Kapazität weltweit die führende Position ein. Darüber hinaus verfügt PCS über die drittgrößte Phosphat- und die viertgrößte Stickstoff-Kapazität in der Welt. Das Unternehmen beschäftigt rund 5.000 Mitarbeiter und erzielte 2004 einen Umsatz von 3,2 Milliarden US-Dollar. PCS ist mit 28 Prozent am jordanischen Kaliproduzenten Arab Potash Company (APC) beteiligt, hält 10 Prozent an der israelischen ICL-Gruppe, 25 Prozent am chilenischen Kaliproduzenten SQM (Produktion 0,4 Millionen Tonnen K_2O) und 20 Prozent an der Sinofert, dem größten chinesischen Düngemittelimporteur.

Die amerikanische „Mosaic Company" in Plymouth, Minnesota, ging im Oktober 2004 aus der Fusion von Cargill Crop Nutrition (Stickstoff- und Phosphatdünger) mit der IMC Global als neue Gesellschaft hervor. Mosaic erzielte im ersten Geschäftsjahr einen Umsatz von 4,4 Milliarden US-Dollar und beschäftigt 8.000 Mitarbeiter. Mit der Gründung der Mosaic brachte IMC Global ihre gesamten Kaliaktivitäten in das neue Unternehmen ein. IMC Global wurde um 1900 in Tennessee als „United States Agricultural Corporation" gegründet und verfügte zunächst nur über Phosphatdünger. 1909 erwarb es das deutsche Kaliwerk Sollstedt und hieß nun „International Agricultural Corporation". 1940 eröffnete die Firma eine Kaligrube in Carlsbad, New Mexico. Seit 1942 firmierte das Unternehmen unter dem Namen „International Minerals & Chemical Corporation" (IMCC). 1962 begann die IMCC mit dem Abbau der Kalivorräte in der kanadischen Provinz Saskatchewan, 1994 wurde sie in „IMC Global" umbenannt.

„Belaruskali" in Weißrussland ist mit einer Produktion von 4,6 Millionen Tonnen K_2O drittgrößter Kaliproduzent der Welt. Das Unternehmen wurde 1958 gegründet, nachdem 1949 in der Region von Starobin und in der Nähe der später gegründeten Stadt Soligorsk eine der weltweit größten Kalilagerstätten gefunden worden war. 1963 nahm es den Betrieb auf. 1970 wurden drei Kalibetriebe im

Kombinat „Belaruskali" vereinigt. Belaruskali beschäftigt heute an seinen mittlerweile vier Standorten etwa 19.000 Mitarbeiter.

„Uralkali" in Russland ist mit einer Produktion von rund 3,0 Millionen Tonnen K_2O nach K+S der fünftgrößte Kaliproduzent der Welt. Das 1944 gegründete Unternehmen wurde 1992 privatisiert und beschäftigt derzeit in drei Bergwerken und vier Fabriken rund 16.500 Mitarbeiter. Exportiert wird das Kali zum größten Teil über den „Baltic Bulk Terminal" (BBT) in St. Petersburg, in dessen Ausbau Uralkali mehr als 60 Millionen US-Dollar investiert hat.

1916/17 wurde in Solikamsk im westlichen Ural in Russland ein Kalivorkommen entdeckt und 1932 mit dem Abbau begonnen. Mit einer Produktion von 2,6 Millionen Tonnen K_2O ist das Unternehmen „Silvinit" in Solikamsk der sechstgrößte Kaliproduzent der Welt. Das Unternehmen betreibt drei Bergwerke und drei Fabriken und beschäftigt 10.500 Mitarbeiter.

Die israelische „Dead Sea Works" (DSW), die am Toten Meer Carnallit gewinnt, ist mit einer Produktion von 2,1 Millionen Tonnen K_2O der siebtgrößte Kaliproduzent der Welt. Bereits 1930 hatte die „Palestine Potash Company" in Kalia und 1934 in Sodom am Toten Meer Kali abgebaut. Die Anlagen waren aber im israelischen Unabhängigkeitskrieg 1948 zerstört worden. 1952 wurden die Aktien von Palestine Potash auf die DSW übertragen und zu 51 Prozent von der israelischen Regierung übernommen. 1955 nahm die wieder aufgebaute Fabrik in Sodom erneut die Produktion auf. Die DSW gehören zur „Israel Chemicals" (ICL-Gruppe), die 1998 die spanischen Kaliproduktionsstätten der „Potasas"-Gruppe sowie 2002 die britische „Cleveland Potash Limited" (CPL) erwarb.

Auf der anderen Seite des Toten Meeres produziert die jordanische „Arab Potash Company" (APC) als achtgrößter Kaliproduzent rund 1,2 Millionen Tonnen K_2O. APC wurde 1956 als Pan-Arabische Gesellschaft gegründet und vom Königreich Jordanien konzessioniert, um Rohstoffe des Toten Meeres zu gewinnen und zu vermarkten. 1982 startete die Kaliproduktion. Als Teil ihrer Privatisierungsstrategie von Staatsunternehmen verkaufte die jordanische Regierung 2003 zunächst 26 Prozent der Anteile an die kanadische PCS.

linke Seite Kaliwerke in der kanadischen Provinz Saskatchewan: das Werk Lanigan der PCS (linke Seite oben) und das Werk Esterhazy K-2 der Mosaic (linke Seite unten)

links In der Nähe von Kerak in Jordanien gewinnt die APC Kalisalze aus dem mineralienreichen Wasser des Toten Meeres.

Der Weltkalimarkt – Die Abnehmerseite

Etwa 80 Prozent des weltweit produzierten Kalis werden exportiert. Der weltweite Kaliabsatz auf Basis der Daten des Jahres 2004 verteilte sich auf die Abnehmerregionen Asien/Ozeanien mit 39 Prozent (vor allem China, Indien, Malaysia, Indonesien), Nordamerika mit 21 Prozent (vor allem USA), Lateinamerika mit 17 Prozent (vor allem Brasilien und Kolumbien) sowie Westeuropa mit 14 Prozent (vor allem Frankreich und Deutschland). In Osteuropa und der GUS wurden lediglich acht Prozent abgesetzt, und Afrika nimmt nur ein Prozent des Kalis ab.

Seit dem Verbrauchstief auf dem Weltkalimarkt in den Jahren 1989 bis 1993, als die weltweite Kalinachfrage um fast 10 Millionen Tonnen K_2O auf 20,9 Millionen Tonnen K_2O einbrach, hat sich der Markt grundlegend verändert: Waren die 1990er Jahre trotz sich allmählich wieder erholender Nachfrage von erheblichen Überkapazitäten geprägt, so sorgte der rasante Nachfrageanstieg seit 2002 dafür, dass Kali wieder relativ knapp und teuer wurde. Die Lagerbestände der Produzenten fielen 2004 auf ein historisch niedriges Niveau. Innerhalb von nur drei Jahren stieg die weltweite Kalinachfrage bis Ende 2004 um 5 Millionen Tonnen K_2O auf mehr als 31 Millionen Tonnen K_2O, so dass sogar das bisher höchste Verbrauchsniveau des Jahres 1988 übertroffen wurde. Die Schwerpunkte des Nachfragewachstums seit 1993 lagen in Asien/Ozeanien mit einer Steigerung von 4,9 Millionen auf 12,2 Millionen Tonnen K_2O und in Lateinamerika mit einer Steigerung von 2,4 (1993) auf 5,4 Millionen Tonnen K_2O (2004). Auslöser dieses Anstiegs ist die wachsende Bevölkerung in diesen Regionen, deren steigender Bedarf an höherwertigen Nahrungsmitteln sowie die generell steigende Nachfrage auf den Weltagrarmärkten. In den übrigen Regionen der Welt glichen sich Steigerungen und Rückgänge weitgehend aus. Für 2005 wird ein Anstieg der weltweiten Kalinachfrage um etwa 2 Prozent auf rund 32 Millionen K_2O erwartet. Treiber dieser Entwicklung war vor allem die hohe Nachfrage in China und Indien. Mittelfristig rechnet K+S damit, dass die weltweite Kalinachfrage um durchschnittlich zwei Prozent pro Jahr zunimmt. Neben der Belieferung der Heimatmärkte werden auch künftig Lateinamerika und Asien die wichtigsten Exportregionen für alle Kalianbieter sein. Hier sind die größten Wachstumsmärkte.

In Europa kann K+S durch die Nähe zu ihren Kunden Logistikvorteile nutzen. Der Geschäftsbereich Kali- und Magnesiumprodukte erzielt hier rund zwei Drittel des Umsatzes von insgesamt 1,2 Milliarden Euro. Allerdings ist das Wachstum der westeuropäischen Kalimärkte angesichts der agrarpolitischen Rahmenbedingungen eher begrenzt. Mit dem Erwerb von Düngemittelaktivitäten der französischen SCPA hat K+S ihr Europageschäft ausgebaut und neue Chancen erschlossen.

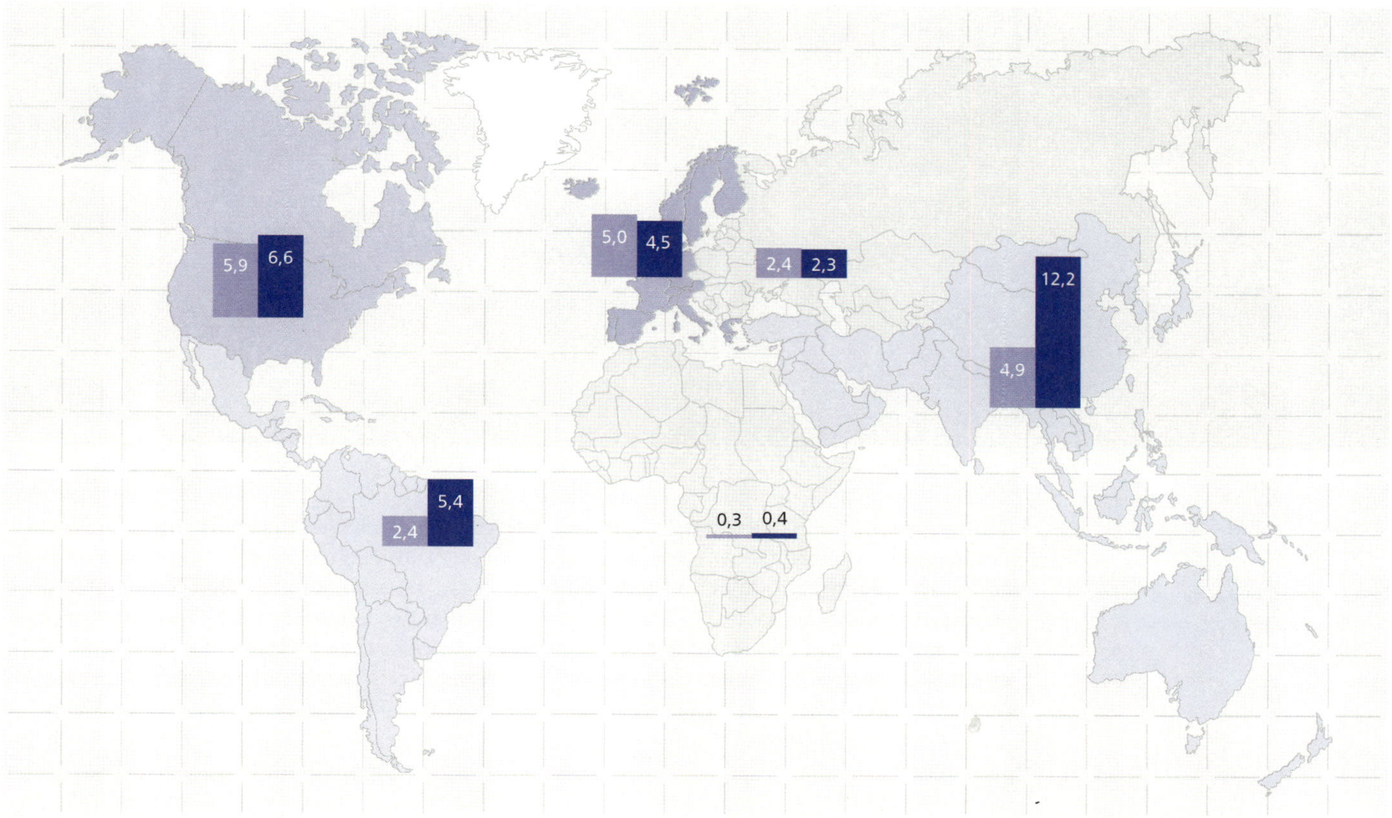

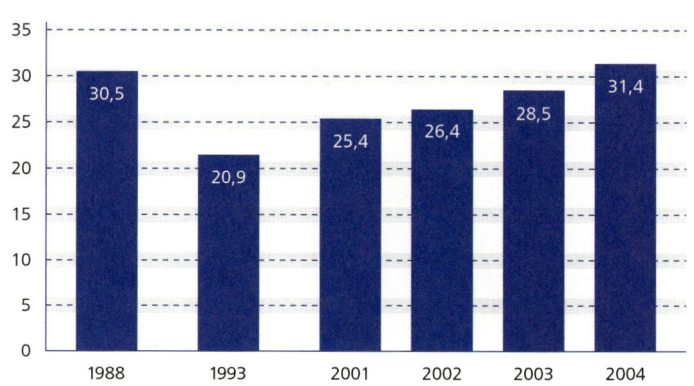

Weltkalinachfrage nach Regionen 1993 und 2004 (Angaben in Millionen Tonnen K$_2$O)

1993: 20,9 Millionen Tonnen K$_2$O

2004: 31,4 Millionen Tonnen K$_2$O

linke Seite Ein Schwerpunkt der Kalinachfrage liegt in Asien. Dem Anbau
von Reis kommt große Bedeutung zu.

Weltkalinachfrage 1988–2004 (Angaben in Millionen Tonnen K$_2$O)

Blick über den „Kalikai" der KTG hinweg auf den Hamburger Hafen. Im Vordergrund die Schuppen der KTG, in denen Düngemittel der K+S Gruppe vor ihrer Verschiffung eingelagert werden.

Gleichzeitig wurde auch der Vertrieb auf den Überseemärkten gestärkt. Hier erzielt K+S mit Kali- und Magnesiumprodukten inzwischen gut ein Drittel ihres Umsatzes. K+S konzentriert sich beim Absatz von Kaliumchlorid auf Märkte mit günstigen Frachtkosten (insbesondere Lateinamerika) sowie auf den weltweiten Vertrieb von magnesium- und sulfathaltigen Spezialitäten.

Wichtigste Überseeregion im Kaligeschäft ist seit einigen Jahren Lateinamerika, hier vor allem Brasilien und Kolumbien. Rund 18 Prozent des gesamten Kaliexports von K+S gingen beispielsweise 2005 nach Brasilien, das damit nach Frankreich der bedeutendste Exportmarkt ist. Brasilien bezog rund 900.000 Tonnen Kalidünger und darüber hinaus rund 300.000 Tonnen Ammonsulfat von der fertiva – das sind zusammen rund zehn Prozent des gesamten brasilianischen Düngemittel-Imports. Der brasilianische Markt wächst weiter, denn das Land entwickelt sich tendenziell zum „Brotkorb der Welt", da es im großen Umfang für China Sojabohnen anbaut. Die Nachfrage Chinas, Malaysias und Indonesiens nach Soja und Palmöl als wichtigen Fett- und Proteinlieferanten wächst schnell. Neben den USA hat sich Brasilien innerhalb der letzten zehn Jahre zum wichtigsten Sojaproduzenten der Welt

entwickelt mit einem Export von rund 20 Millionen Tonnen (2004/05), während China zum wichtigsten Importeur dieser Bohnen wurde. Neben K+S liefern die GUS-Produzenten, Israel (DSW) sowie die Nordamerikaner (Canpotex) Kalidünger nach Brasilien. Kolumbien ist der zweitwichtigste lateinamerikanische Markt. K+S liefert dorthin rund 150.000 Tonnen Kalidünger. Darüber hinaus wird Lateinamerika als wachsender Markt immer wichtiger für die K+S-Düngemittelspezialitäten.

Aus logistischen Gründen wird Asien/ Ozeanien beim Standardprodukt 60er Kaliumchlorid vor allem aus der GUS, aus Kanada und vom Toten Meer aus beliefert. K+S verfügt hier jedoch auch über „strategisch wichtige Kaliumchlorid-Positionen". Immerhin erzielt das Unternehmen mehr als 10 Prozent seines gesamten Kaliumchlorid-Absatzes in dieser Region. Der Schwerpunkt der K+S KALI GmbH in Asien liegt aber eindeutig auf dem Absatz der magnesium- und sulfathaltigen Düngemittelspezialitäten. Außerhalb Europas sind die asiatischen Märkte in Nah- und Fernost die wichtigsten Absatzregionen für Kaliumsulfat und Kieserit. Wegen des hohen Magnesium-Bedarfs der Palmöl-Plantagen wird beispielsweise ein Drittel des K+S-Kieserits nach Malaysia und Indonesien exportiert.

Mit der Veränderung der Märkte hat sich auch die Organisation des K+S-Vertriebs in Übersee weiter entwickelt. Früher bestimmten noch zahlreiche regionale Vertriebsorganisationen das Bild. Heute wird der Überseemarkt im Wesentlichen direkt aus Deutschland mit der Unterstützung von überregional tätigen eigenen Vertriebsplattformen bearbeitet. In allen großen Verbrauchsregionen gibt es eigene Tochtergesellschaften, wie die Potash Import & Chemical Corp. (PICC) in New York, die Potabrasil in Sao Paulo oder die K+S Asia Pacific in Singapur. In anderen Regionen, wie beispielsweise in Indien, kooperiert K+S mit externen Vertriebspartnern. Auf diese Weise arbeitet K+S auf den Überseemärkten mit hoher Effizienz. Bestes Beispiel hierfür sind die Märkte in Südostasien und Ozeanien: Während K+S früher eigene Gesellschaften oder Agenturen in Malaysia, Japan, Australien, Neuseeland, Singapur und Hongkong für den Vertrieb ihrer Produkte hatte, betreut heute K+S Asia Pacific in Singapur als gemeinsame Vertriebsplattform der Geschäftsbereiche Kali- und Magnesiumprodukte, COMPO und fertiva in der ganzen Region die gesamte Düngemittel-Palette der K+S Gruppe aus einer Hand.

Einsatzfelder für K+S-Düngemittelspezialitäten sind Ölpalmen und Reis; im Bild: Ölpalmfrüchte im Ertragsvergleich (1983), Ölpalmen in Costa Rica und Reisterrassen in Südostasien.

Noch in den 1990er Jahren kam Indien eine besondere Rolle für das Kaligeschäft zu. Dem Land wurden deutsche Entwicklungshilfe-Gelder zur Verfügung gestellt, die für deutsche Kalilieferungen verwendet wurden. Deutschland gab „Hilfe zur Selbsthilfe". K+S lieferte mehrere Jahre lang rund 2,7 Millionen Tonnen Kaliumchlorid nach Indien, mit denen ein wichtiger Beitrag zur Steigerung der Agrarproduktion geleistet wurde. Mit dem Auslaufen dieser speziellen deutsch-indischen Entwicklungszusammenarbeit im Jahr 2002 und der Konzentration von K+S auf frachtgünstigere Überseemärkte ging der K+S-Export nach Indien wieder zurück.

Kalispezialität Kaliumsulfat

Neben dem klassischen Kaliumchlorid-Geschäft steigerte K+S in den letzten Jahren auch Produktion und Export von Kaliumsulfat (K_2SO_4), einer Düngemittelspezialität mit den wasserlöslichen Nährstoffen Kalium und Schwefel. K+S produziert mehr als 900.000 Tonnen Kaliumsulfat pro Jahr. Damit hat K+S einen Anteil an der weltweiten Produktion von rund 25 Prozent. Kaliumsulfat als chloridfreies Naturprodukt ist die ideale Kaliumquelle für chloridempfindliche Kulturen, und wegen seines hohen Schwefelanteils ist es besonders für Pflanzen mit hohem Schwefelbedarf geeignet. Zu den wichtigsten Kulturen gehören Obst und Gemüse sowie Tabak. Die größten Marktregionen für K+S in Übersee sind Anbaugebiete an der Ostküste der USA, in Brasilien, im Mittleren und Nahen Osten, in China sowie in Japan.

Neben Kaliumsulfat produziert K+S mit Patentkali eine weitere sulfathaltige Kalispezialität, die zusätzlich wasserlösliches Magnesium enthält. Außer im Obst- und Gemüseanbau bietet sich der Einsatz von Patentkali speziell zur Düngung von Stärke- und Veredelungskartoffeln an. Patentkali wird überwiegend in Europa abgesetzt und ist wie Kaliumsulfat im ökologischen Landbau zugelassen.

Größter Kaliumsulfat-Wettbewerber in Europa ist das belgische Unternehmen „Tessenderlo Chemie", das anders als K+S ihr Kaliumsulfat aus Kaliumchlorid und Schwefelsäure herstellt. Bedeutende Kaliumsulfat-Produzenten in Amerika sind die ehemalige Salzdetfurth-Tochter „Great Salt Lake Minerals", die Kaliumsulfat durch Verdunstung am Großen Salzsee gewinnt, und die chilenische „Sociedad Quimica y Minera de Chile" (SQM), die Kaliumsulfat aus den Vorkommen am Salar de Atacama produziert. Neben Kaliumsulfat wird in den USA von der „Mosaic" und „Intrepid" aus bergmännisch gewonnenem Rohsalz ein sulfathaltiger Kalidünger mit niedrigerem K_2O-Gehalt und Magnesiumsulfat hergestellt. Das Produkt wird überwiegend in den nord- und lateinamerikanischen Märkten verkauft. In Asien wird Kaliumsulfat durch die Umsetzung von Kaliumchlorid mit Schwefelsäure produziert. Die größten Hersteller befinden sich in China, Taiwan und Südkorea; sie verkaufen ihre Ware in ihren regionalen Märkten.

Der Ausbau des Europa-Geschäfts der COMPO

Für die rund 750 Mitarbeiter der COMPO in Münster, Krefeld, Uchte und in den ausländischen Vertriebsgesellschaften begann eine neue Zeit, als sie Anfang 2000 zu K+S kamen: War das Gartendüngergeschäft für BASF eher eine Randaktivität gewesen, rückte die COMPO im neuen Unternehmensverbund in eine zentrale Position. Die Weiterentwicklung des Unternehmens bekam hohe Priorität. Es sollte schneller wachsen als der Markt. Bereits im ersten Geschäftsjahr unter dem Dach von K+S übertraf der COMPO-Umsatz die Erwartungen: Das Unternehmen erwirtschaftete im Jahr 2000 im Consumer- und Profigeschäft einen Umsatz von 332 Millionen Euro. Die Mitarbeiterzahl stieg auf über 800.

Der Geschäftsbereich COMPO ist mit seinen „Consumerprodukten", gemessen am Umsatz in Kontinentaleuropa, mit einem Anteil von 20 Prozent führend. In den vier Segmenten Blumenerde, Blumenpflege, Rasendünger und Gartendünger liegt COMPO mit Abstand vor den internationalen Wettbewerbern. Bei den Pflanzenschutzmitteln gehört COMPO zu den drei führenden Anbietern in Europa. Auch im „Profisegment" – den landwirtschaftlichen und gartenbaulichen Anwendungen – ist der Geschäftsbereich COMPO „die innovative und treibende Kraft in Europa" (K+S). Im Bereich der stickstoffbasierten Spezialdüngemittel nimmt COMPO die führende Position ein. Die wichtigsten europäischen Märkte der COMPO sind Deutschland, Frankreich, Spanien und Italien, hinzu kommen Belgien und Griechenland. Da die COMPO nicht nur europaweit, sondern auch in einigen Überseemärkten expandiert, wurden aus den BASF-Landesgesellschaften die heutigen COMPO-Gesellschaften herausgelöst, so etwa in Spanien, Italien, Österreich, Brasilien und Chile.

Um auch extern zu wachsen, übernahm COMPO weitere Unternehmen und Marken in Europa. Zur Ergänzung ihrer Produktpalette und speziell zur Stärkung ihrer Position in Frankreich kaufte COMPO zum 1. Januar 2001

Im Februar 2004 erwarb die COMPO außerdem die „Friedrich Meiners AG" in Gnarrenburg bei Bremen mit ihrem 1915 gegründeten Humuswerk. Mit rund 100 Mitarbeitern und mehr als 800 Hektar wertvoller Rohstoff-Vorkommen ist Gnarrenburg eines der größten Torfwerke im „nassen Dreieck" zwischen Elbe und Weser.

Ende September 2005 vereinbarte COMPO eine Zusammenarbeit mit dem Schweizer Agribusiness-Unternehmen „Syngenta", einem der weltweit führenden Hersteller von Pflanzenschutzmitteln. Ziel ist die gemeinsame Entwicklung eines kompletten Angebots von Pflanzenschutz- und Schädlingsbekämpfungsmitteln für Rasen und Garten. Syngenta wird COMPO mit entsprechenden Wirkstoffen beliefern. Der COMPO eröffnet diese Zusammenarbeit „noch bessere Möglichkeiten, die sich ändernden Bedürfnisse der Kunden optimal zu bedienen. Die Kombination des innovativen Pflanzenschutzportfolios von Syngenta mit den bekannten Marken von COMPO führt zu einem sehr attraktiven Angebot für das Rasen- und Gartensegment." Durch diese Allianz erwartet COMPO ab dem Jahr 2008 einen Umsatzzuwachs von rund 20 bis 30 Millionen Euro.

Mit inzwischen 1.300 Mitarbeitern erzielt der Geschäftsbereich COMPO heute einen Umsatz von rund 540 Millionen Euro und damit über 60 Prozent mehr als im ersten Jahr nach der Übernahme (2000) durch K+S. Zwei Drittel des Umsatzes erwirtschaftet COMPO im Profi- und ein Drittel im Consumergeschäft. Regional gibt es allerdings noch weiße Flecken auf der europäischen Landkarte. Das Wachstum von COMPO als führender Anbieter in Europa mit innovativen Produkten geht also weiter.

Geschäftsbereich COMPO

Hauptprodukte und Anwendungsbereiche

Consumer-Marken	Kleinpackungen für Haus und Garten
COMPO	Komplettsortiment Blumenerden, Blumen- und Gartenpflege sowie Pflanzenschutz
Algoflash	Komplettsortiment Blumenerden, Blumen- und Gartenpflege
Gesal, SEM, Gardiflor	Blumenerden, Blumen- und Gartenpflegesortiment sowie Pflanzenschutz für ausgewählte Länder

Profi-Produkte	Spezialprodukte zum Einsatz als Betriebsmittel
Nitrophoska	Mehrnährstoffdünger auf sulfatischer Basis für Gartenbau und Sonderkulturen
ENTEC	Stabilisierter Dünger für landwirtschaftliche Kulturen, Gartenbau und Sonderkulturen
Floranid	Langzeitdünger für Rasen, Sportplätze, Öffentliches Grün und Sonderkulturen
Basacote	Umhüllter Langzeitdünger für Baumschulen, Zierpflanzen und Öffentliches Grün
Hakaphos/Kamasol	Wasserlösliche Salze/Flüssigdünger für Fertigation in Sonderkulturen

Die Entwicklung der fertiva

Unter dem Dach der K+S entwickelte sich die fertiva kontinuierlich weiter. fertiva steuert die weltweiten Marketing- und Vertriebsaktivitäten für stickstoffhaltige Felddünger der K+S Gruppe. Mitte 2001 verlegte die fertiva ihren Firmensitz vom BASF-Agrarzentrum Limburgerhof an den verkehrsgünstig gelegenen Standort Mannheim.

Mit Stickstoffeinzeldüngern erzielt die fertiva knapp 50 Prozent ihres Umsatzes, gefolgt von Mehrnährstoffdüngern mit rund 30 Prozent und dem sulfathaltigen Stickstoffdünger Ammonsulfat mit rund 20 Prozent. Bezogen auf den Handel mit stickstoffhaltigen Düngemitteln hält fertiva in Westeuropa einen Marktanteil von rund sieben Prozent. Mit dem Dünger Ammonsulfat ist fertiva weltweit einer der führenden Anbieter; die Nachfrage nach diesem Schwefeldünger steigt weiter. Hauptprodukt von fertiva ist der NPK-Dünger „Nitrophoska" mit zahlreichen verschiedenen Nährstoffkombinationen. Die Dünger werden von der BASF exklusiv für fertiva produziert und zum kleineren Teil auch von anderen führenden westeuropäischen Produzenten zugekauft. Rund 70 Prozent des Umsatzes von rund 570 Millionen Euro im Jahr 2005 erzielte fertiva in Europa, die übrigen 30 Prozent überwiegend in Asien und Lateinamerika. Während die Stickstoffeinzeldünger (wie Kalkammonsalpeter und Ammonsulfatsalpeter) zumeist an europäische Kunden verkauft werden, sind die Hauptprodukte in den Überseemärkten Mehrnährstoffdünger und Ammonsulfat.

fertiva operiert in Europa in einem Markt, der insbesondere in den 1990er Jahren von zahlreichen Konsolidierungen auf Seiten der Stickstoffdüngerproduzenten geprägt war. Viele Jahre bestimmten Überkapazitäten und rückläufige Preise das Geschehen. Die BASF legte daher im Jahr 2002 in Ludwigshafen eine Produktionsanlage für Mehrnährstoffdünger mit einer Kapazität von 600.000 Tonnen pro Jahr still. In den Folgejahren verbesserte sich die Situation in Europa wieder. Ausgelöst von einer steigenden Nachfrage und einem starken

Preisanstieg beim wichtigen Rohstoff Ammoniak stiegen auch die Erlöse. Außerdem trug die Bildung neuer eigenständiger Unternehmen (wie Yara, Kemira GrowHow) zu einem verstärkt renditeorientierten Verhalten in der Stickstoffdüngerbranche bei. Zur Optimierung ihres Geschäfts nahm die fertiva eine Reihe von Produktbereinigungen vor und forcierte gleichzeitig den Ausbau der sulfathaltigen Sorten. Die fertiva-Strategie zielt weniger auf die Vergrößerung von Marktanteilen, sondern auf die Konzentration auf ausgewählte, langfristig attraktive Marktsegmente in Europa und Übersee.

Den Vertrieb organisierte fertiva komplett um: Für die wichtigsten Märkte Deutschland/Benelux sowie Frankreich etablierte fertiva in Mannheim und Paris („fertiva France") eigene Vertriebsorganisationen. In Spanien gibt es innerhalb der „COMPO Agricultura" ein fertiva-Department. In den übrigen Märkten Europas beliefert fertiva jeweils nur einen oder zwei Großkunden, die direkt vom zentralen Vertrieb in Mannheim betreut werden.

Auch das Überseegeschäft der fertiva wurde neu organisiert. In Übersee ist das Mannheimer Unternehmen heute sehr schlank aufgestellt. Seit dem Jahr 2000 pflegt die „fertiva latinoamericana" mit Sitz in Buenos Aires (Argentinien) die von der BASF übernommenen guten Beziehungen zu Importeuren, Großhändlern und Industriekunden in nahezu ganz Südamerika. Über die 2003 gegründete „K+S Asia Pacific", eine Verschmelzung der „fertiva Asia Pacific" mit der K+S-Vertriebstochter „SEAFCO", bearbeitet fertiva von Singapur und Shenzen (China) aus die Märkte in Südostasien und Australien/Neuseeland.

linke Seite Die Zentrale der fertiva in Mannheim ist verkehrsgünstig auf zwei Etagen im Victoria-Turm in der Nähe des Hauptbahnhofs untergebracht.

links unten Mit dem Dünger Ammonsulfat ist fertiva weltweit einer der führenden Anbieter. Die Nachfrage nach diesem sulfathaltigen Stickstoffdünger steigt weiter.

Geschäftsbereich fertiva

Hauptprodukte und Anwendungsbereiche

Mehrnährstoffdünger

Nitrophoska, Nitrophos	Landwirtschaft (Nährstoffbestandteile: Stickstoff, Phosphat, Kali, Magnesium, Schwefel; je nach Bedarf und Anwendung)

Stickstoffeinzeldünger

Kalkammonsalpeter	Landwirtschaft
Ammonnitrat	Landwirtschaft
ass (Ammonsulfatsalpeter)	Landwirtschaft (Stickstoff-Schwefeldünger)

Ammonsulfat

Ammonsulfat	Landwirtschaft, Rohstoff für Mehrnährstoffdünger-Industrie und Bulk-Blender

Die Standorte der K+S Gruppe

Düngemittel und Pflanzenpflege: Produktions- und Vertriebsstandorte in Europa

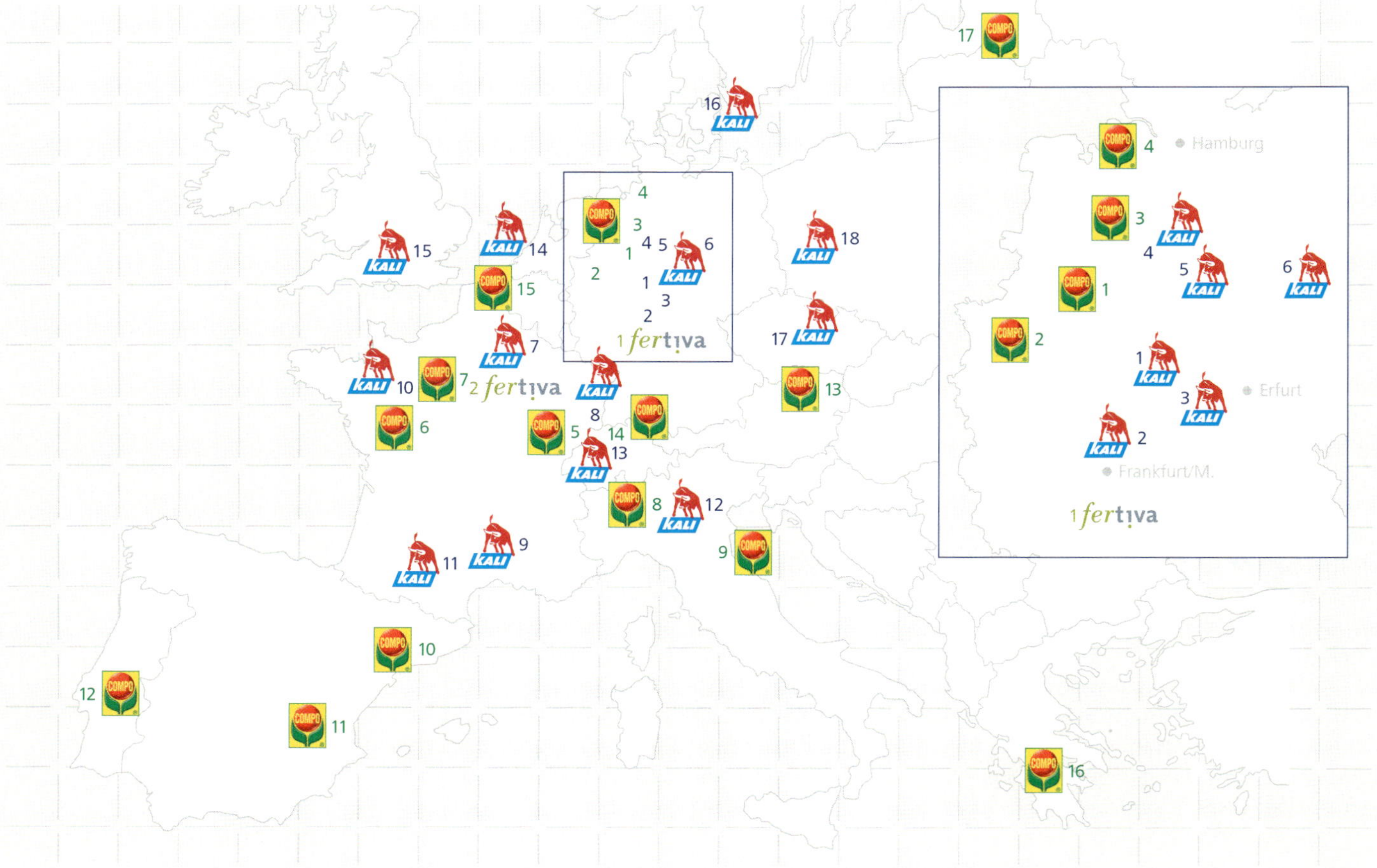

Geschäftsbereich Kali- und Magnesiumprodukte	**Geschäftsbereich COMPO**	**Geschäftsbereich fertiva**	**Übersee**

Geschäftsbereich Kali- und Magnesiumprodukte

Deutschland:
1   K+S KALI GmbH, Kassel
2   Werk Neuhof-Ellers, Neuhof
3   Werk Werra (Heringen / Philippsthal / Unterbreizbach)
4   Werk Sigmundshall, Wunstorf-Bokeloh
5   Werk Bergmannssegen-Hugo, Sehnde-Ilten
6   Werk Zielitz, Zielitz

Frankreich:
7   K+S KALI & SCPA France, Reims (Standort Berry au Bac, Beteiligung)
8   Standort CCW, Wittenheim
9   Standort du Roure, Le Teil
10 Standort Masdac, Pré en Pail
11 Standort Rodez, Onet le Château

12 Italien: SOPOMA, Verona
13 Schweiz: Kali AG, Frauenkappelen
14 Niederlande: K+S Benelux, Breda
15 Großbritannien: Potash Limited, Hertford
16 Dänemark: Kali-Importen, Hvidovre
17 Tschechische Republik: K+S CZ, Prag
18 Polen: K+S Polska, Poznan

Geschäftsbereich COMPO

Deutschland:
1   COMPO GmbH & Co.KG, Münster
2   Werk Krefeld, Krefeld
3   Torf- und Humuswerk Uchte, Uchte
4   Torf- und Humuswerk Gnarrenburg, Gnarrenburg

Frankreich:
5   COMPO France, Roche-lez-Beaupré
6   COMPO France, Château Renault
7   COMPO France, Levallois-Perret

Italien:
8   COMPO Agricoltura, Cesano Maderno
9   COMPO Agricoltura, Ravenna

Spanien:
10 COMPO Agricultura, Barcelona
11 COMPO Agricultura, La Vall d'Uixó

12 Portugal: Saleable Imp. & Exp., Lissabon
13 Österreich: COMPO Austria, Wien
14 Schweiz: COMPO Jardin, Allschwil
15 Belgien: COMPO Benelux, Deinze
16 Griechenland: COMPO Hellas, Marousi / Korinth
17 Lettland: Livanu Kudras Fabrika, Livani (Beteiligung)

Geschäftsbereich fertiva

1   Deutschland: fertiva GmbH, Mannheim
2   Frankreich: fertiva France, Levallois-Perret

Übersee

Kali- und Magnesiumprodukte:
USA: PICC, New York
Brasilien: Potabrasil, Sao Paulo
Singapur: K+S Asia Pacific, Singapur
China: K+S Asia Pacific, Shenzen
Südafrika: Potash S.A., Johannesburg

COMPO:
Brasilien: COMPO do Brasil, Florianópolis
Chile: COMPO AGRO Chile, Santiago de Chile
Mexiko: COMPO Fertilizantes de Mexico, Mexico City

fertiva:
Argentinien: fertiva latinoamericana, Buenos Aires

Salz: Produktions- und Vertriebsstandorte in Europa

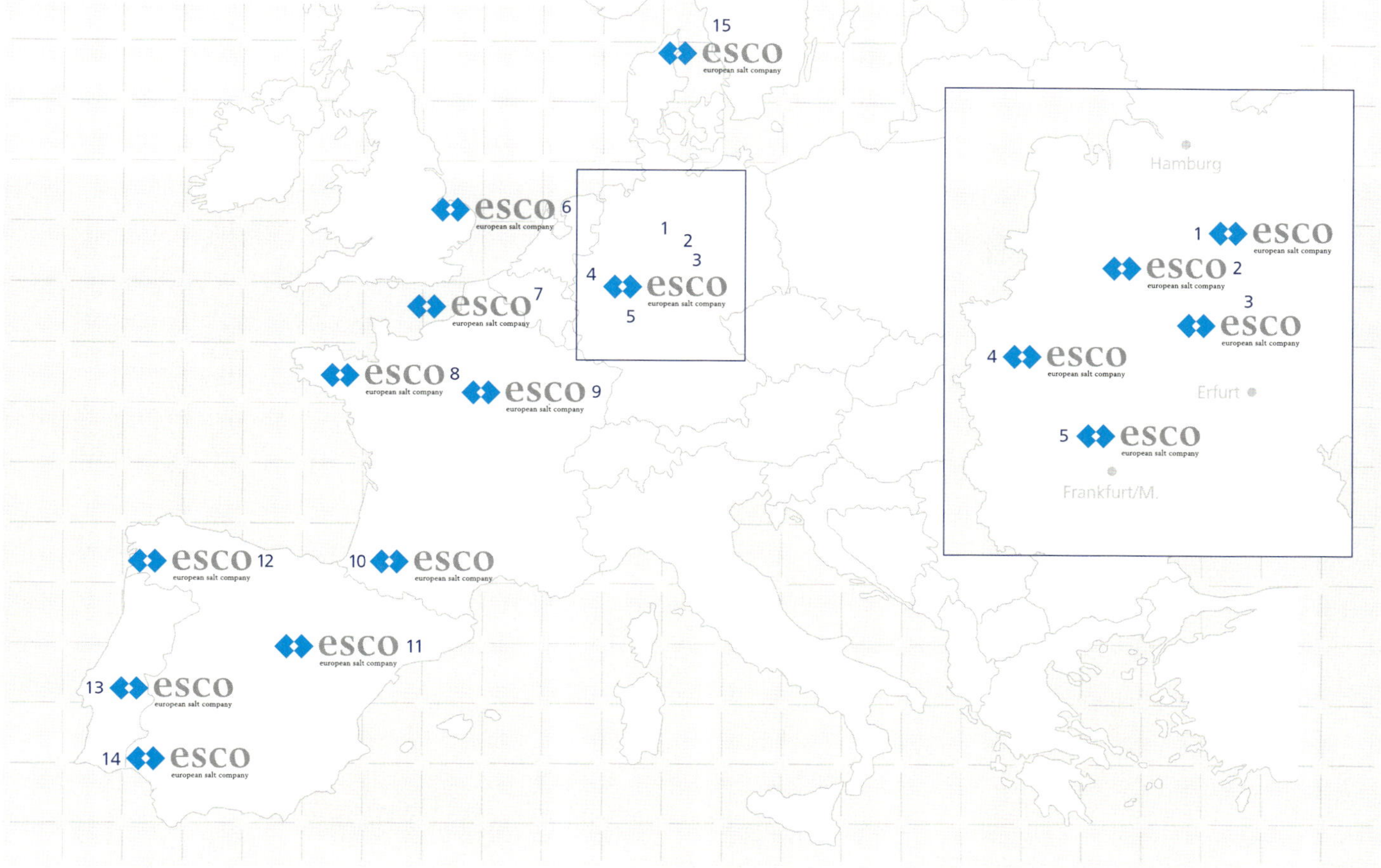

Geschäftsbereich Salz esco european salt company

Deutschland:

1 esco – european salt company GmbH & Co.KG, Hannover
2 Werk Braunschweig-Lüneburg, Grasleben
3 Werk Bernburg, Bernburg
4 Werk Borth, Rheinberg
5 Ickenroth, Staudt

6 Niederlande: Frisia Zout, Harlingen
7 Belgien: esco Benelux, Brüssel

Frankreich:
8 esco France, Levallois-Perret
9 Standort Dombasle
10 Standort Bayonne

Spanien:
11 esco Spain, Barcelona
12 Standort Torrelavega

Portugal:
13 Vatel, Standorte Alverca / Povoa
14 Vatel, Standort Olhão

15 Schweden: esco Nordic, Göteborg

Geschäftsbereich Entsorgung und Recycling K+S

Deutschland:

1 K+S Entsorgung GmbH, Kassel
2 Untertage-Deponie Herfa-Neurode, Heringen
3 Untertage-Deponie Zielitz, Zielitz
4 Untertage-Verwertung Hattorf, Philippsthal
5 Untertage-Verwertung Wintershall, Heringen
6 Untertage-Verwertung Unterbreizbach, Unterbreizbach
7 Untertage-Verwertung Bernburg, Bernburg
8 REKAL-Anlage (Werk Sigmundshall), Wunstorf-Bokeloh
9 K+S Baustoffrecycling GmbH, Sehnde

10 Schweiz: K+S Entsorgung (Schweiz) AG, Frauenkappelen

Geschäftsbereich Dienstleistungen und Handel K+S

Deutschland:

1 data process GmbH, Kassel
1 K+S Consulting GmbH, Kassel
11 Kali-Transport Gesellschaft mbH / German Bulk Chartering GmbH, Hamburg
12 UBT See- und Hafen-Spedition GmbH, Rostock
13 biodata ANALYTIK GmbH, Linden
14 biodata ANALYTIK GmbH, Magdeburg
15 Chemische Fabrik Kalk GmbH, Köln
16 MSW-CHEMIE GmbH, Langelsheim (Beteiligung)
17 CATSAN®-Granulierung, Bad Salzdetfurth

1 **K+S Aktiengesellschaft,** Kassel K+S

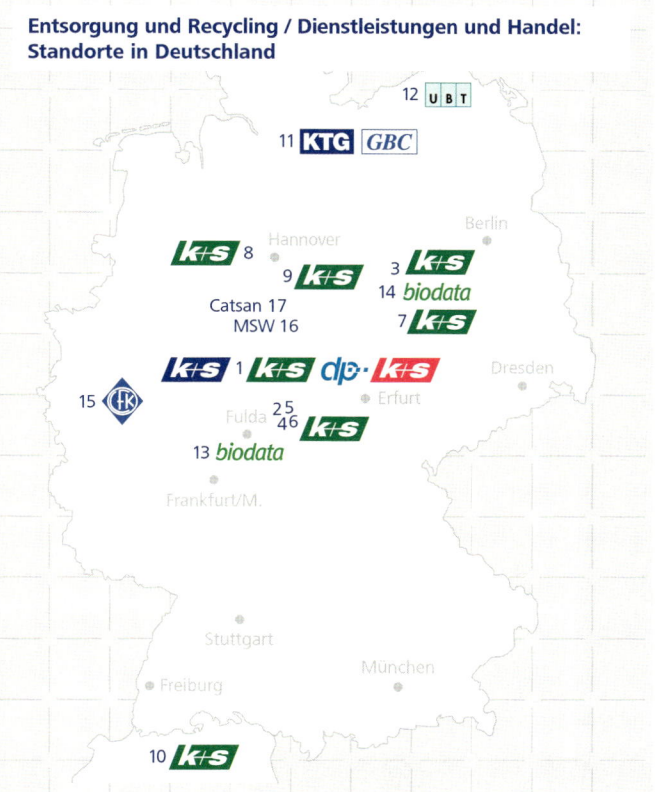

Entsorgung und Recycling / Dienstleistungen und Handel: Standorte in Deutschland

WACHSTUM IM GESCHÄFTSFELD „SALZ"

linke Seite Im Salzwerk Bernburg in Sachsen-Anhalt wird Steinsalz im Kammerbau gewonnen.

links Salzprodukte der K+S Gruppe: Speisesalz mit Jod und Fluor versorgt den Körper mit lebenswichtigen Mineralstoffen und beugt Mangelerscheinungen vor.

rechts Als Futterergänzungsmittel werden Salzlecksteine mit verschiedenen Mineralien und Spurenelementen angeboten.

Der Ausbau des Geschäftsbereichs Salz: Gründung der Frisia Zout

K+S gehörte bereits Ende der 1990er Jahre zu den größeren Salzproduzenten Europas. K+S produzierte und verkaufte mit etwa 650 Mitarbeitern rund 2,5 Millionen Tonnen Festsalz (1999) und hatte am deutschen Markt einen Anteil von rund 20 Prozent. Der Export konzentrierte sich auf die logistisch günstig gelegenen Märkte in West-, Mittel- und Nordeuropa. 1999 steuerte der Geschäftsbereich Salz mit einem Umsatz von 289 Millionen Mark rund 12 Prozent zum Gruppenumsatz bei.

K+S produziert Speisesalz (für Privathaushalte sowie Brezel- und Pökelsalz für die Nahrungsmittelindustrie), Gewerbesalz (Geschirrspülersalz, Salz für die Wasserenthärtung, Salzlecksteine und Futtermittelsalz für die Viehhaltung, Fischereisalz für die Fischkonservierung, Häutesalz für Gerbereien, Pharmasalz und andere Salze), Industriesalz für die chemische Industrie (Chloralkali-Elektrolyse) sowie Auftausalz für den öffentlichen Winterdienst und private Haushalte, dessen Absatz allerdings von der Witterung bestimmt wird. Natriumchloridsole für die eigenen Siedesalzanlagen und die chemische Industrie rundet das Salz-Sortiment ab.

Der deutsche Salzverbrauch ist in den vergangenen Jahrzehnten erheblich gestiegen. Um 1900 wurden in Deutschland in 70 Salinen und 20 Steinsalzwerken etwa 1,3 Millionen Tonnen Salz (NaCl) produziert, davon jeweils die Hälfte Stein- und Siedesalz. Anfang der 1950er Jahre waren es in der Bundesrepublik

bereits 3,3 Millionen Tonnen (darunter auch rund 0,7 Millionen Tonnen Sole) und 2004 mehr als 15 Millionen Tonnen jährlich (davon etwa 7 Millionen Tonnen Sole). Die heute verbliebenen vier deutschen Salzproduzenten (K+S/esco, Südsalz/Südwestdeutsche Salzwerke, Wacker-Chemie und Saline Luisenhall) produzieren in fünf Salinen und sieben Bergwerken. Seit Dezember 2004 fördert auch die „Glückauf Sondershausen Entwicklungs- und Sicherungsgesellschaft mbH" (GSES) kleinere Mengen Steinsalz. Die Mengensteigerung seit 1914 resultiert vor allem aus dem industriellen Salzverbrauch sowie seit den 1960er Jahren aus dem verstärkten Einsatz von Auftausalz zur Verbesserung der Verkehrssicherheit im Winter. Die europäische Salzproduktion beträgt rund 45 Millionen Tonnen jährlich. Das entspricht einem Fünftel der weltweiten Produktion von jährlich 220 Millionen Tonnen.

In der chemischen Industrie wird das Salz nach der Zerlegung in seine Bestandteile Chlor und Natrium (Elektrolyse) für die Herstellung von Chlor und Natronlauge verwendet. Außerdem wird Salz nach dem Solvay-Verfahren für die Herstellung von Soda benötigt. Aus diesen Zwischen- und Grundprodukten werden die unterschiedlichsten Erzeugnisse von Glas über Aluminium, Kunststoff (PVC), Papier und Farben bis hin zu Waschmitteln, Backpulver sowie Medikamenten und Mikrochips hergestellt.

Geschäftsbereich Salz

Hauptprodukte und Anwendungsbereiche

Speisesalz

Sonnensalz, Heide-Jodsalz, Cérébos, Vatel	private Haushalte
Brezelsalz	Nahrungsmittelindustrie
Pökelsalz	Nahrungsmittelindustrie (Fleisch-/Wurstwaren)
Sonstige Speisesalze	Nahrungsmittelindustrie (z. B. Brot, Käse, Konserven)

Gewerbesalz

Axal, Regenit	Wasserenthärtung
Geschirrspülersalz	private Haushalte
Salzlecksteine	Viehhaltung
Futtermittelsalz	Viehhaltung
Fischereisalz	Fischkonservierung
Häutesalz	Gerbereien
Pharmasalz	Medikamente, Infusionslösungen
Sonstige Gewerbesalze	z.B. Bohrspülungen, Färbereien, Lederverarbeitung, Tonwaren

Industriesalz

Industriesalz	Chemische Industrie

Auftaumittel

Auftausalz, Magnesiumchlorid-Lösung anti-rutsch	Winterdienst, öffentliche Straßenbauverwaltungen Streumittel für private Haushalte

Als 1996 in Harlingen in der niederländischen Provinz Friesland ein neues Salzwerk in Betrieb ging, geriet der europäische Salzmarkt in Bewegung. Das Unternehmen „Frima" betrat in mancher Hinsicht Neuland, denn es gewann das Salz per Solung aus zwei Salzkavernen in 3.000 Metern Tiefe. Aus einer solchen Tiefe wurde bisher noch nie Salz gefördert. Über Tage gehörten modernste Produktionsanlagen zum Werk, das für seine Energieversorgung preiswertes Nordsee-Gas nutzte. Der Standort direkt am Hafen von Harlingen zwischen Nordsee und Ijsselmeer bot Frima optimale Anbindungen an die See- und Binnenwasserwege.

Das Unternehmen produzierte rund eine Million Tonnen Siedesalz, hauptsächlich für die Industrie (75 Prozent), aber auch Gewerbe- und Speisesalz (25 Prozent). Mit dieser Produktionsgröße – die Salzwerke Bernburg (K+S) oder Borth (Solvay) erzeugten zum Vergleich jeweils 250.000 Tonnen Siedesalz – setzte Frima insbesondere das Steinsalz preislich unter Druck, da sich für viele Verwendungszwecke immer mehr das volllösliche Siedesalz durchsetzte. Diesen Preiskampf hielt das Unternehmen allerdings nicht lange durch: Da die Kapitaldecke zu dünn war, fehlten der Frima die Mittel für notwendige Neuinvestitionen und Reparaturen. Frima ging in Konkurs. K+S nutzte die Gelegenheit, erwarb die Anlagen und gründete am 1. August 2000 die „Frisia

linke Seite K+S gründete am 1. August 2000 die „Frisia Zout B.V." in Harlingen (Niederlande) als neues Tochterunternehmen. Die Produktions- und Verladeanlagen liegen direkt am Hafen.

links Das aus einem Solfeld in 2.500 bis 3.000 Metern Tiefe gewonnene Salz der Frisia wird in Kristallisatoren (links) aufbereitet und kann direkt in Schiffe verladen werden (rechts).

Zout B.V." in Harlingen als neues Tochterunternehmen. Es war das erste ausländische Engagement von K+S im Bereich Salz. K+S übernahm fast alle 65 Mitarbeiter und integrierte Produktion sowie Vertrieb der Frisia Zout in die eigenen Salzaktivitäten.

K+S startete die nächsten Kavernenbohrungen zur langfristigen Rohstoffversorgung der Frisia Zout. Im Jahr 2002 begann die erste Bohrung, die vom heutigen Solfeld aus in einer 4,8 Kilometer langen S-Kurve bis zur neu zu solenden Kaverne in 2.500 bis 3.000 Metern Tiefe vorstieß. Die Bohrung war technisch äußerst kompliziert und wurde nach einigen Schwierigkeiten im Jahr 2003 schließlich erfolgreich abgeschlossen. Anfang 2004 begannen die Arbeiten für die zweite neue Kavernenbohrung, die innerhalb weniger Monate fertig gestellt wurde. Bis 2012 sollen daraus insgesamt zwölf Millionen Tonnen Salz produziert werden.

Mit der Akquisition von Frisia Zout hatte K+S nach dem Kauf von COMPO und fertiva einen weiteren großen Schritt zum Ausbau ihrer Aktivitäten vollzogen. Im Verbund mit den übrigen Salzproduktionsstandorten von K+S verbesserte Frisia Zout nicht nur Produktion und Logistik der Salzaktivitäten, sondern stellte auch eine hervorragende Ergänzung der K+S-Produktpalette dar und erweiterte die internationale Geschäftsbasis vor allem in Frankreich und den Beneluxstaaten.

Anfang 2004 begannen bei der Frisia Zout die Arbeiten für eine zweite, aufwändige Kavernenbohrung, die innerhalb weniger Monate fertig gestellt wurde.

esco – european salt company

Während sich K+S entschlossen hatte, nach der Übernahme der Frima die Salzaktivitäten strategisch auszubauen, betrachtete der zweite große europäische Salzproduzent, der belgische Solvay-Konzern, das Salzgeschäft nicht mehr als Teil seiner Kernaktivitäten. Solvay wollte sich auf Chemie und Pharmazie konzentrieren und Salz nur noch zur Eigenversorgung herstellen. K+S und Solvay sahen für sich allein kaum Chancen, ihre Marktpositionen wesentlich zu verbessern, zumal die bestehenden Überkapazitäten in Westeuropa tendenziell für Preisdruck sorgten und gleichzeitig preiswerte Ware aus dem Ausland – aus Marokko oder

Osteuropa – auf den westeuropäischen Märkten auftauchte. Nach langen Verhandlungen gründeten K+S und Solvay zum 1. Januar 2002 das Joint Venture „esco – european salt company". K+S war mit 62 Prozent und Solvay mit 38 Prozent beteiligt, die unternehmerische Führung hatten beide Partner gemeinsam. „Wesentliche Zielsetzung" von esco war es, „von Beginn an mit effizienten Strukturen sowie kundennahen und logistisch günstigen Produktionsstandorten in Europa den Markt mit einem kompletten Produktsortiment optimal zu bedienen („Salz für Europa") und gleichzeitig Synergien zur Kostensenkung zu nutzen."

esco – Standorte und Produkte: „Salz für Europa"

K+S brachte in die esco den gesamten Geschäftsbereich Salz mit den Werken Braunschweig-Lüneburg (Grasleben), Bernburg und Frisia Zout (Harlingen) sowie Vertrieb und Marketing ein. Solvay beteiligte sich mit seinem deutschen Salzbergwerk Borth (Bild) am Niederrhein sowie zahlreichen Siedesalz- und Meersalzproduktionsstätten in Belgien (Jemeppe), Frankreich (Dombasle, Bayonne), Portugal (Povoa, Olhão) und Spanien (Torrelavega). Hinzu kamen Vertriebs- oder Verpackungsstandorte in Deutschland (Staudt), Frankreich (Dombasle) und Portugal (Alverca), wo Meersalz zugekauft wird. Die beiden Unternehmensteile passten perfekt zueinander, denn die Solvay-Standorte in Südwesteuropa ergänzten die K+S-Standorte in Deutschland und den Niederlanden. Das bedeutete wichtige Synergien bei den Frachtkosten und in der Produktion. Sitz der esco wurde Hannover. Hier siedelte das Gemeinschaftsunternehmen die zentralen Funktionen Produktionssteuerung, Finanzen und Verwaltung sowie Marketing und Vertrieb an. Der Vertrieb wird sowohl von der Zentrale in Hannover als auch von esco- und K+S-Ländergesellschaften wahrgenommen.

In das neue Gemeinschaftsunternehmen esco brachten beide Partner ihre kompletten Salz-aktivitäten ein, soweit sie nicht von Solvay selbst zur Herstellung von Soda und Elektro-lyse-Produkten gebraucht wurden. Insgesamt verfügte die esco damit über Produktionska-pazitäten von jährlich 5,8 Millionen Tonnen Steinsalz, 2,3 Millionen Tonnen Siedesalz und 1,7 Millionen Tonnen Sole. Mit einer Produk-tion von rund fünf Millionen Tonnen Salz war esco von Anfang an führend in Europa. Das neue Unternehmen beschäftigte rund 1.300 Mitarbeiter (davon 950 in Deutschland) und erwirtschaftete einen Umsatz von rund 330 Millionen Euro.

Der Erfolg von esco übertraf die Erwar-tungen von K+S und Solvay. Dank gesunkener Kosten und eines starken Marktauftritts etab-lierte sich das Unternehmen bereits nach weni-gen Monaten am Markt und erzielte schon im ersten Geschäftsjahr 2002 ein „überaus erfreu-liches" Ergebnis. Die gute Geschäftsentwicklung setzte sich auch in den folgenden Jahren fort und der Umsatz stieg im Jahr 2005 auf rund 400 Millionen Euro. esco konnte witterungs-bedingt große Auftausalzmengen absetzen, verstärkte ihr Speisesalzgeschäft und setzte die geplanten Synergien bei Produktion, Logistik, Marketing und Administration um. Zu den angestrebten Synergieeffekten des Gemein-schaftsunternehmens gehörte auch die Har-monisierung der Produktpalette: esco straffte das Sortiment von 1.300 auf 700 Produkte.

Ende 2003 verhandelten K+S und Solvay über einen Verkauf des verbliebenen 38-prozen-tigen Anteils der Solvay. Am 14. Juni 2004 wurde der Vertrag über den vollständigen Erwerb der esco durch K+S unterzeichnet. „Es war unsere erklärte Strategie", sagte der zuständige K+S-Vorstand Norbert Steiner, „mit esco unsere starke Position auszubauen und den europä-ischen Salzmarkt maßgeblich mitzugestalten."

Produkte für die Pharmaindustrie

Ein besonders interessantes Segment des Salzgeschäfts sind die pharmazeu-tisch nutzbaren Salzsorten. Bereits 1992 gehörte es zum Forschungspro-gramm von K+S, die Kristallisations-verfahren bei Kali- und Magnesium-salzen zu verbessern sowie beim Natriumchlorid für pharmazeutische Zwecke zu nutzen. 1994 konnten neue Produkte für die Pharmaindus-

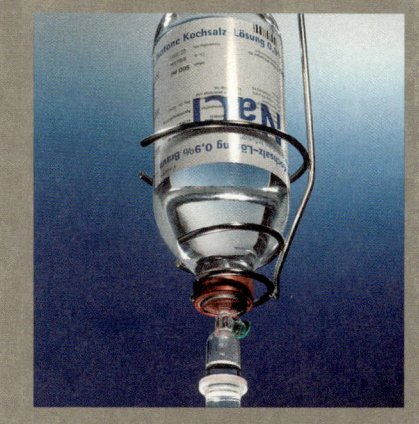

trie erfolgreich am Markt eingeführt werden. Seit dem Jahr 2000 ist der neue pharmazeutische Qualitätsstan-dard GMP („good manufacturing practice") für hochreine Salze und medizinisches Bittersalz auch der Stan-dard für das Verbundwerk Werra, das damit ein wichtiger Zulieferer für die Pharmaindustrie bleibt. Seit 1993 war K+S mit einem Gemeinschaftsstand der BASF alljährlich auf der Pharma-messe „Convention of Pharmaceu-tical Ingredients Worldwide" (CPhI) vertreten, seit 2001 sogar mit einem eigenen Stand. Im Jahr 2004 kam mit der esco ein neuer Standpartner hin-zu. Bei der CPhI präsentiert die K+S Gruppe hochreines Kaliumchlorid (KCl), Kaliumsulfat (K_2SO_4), Natrium-chlorid und Bittersalz in allen Pharma-qualitäten. Natriumchlorid beispiels-weise wird für Infusions- und Dialyse-lösungen benötigt oder zur Tabletten-herstellung, Kaliumsulfat in der Anti-biotika-Herstellung und Bittersalz in Fermentierungsprozessen. K+S ist heute der weltweit größte Hersteller pharmazeutischer Salze.

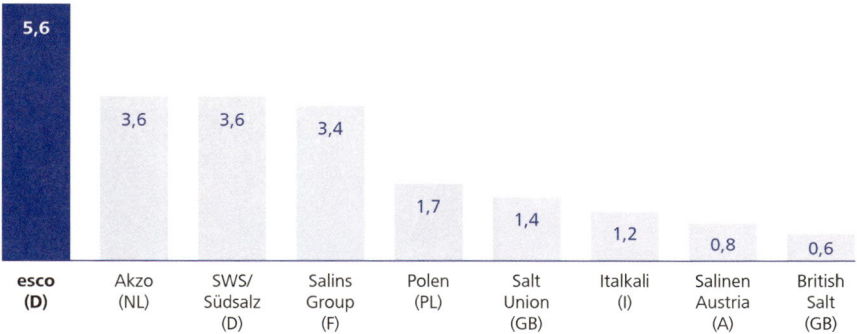

esco (D)	Akzo (NL)	SWS/ Südsalz (D)	Salins Group (F)	Polen (PL)	Salt Union (GB)	Italkali (I)	Salinen Austria (A)	British Salt (GB)
5,6	3,6	3,6	3,4	1,7	1,4	1,2	0,8	0,6

Wichtige Festsalz-Anbieter in Europa 2003/2004 (Angaben in Millionen Tonnen)

Schwerpunkt-Aktivitäten des Geschäftsbereichs Entsorgung und Recycling sind
die untertägige Beseitigung von Abfällen
(oben links: Abmauerung der Einlage-
rungskammern in der Untertage-Deponie
Herfa-Neurode) sowie die untertägige
Verwertung (unten: Einlagerung von
Big Bags in Hattorf). Im Geschäftsbereich
Dienstleistungen und Handel wurden
die Logistik-Aktivitäten ausgebaut
(oben rechts: eine Verladeeinrichtung für
Container in Beiseförth bei Melsungen).

STÄRKUNG VON „ENTSORGUNG"
UND „DIENSTLEISTUNGEN"

Der Geschäftsbereich Entsorgung und Recycling

Im K+S-Geschäftsbereich Entsorgung und Recycling sind die untertägige Abfallbeseitigung und -verwertung, das Baustoff-Recycling und die Aufbereitung von Aluminium-Salzschlacken (REKAL) zusammengefasst. Aus diesen Aktivitäten erzielt K+S einen Umsatz von rund 55 Millionen Euro. In Europa ist K+S der technologisch führende Anbieter für die untertägige, langzeitsichere Entsorgung belasteter Abfälle. Im Markt ist der Geschäftsbereich über die „K+S Entsorgung GmbH" tätig, die das Marketing und den Vertrieb wahrnimmt. K+S betreibt zwei Untertage-Deponien (UTD) und vier Untertage-Verwertungen (UTV) und nutzt dabei die durch bergmännische Rohsalzgewinnung entstandenen Hohlräume für die Entsorgung von Abfällen. Die eingelagerten Abfälle werden – anders als in übertägigen Deponien – der Biosphäre langzeitsicher entzogen. Langfristig fallen keinerlei Sanierungs- und Unterhaltskosten an. Auswirkungen der eingelagerten Abfälle auf Mensch und Umwelt sind ausgeschlossen.

Überkapazitäten und ein starker Preisdruck prägen seit Ende der 1990er Jahre den deutschen Entsorgungsmarkt. Hinzu kamen gesetzliche Bestimmungen zur Abfallvermeidung und zur stofflichen Verwertung von Abfällen, wodurch die Stoffmengen zurückgingen, die deponiert werden mussten. Von 1999 bis 2004 sorgten größere Sanierungsprojekte von Altlasten in Sachsen-Anhalt für einen erheblichen – allerdings zeitlich befristeten – Anstieg der untertätig deponierten Abfälle und Rückstände. Mit dem Auslaufen dieser Projekte bewegte sich das Deponiegeschäft im Jahr 2005 auf einem niedrigeren „Normalniveau". Angesichts dessen hat K+S ihre Bemühungen zur Akquisition von Abfallmengen im europäischen Ausland verstärkt. Seit den 1990er Jahren hat der Geschäftsbereich seine Kostenstrukturen verbessert, die Arbeitsabläufe optimiert und im hart umkämpften Markt der Abfallbeseitigung seine führende Position gehalten.

Als besonders wichtiger Wachstumssektor erwies sich seit 1999 die Entsorgung von Rauchgasreinigungsrückständen, die in Müllverbrennungsanlagen durch die Reinigung belasteter Rauchgase entstehen. In der Entsorgung dieser Abfälle nimmt die K+S Entsorgung GmbH in Deutschland eine führende Position ein. Die Filterstäube werden von K+S hauptsächlich in den Untertage-Verwertungen als Versatzmaterial (Stützmaterial) genutzt. Da in Deutschland seit Juni 2005 die Deponierung von unbehandeltem Hausmüll verboten ist, werden die Abfälle zunehmend verbrannt, wodurch die Rückstandsmengen auch entsprechend steigen. Das eröffnet

Anlage zum Recycling von Baustoffen in Sehnde östlich von Hannover

dem Geschäftsbereich neue Chancen, die bereits 2005 genutzt wurden.

Am Standort des ehemaligen Kaliwerks Friedrichshall in Sehnde östlich von Hannover betreibt K+S seit 1996 eine Anlage zum Recycling von Baustoffen, um die Halde des Bergwerks mit Boden und Bauschutt abzudecken. Verwertet werden unterschiedlichste Bodenarten und Bauschutt. Die Abdeckung der Halde wird – in Abhängigkeit von den zur Verfügung stehenden Materialmengen – in spätestens 25 Jahren abgeschlossen sein.

Seit rund 30 Jahren wird im Werk Sigmundshall das Schmelzsalz „Montanal" hergestellt, das die Sekundäraluminiumindustrie in großen Mengen für die Produktion benötigt. 1995 wurde zusätzlich eine REKAL-Anlage in Betrieb genommen, in der die im Aluminium-Schmelzprozess entstehende Salzschlacke aufgearbeitet und zu 100 Prozent verwertet wird. Dieses Projekt ist ein gutes Beispiel für die effiziente Kooperation zwischen den Geschäftsbereichen Entsorgung und Recycling sowie Kali- und Magnesiumprodukte.

Der Geschäftsbereich Dienstleistungen und Handel

Im Geschäftsbereich Dienstleistungen und Handel hat K+S verschiedene für die K+S Gruppe funktionell wichtige Aktivitäten gebündelt. Dazu gehören grundlegende Dienstleistungen wie Logistik, IT, Analytik, Handel und Consulting, die von allen Geschäftsbereichen genutzt und in begrenztem Umfang auch Dritten angeboten werden. Der hieraus im Geschäftsbereich Dienstleistungen und Handel erzielte Umsatz beläuft sich auf rund 55 Millionen Euro. Zu den wichtigsten Aktivitäten und Standorten des Bereichs zählen die Granulierung von Catsan®-Katzenstreu im ehemaligen Kaliwerk Salzdetfurth, die Logistikaktivitäten der Kali-Transport Gesellschaft mbH (KTG) mit dem Kalikai und den Tochterunternehmen UBT und GBC, der Handel mit Grundchemikalien der Kölner CFK sowie die Bereiche IT (data process GmbH) und Analytik (K+S Consulting GmbH mit dem Tochterunternehmen biodata ANALYTIK GmbH).

Die KTG in Hamburg feierte 2002 ihr 75-jähriges Jubiläum. Über den „Kalikai" in Hamburg-Wilhelmsburg wickelt K+S die Exporte von Düngemitteln nach Skandinavien, England oder in den Mittelmeer-Raum, nach Brasilien, China und Indien ab. Mit einem Umschlagsvolumen von rund vier Millionen Tonnen Dünger und Getreide pro Jahr gehört die KTG zu den größten Massengut-Betrieben im Hamburger Hafen. An der 500 Meter langen Kai-

anlage können Schiffe bis zu 32,20 Metern Breite („Panmax") abgefertigt werden. Außerdem befrachtet die KTG über ihre 1990 gegründete Tochtergesellschaft „German Bulk Chartering GmbH" (GBC) exklusiv die Schiffsladungen der K+S Gruppe.

Am Kalikai können täglich bis zu 45.000 Tonnen umgeschlagen werden. Die Produkte werden überwiegend per Bahn im Taktverkehr von den Kaliwerken angeliefert. Um ihre Lagerkapazitäten an die immer größeren Schiffsladungen anzupassen, erweiterte die KTG 2003 ihre Lagerkapazität um 40.000 Tonnen auf 325.000 Tonnen.

Aufgrund der steigenden chinesischen Importe von Kohle, Erz, Stahl und anderen Massengütern haben sich in den vergangenen Jahren die Seefrachten für lose Massengüter deutlich verteuert; in der Spitze war ein Anstieg auf das Dreifache zu verzeichnen. Um diesen Kostensteigerungen entgegen zu wirken, nutzt K+S insbesondere seit 2003 verstärkt Container-Transporte zur Belieferung asiatischer Märkte. China braucht beispielsweise für den Export Hunderttausende Container, die nach der Entleerung für die Rückfracht genutzt werden können. Waren es 2001 erst 1.665 Standard-Container, so wurden 2005 am Kalikali bereits rund 25.000 Container mit Kali beladen, die per LKW zu den benachbarten Container-

K+S nutzt Container-Transporte für die Lieferung von Düngemitteln in asiatische Märkte (links: Container-Entladung im chinesischen Hafen Chiwan). Der Transport von den Standorten der K+S zu den europäischen Kunden sowie zum Hamburger Kaliterminal erfolgt zu großen Teilen per Bahn in Ganzzügen (rechts).

K+S bietet ein breites Spektrum von Analytik-Dienstleistungen für umweltrelevante Untersuchungen an (links: Labor der biodata ANALYTIK). Die EDV-Dienstleistungen sind in der data process gebündelt (rechts).

terminals und von dort aus per Schiff nach China oder Südostasien gingen.

Um das vorhandene Logistik-Knowhow noch besser zu nutzen und das Logistikgeschäft konsequent weiter auszubauen, erwarb K+S im Jahr 2000 die Spedition und Schiffsagentur „UBT See- und Hafen-Spedition GmbH" in Rostock. Die „United Bulk Transport" (UBT) ist auf Massengüter („Bulk") und Massenstückgüter spezialisiert, organisiert jedes Jahr den Umschlag von rund zwei Millionen Tonnen an Anlagen Dritter, arbeitet als LKW-Spediteur und ergänzt hervorragend das vorhandene Geschäft der KTG.

Um ihren Kunden angesichts der sich verteuernden Gütertransporte auf der Straße attraktive, preisgünstige und umweltschonende Verbindungen in die Küstenregionen anzubieten, hat die KTG 2002 den „Baltic Train" eingerichtet, zunächst als Regelzug für Container zwischen dem Ostseehafen Wismar und Hamburger Terminals. Eine zweite Bahncontainerlinie des „Baltic Train" verkehrt seit Juli 2003 zwischen dem nordhessischen Beiseförth bei Melsungen und Hamburg. Weitere Linien, zum Beispiel von Salzgitter nach Bremen, werden neu entwickelt. Anfang 2002 richtete die KTG zusammen mit Partnern ein Binnenschiff-Shuttle zwischen Hamburg und Haldensleben am Mittellandkanal ein (Börde-Container-

Feeder GmbH). So entwickelte sich die KTG mit ihren Töchtern vom reinen Umschlagbetrieb zum Logistik-Unternehmen von K+S, das in wachsendem Maß für Dritte tätig ist.

Darüber hinaus bietet K+S zahlreiche Consulting- und Analytik-Dienstleistungen für Untersuchungen von Boden und Wasser, Rohstoffen und Produkten sowie eine mobile Luftüberwachung an. 2002 erwarb K+S die „Bio-Data GmbH, Labor für Boden, Umwelt und Ernährung" in Linden bei Gießen, die schon zuvor für K+S gearbeitet hatte. Mit 30 Mitarbeitern bietet die inzwischen in „biodata ANALYTIK GmbH" umbenannte K+S-Tochter den Gruppengesellschaften sowie externen Kunden ein breites Leistungsspektrum von Beratung, Gutachten und Messungen mit Schwerpunkten in den Bereichen Agrar, Umwelt und Lebensmittel an. Die biodata ergänzt die Arbeiten des K+S-Forschungs-Instituts in Heringen/Werra sowie die Labore der Kaliwerke.

DAS UNTERNEHMENSWACHSTUM 1998 BIS 2006

Im Überblick:
Die Unternehmensentwicklung 1998–2006

K+S hat seit der Übernahme der Anteile der Treuhand/BvS an der Kali und Salz GmbH im Jahr 1998 eine bemerkenswerte Entwicklung vollzogen. Der Umsatz stieg durch internes Wachstum und Akquisitionen von 1,1 Milliarden auf rund 2,8 Milliarden Euro (2005), das operative Ergebnis von 72 Millionen auf einen Wert von rund 250 Millionen Euro (Erwartung für 2005). Das wäre das beste Ergebnis in der bisherigen Unternehmensgeschichte der K+S Gruppe. Die Belegschaft wuchs von etwa 8.700 auf rund 11.000 Mitarbeiter. Als wichtige Entwicklungsschritte sind hervorzuheben:

● Nachdem im Kaligeschäft durch erfolgreiche Umstrukturierungs- und Rationalisierungsmaßnahmen und die Verbesserung der Rahmenbedingungen seit 1997 wieder Gewinne erwirtschaftet worden waren, steigerte die K+S Gruppe ihren Jahresüberschuss bis 1999 auf annähernd 100 Millionen Euro. In dieser Zeit bewies K+S, dass die Fusion mit der ostdeutschen Kaliindustrie ein voller Erfolg war und die Kali-Arbeitsplätze in ganz

Deutschland unter den gegenwärtigen Rahmenbedingungen sicherer geworden sind.

● Im Jahr 2000 sorgten die Übernahmen von COMPO und fertiva für einen Wachstumssprung, der einmalig in der Firmengeschichte ist. Das Unternehmen veränderte sich grundlegend – sowohl qualitativ als auch quantitativ. Aus Kali und Salz wurde K+S. 2001 wurde die Produktpalette der COMPO durch Akquisitionen (Algoflash, Gesal) ergänzt. Verstärkt wurde die Neuausrichtung der K+S durch den Ausbau des „klassischen" Geschäftsbereichs Salz mit der Übernahme der Frisia Zout und der Gründung des Joint Ventures esco im Jahr 2002.

● In den Jahren 2003 bis 2006 setzt K+S eine Vielzahl interner Struktur- und Prozessverbesserungen um. Schwerpunkt war das Arbeitsgebiet Kali. Aber auch die Geschäftsbereiche COMPO und Salz steigerten die Effizienz. Die zusätzlich zur Verfügung stehende Sylvinit-Kapazität im Kaligeschäft und die Übernahme

Das neue Haus

Am Firmensitz in Kassel waren die K+S-Mitarbeiter
Ende der 1990er Jahre über acht Standorte verteilt. Diese Zersplitterung kostete Zeit und Geld
und behinderte die Arbeit. Ein verkehrstechnisch
günstig gelegenes Grundstück fand K+S direkt
neben dem ICE-Bahnhof Kassel-Wilhelmshöhe.
Dort wurde am 30. September 1999 der Grundstein für ein neues Verwaltungsgebäude gelegt.
Im Juni 2001 wurde der 40 Millionen Mark teure
Neubau feierlich eingeweiht. K+S legte besonderen Wert darauf, „dass unseren Mitarbeitern
ein hohes Maß an Raumqualität und Arbeits-
atmosphäre geboten wird."

wesentlicher Teile der europäischen Düngemittel-Aktivitäten
der französischen SCPA stärkten die Position von K+S im internationalen Kalimarkt. Hinzu kam der unerwartete und über-
durchschnittlich starke Anstieg der Weltkalinachfrage, der das
Geschäft beflügelte. Mit der vollständigen Übernahme der esco
im Jahr 2004 wurde K+S zudem der führende Salzanbieter in
Europa. Und auch COMPO konnte mit ihrer Akquisition in
Deutschland und der Beteiligung in Lettland ihre Rohstoffbasis
für das Blumenerdengeschäft langfristig sichern und gleichzeitig
die Perspektiven im Pflanzenschutzgeschäft durch die Zusammenarbeit mit Syngenta stärken.

links Blick in den Saal der Stadthalle
Kassel zur Hauptversammlung der
K+S AG im Jahr 2001.

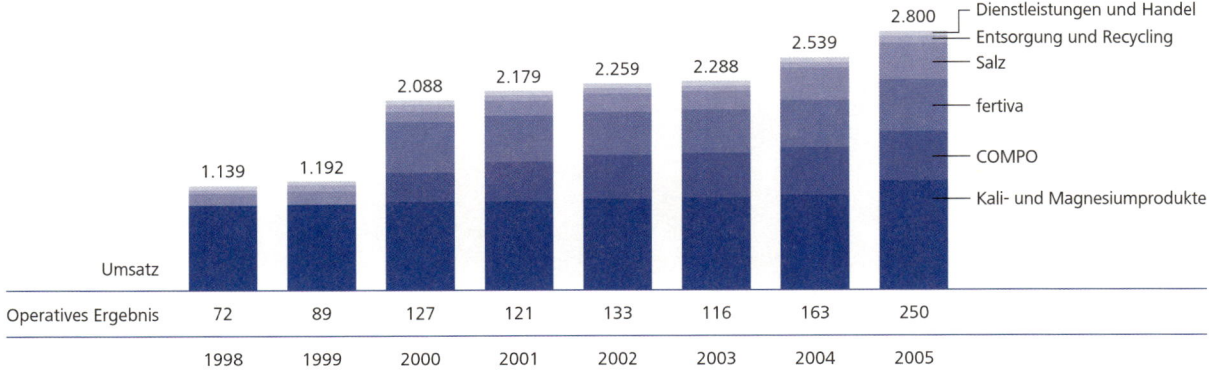

	1998	1999	2000	2001	2002	2003	2004	2005
Umsatz	1.139	1.192	2.088	2.179	2.259	2.288	2.539	2.800
Operatives Ergebnis	72	89	127	121	133	116	163	250

Dienstleistungen und Handel
Entsorgung und Recycling
Salz
fertiva
COMPO
Kali- und Magnesiumprodukte

Entwicklung von Umsatz und Operativem Ergebnis der K+S Gruppe 1998–2005
(Angaben in Millionen Euro; bis 2003 HGB, ab 2004 IFRS; Werte 2005 Erwartung)

Die Entwicklung der Aktie (1998–2006)

K+S-Finanzvorstand Norbert Steiner auf der Hauptversammlung 2005; Steiner ist seit dem Jahr 2000 Mitglied des Vorstands der K+S AG und wurde zum 1. Januar 2006 zum stellvertretenden Vorstandsvorsitzenden berufen.

Am 21. September 1998 wurde die Aktie der Kali und Salz Beteiligungs AG in das Börsensegment MDAX aufgenommen, das zu diesem Zeitpunkt 70 mittelgroße, börsennotierte Unternehmen umfasste. Gründe dafür waren der deutlich gestiegene Börsenumsatz der K+S-Aktie wegen der größeren Verfügbarkeit im Börsenhandel nach dem Verkauf von K+S-Aktien durch die BASF, sowie die höhere Marktkapitalisierung. Während sich die Aktienmärkte 1998 insgesamt konsolidierten, entwickelte sich der Kurs der K+S-Aktie besser als DAX und MDAX. Dieser Trend setzte sich mit dem Wachstumskurs der Gruppe in den nächsten Jahren fort. In den schwierigen Börsenjahren 2000 bis 2002 profitierte die K+S-Aktie zusätzlich von der Renaissance der so genannten „Value-Aktien", nachdem die Blase der „New Economy" geplatzt war. Die operativen und strategischen Erfolge der Gruppe, die Höhe der Dividende und nicht zuletzt die solide und hohe Bilanz- und Finanzkraft trugen dazu bei, dass die K+S-Aktie stetig an Wert gewann.

In den folgenden Jahren sorgten die Wachstumsperspektiven von K+S verbunden mit der weltweit guten Entwicklung der gesamten Düngemittelbranche für einen kräftigen Kursanstieg. Die Performance der K+S-Aktie übertraf deutlich die Entwicklung des DAX und des MDAX. Der Kurs der K+S-Aktie stieg zum Jahresanfang 2006 auf ein Niveau von rund 55 Euro; gegenüber dem Jahresanfang 1998 hatte sich der Aktienkurs damit versiebenfacht und der Börsenwert der K+S AG stieg von rund 400 Millionen Euro auf 2,3 Milliarden Euro. In mehreren Aktienrückkaufprogrammen kaufte die K+S AG zwischen 1999 und 2003 insgesamt 7,5 Millionen Aktien (15 Prozent des ursprünglichen Grundkapitals) zurück und zog sie ein. Damit wurde Liquidität an die Aktionäre zurückgegeben. Gleichzeitig verbesserten sich wichtige Bewertungskennzahlen wie die Eigenkapitalrendite, da sich der Wert des Unternehmens seither auf weniger Aktien verteilt.

Im Oktober 2005 begann K+S erneut mit dem Rückkauf eigener Aktien. Bis Jahresende 2005 wurden insgesamt 1,25 Millionen Aktien zurückgekauft, um diese anschließend einzuziehen. Darüber hinaus gliederte K+S Pensionsrückstellungen aus der Bilanz aus. Beide Maßnahmen optimierten die Kapitalstruktur der K+S, ohne den erforderlichen Handlungsrahmen für weitere Akquisitionen, Beteiligungen sowie Kooperationen einzuschränken.

In der Investor-Relations-Arbeit setzt K+S nach eigenen Worten auf eine „transpa-

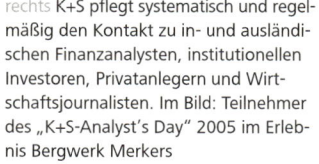

rechts K+S pflegt systematisch und regelmäßig den Kontakt zu in- und ausländischen Finanzanalysten, institutionellen Investoren, Privatanlegern und Wirtschaftsjournalisten. Im Bild: Teilnehmer des „K+S-Analyst's Day" 2005 im Erlebnis Bergwerk Merkers

rente Finanzkommunikation, die Vertrauen am Kapitalmarkt schafft". K+S pflegt systematisch und regelmäßig den Kontakt zu in- und ausländischen Finanzanalysten, institutionellen Anlegern, Privatanlegern und Wirtschaftsjournalisten. Bestandteil der Arbeit sind regelmäßige Analystenkonferenzen, Telefonkonferenzen sowie „Roadshows" und eine Vielzahl von Einzelgesprächen mit (potenziellen) Investoren und Analysten. Im Jahr 2005 wurden beispielsweise rund 20, zum Teil mehrtägige Roadshows und 7 Investoren-Konferenzen in Deutschland, den Beneluxstaaten, Dänemark, England, Frankreich, Irland, Österreich, in der Schweiz sowie in den USA und Kanada durchgeführt. Diese Anstrengungen spiegeln sich in vielen Analystenempfehlungen wider. Die K+S-Aktie entwickelte sich zu einem viel beachteten, renditestarken Papier. Entsprechend ergebnisorientiert ist auch die K+S-Dividendenpolitik: Nachdem für das Geschäftsjahr 1998 erstmals nach vielen Jahren wieder eine Dividende von 0,36 Euro je Aktie gezahlt werden konnte, stieg die Ausschüttung entsprechend der positiven Ergebnisentwicklung auf 1,30 Euro für das Jahr 2004. Für das Jahr 2005 geht K+S von einer weiteren signifikanten Steigerung der Dividende aus.

Das Börsen-Journal „Wertpapier" zählte die K+S-Aktie neben BASF, BMW, Siemens, Continental, E.ON und Hugo Boss zu den besten deutschen Aktien im Jahr 2004.

K+S-Aktienkurs im Vergleich zu DAX und MDAX 1998–2006 (Stand: 27. Januar 2006) (Index: 31.12.1997=100)

Ausbildung bei K+S

Ein wichtiger Bestandteil der Zukunftssicherung bei K+S ist die betriebliche Ausbildung junger Menschen. Für Arbeitsdirektor Dr. Thomas Nöcker ist es das „Ziel des Unternehmens, den eigenen Bedarf an Fachkräften durch entsprechende Ausbildung zu sichern. Ausbildung ist eine Investition in die Zukunft und ein wichtiger Beitrag zum Unternehmenserfolg." Die unternehmerische Notwendigkeit geht Hand in Hand mit der gesellschaftlichen Verantwortung als Arbeitgeber. Jedes Jahr werden rund 160 Auszubildende eingestellt, so dass beständig fast 600 junge Menschen (das sind mehr als fünf Prozent der Belegschaft) ausgebildet werden. Ein großer Teil von ihnen wird nach erfolgreichem Abschluss übernommen und sofort in den Arbeitsprozess integriert. Die Ausbildung in den klassischen Berufsfeldern wird durch ein hochschulnahes Ausbildungsprogramm ergänzt. Die Nachwuchskräfte werden an 16 Standorten in 22 Berufen ausgebildet. Für die hohe Qualität der Ausbildung sprechen die zahlreichen Auszeichnungen durch die Industrie- und Handelskammern für sehr gute Prüfungsleistungen. Bei den kaufmännischen Berufen hat sich eine gruppenweite Stellenvermittlung bewährt. Ehemalige Auszubildende aus dem Werratal und aus Zielitz arbeiten beispielsweise bei der COMPO in Münster und Krefeld, der KTG in Hamburg, in Kassel oder bei esco in Hannover. So beweisen die ausgebildeten jungen Menschen auch die Bereitschaft zur Mobilität und sie erhalten weitere persönliche Entwicklungschancen in der zunehmend international agierenden K+S Gruppe.

Blick in den neu gestalteten Elektro-Ausbildungsbereich der Ausbildungswerkstatt im Werk Werra (2005)

Vom Betrieblichen Vorschlagswesen zum Ideenmanagement

Ein Unternehmen ist immer nur so gut wie seine Mitarbeiter, und gute Mitarbeiter haben gute Ideen. Seit vielen Jahrzehnten griff die Wintershall Ideen der Mitarbeiter zur Verbesserung der Unfallverhütung auf. Um dieses Potenzial stärker und systematisch zu nutzen, schlossen die Kali und Salz AG und der Gesamtbetriebsrat im März 1974 eine Betriebsvereinbarung über das Betriebliche Vorschlagswesen (BVW). Bereits im ersten Jahr gingen fast 200 Vorschläge ein. 1994 wurde das BVW weiterentwickelt. Als Symbol für das BVW wurde 1996 „Felix Findig" eingeführt, der mit Helm, Grubenlampe und Selbstretter unschwer als Bergmann zu erkennen war und der für einige Jahre das BVW begleitete (oben). Unterstützt von zahlreichen Werbemaßnahmen wuchs die Zahl der jährlichen Vorschläge abermals rasant von rund 500 auf mehr als 1.600 Ende der 1990er Jahre. Das jährliche Einsparvolumen stieg auf rund 600.000 Euro. In den Jahren 2001 bis 2003 verdreifachte sich die Zahl der Vorschläge auf mehr als 5.000, das jährliche Einsparvolumen auf fast zwei Millionen Euro.

Im März 2003 wurde das Betriebliche Vorschlagswesen durch ein Ideenmanagement und den „Kontinuierlichen Verbesserungsprozess" (KVP) mit einem neuen, modernen Logo (unten) abgelöst. Beide Instrumente sind in das unternehmensweite Wissensmanagement eingebettet. So soll das Wissen der Mitarbeiter noch besser zum Erhalt der Wettbewerbsfähigkeit des Unternehmens genutzt werden. Die individuelle Weitergabe von Vorschlägen über die Vorgesetzten wird ergänzt durch die kontinuierliche, moderierte Gruppenarbeit in KVP-Teams, die sich intensiv mit Verbesserungspotenzialen und den Ideen der Mitarbeiter auseinander setzen. Rund 1.500 Führungskräfte wurden entsprechend geschult. Der Erfolg war bemerkenswert: Im Jahr 2004 gingen aus den einzelnen Standorten rund 8.600 Vorschläge ein. Der nachhaltig wirkende Effekt lag bei etwa vier Millionen Euro pro Jahr. 2005 setzte sich diese gute Entwicklung fort.

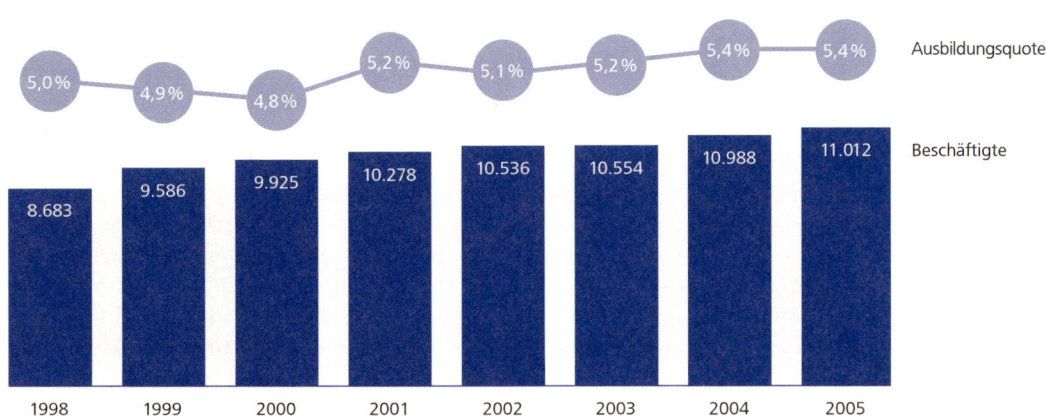

Belegschaftsentwicklung und Ausbildungsquote der K+S Gruppe 1998–2005
(Angaben zum 31.12. in Vollzeitäquivalenten)

AUSBLICK: WACHSTUM IN DER ZUKUNFT

Ein internationales Unternehmen in Europa

Die K+S Gruppe, deren Wurzeln bis in die Mitte des 19. Jahrhunderts zurückreichen, ist zu Beginn des 21. Jahrhunderts ein international ausgerichtetes Unternehmen mit Standorten in ganz Europa und einem weltweiten Vertriebsnetz. Die tragenden Säulen sind Düngemittel und Pflanzenpflegeprodukte sowie das Salzgeschäft. Die Geschäftsbereiche Kali- und Magnesiumprodukte, COMPO und fertiva vereinen die Düngemittelkompetenz der Gruppe. Die Aktivitäten rund um das Salz sind in der esco – european salt company gebündelt. Entsorgung und Recycling sowie Logistik-, IT-, Consulting- und Analytikaktivitäten ergänzen mit ihren Dienstleistungen die Gruppe und runden das Portfolio von K+S ab.

Marktpositionen und künftige Marktentwicklungen

Die K+S Gruppe nimmt in all ihren Arbeitsgebieten führende Marktpositionen ein. Als Anbieter von Spezial- und Standarddüngemitteln sowie Pflanzenpflegeprodukten ist K+S die Nr. 2 in Europa. Bei Kali- und Magnesiumprodukten ist das Unternehmen führend in Europa und weltweit der viertgrößte Kaliproduzent. Bei den magnesium- und sulfathaltigen Spezialdüngern nimmt K+S weltweit die Spitzenposition ein. Im „Grünen Markt" der Pflanzenpflege für Haus und Garten sowie für professionelle Anwender ist COMPO in Europa führend. Auch fertiva hat sich in dem heterogenen Markt der stickstoffhaltigen Dünger gut etabliert und gehört zur Spitzengruppe der europäischen Stickstoffdüngemittelanbieter. Als Anbieter von Ammonsulfat steht fertiva weltweit an der Spitze. Auf dem europäischen Salzmarkt ist esco der größte Anbieter von Stein- und Siedesalzen. In der untertägigen Entsorgung ist K+S der größte Entsorgungsdienstleister in Europa.

Für die Zukunft ist K+S optimistisch und blickt zuversichtlich auf das Jahr 2006, sofern sich die weltwirtschaftlichen Rahmenbedingungen nicht verschlechtern. Der Ausblick stützt sich unter anderem auf eine weltweit anhaltend gute Nachfrage nach Kalidüngemitteln sowie weitere Effizienzsteigerungen.

Im Jahr 2005 wird die weltweite Kalinachfrage voraussichtlich mit über 32 Millionen Tonnen K_2O ein neues Höchstniveau erreichen. Der Verbrauch der übrigen Düngemittel wächst ebenfalls. Mittelfristig wird ein Anstieg des Düngemittelverbrauchs von weltweit rund zwei Prozent erwartet. K+S als Systemanbieter im Düngemittelgeschäft wird davon profitieren. Hierfür gibt es zwei wesentliche Gründe:

Aufgrund der wachsenden Weltbevölkerung wird die Düngemittelnachfrage weiter zunehmen. Die Vereinten Nationen rechnen damit, dass die Zahl der Menschen von derzeit 6,4 Milliarden bis zum Jahr 2050 auf mehr als 9 Milliarden steigen wird. Vor allem für Asien, Afrika und Lateinamerika wird ein dramatischer Bevölkerungszuwachs prognostiziert. Die Ernährung dieser Menschen auf einer beschränkten landwirtschaftlichen Anbaufläche sicherzustellen, ist eine der zentralen Aufgaben in Gegenwart und Zukunft.

Die Weltbevölkerung mit den benötigten Nahrungsmitteln zu versorgen ist nicht nur eine quantitative, sondern auch eine qualitative Herausforderung, denn die Ernährungsgewohnheiten haben sich verändert. Während in den vergangenen 30 Jahren das Verhältnis von Fleisch- zu Getreideverbrauch in Westeuropa, Nord- und Südamerika nahezu gleich geblieben ist, wuchs der Fleischverbrauch in Asien um mehr als das Dreifache. Zwar liegt er noch weit unter dem Pro-Kopf-Verbrauch in westlichen Ländern, der Einfluss dieses Fleischkonsums auf die Landwirtschaft ist jedoch erheblich. Denn die wachsende Tierhaltung erfordert eine steigende Produktion

von Futter- und Getreidepflanzen, die nur durch einen steigenden Düngemitteleinsatz möglich ist.

Eine nachhaltige Landwirtschaft muss dafür sorgen, die Bodenfruchtbarkeit zu erhalten oder zu verbessern, indem sie den Böden die mit dem Erntegut entzogenen Nährstoffe wieder zuführt. Besonders wichtig ist eine ausgewogene Düngung, bei der alle benötigten Nährstoffe im richtigen Verhältnis zueinander gedüngt werden, denn nicht die Düngermenge ist entscheidend, sondern die Aufnahme der Nährstoffe durch die Pflanzen und ihre Umsetzung in Ertrag und Qualität.

Hieraus ergeben sich Chancen. Diese zu nutzen ist K+S zu Beginn des 21. Jahrhunderts gut gerüstet. Für weite Teile Europas ist K+S der Anbieter mit der logistisch günstigsten Ausgangslage. Mit Blick auf die Überseemärkte konzentriert sich K+S auf strategisch wichtige Positionen. Ein besonderer Vorteil von K+S liegt in der Weiterentwicklung der Spezialitäten, ihrem kundenorientierten Sortiment und ihrer hohen Lieferflexibilität.

linke Seite Reisfeld-Terrassen in Indonesien

oben Bauer in einem Reisfeld auf Bali (Indonesien); die wachsende Weltbevölkerung mit den notwendigen Nahrungsmitteln zu versorgen ist eine der wichtigsten Herausforderungen unserer Zeit.

Strategie und Zukunftsvision: Gesundes und nachhaltiges Wachstum

Das gemeinsame Ziel der K+S Gruppe lautet: „Gesundes Wachstum". Gesundes, kontrolliertes und nachhaltiges Wachstum ist Unternehmensziel und Anspruch zugleich. Hinzu kommt die gesellschaftliche Verantwortung, in der sich das Unternehmen sieht. Das bedeutet, K+S setzt nicht auf kurzfristige Gewinnmaximierung, sondern auf eine langfristige Steigerung des Unternehmenswertes für alle am Unternehmen interessierten und beteiligten Partner.

Die Wege zur Weiterentwicklung des Unternehmens und zur Steigerung des Unternehmenswertes sind einmal der konsequente Ausbau der Marktpositionen in den Wachstumssegmenten sowie die Erschließung neuer regionaler Märkte und Teilmärkte. Außerdem prüft K+S kontinuierlich die Möglichkeit weiterer Akquisitionen, Beteiligungen und Kooperationen, die die bestehenden Arbeitsgebiete und Kompetenzen ergänzen und die Ertragskraft dauerhaft steigern. Darüber hinaus wird das Unternehmen kontinuierlich daran arbeiten, seine Prozesse und Strukturen zu verbessern, seine Kosten zu senken, Synergien zu nutzen und seine Effizienz zu erhöhen.

Für die erfolgreiche und nachhaltige Steigerung des Unternehmenswertes bekam die K+S Gruppe im Oktober 2005 den Preis „Best of European Business Award" in der Kategorie „Wertgenerierung" verliehen. Nach Ansicht der Jury ist es dem Unternehmen gelungen, „sich international hervorragend zu positionieren." Der Wettbewerb wird von Roland Berger Strategy Consultants, der Financial Times Deutschland und dem manager magazin gleichzeitig in sieben Ländern Europas ausgeschrieben und durchgeführt. Die anderen Preisträger im Jahr 2005 waren die Unternehmen Axel Springer, BMW, Trumpf, BASF, Porsche, Altana und Continental.

Schließlich sind die Mitarbeiter wichtige Erfolgsfaktoren. Ihre Fähigkeiten, ihre Motivation, Leistungsbereitschaft, Flexibilität, Kreativität und ihr Teamgeist sind Grundlage des unternehmerischen Erfolgs. Die Mitarbeiter haben „mit hohem persönlichen Einsatz sowie Kompetenz und Flexibilität maßgeblich zum Erfolg der K+S Gruppe beigetragen", sagte der Vorstandsvorsitzende Dr. Ralf Bethke auf der Hauptversammlung 2005. Die Verwirklichung der ehrgeizigen Ziele von K+S – „die Erhaltung und Stärkung unserer internationalen Wettbewerbsfähigkeit und damit die langfristige Sicherung unserer Aktivitäten und Arbeitsplätze" – sei nur mit einem starken Team möglich: „Als großes Team, das von einer starken Verbundenheit und Identifikation mit K+S geprägt ist, haben wir uns klare Ziele gesetzt, für deren Verwirklichung wir gemeinsam eintreten."

Die Geschäftsbereiche von K+S sind eng miteinander vernetzt, damit sie nach außen marktbezogen und nach innen technisch zusammenwirken. „Diese Vernetzung bietet besondere Chancen und Kostenvorteile, um bei unseren Kunden und im Wettbewerb erfolgreich zu sein", betont Dr. Bethke. „K+S ist sich der Verantwortung bewusst, die das Wachstum in der Natur mit sich bringt. Wir sind stolz, dieses Wachstum mit unseren Pro-

dukten und Marken fördern und pflegen zu können. Diese Herausforderung hat die Entwicklung der Kali- und Düngemittelindustrie in den vergangenen 150 Jahren geprägt. Wer seine Zukunft gestalten will, der muss seine Vergangenheit und seine Wurzeln kennen. Wir bei K+S schauen nicht nur auf morgen, sondern auch auf übermorgen. Die K+S Gruppe begreift den Wandel der weltweiten Märkte als Chance. K+S ist und bleibt auf Wachstumskurs."

2006

Wachstum erleben.

ABKÜRZUNGEN

APC	Arab Potash Company
BASF	Badische Anilin- und Soda-Fabrik
BvS	Bundesanstalt für vereinigungsbedingte Sonderaufgaben
CAD	kanadische Dollar
CFK	Chemische Fabrik Kalk
Chemag	Chemikalien-Aktiengesellschaft
CPL	Cleveland Potash
COMECON	Community of Mutual Economic Aid = Rat für gegenseitige Wirtschaftshilfe (RGW)
COPSA	Comercial de Potasas
CVRD	Companhia Vale do Rio Doce
DDR	Deutsche Demokratische Republik
DLG	Deutsche Landwirtschafts-Gesellschaft
DPPC	Denison-Potacan Potash Company
DSW	Dead Sea Works
EMC	Entreprise Minière et Chimique
ESP	Ergebnissteigerungsprogramm
GBC	German Bulk Chartering
GKI	Gesellschaft für Kali-Interessen
GSL	Great Salt Lake Minerals Corporation
GUS	Gemeinschaft Unabhängiger Staaten
GVV	Gesellschaft zur Verwahrung und Verwertung von stillgelegten Bergwerksbetrieben
IG BCE	Industriegewerkschaft Bergbau, Chemie und Energie
IG BE	Industriegewerkschaft Bergbau und Energie
IKI	Internationales Kali-Institut
IMCC	International Minerals & Chemical Corporation
K	Kalium
KAFA	Kaliforschungs-Anstalt
KAFI	Kaliforschungs-Institut
KCl	Kaliumchlorid
KTG	Kali-Transport Gesellschaft

LUFA	Landwirtschaftliche Untersuchungs- und Forschungsanstalt
LPG	Landwirtschaftliche Produktionsgenossenschaft
MdK	Mitteldeutsche Kali AG
MDPA	Mines de Potasse d'Alsace
MTS	Maschinen-Traktoren-Station
N	Stickstoff
NK-Dünger	Mehrnährstoffdünger mit Stickstoff (N) und Kalium (K)
NPK-Dünger	Mehrnährstoffdünger mit Stickstoff (N), Phospat (P) und Kalium (K)
P	Phosphat
PCS	Potash Corporation of Saskatchewan
Pec-Rhin	Produits et Engrais Chimiques du Rhin
PK-Dünger	Mehrnährstoffdünger mit Phospat (P) und Kalium (K)
PMC	Potacan Mining Company
Potacan	Potash Company of Canada
RTV	Rosterg'sche Testamentsvollstreckung
SAG	Sowjetische Aktiengesellschaft
SBZ	Sowjetische Besatzungszone
SCPA	Société Commerciale des Potasses et de l'Azote
SEAFCO	South East Asia Fertilizer Comp., heute: K+S Asia Pacific
SMAD	Sowjetische Militäradministration für Deutschland
SQM	Sociedad Quimica y Minera de Chile
THA	Anstalt zur treuhänderischen Verwaltung des Volkseigentums (Treuhandanstalt)
UBT	United Bulk Transport
UTD	Untertage-Deponie
UTV	Untertage-Verwertung
VEB	Volkseigener Betrieb
VDK	Verkaufsgemeinschaft Deutscher Kaliwerke

GLOSSAR

Abbau	1) Bergmännische Tätigkeit zur Gewinnung eines Rohstoffes 2) Bezeichnung für einen Grubenbau, in dem ein nutzbares Mineral gewonnen wird
Abbauverfahren	Kennzeichnung für die Form und Größe der Abbauräume, ihre Richtung und die Behandlung der über ihnen liegenden Schichten (zum Beispiel zu Bruch gehen lassen oder mit Sicherheitspfeilern den Bruch verhindern)
abteufen	Herstellung eines senkrechten Grubenbaus, etwa eines Schachtes oder Blindschachtes
Alaun	bitteres Tonerdensalz, chemisch Kaliumaluminiumsulfat ($KAl(SO_4)_2$ x 12 H_2O), früher aus Alaunschiefer gewonnen. Genutzt als Ätzmittel in der Medizin, bei der Leder- und Textilherstellung als Gerbstoff und zur Fixierung von Farbstoffen, später für die Papierherstellung
Anhydrit	Calciumsulfat ($CaSO_4$), gesteinsbildendes Mineral im Zechstein; kommt neben Steinsalz, Kalisalzen und Gips in Salzlagern vor und geht bei Wasseraufnahme in Gips über ($CaSO_4$ x 2 H_2O)
auffahren	Herstellen einer waagerechten oder geneigten Strecke
Befahrung (fahren)	bergmännische Bezeichnung für alle Formen der Fortbewegung von Menschen unter Tage
Beraubung	Sicherung von Firste und Stößen in Grubenbauen durch planmäßiges Hereingewinnen von durch Sprengeinwirkung oder durch gebirgsmechanische Vorgänge abgelösten Gesteinsschalen zum Schutz von Mensch und Maschine
Bunker	Grubenräume unter Tage, die vorwiegend zur Zwischenspeicherung der gewonnenen Rohstoffe dienen, etwa um Schwankungen in der Förderung zu vermeiden und um sie zu vergleichmäßigen
Carnallit	Doppelsalz aus Kaliumchlorid und Magnesiumchlorid ($KMgCl_3$ x 6 H_2O), benannt nach dem Berghauptmann Rudolph von Carnall (1804–1874)
Carnallitit	Gestein aus Carnallit, Steinsalz sowie den Neben- und Spurenbestandteilen Kieserit, Sylvin und Anhydrit
Clearing-Abkommen	(engl. clearing agreement) Verrechnungsabkommen zwischen zwei Ländern, wonach die beiderseitigen Vergütungen für Ein- und Ausfuhren auf dem Weg der gegenseitigen Verrechnung erfolgen. Die DDR hatte Clearingabkommen mit 29 sog. Entwicklungsländern, darunter auch Indien und Brasilien.
Dolomit	Calcium-Magnesium-Carbonat ($CaMg(CO_3)_2$), gesteinsbildendes Mineral, benannt nach dem Mineralogen de Dolomieu (1750–1801)
Doppelschachtanlage	Schachtanlage mit zwei räumlich nah nebeneinander abgeteuften Schächten
Durchschlag	Erreichen eines vorhandenen Grubenbaues beim Herstellen eines anderen
Elektrolyse	Zersetzen einer gelösten oder geschmolzenen Verbindung mit Hilfe des elektrischen Stroms

ESTA®	von K+S entwickeltes und patentiertes Verfahren, das die Kalirohsalze mit Hilfe eines elektrischen Spannungsfeldes ohne Einsatz von Wasser und umweltschonend trennt
Fertigation	Düngung über das Bewässerungssystem (Nährstoffaufnahme über die Wurzeln)
Firste	die obere Begrenzung (Decke) von Grubenbauen oder Strecken
Flöz	bergmännische Bezeichnung für eine Gesteinsschicht mit einer hohen Konzentration an wirtschaftlich verwertbaren Stoffen
Förderung (fördern)	1) alle Einrichtungen und Anlagen, die dem Transport von Rohstoffen, Haufwerk oder der Fortbewegung von Personen und Material dienen 2) Fördermenge, die Menge eines geförderten Materials
Gebirgsschlag	plötzliche Entspannung im Gebirge, bei der größere Mengen potenzieller (elastischer) Energie frei werden und bei der intensive Zerstörungen in der Grube sowie normalerweise heftige Erschütterungen an der Erdoberfläche auftreten
gesättigte Salzlösung	eine Flüssigkeit, die so viele Salze aufgenommen hat, dass sie keine weiteren Salze mehr lösen kann
Gewerken	Personen, die Kuxe einer Gewerkschaft besitzen
Gewerkschaft	früher gängige Rechtsform eines Bergbauunternehmens
Gips	wasserhaltiges Calciumsulfat ($CaSO_4$ x 2 H_2O), gesteinsbildendes Mineral (s.a. Anhydrit)
Glaubersalz	wasserhaltiges Natriumsulfat (Na_2SO_4 x 10 H_2O), kann aus natürlichen mineralischen Vorkommen gewonnen werden. Benannt nach Johann Rudolph Glauber (1604–1668), der es um 1655 aus Natriumchlorid und Schwefelsäure herstellte. In Waschmitteln als Streckmittel, bei der Papier- und Zellstoffgewinnung; bei der Glasherstellung, zur Herstellung von Ultramarinblau und Natriumsulfid; wasserfreies Natriumsulfat im Labor zum Trocknen von organischen Lösungsmitteln
Goldman Sachs	Investment-Bank, von der THA 1992 mit der Privatisierung der MdK beauftragt
Grube	der unter Tage gelegene Bereich eines Bergwerks
Grubenbaue	planmäßig hergestellte Hohlräume unter Tage
Grubenfeld	Bereich, in dem zum Betrieb eines Bergwerks berechtigte natürliche oder juristische Personen die Inhalte einer Lagerstätte abbauen und sich aneignen dürfen
Halit	andere Bezeichnung für Steinsalz (Natriumchlorid – NaCl)
Hartsalz	Sylvin-Halit, Kieserit-Gestein
Haufwerk	aus dem Gebirgsverband gelöste Minerale und/oder Gesteine

Kainit	gesteinsbildendes Mineral ($KMg(ClSO_4)$ x 2,75 H_2O), kam neu (griechisch kainos = neu) in dem Bergwerk Leopoldshall vor
Kali	im weiteren Sinn Oberbegriff für alle Kalium-Produkte und Kalium-Rohsalze
Kalk(-stein)	Gestein, vorwiegend aus Calciumcarbonat ($CaCO_3$)
Kartell	Zusammenschluss von Teilnehmern eines Marktes mit dem Ziel, so viel Marktmacht zu erreichen, dass die Bedingungen für Angebot oder Nachfrage eines Produktes oder einer Dienstleistung im Sinne der Kartellteilnehmer festgelegt werden können. Die Mitglieder eines Kartells versuchen, Vorteile eines Monopols zu erreichen, ohne ihre Eigenständigkeit aufzugeben. Dabei bleiben sie zwar grundsätzlich eigenständig, unterwerfen aber bestimmte Handlungsmöglichkeiten unter Absprachen des Kartells. Typischerweise handelt es sich dabei um die Preisgestaltung; es gibt aber auch andere Absprachen in einem Kartell, zum Beispiel Aufteilung von Kunden oder von Marktanteilen. Im Kaiserreich und bis 1945 war üblicherweise ein großer Teil der Wirtschaft in Kartellen organisiert.
Kochsalz	im Alltagssprachgebrauch häufig verwendet als Bezeichnung für Speisesalz; Natriumchlorid (NaCl)
Kuxe	nennwertlose Papiere, die einen Anteil am Vermögen einer bergrechtlichen Gewerkschaft verkörpern. Seit der Zwangsumwandlung aller bergrechtlichen Gewerkschaften in andere Unternehmensformen (1985) existieren in Deutschland keine Kuxe mehr. Ursprünglich waren Kuxe Bodenrechte an einem Bergwerk, die in einem Berggrundbuch eingetragen wurden. Später ging man dazu über, Kuxe wie Inhaberaktien frei handelbar zu gestalten. Eine eigene Kuxbörse bestand vor dem Zweiten Weltkrieg in Essen. Die Weiterveräußerung von Kuxen bedurfte allerdings oft der Zustimmung der anderen Gewerken. Im Unterschied zu Aktien waren die Gewerken, also die Inhaber von Kuxen, zur Zubuße verpflichtet, hatten also eine Nachschusspflicht, wenn die Gewerkschaft Kapital benötigte.
K_2O	Kaliumoxid. Kommt in der Natur nicht vor, chemische Recheneinheit zur Unterscheidung verschiedener kaliumhaltiger Substanzen, um etwa Produktionsmengen genau zu bestimmen. Je höher der K_2O-Anteil eines Produktes ist, desto höher ist auch sein Kaliumgehalt (1 % K_2O = 1,583 % KCl).
Lagerstätte	abbauwürdige natürliche Anhäufung von Bodenschätzen
Lagerung	Einteilung der Lagerstätten nach ihrer Neigung gegenüber der Horizontalebene
Lauge	im Sprachgebrauch der Kaliindustrie Bezeichnung für eine Salzlösung
Mächtigkeit (mächtig)	die Stärke (senkrecht gemessen) einer Gesteinsschicht oder eines Flözes
Markscheide	Begrenzung eines Grubenfeldes
Muschelkalk	mittlerer Abschnitt der Trias vor 243–230 Millionen Jahren
Mutung	Antrag auf Erteilung der Abbaurechte für ein Grubenfeld
Perm	Erdzeitalter vor 290–250 Millionen Jahren, untergliedert in die Abschnitte Rotliegendes und Zechstein

Plattendolomit	im Zechstein gebildete Schicht aus dolomitischem Kalkgestein, hohes Kluft- und Porenvolumen, oft stark wasserführend
Pottasche	veraltete Bezeichnung für Kaliumcarbonat (K_2CO_3). Früher wurde es durch Auslaugen von Pflanzen- oder Holzasche in Töpfen und anschließendes Eindampfen gewonnen. Der traditionelle Name stand auch Pate für den englischen Namen von Kalium: potassium.
Rationalisierungskartell	genehmigungspflichtige Ausnahme vom Kartellverbot (§ 5 GBW); die Mitglieder unterwerfen sich bestimmten Rationalisierungsmaßnahmen, die geeignet sind, die Wirtschaftlichkeit der beteiligten Unternehmen zu steigern
Revier	1) im engeren Sinne eine Abteilung zur Ausführung von Abbau- und sonstigen Arbeiten an mehreren Betriebspunkten in einem bestimmten Teil eines Grubenfeldes 2) im weiteren Sinne Bezeichnung für ein Gebiet, in dem bestimmte mineralische Rohstoffe abgebaut werden
Rollloch	senkrechter oder stark geneigter Grubenbau mit meist kleinem Querschnitt; meist genutzt zur Abwärtsförderung von Haufwerk mit Hilfe der Schwerkraft
Saline	Anlage, in der aus Salzlösungen durch Verdunstung des Wassers Kochsalz gewonnen wird
Salz	1) im weiteren Sinne die Gruppe aller aus Ionen aufgebauten Verbindungen, die nicht Säuren, Basen oder Oxide sind 2) im Alltagssprachgebrauch häufig verwendet als Bezeichnung für Natriumchlorid (NaCl)
Salzlagerstätte	natürliches Vorkommen von Salzen, bilden sich vor allem durch Verdunstung von Meerwasser, enthalten meist verschiedene Salze
Salzlösung	siehe Sole
Salzstock	glocken- bis pilzförmiger Salzkörper, der aus dem Untergrund in die darüber liegenden Gesteinsschichten eingedrungen ist
Schacht	meist lotrecht hergestellter Grubenbau für den Anschluss einer Grube an die Tagesoberfläche, von dem aus eine Lagerstätte erschlossen wird
Siedesalz	Die Herstellung von Siedesalz erfolgt durch Eindampfung gesättigter Sole, wobei das NaCl auskristallisiert. Die Löslichkeit von Natriumchlorid in Wasser steigt mit der Temperatur nur wenig an. Die Verdampfungskristallisation wird daher in der Regel bei Temperaturen von 150°C bis herunter zu 50°C durchgeführt. Siedesalz kann in offenen Pfannen oder in geschlossenen Verdampfern erzeugt werden. Bei der Eindampfung in geschlossenen Verdampfergefäßen wird Sole in geschlossene Verdampferreihenanlagen geleitet. Unter Ausnutzung des Abdampfes aus dem vorgeschalteten Verdampferkessel wird unter Verwendung von Unterdruck das Wasser bei unterschiedlichen Siedetemperaturen energiesparend verdampft. Eine andere sparsame Siedetechnik ist das Thermokompressionsverfahren. Aus der Verdampferanlage wird Salzbrei abgezogen, durch Eindicker und Zentrifugen entwässert und weiter in Trocknern getrocknet. Anschließend wird das Salz über Siebmaschinen in verschiedene Körnungen klassiert.

Soda	Natriumcarbonat (Na_2CO_3); seit dem frühen 19. Jahrhundert wurde das damals wichtige Industrieprodukt mit vielfältigen Anwendungsmöglichkeiten aus Natriumchlorid (NaCl) hergestellt
Sohle	1) die Gesamtheit der in einem etwa gleichen Niveau aufgefahrenen Grubenbaue (Stockwerk eines Grubengebäudes) 2) die untere Begrenzung (Boden) von Grubenbauen und Strecken
Sole	wässrige Steinsalzlösung mit einer Dichte von 1,204 g/cm^3 und einen NaCl-Gehalt von 26,4 % (318 g/l). Natürliche Sole ist meist untersättigt. Sie wird durch Anbohrung unterirdischer Solevorkommen oder aus Salzlagerstätten bergmännisch oder durch kontrollierte Bohrlochsolung gewonnen und auch durch Auflösen von bergmännisch gefördertem Steinsalz (künstliche Sole) hergestellt. Die gewonnene Rohsole ist im allgemeinen für die weitere Verarbeitung nicht rein genug und daher vor ihrem Einsatz einer chemischen Reinigung zu unterziehen.
Steinsalz	Natriumchlorid, Kochsalz (NaCl); gesteinsbildendes Mineral
Störung	zentimeter- bis kilometerlange Trennfläche im Gebirge, an der z.B. eine Verschiebung von Gesteinsschollen stattgefunden hat
Strecke	regelmäßig aufgefahrener Grubenbau, der waagerecht oder flach geneigt verläuft
Syndikat	Gruppierung von Personen oder Firmen zur Wahrnehmung gemeinsamer Interessen. Die Europäische Union beschreibt, dass ein Syndikat vorliegt, wenn innerhalb des Kartells gemeinsamer Ein- und Verkauf von Waren und/oder Dienstleistungen erfolgt.
Sylvin	Kaliumchlorid (KCl), Mineral, benannt nach dem deutsch-niederländischen Naturforscher und Arzt Franciscus de le Boe, genannt Sylvius (1614–1672)
Sylvinit	Salzgemenge aus Sylvin (KCl) und Steinsalz (NaCl), manchmal mit Beimischungen z.B. von Ton
Teufe	bergmännischer Ausdruck für Tiefe
teufen	siehe abteufen
Tübbing	Segmente aus Gusseisen oder Stahl, die zum wasserdichten Ausbauen von Schächten und bei nicht standfesten Nebengebirgen dienen
Versenkung	Verfahren, um Abwässer in den Plattendolomit zu entsorgen
Vorflut	natürliche (Bach, Fluss) oder künstlich geschaffene Möglichkeit (Kanal, Pumpwerk) um Wasser (auch: Abwasser) abzuführen
Zechstein	jüngerer Abschnitt des Perm vor 270–250 Millionen Jahren. Im Zechstein sind alle deutschen Kalilagerstätten mit Ausnahme des Oberrheingebietes entstanden.
Zubuße	von den Gewerken zu leistende finanzielle Unterstützung der Gewerkschaft in den Anfangsjahren oder in Krisenzeiten

QUELLEN (AUSWAHL)

Interviews mit den Zeitzeugen:
Dr. Paul Achleitner, Dr. Ralf Bethke, Dr. Leo-Christian von Braunschweig, Dr. Ernst Denzel, Gerd Grimmig, Dr. Willi Heim, Peter Heinsohn, Dr. Heinrich Hornef, Helmut Klucke, Klaus Krüger, Udo Moye, Dr. Thomas Nöcker, Rudolf Graf von Plettenberg, Alwin Potthoff, Dr. Volker Schäfer, Dr. Michael Schaper, Edgar Schubert, Max-Stephan Schulze, Dr. Johannes Siemes, Gerhard Söllner, Norbert Steiner, Friedhelm Teusch, Dr. Otto Walterspiel, Wolfgang Westhofen, Bernd Westphal, Gerhard R. Wolf
Die Interviews wurden zwischen Februar und September 2004 geführt.

Redaktionsteam Geschichtsbüro: Dr. Thomas Prüfer, Dr. Dirk Reder und Dr. Severin Roeseling

Redaktionsteam K+S: Hans-Heini Brandt, Uwe Handke, Klaus Kunkel, Oliver Morgenthal, Jürgen Spangenberg

Unterlagen aus dem Firmenarchiv der K+S AG, darunter
– Werkszeitungen von Wintershall (Der Kalibergmann, Salz und Öl), Burbach (Der Bergmannsfreund), Salzdetfurth (wir salzdetfurther, Kamerad Martin), Chemische Fabrik Kalk (Mein Werk, CFK Information); Kali und Salz / K+S (K+S Werkszeitschrift / K+S information)
– Geschäftsberichte der Salzdetfurth AG, Wintershall AG, BASF AG, Kali und Salz AG, K+S AG
– Umweltberichte, Personal- und Sozialberichte sowie Nachhaltigkeitsbericht der K+S AG
– Pressemitteilungen der Kali und Salz AG, der K+S AG, der BASF AG, der Treuhand, der MdK AG und des Deutschen Instituts für Wirtschaftsforschung (DIW)
– Wintershall. Chronik einer Unternehmensgeschichte, unveröffentlichtes Manuskript 1981;
– Sammelbestand „Krefeld", darin „Historie der Guano-Werke Aktiengesellschaft Hamburg", unveröffentlichtes Manuskript
– Die Entwicklung der DDR-Kali-Industrie, unveröffentlichtes Manuskript 1956
– Ferdinand Stengel, Historische Entwicklung und derzeitige Lage der Alwinsal Potash of Canada Ltd., Lanigan/Saskatchewan, unveröffentlichtes Manuskript vom 4.4.1974
– Stenografischer Bericht über die Hauptversammlung der Salzdetfurth AG, Hannover, 13.7.1972
– Otto Braun/Erich Zehler, Forschungseinrichtungen der Kaliindustrie in Hannover, Manuskript ohne Datum, wahrscheinlich 1981

– Zur Geschichte des Aufbaus des VEB Kaliwerks Zielitz
– Stenografische Berichte über die Hauptversammlungen der Kali und Salz AG / K+S AG
– Zeitungsausschnitte und Meldungen aus: Hannoversche Allgemeine, Süddeutsche Zeitung, Kölner Stadt-Anzeiger, Spiegel, Frankfurter Allgemeine Zeitung, Badische Zeitung, Wirtschaftswoche, Freies Wort, Südthüringer Zeitung, Neues Deutschland, Stuttgarter Zeitung, Handelsblatt, Hersfelder Zeitung, Mannheimer Morgen, dpa, Die Woche, Mitteldeutsche Allgemeine, taz, Rheinischer Merkur, Ernährungsdienst, Bundesanzeiger, Börsen-Zeitung, Financial Times Deutschland, Die Welt

Bundesarchiv, Berlin
Bestand R 10 V Deutsches Kalisyndikat
Bestand R 8144 Deutscher Kaliverein e. V.
Bestand R 8145 Reichskalirat

Rheinisch-Westfälisches Wirtschaftsarchiv, Köln
Bestand 114 Chemische Fabrik Kalk

Geschäftsberichte der Anglo-Continentale
(vormals Ohlendorff'sche) Guano-Werke AG

Analyse der ökonomischen Lage der DDR mit Schlussfolgerungen, Vorlage für das Politbüro des Zentralkomitees der SED, 27.10.1989

LITERATUR (AUSWAHL)

Kapitelübergreifende Literatur

100 Jahre Kali Unterbreizbach.
Herausgegeben vom Bergmannsverein „Glück Auf"
Unterbreizbach e. V., Unterbreizbach 2005

100 Jahre Sigmundshall 1898–1998,
hg. von der Kali und Salz GmbH, Kassel 1998

Abelshauser, Werner (Hg.): Die BASF.
Eine Unternehmensgeschichte, München 2002

Bartl, Heinz u.a.: Kali im Südharz-Unstrut-Revier,
2 Bde, Bochum 2003

Boldt, Hermann: Meilensteine der Bergtechnik im Spiegel
der Zeitschrift Glückauf (1864–1990), Sonderdruck der
Zeitschrift Glückauf 125 (1989), Essen 1990

Delhaes-Guenther, Karl von: Kali in Deutschland. Vorindus-
trien, Produktionstechniken und Marktprozesse der Deutschen Kaliwirtschaft im 19. Jahrhundert, Köln/Wien 1974

Die Kaliindustrie in der Bundesrepublik Deutschland,
hg. vom Kaliverein e. V., 6. Auflage, Hannover 1988

Eisenbach, Ulrich/Paulinyi, Akos (Hg.): Die Kaliindustrie an
Werra und Fulda. Geschichte eines landschaftsprägenden
Industriezweiges, Darmstadt 1998

Emons, Hans-Heinz/Walter, Hans-Henning:
Mit dem Salz durch die Jahrtausende.
Geschichte des weißen Goldes von der Urzeit bis zur
Gegenwart, Leipzig 1984

Greiling, Walter: 100 Jahre Chemische Fabrik Kalk,
1858–1958, Köln 1958

Hauske, Karl-Hermann u.a.: Kali. Das bunte, bittere Salz,
Leipzig 1990

Heindorf, Werner/Lesemann, Otto/Struß,
Wolfgang: Das Kaliwerk Friedrichshall in Sehnde.
Leben im und über dem Salzstock, Hannover 2001

Henning, Friedrich-Wilhelm: Landwirtschaft und ländliche
Gesellschaft in Deutschland, Bd. 2: 1750–1986,
München/Stuttgart 1988

Hoffmann, Dietrich: Elf Jahrzehnte Deutscher Kalisalz-
bergbau, Essen 1972

Hohmann, Hermann-Josef/Mehnert, Dagmar (Hg.):
Bunte Salze, weiße Berge. Wachstum und Wandel der
Kaliindustrie zwischen Thüringer Wald, Rhön und Vogels-
berg, Hünfeld 2004

Ein Jahrhundert Kalibergbau an Werra und Ulster,
hg. von der K+S AG, Kassel 2000

Kali und Geschichte. Zeitschrift zur Technik-, Wirtschafts-
und Sozialgeschichte der Kaliindustrie in Deutschland,
hg. vom Förderkreis Werra-Kalibergbau-Museum e. V.,
Heringen 2001ff.

Kali und Steinsalz, hg. vom Kaliverein e. V., Kassel

Mitteilungen des Förderkreises Werra-Kalibergbau-
Museum e. V., Heringen 1993–2000

Müller, Johannes U.: 100 Jahre Kaliverein 1905–2005,
Kassel 2005

Ohlendorf, Kurt: Abriß zur Geschichte der Kaliindustrie
in Deutschland, hg. vom Rat des Bezirkes Erfurt,
Abt. Volksbildung, Pädagogisches Bezirkskabinett,
Fachgruppe Kalibergbau, Erfurt 1961

Slotta, Rainer: Technische Denkmäler in der Bundesrepublik Deutschland, Bd. 3: Die Kali- und Steinsalzindustrie,
Bochum 1980

Sondershäuser Hefte zur Geschichte der deutschen Kali-
Industrie, hg. von der Stadtverwaltung Sondershausen,
Hefte 1/1999 bis 9/2002

Treml, Manfred u.a. (Hg.): Salz macht Geschichte.
Aufsätze, Augsburg 1995

Wiese, Rolf (Hg.): Im Märzen der Bauer. Landwirtschaft
im Wandel, Hamburg 1993

Wirtschaftsvereinigung Bergbau: Das Bergbau Handbuch,
5. Auflage, Essen 1994

Kapitel 1

Bielecke, Hermann: Die Geschichte der künstlichen
Düngung und der Kunstdüngerversorgung,
Quakenbrück 1935

Deutschlands Kalibergbau. Festschrift zum X. Allgemeinen
Bergmannstag in Eisenach, Berlin 1907

Duchrow, Günther: Der historische Weg zur „Wiege
des Kalibergbaus" – Die Vorstufe und der Verlauf der
1. Periode der deutschen Kalibergbaugeschichte
(= Sondershäuser Hefte zur Geschichte der deutschen
Kali-Industrie, 8/2002)

Duchrow, Günther: Von der Staßfurter Wiege bis ins
Nordharzer Twen-Stadium. Die 2. Periode der deutschen
Kalibergbaugeschichte (= Sondershäuser Hefte zur

Geschichte der deutschen Kali-Industrie, 9/2002)

Festschrift zur Feier des 50-jährigen Bestehens der Firma Vorster & Grüneberg jetzt Chemische Fabrik Kalk, Köln 1908

Fünfzig Jahre Aktiengesellschaft Consolidirte Alkaliwerke Westeregeln 1881–1931, o.O. o.J.

Hundert Jahre Staßfurter Salzbergbau 1852–1952. Anhang zu der anläßlich der Hundertjahrfeier vom Kaliwerk Staßfurt am Tage des Bergmannes 1952 herausgegebenen Festschrift, Staßfurt 1952

Klumpp, Carl-Friedrich: Verein Deutsche Salzindustrie e. V. Dokumentation, Heilbronn 1983

Krische, Paul: Das Kali. Die Gewinnung, Verarbeitung und Verwertung der Kalisalze, ihre Geschichte und wirtschaftliche Bedeutung, Stuttgart 1923

Siegel, Herbert: Die Entwicklung des deutschen Kalisyndikates unter besonderer Berücksichtigung der staatlichen Einflußnahme, Borna 1941

Stange, Albert (Hg.): Illustriertes Jahrbuch der Wirtschaft und Technik im Deutschen Kalisalz-Bergbau, Berlin 1910

Ullmann, Martin: Die deutsche chemische Dünger-Industrie. Festschrift zum 25-jährigen Jubiläum der Begründung des Vereins Deutscher Dünger-Fabrikanten 1880–1905, Stralsund 190

Kapitel 2

Bielecke, Hermann: Die Geschichte der künstlichen Düngung und der Kunstdüngerversorgung, Quakenbrück 1935

Brückner, Lothar u. a.: Die ersten Jahrzehnte. Der Aufstieg des Werra-Fulda-Reviers zwischen 1893 und 1933, in: Eisenbach/Paulinyi (Hg.): Die Kaliindustrie an Werra und Fulda, S. 49 ff.

Fünfzig Jahre Aktiengesellschaft Consolidirte Alkaliwerke Westeregeln 1881–1931, o.O. o.J.

Geschichte des Burbach-Konzerns, dem Vorsitzenden Dr. Gerhard Korte zum 70. Geburtstag gewidmet, Magdeburg 1928

Krische, Paul: Das Kali. Die Gewinnung, Verarbeitung und Verwertung der Kalisalze, ihre Geschichte und wirtschaftliche Bedeutung, Stuttgart 1923

Münstermann, Hans: Die Konzerne der Kaliindustrie, Leipzig 1925

Siegel, Herbert: Die Entwicklung des deutschen Kalisyndikates unter besonderer Berücksichtigung der staatlichen Einflußnahme, Borna 1941

Stange, Albert (Hg.): Illustriertes Jahrbuch der Wirtschaft und Technik im Deutschen Kalisalz-Bergbau, Berlin 1910

Stoepel, Karl Theodor: Die deutsche Kaliindustrie und das Kalisyndikat. Eine volks- und staatswirtschaftliche Studie, Halle 1904

Ullmann, Martin: Die deutsche chemische Dünger-Industrie. Festschrift zum 25jährigen Jubiläum der Begründung des Vereins Deutscher Dünger-Fabrikanten 1880–1905, Stralsund 1906

Verein Deutscher Dünger-Fabrikanten 1880–1930. Die Geschichte des Vereins in den letzten 25 Jahren 1905–1930. Der Generalversammlung zur Feier des 50jährigen Bestehens überreicht vom Vorstande, Hamburg 1930

Weissenberger, Roger: Chronique des Mines de Potasse d'Alsace, Riedisheim 1991

Kapitel 3

Brückner, Lothar u. a.: Die ersten Jahrzehnte. Der Aufstieg des Werra-Fulda-Reviers zwischen 1893 und 1933, in: Eisenbach/Paulinyi (Hg.): Die Kaliindustrie an Werra und Fulda, S. 49 ff.

Die deutsche Kaliindustrie 1930. Weltbedeutung und Entwicklungstendenzen der deutschen Kaliindustrie. Spezial-Archiv der deutschen Wirtschaft, Berlin 1930

Emons, Hans-Heinz: Die Kaliindustrie. Geschichte eines deutschen Wirtschaftszweiges, in: Sitzungsberichte der Leibniz-Sozietät; Bd. 49, Heft 6/2001

Grossmann, Herrmann: Stickstoff-Industrie und Weltwirtschaft, Stuttgart 1926

Grossmann, Hermann/Weichsel, Paul: Die Stickstoffindustrie der Welt, Berlin 1930

Herbst, Detlev: Die Nutzung stillgelegter Kalibergwerke als Munitionsanstalten: Die Heeresmunitionsanstalt Volpriehausen, in: Kali und Geschichte. Zeitschrift zur Technik-, Wirtschafts- und Sozialgeschichte der Kaliindustrie in Deutschland, 2. Jahrgang 2002, Heft 2, S. 3 ff.

Kokorsch, Rudolf: 100 Jahre Kalibergbau in Heringen, in: Mitteilungen des Förderkreises Werra-Kalibergbau-Museum e. V., 8. Jahrgang, Heft 1, S. 4 ff.

Moczarski, Norbert: Kalibergbau in der NS-Zeit, in: Eisenbach/Paulinyi (Hg.): Die Kaliindustrie an Werra und Fulda, S. 79 ff.

Münstermann, Hans: Die Konzerne der Kaliindustrie, Leipzig 1925

Ohndorf, André: Kalisalz. Förderung und Absatz in Deutschland und der Markt in den USA, Lohmar 2000

Paxmann, Emil H.: Die deutsche Kaliwirtschaft in kritischer Betrachtung, Berlin 1929

Schröter, Harm G.: Die internationale Kaliwirtschaft 1918 bis 1939. Zum Verhältnis von industrieller Kartellpolitik und Staatsinterventionismus, hg. von der Kali und Salz AG, Kassel 1985

Siegel, Herbert: Die Entwicklung des deutschen Kalisyndikates unter besonderer Berücksichtigung der staatlichen Einflußnahme, Borna 1941

Kapitel 4

50 Jahre Nitrophoska, hg. von der BASF AG, Ludwigshafen 1977

100 Jahre Superphosphat. 75 Jahre Verein Deutscher Dünger-Fabrikanten, hg. vom Verein deutscher Dünger-Fabrikanten, Hamburg 1955

Bergmannsverein e. V. Staßfurt (Hg.): 1952 bis 2002. Geschichte des Stassfurter Salzbergbaus und der Stassfurter Kaliindustrie, Staßfurt 2002

Ernst, Helmut: Wie Wintershall zur BASF kam. 1968: Bedeutendster Unternehmenszusammenschluss seit Kriegsende. Zeitzeugen berichten, Kassel 2001

Heindorf, Werner u.a.: Das Kaliwerk Friedrichshall in Sehnde. Leben im und über dem Salzstock, Hannover 2001

Kokorsch, Rudolf: Die Kaliindustrie in Hessen 1945–1989, In: Eisenbach/Paulinyi (Hg.): Die Kaliindustrie an Werra und Fulda, S. 95 ff.

Lachenmaier, Fritz: Die Agrarrevolution in der alten Bundesrepublik seit 1950. Ursachen, Verlauf und Folgen, in: Wiese (Hg.), Im Märzen der Bauer, Hamburg 1993, S. 197 ff.

Papendieck, Christine: Ostdeutsche Agrargeschichte im Überblick (1945–1990), in: Wiese (Hg.), Im Märzen der Bauer, Hamburg 1993, S. 183 f.

Riesche, Hans-Peter: Das Hannoversche Kalirevier – Anfänge, Entwicklung und heutiger Stand. In: Sondershäuser Hefte 3/2001, S. 25 ff.

Ruck, Hartmut, Die Kaliindustrie in Thüringen 1945 bis 1989, in: Eisenbach/Paulinyi (Hg.): Die Kaliindustrie an Werra und Fulda, S. 123 ff.

Kapitel 5 und Kapitel 6

25 Jahre Kali aus Zielitz. 1973–1998, hg. vom Bergmannsverein Zielitz, Zielitz 1998

125 Jahre LUFA Rostock – Festschrift zum Jubiläum am 26. Februar 2000, Schwerin 2000

Bethke, Ralf: Zur Lage der Kaliindustrie, in: Kali und Steinsalz, Bd. 11, H. 7, Sept. 1994, S. 202 ff.

Bingezu, Horst: Die Sicht des MfS auf den Bergbau um Halle (Saale), Magdeburg 2002

Böning, K.-H./Busche, H.: Zusammenlegung der Grubenbetriebe Wintershall und Herfa-Neurode des Kaliwerks Wintershall, in: Kali und Steinsalz, Bd. 6, H. 3, November 1972, S. 77 ff.

Ernst, Helmut: Wie Wintershall zur BASF kam, Kassel 2001

Göbel, Ulrich u.a.: Erlebnis Bergwerk Merkers. Die Welt des weißen Goldes, hg. von der K+S AG, Kassel 1996, 2. Auflage 2001

Institut für Pflanzenernährung, Jena, der Akademie der Landwirtschaftswissenschaften (AdL) der DDR: Agrochemische Untersuchung und Beurteilung von Böden und Pflanzen, [Jena] 1988

Klumpp, Carl-Friedrich: Verein Deutsche Salzindustrie. Dokumentation o.O. 1982

Kraus, Adolf: Das Internationale Kali Institut – 50 Jahre Kaliberatung weltweit, in: Kali und Steinsalz, H. 1, 2003, S. 18 ff.

Roesler, Jörg: Die Wirtschaft der DDR, Erfurt 2002

Saar, Horst: Bittersalz – der Untergang der Thüringer Kali-Industrie, hg. von Oskar Meder, Kassel 2003

VEB Kombinat Kali: 35 Jahre Kali-Projektierung 1955/1990, Sondershausen 1990

Walterspiel, Otto: Zur Lage der Kaliindustrie, in: Kali und Steinsalz Bd. 7, H. 5, 1977, S. 177 ff.

Walterspiel, Otto: Zur Lage der Kaliindustrie, in: Kali und Steinsalz, Bd. 8, H. 6, Oktober 1981, S. 185 ff.

Walterspiel, Otto: Zur Lage der Kaliindustrie, in: Kali und Steinsalz Bd. 8, H. 12, Dezember 1983, S. 393 ff.

Kapitel 7

Veröffentlichungen der K+S Gruppe (u.a. Geschäfts-
und Quartalsberichte, Presseinformationen, Mitarbeiterzeitung „K+S information", Präsentationen, Unterneh-
mensbroschüren)

Fachliteratur zur jüngsten Vergangenheit
(s. übergreifende Literatur)

Zeitzeugeninterviews (s. Quellen)

BILDNACHWEIS

Wenn nicht anders vermerkt, stammen die Bilder aus
dem Archiv der K+S AG (u.a. Volker Straub, Kassel;
Robert Collette, Kassel; Peter Henniges, Kassel)

25 Jahre Kali aus Zielitz: 149, 189 rechts, 221, 235 links,

Allianz AG: 244 links

Agrarmuseum Wandlitz: 126, 127, 231 rechts

BASF AG: 156 oben links, 158, 159 links, 276

Bergmannsverein „Glückauf",
Unterbreizbach: 113 links, 128, 129

Corbis: 165, 302, 307 unten

Deutsche Bahn Museum, Nürnberg: 16 links,

Deutsches Landwirtschaftsmuseum, Hohenheim: 16/17

Fünfzig Jahre Aktiengesellschaft Consolidirte Alkaliwerke Westeregeln 1881–1931, o.O. o.J: 27, 30, 31
links/rechts, 32

FTD/Roland Berger: 338

Geschichte des Burbach-Konzerns. Dem Vorsitzenden
Dr. Gerhard Korte zum 70. Geburtstag gewidmet,
Magdeburg 1928: 87

Gesellschaft zur Verwahrung und Verwertung von
stillgelegten Bergwerksbetrieben mbH, Sondershausen:
171 unten

Festschrift zur Feier des 50jährigen Bestehens der
Firma Vorster & Grüneberg jetzt Chemische Fabrik Kalk,
Köln 1908: 24 links, 26 links/rechts

Freydank, Hans: Die Hallesche Pfännerschaft 1500–1926,
Bd. 1, Halle 1927: 37.

Hessisches Wirtschaftsarchiv Darmstadt: 83

Heinz Bartl, Erfurt: 238, 254

Historic-Maps, Hamburg: 20 rechts

Hohmann, Hermann-Josef/Mehnert, Dagmar (Hg.):
Bunte Salze, weiße Berge, Hünfeld 2004: 182, 237

Rodewyk, Adolf: Informationen über Kali. Ratgeber
für die Landwirtschaft, Heft 4, Hannover [o.J.]: 200,
201 unten

Kaliverein e.V., Kassel: 99,

LUFA Rostock: 203

Mitteilungen der Kgl. landwirtschaftlichen Akademie
Poppelsdorf, Bonn 1868: 22

picture-alliance / dpa: 221 links, 227, 228, 230, 231 links,
232, 233, 234, 235, 242, 252, 253 oben, 255, 270 links,
280, 281 oben rechts, 295, 337

Rheinisch-Westfälisches Wirtschaftsarchiv, Köln:
15 rechts, 28/29

Schöndorf, Fr.: Jubiläums-Festschrift zum 50jährigen
Bestehen des „Salzbergwerks Neu-Staßfurt" 1871–1921,
Hannover 1921: 61

SV-Bilderdienst: 69

Thomas Kurpjuweit, Krefeld: 137

Ullstein Bild: 74, 78 unten, 102 links, 119,

Werra-Kalibergbau-Museum, Heringen: 14, 35, 38,
39 links, 40, 41 links, 52/53 (Sammlung J. Müller), 56,
60, 70, 71, 72, 75 oben, 76 rechts, 81, 84, 85, 86, 89,
90, 91, 92, 93, 94, 95, 96, 98 rechts, 104, 106, 107,
108 oben, 109, 111, 118 rechts, 120, 121, 131, 153,
170, 171 oben, 172, 173, 176, 186 unten, 187, 188,
189 links, 190, 199, 229 links, 237, 244 rechts, 245, 247

Wintershall AG: 134, 160, 162, 167 unten (Denzel),
178 oben, 179 unten, 217 oben

DANKSAGUNG

An der Entstehung dieses Buches waren viele Menschen beteiligt.
Die K+S AG und das Geschichtsbüro Reder, Roeseling & Prüfer
bedanken sich daher bei all denjenigen, die zur Entstehung des
Buches beigetragen haben, indem sie sich als Interviewpartner zur
Verfügung gestellt und bereitwillig aus Vergangenheit und Gegenwart berichtet haben, den umfangreichen Text gelesen und korrigiert
haben, Fotos zur Verfügung gestellt, Fachinformationen zusammen-
getragen, Archive geöffnet oder Literatur bereitgestellt haben.
Herzlichen Dank an Sie alle!